WILHELM HOERNER · ZEIT U

E I G I
T V R
CLEMENTISSIME

WILHELM HOERNER

ZEIT UND RHYTHMUS

DIE ORDNUNGSGESETZE

DER ERDE

UND DES MENSCHEN

URACHHAUS

Abb. 1 Frontispiz: Kreuzigung mit Sonne und Mond, Maria und Johannes. Buchmalerei aus dem Mindener Sakramentar, 11. Jahrhundert, vgl. auch Seite 218 im Text.

ISBN 3 87838 241 3

1. Auflage 1978.

4., durchgesehene Auflage 2004.

Umschlag Bruno Schachtner, Dachau. Satz und Druck Offizin Chr. Scheufele, Stuttgart.

Den ins Geistgebiet
vorangegangenen Freunden zum Gedächtnis

BERNHARD KALLERT
29.11.1913 11.7.1944

HANS RÖTTENBACHER
22.2.1915 2.9.1953

Wesen reiht sich an Wesen in Raumesweiten,
Wesen folgt auf Wesen in Zeitenläufen.
Verbleibst du in Raumesweiten, im Zeitenlaufe,
So bist du, o Mensch, im Reiche der Vergänglichkeiten.
Über sie aber erhebt deine Seele sich gewaltiglich,
Wenn sie ahnend oder wissend schaut das Unvergängliche,
Jenseits der Raumesweiten, jenseits der Zeitenläufe.

RUDOLF STEINER (172)

Inhalt

Anhang

Vorwort

Raum und Zeit sind vor allem Sichtbaren da. So wird gedacht, gelebt und gehandelt. Man hält Raum und Zeit allgemein für leere Hülsen, die von den Dingen und Vorgängen ausgefüllt werden.

Wer so denkt, bemerkt nicht, daß es die Zeit im Sinnenbereich gar nicht gibt. Die Dinge und Vorgänge sind nur eine Zeit lang vorhanden. Sie haben Anfang und Ende. Und jedes Ding hat seine Zeit. Man kann deshalb im Sinnesbereich berechtigterweise nur von Zeiten sprechen.

Die Zeiten der Dinge und Vorgänge sind zum größten Teil solche, die sich nach ihrem Ablauf mit oder ohne Zwischenpause stetig erneuern. Auf diese Weise ist das irdische Dasein weitestgehend und von vielen, sich gegenseitig durchdringenden Rhythmen geprägt.

In der vorliegenden Arbeit wird der Blick zunächst auf das Erscheinen der wichtigsten Zeiten und Rhythmen gelenkt. Im Anschluß an die Erscheinung der Zeiten wird versucht, zu deren überzeitlichen Wesen vorzudringen. Diese Schritte sind unerläßlich für die Grundlagen einer allgemeinen Rhythmenkunde.

Sie ist dem Verfasser aus drei Wurzeln erwachsen. Seine Kindheit und Jugend war ein Leben im Ganzen eines fränkischen Dorfes, mit seiner waldreichen Landschaft und dem Wandel des nächtlichen Sternhimmels im Laufe der Jahreszeiten. Die andere Wurzel sind die ungezählten Sonntagsgänge durch Wald und Flur mit dem frühen und starken Erleben des Sonntags als eines im Vergleich mit den Wochentagen qualitativ ganz anderen Tages. Dazu kam als Drittes ein Lebensschicksal, das durch schwere Erlebnisse zusätzlich lange Zeiten des Lernens ergab. Bereits damals, vor vierzig Jahren, wurden die ersten meteorologischen und astronomischen Kalendereintragungen gemacht.

Lebenserfahrung und Gelerntes sollten in den Dienst der Welt gestellt werden. Deshalb möchte diese Arbeit über eine Sammlung des weit zerstreuten Materials hinaus eine Anregung zum »Leben im Ganzen« sein. Sie ist so gehalten, daß das Denken dabei lebendig und beweglich werden kann.

Die Anregung zur Niederschrift hat Lic. Robert Goebel vor zehn Jahren gegeben. Ihm und allen, deren Vorarbeiten die eigenen Bemühungen ermöglichten und denen, die mit Literaturhinweisen, Bildbeschaffung, Durchsicht des Textes und Ausstattung des Buches tatkräftig geholfen haben und denen, die mir geduldig die nötige Zeit gelassen haben, gehört mein Dank.

Esslingen/Neckar, 1. Nov. 1977 WILHELM HOERNER

Einleitung

Das Kind hat noch kein Zeitbewußtsein. Sein Zeiterleben ist eingebunden in das Gesamtbefinden seiner Leiblichkeit, und diese lebt die großen Rhythmen alles Lebens mit. Die in zeitlicher Ordnung geübte Pflege des Kindes wirkt kräftigend und wachstumsfördernd, ohne dem Kind bewußt zu sein. Das Kind *hat Zeit*.

Im Laufe des Heranwachsens vollzieht sich aber eine folgenschwere Änderung: Die umweltgebundenen Lebensvorgänge werden immer bewußter. Damit tritt das Zeiterleben allmählich in das gewöhnliche Tagesbewußtsein ein. Eine derart bewußt gewordene Zeit wird zunächst als gemessene Zeit, als eine bestimmte Zeitdauer erfahren. Beim Tätigsein »vergeht« Zeit. Der menschliche Wille kann seine Ziele nur in und mit der Zeit in die Außenwelt einfügen. Dabei entsteht oft ein Konflikt zwischen Wille und Zeit. Die allgemeine Redensart heißt dann: Ich habe keine Zeit.

Alles äußere Geschehen auf Erden ist ein zeitliches Nacheinander. Dies gilt für Stein, Pflanze, Tier und Mensch in gleicher Weise. Sie *zeitigen* sich selbst im Werden. Aber nur für den Menschen tritt dieses Sich-Zeitigen in das wache Bewußtsein. Die je besonderen Zeiten, in denen sich die einzelnen Arten von Wesen zeitigen, werden nur dem Menschen voll bewußt. Er versucht sie zu denken, d.h. hier messend zu erfassen.

Dieses abwägend messende Erfassen der Zeit wird wie in selbstverständlicher Übereinkunft im menschlichen Tun vorausgesetzt und gehandhabt. Es ist allem Denken und damit allen Wissenschaften beigemischt, meist ohne daß man sich darüber Rechenschaft ablegt. Die Zeit durchdringt alles. Alles erscheint in und mit der Zeit. Eine für die Wissenschaften meist problemlos verbindliche Verhaltensweise zeigt sich im Zeitbewußtsein des Menschen.

Das 20. Jahrhundert erhält auch dadurch seinen besonderen Charakter, daß die Frage nach dem Wesen der Zeit unausweichlich gestellt wird. Schon im ersten Drittel unseres Jahrhunderts hat MARTIN HEIDEGGER mit seinem Werk »Sein und Zeit« (71)* den entscheidenden Denkanstoß gegeben, das Fragen nach dem Wesen der Zeit erneut angeregt. Aber auch die Naturwissenschaft ist durch die Relativitätstheorie mit der Zeitfrage konfrontiert. Buchtitel wie »Die Zukunft hat schon begonnen« oder »Morgen war schon Gestern« wären ein Menschenalter vorher unmöglich gewesen. Daß sie heute möglich sind, zeigt die neue Besinnung auf Sein und Zeit. Das *Wesen* dessen, was wir uns im einzelnen Fall als Zeit*erscheinung* bewußt machen, ist vielschichtig. Es läßt sich nicht erschöpfend darstellen. Die vorliegende Arbeit versucht, in den Zeitenrhythmen bekannte Tatsachen in einem neuen Lichte aufzuzeigen. Dabei geht es nicht um Chronologie im üblichen Sinne, sondern um die *Grundlagen einer Rhythmenkunde*. Sie kann eine Kraftquelle werden für die Gesundheit des Menschen an Leib, Seele und Geist. Der menschliche Alltag ist durch ein rhythmisches Leben leichter zu meistern. Aber auch Wissenschaft, Kunst und religiöses Leben können neue Antriebe erhalten. Damit ist diese Studie auch ein Beitrag zur Religionserkenntnis.

Der Verfasser ist sich der Skizzenhaftigkeit seiner Darstellung bewußt. Die Aufforderung zur Niederschrift und die entscheidenden Anregungen durch das philosophisch-anthroposophische Lebenswerk RUDOLF STEINERS haben ihn zu dieser Arbeit ermutigt. Denn das Element der Zeit ist zutiefst mit dem wahren Wesen des Menschen und dessen Erkenntnis verbunden; und allein die Erkenntnis des Menschen verbindet die getrennten Wissenschaftsgebiete erneut. Sie ist wahrhaft

* Die in Klammern angegebenen Ziffern beziehen sich auf den Literaturnachweis.

interdisziplinär. Diese Tatsache hat der Schweizer Philosoph Ignaz Paul Vital Troxler schon in der ersten Hälfte des 19. Jahrhunderts in dem Fragment (200, S. 120) zusammengefaßt: »Anthroposophie als die Philosophie in ihrer Vollendung, d. h. als die höchste Philosophie über den Menschen, begreift Anthropologie, Kosmologie, Theologie, alle Logien.«

I. Menschen-Atem
Zeit

Über den Zeitbegriff muß man eine völlige Begriffs-Metamorphose durchmachen.

RUDOLF STEINER (191, 3.2.24)

1. ERSCHEINEN DER ZEIT

Zeit ist kein sichtbarer, greifbarer Gegenstand, den man für sich allein zum Inhalt wissenschaftlicher Beobachtung machen könnte. Im Zusammenhang mit anderen zu erforschenden Vorgängen erscheint die Zeit immer nur als ein Faktor im Ganzen. Man kann sie nicht isolieren, um sie dann zu studieren. Sie weist damit auf die ihr angemessene Methode der Untersuchung hin. Diese darf das größere Ganze, an dem die Zeit erscheint, nie aus dem Auge verlieren. Ja noch mehr, sie muß zuletzt auf das größte Ganze, innerhalb dessen Zeit erscheint, gerichtet sein. Zu diesem gehört der Kosmos der vorgegebenen Bewegungen der Erde, des Mondes und der Sonne. Durch große und kleine *Bewegungen* erscheint die Zeit. Zur Beschreibung eines Steines ist Zeit nur insofern nötig, als man sie braucht, um alle seine Eigenschaften nacheinander wahrzunehmen und darzustellen. Auch wenn man dazu sehr lange braucht, ändert sich der Stein in seiner Art nicht. Er bleibt das, was er ist, ohne die Zeit. Ganz anders ist das bei der Pflanze. Keimen, Wachsen, Aufblühen, Verwelken, Fruchten sind oft Vorgänge von nur Stunden oder Tagen. Wenn man *einen* solchen Vorgang genau beschreibt, fehlen die anderen, und wenn alle der Reihe nach beschrieben werden, dann wird das zeitliche Ganze in einem einzigen Zeitpunkt niemals so anschaubar wie bei dem ruhenden Stein. Denn jede Pflanzenart ist ein eigenes *Zeitenwesen*, dessen Werdestufen ganz bestimmten Zeiten des Tages und Jahres einverwoben sind. So sind die Zeiten des Aufblühens einzelner Arten nicht nur mit dem Jahreslauf, sondern auch mit der Stunde des Tages so innig verbunden, daß man von einer Blumenuhr gesprochen hat. Pflanzt man die entsprechenden Arten in Beete, die zifferblattartig angelegt sind, so kann man am Aufblühen die Tagesstunden ablesen. Auch das tierische Leben wird in zeitlicher Ordnung gelebt. Das Ausschlüpfen vieler Schmetterlings- und anderer Insektenarten aus der Puppe erfolgt zu bestimmten, aber bei jeder Art anderen Tagesstunden. Eine kleine Mücke, deren Made im Watt der Nordseeküste lebt, hat für Ausschlüpfen, Begattungsflug und Eiablage genau die drei Stunden Zeit, die ihr die Ebbe läßt, während die Sonne am Himmel leuchtet. Die Forschungen und Entdeckungen auf dem Felde des Zusammenstimmens der Rhythmen irdischer Lebewesen mit den vielfältigen Rhythmen von Erde, Sonne, Mond und Planeten bringen zunehmend ein kaum übersehbares Material. Dabei hat sich bis jetzt kein gemeinsames Schema für diese Vorgänge finden lassen. Jede Art trägt ihr eigenes Zeitgeschehen in sich und schwingt in ihrer eigenen Weise mit den kosmischen Rhythmen mit. Ein solches Geschehen kann mit dem physikalischen Grundgesetz von Ursache und Wirkung nicht mehr zureichend erfaßt werden (vgl. S. 115).

2. Erleben der Zeit

Jedes Lebewesen ist ein eigenes Zeitgeschehen, welches das Maß *seiner* Zeit selber darlebt. Davon haben Pflanze und Tier kein Bewußtsein. Auch das kleine Menschenkind hat im Vergleich zum Erwachsenen noch kein Zeitbewußtsein; es ist bei allem zeitlichen Wachstum bewußtseinsmäßig noch recht nahe an einem »außerzeitlichen Weltensein«. Jeder von uns erinnert sich, wie lange in der Kindheit die von den Eltern als eine Viertelstunde bestimmte Wartezeit auf das Essen oder auf das Hinausgehen in den Garten war. Kaum zu ertragen. In der Kindheit lebt der Mensch in der Gegenwart, im Jetzt und Hier, in der *Dauer*. Im Heranwachsen verglimmt und verdämmert diese lichte Dauer. Das Erleben der äußeren Dingwelt wird zunehmend deutlicher und bestimmend. Der Ablauf eines Geschehens wird bewußt. Aus der lichten Dauer (Ewigkeit) wird eine Zeitdauer mit *Anfang und Ende*.

Sie sind kennzeichnend für die Welt der Erscheinungen, von denen sich heute das Bewußtsein des Menschen beherrschen läßt.

Das Beispiel des Kleinkindes zeigt, daß die Zeit nicht für die Dauer des ganzen Menschenlebens gleichartig erlebt wird. Im Lebenslauf des Einzelnen wird Zeit in der Kindheit, in der Jugend, auf der Höhe des Lebens und im Alter je anders erlebt. Einschneidende Ereignisse oder Gefahrensituationen verändern ebenfalls, wenn auch manchmal nur für Augenblicke das Zeiterleben derart, daß Gegenwärtiges, Vergangenes und Zukünftiges ohne sich zu stören in innerer Ruhe und Gelassenheit zugleich erlebt werden.[1] Diese kurzen Hinweise sollen zeigen, daß das Erleben von Zeit *qualitativ* sehr verschiedenartig ist und keineswegs nur durch Messen und Zählen voll erfaßt werden kann.

Unser Zeiterleben gegenüber der Stunde und dem Tag ist nicht nur quantitativ verschieden. Die einzelnen Völker haben oft sehr gegensätzliche Arten, die Zeit zu erleben oder gar nicht zu erleben. »Zeit zählt in Asien nicht« (50/1, S. 20). In Indien ist beispielsweise die zeitlich geregelte Arbeit in einem Betrieb nur schwierig zu erreichen, weil die Arbeitnehmer einen pünktlichen gemeinsamen Arbeitsbeginn sich einfach noch nicht zu eigen machen können oder nach einer Lohnzahlung nicht mehr zur Arbeit erscheinen, da sie für heute zu leben haben. Gestern und Morgen gibt es in ihrem Bewußtsein nicht. Der Taxifahrer in Japan berechnet nur die gefahrenen Kilometer, auch wenn die streckenmäßig kurze Stadtfahrt infolge von Verkehrsstauungen Stunden dauert, weil für ihn die Zeit etwas anderes ist als Geld.

Das Studium der Menschheitsgeschichte zeigt die Verschiedenheit und den Wandel im Erleben von Zeit.

3. Redensarten

Nachdem wir einleitend auf das Erscheinen der Zeit in Bewegung und Gestaltänderung, dann auf die verschiedenen Arten, wie Zeit im Menschen erlebt wird, hingeschaut haben, müssen wir auch den gegenwärtigen allgemeinen Sprachgebrauch des Wortes Zeit genauer betrachten. Wenn ein Kind sagt, »ich habe keine Zeit«, so finden wir darin die Wirklichkeit nicht vollgültig erfaßt. Man hat in früheren Zeiten keineswegs so viel von der Zeit gesprochen wie heute. Es wäre eine sehr aufschlußreiche Untersuchung, herauszufinden, wann die einzelnen Redensarten über die Zeit entstanden sind. Die Redensart »Zeit ist Geld« zum Beispiel kann nicht dort entstanden sein, wo man mit Naturalien bezahlte. Ebensowenig gilt sie im Tätigkeitsbereich einer echten Hausfrau oder gar einer Mutter, weil auf diesem Felde eine Trennung von Dienst und Freizeit, also von bezahlter und unbezahlter Zeit nicht existiert. Arbeitskraft und Arbeitszeit als Geldwert anzusetzen ist heute für Industrie und Wirtschaft selbstverständlich. Für den derzeitigen Stand des Bewußtseins kann es noch nicht anders sein. Die Arbeitszeit wird gezählt und gezahlt. So hat es den Anschein, als ob diese Zeit etwas wäre, mit dem man umgehen kann wie mit einem Gegenstand. Die Freizeit wird dabei zu einem Nichts, weil sie unbezahlt ist. Dort aber, wo wir anfangen, uns unseres Menschseins bewußt zu werden, bemerken wir, daß wir in jedem Augenblick, gleichgültig ob im Dienst oder in der Freizeit, dazu da sind, dieses unser wahres Menschsein zur Erscheinung zu bringen, d. h. *uns selber zu zeitigen*. Indem wir aus dem Innen unseres Wesens in das Außen seiner Erscheinung wirken, erscheint mit all unserem Tun unlöslich verbunden – Zeit.

Da unser Wesen nicht der Erscheinungswelt angehört, ist es nur ideell zu erfassen. Damit ist auf das *Denken* als eine geistige Tat verwiesen. Diese geistige Tat hat ihren Quellort in der Fähigkeit des Menschen, zu sich *ich* zu sagen, die sich radikal von allem unterscheidet, was es außerdem noch an Fähigkeiten beim Menschen und in der Welt gibt. Indem wir »ich« sagen, haben wir die Möglichkeit, unser höheres Wesen zu verwirklichen. Eine Überschätzung dieses menschlichen Vermögens ist nicht denkbar, weil wir alle Kraft dieses Vermögens zusammennehmen müssen zur Erkenntnis seiner selbst. Das höhere Ich trägt die Erinnerung der Vergangenheit und die Verantwortung für die Zukunft. Was so als Gewissen wesenhaft wirkt, verblaßt im Intellekt zu den Zeitbegriffen von Vergangenheit und Zukunft. Andererseits wird das Wachstum im organischen Bereich mit den Begriffen Vergangenheit und Zukunft erfaßt. Und wachsend und vergehend erscheint hier ein Wesen und mit ihm seine ihm eigene Zeit. Zeit tritt erst da auf, »wo das Wesen einer Sache in die Erscheinung tritt«.

Solche Aussagen erschließen sich schrittweise einem behutsamen, beweglichen und selbständigen Denken. Den Gebrauch der *Zeitbegriffe* hat der Mensch erst allmählich erlernt. Die Worte Vergangenheit und Zukunft sind erst spät in der Bewußtseinsentwicklung der Menschheit gebildet worden, erst im 18. Jahrhundert. Dabei entstanden auch falsche Vorstellungen. Die Vorstellung der Zeit als eines leeren Gefäßes, das durch die Ereignisse gefüllt wird, ist zwar allgemein üblich, jedoch nicht zutreffend.

Das Zeiterleben des Menschen tritt gleichzeitig mit seinem bewußten Sich-selbst-Erleben auf. Beide steigern sich gegenseitig. Die Zeit quillt aus dem sich in der Erscheinungswelt verwirklichenden Wesen des Menschen hervor. Nennen wir dieses Wesen des Menschen sein »Ich«, dann kann man sagen, *das Ich ist der Quell der Zeit.* Hieran wird deutlich, daß die Redensarten: keine Zeit haben, Zeit gewinnen, – verlieren, – vergeuden, – stehlen, – rauben, Zeit ist Geld und andere jeweils auch eine Aussage über unser Ich als den Quell der Zeit machen. Es kann ermessen werden, daß viele dieser Redensarten im letzten Grunde das Ich verneinen. In einer Zeit, in der man sagt: Ich habe keine Zeit, ist das Ich des Menschen in Gefahr. Wenn wir uns aber Zeit nehmen, uns und anderen Zeit lassen und Zeit geben, wofür wir Zeit brauchen; wenn wir Zeit haben, unser wahres Wesen zu zeitigen, dann dürfen wir begründete Hoffnung haben, das Zeitliche einmal wahrhaft segnen zu können.

4. Der Atem des Menschen, Rhythmus

Das Leben des Menschen erscheint am deutlichsten in Herzschlag und Atem. Haben beide aufgehört, dann hat das Ich keine Möglichkeit mehr, aus seinem Wesen heraus durch Vermittlung des Leibes in die Welt der sichtbaren Erscheinungen hineinzuwirken. Unmittelbare Wirkungen von Wesen zu Wesen sind davon nicht berührt. Für eine

Betrachtung der Zeiten ist die Erscheinungswelt als Feld des Entstehens und Vergehens entscheidend. Es soll nun der Atem des Menschen im Blick auf seine wichtigsten Erscheinungsweisen betrachtet werden. Da ist zuerst der einzelne Atemzug. Er hat seinen Anfang im Heben des Brustkorbes, unter Mitwirkung des Zwerchfells. Dadurch wird der Lungeninnenraum erweitert. Luft strömt von außen nach und füllt den entstehenden Innenraum sofort aus. Der Sauerstoffaustausch im Blut kann sich vollziehen. Ein Höhepunkt ist erreicht, und die Umkehr erfolgt. Die veränderte Luft wird in dem umgekehrten Prozeß nach außen gepreßt bis zu einem Tiefpunkt in dem polaren Geschehen. In einer je nach Alter verschieden langen Pause erfolgt die Wende. Damit ist das Ende des ganzen Ablaufes erreicht. Ein neuer Atemzug hebt an. Er ist dem vorangegangenen so ähnlich, daß man sich angewöhnt hat, von Wiederholung zu sprechen.

Zunächst ist jedoch wichtig, die Aufmerksamkeit darauf zu lenken, daß der einzelne Atemzug ein *polares* Geschehen zwischen zwei Umkehrpunkten ist. Polar ist dabei die Richtung des Atemstromes, das wechselweise Empfinden von Spannung und Entspannung (Saugen und Pressen) und das begleitende zarte Erleben im Seelenbereich. Goethe hat dies im »West-östlichen Divan« beschrieben:

»Im Atemholen sind zweierlei Gnaden:
Die Luft einziehen, sich ihrer entladen;
Jenes bedrängt, dieses erfrischt;
So wunderbar ist das Leben gemischt.
Du danke Gott, wenn er dich preßt,
Und dank' ihm, wenn er dich wieder entläßt.«

Jeder Atemzug erscheint in der Sinneswelt zeitlich als Werden und Vergehen, d.h. mit deutlichem Anfang und Ende. Das polare Spannungsfeld zwischen den Extremen wird werdend und vergehend immer wieder ausgeglichen, um sich von neuem aufzubauen. Die jeweilige Umkehr wird aus dem Geiste bewirkt. Es ergibt sich als erstes Kennzeichen sowohl des Atems als auch der mit allem Leben zugleich erscheinenden Zeit: *Polarität und Ausgleich.*

Der zweite wesentliche Vorgang besteht darin, daß sich dieses Anfangen und Zu-Ende-Kommen von Polarität und Ausgleich eines Atemzuges in fast gleicher Weise – wie wir sagen – »wiederholt«. Im Vergleich mit Vorgängen im Bereich der Mechanik und der Maschine muß man hier behutsamer und damit sachlicher im Wortgebrauch sein, als dies gemeinhin geschieht. Wenn man die sich folgenden und einander genau gleichenden Umläufe von Maschinenrädern Wiederholungen des ersten Umlaufes nennt, dann sollte dieses Wort im Bereich des Lebendigen nicht gebraucht, sondern durch ein zutreffenderes ersetzt werden. Man könnte dann den Atemzug als lebendiges Wiedererstehen des vorangehenden oder besser als Erneuerung bezeichnen. Es wird aber nicht das genau Gleiche, sondern nur das sehr Ähnliche erneuert. Im Leben ist kein Blatt eines Baumes dem andern gleich, sondern ähnlich. Nur in der Fabrikation verlangt man völlige Gleichheit der Produkte. Eine Maschine muß exakt in allen Teilen die *Wiederholung* des ganz Gleichen leisten. Jeder Motor muß im Takt laufen. Nicht so im Bereich des Lebens. Der Ausgleich von polaren Spannungsfeldern geschieht hier in verbindender, vermittelnder Weise durch Erneuerung ähnlicher Vorgänge. Man spricht im Bereich des Lebens von Kreislauf, Periode, Rhythmus. Vom Rhythmus einer Maschine läßt sich nicht sprechen, wenn dieses Wort im Sinne von stetiger Erneuerung gebraucht wird, sowenig wie das Wort Takt im Sinne von Wiederkehr des gleichen im Bereich des Lebens sinnvoll verwendet werden kann. Es ist das Verdienst von Ludwig Klages[2], den *Unterschied zwischen Rhythmus und Takt* herausgearbeitet zu haben. Er charakterisiert den Takt als die Reihe »mit der identisch wiederholbaren Spanne« (95, S. 54). Der Takt wird von der Regel beherrscht. Deshalb geht ein Metronom regelmäßig, d.h. genau im Takt. Eine Wiege dagegen schwingt im Rhythmus. Er erneuert ähnliche Bewegungen durch polaren Ausgleich. Klages charakterisiert ihn als »polarisierte Stetigkeit«. Damit sind *Polarität* und *Periodizität* auch als Kennzeichen des Atems bestimmt. In Tag und Stunde mit ihrem jeweiligen Anfang und Ende sind Polarität und Periodizität Kennzeichen des Zeiterscheinens in allem Leben. Die Periodizität nennen wir hier *stetige Erneuerung*.

Ein Drittes kommt hinzu. Die Dauer und die Intensität der Atemzüge kann noch weit über die gewöhnliche Spanne ihrer rhythmischen Beweglichkeit hinaus verändert werden. Wenn wir eine Treppe hinaufgehen oder eine Last tragen, beschleunigen sich Puls und Atem. Hört die Anstrengung auf, dann beruhigen sie sich allmählich wieder bis zum normalen Gang. Diese *elastische Anpassungsfähigkeit* ist jedem Lebensrhythmus eigen. Anpassung ist der dritte wichtige Sachverhalt im Vorgang des Atmens. Sie ist zugleich ein Kennzeichen des Zeiterlebens. Hier ist die Anpassung allerdings verborgener und mehr ein innerliches Erlebnis. Das zeigt sich in der Erfahrung, daß dem tätigen Menschen die Zeit schneller verrinnt und viel umschließt, während sie für den trägen und untätigen langsam geht und leer bleibt. Der Atem des Menschen und die erlebte Zeit haben als die dreifache Weise ihrer Erscheinung gemeinsam:

Polarität und Ausgleich
Stetige Erneuerung
Elastische Anpassung.

Dies sind die drei Kennzeichen aller zeitlichen Lebensvorgänge und im besonderen des Atems. Zeiten, Leben und Atem erscheinen rhythmisch. Die drei dargestellten Sachverhalte umschreiben deshalb zugleich das Wesen des Rhythmus. Zum Problem des Rhythmus sagt WALTER BÜHLER u. a.: »Der Rhythmus tritt stets nur im Spannungsfeld von Polaritäten in Erscheinung und spielt dabei eine verbindende, vermittelnde Rolle ... Ohne die Vermittlung des Rhythmus kann die Idee des Ganzen, die sich fast immer an Gegensätzen entzündet und in ihnen verankert, nicht vollkommen in Erscheinung treten« (20, S. 27). Damit wird der Rhythmus als Band zwischen Wesen und Erscheinung, zwischen Kosmos und Erde, zwischen Geist und Leben beschrieben. Die Ergebnisse der Rhythmusstudien von KLAGES sind durch die Arbeiten von WALTER BÜHLER und die Forschungen von THEODOR SCHWENK und anderen ergänzt und weitergeführt worden. Durch diese Arbeiten werden die Entsprechungen von Rhythmen und kosmischen Sachverhalten aufgezeigt, »und man kann beginnen, auch die kosmische Rhythmus-Schau, die Klages in die Ausdruckskunde hineinbrachte, im angemessenen Licht zu sehen« (212, S. 21). Das hat Roda Wieser in ihrem gründlichen Werk »Rhythmus und Polarität in der Handschrift« klar herausgestellt. Außerdem hat sie auf die neuere Herleitung des Wortes *Rhythmus* aus dem Griechischen und auf seinen Bedeutungswandel aufmerksam gemacht. Dadurch werden Mißverständnisse aufgelöst, und der vielschichtige Gebrauch des Wortes Rhythmus erhält eine sinnvolle Ordnung. Werner Jaeger geht in seinem großen Werk über die Erziehungskunst der Griechen »Paideia« vom ältesten bekannten Vorkommen des Wortes Rhythmus (= rhythmos) bei Archilochos (7. Jahrh. v. Chr.) aus: »Erkenne, welcher Rhythmus den Menschen in seinen Banden hält« (s. o. S. 22). Jaeger sagt zu der üblichen Ableitung des Wortes Rhythmus von rheo = fließen: »Sie wird durch die klaren Tatsachen der Wortgeschichte widerlegt ... Daß der Rhythmus die Menschen ›hält‹ – ich habe geradezu übersetzt ›in Banden hält‹ –, schließt jeden Gedanken an einen Fluß der Dinge aus ... und die Uranschauung, die der griechischen Entdeckung des Rhythmus in Tanz und Musik zugrunde liegt, ist gleichfalls nicht das Fließen, sondern umgekehrt Halt und feste Begrenzung der Bewegung.« Des weiteren weist Roda Wieser auf Jost Trier hin, der in einem Aufsatz »Rhythmus« Plato zitiert: »Die Götter als unsere Festgenossen spenden das Gefühl für Rhythmus und Harmonie, mittels dessen sie unsere Bewegungen und Reigen (choroi) leiten, indem sie durch Gesänge und Tänze uns zu Gruppen vereinigen.« Trier fährt fort: »Hier haben wir alle entscheidenden Züge beisammen: die feiernde Gruppe, das Gemeinschaftserlebnis, den Reigen des chorós, das Lied des Chors, den rhythmós und sogar die Festesfreude, die Feierstimmung der chará.« Chor und Freude entstammen »der zäunenden Hegung des feiernden Rings ... In diesen hegenden Ring stellt Plato auch den rhythmós. Nach Plato sind wir mit rhythmós also ... im hegenden Ring der feiernden Gemeinde«. Sinnentsprechend gehört das Wort Rhythmus nicht zu fließen, sondern zum »Zaun und hegenden Ring. ›Rhythmós‹ ist ›Gezäune‹, ›Kreislauf‹, ›Tanz‹ und von daher ›Bewegungsordnung‹ ...« (212/1, S. 25). Der fundamentale Zusammenhang des Rhythmus mit dem Wort, dem Lied, der Musik und dem Tanz ist hier deutlich ausgesprochen. Die kleinste rhythmische Einheit in der Sprache ist der aus mindestens einer Hebung und Senkung bestehende Versfuß. Seine Hauptformen sind: der Jambus (◡–), der Trochäus (–◡), der Anapäst (◡◡–) und der Daktylus (–◡◡) sowie ihre Variationen. Sie entstammen der rhythmischen Organisation des Menschen, genauer dem Rhythmenverhältnis zwischen Atem und Blut (1 :4, wie es unten beschrieben ist). Diese Seite der rhythmischen Verhältnisse ist Gegenstand der Metrik, Poetik und der Musik (115).

Rudolf Steiner hat die geistigen Bewegungsordnungen, aus denen die Laute der Sprache und die Töne der Musik hervorgehen, aus übersinnlicher Anschauung beschrieben. Dadurch konnte eine neue Kunst, die *Eurythmie* geschaffen werden. Das griechische »eu« kann mit gut, glücklich, heil wiedergegeben werden. Im Anschluß an die Ausführungen zu dem Wort Rhythmus kann daher Eurythmie auch mit »gute Bewegungsordnung« wiedergegeben werden.[3] Die ureigenen Offenbarungen der Sprache und der Musik werden durch die Bewegungskunst der Eurythmie in ungeahnter Weise verstärkt, indem sie sichtbar gemacht werden. Diesen Wesenszusammenhang mit den Bewegungen des Menschen hat Rudolf Steiner in vielen Ausführungen über die »Eurythmie als sichtbare Sprache« dargestellt: »Der Mensch ist eine Form, die aus Bewegung hervorgegangen ist. Eurythmie ist die Fortsetzung des göttlichen Bewegens, des Formens des Menschen. Durch sie kommt der Mensch näher an das Göttliche heran als er es ohne Eurythmie kann« (186).

In jedem Rhythmus lebt etwas von dieser »Fortsetzung des göttlichen Bewegens«. Es ist deshalb nur folgerichtig, daß dieses göttliche Bewegen im Rhythmus dreifaltig erscheint. Die Polarität und ihr Ausgleich ereignet sich im Raume, der als Vateroffenbarung der Trinität betrachtet werden kann. Alfred Schütze hat dies in seinem Buch »Vom Wesen der Trinität« (Stuttgart 1954) ausgeführt. Die stetige Erneuerung ist die Offenbarung des Sohnes im Zeitlichen. Und die elastische Anpassung verweist auf die Beweglichkeit eines dynamischen Denkens, das in Überwindung des nur statischen Denkens früherer

Zeiten ein Bewußtsein heraufführt, das sich als Geistoffenbarung der Trinität erweist.

Unter allen Lebensvorgängen zeigen *Blut* und *Atem* die rhythmischen Erscheinungen besonders deutlich. Durch ihr Zusammenwirken wird der lebenswichtige Sauerstoff dem menschlichen Organismus zugeführt. Das Leben des Mikrokosmos Mensch wird mit dem des Makrokosmos Erdatmosphäre verbunden. Der Sauerstoff der Luft ist dabei der Träger des Welterlebens (67, S. 52f.). Über das Zusammenwirken von Blut und Atem sagt der Arzt RICHARD SCHUBERT: »Atmung und Blutkreislauf sind engverschwisterte Vorgänge, die deswegen besonders interessant sind, weil sie als rhythmische außerdem zueinander in einem Maßverhältnis stehen, das wir innerhalb des Organismus auch in dessen anatomischen Formbeziehungen, in chemischen Vorgängen und in Gewichtsverhältnissen wiederfinden. Es handelt sich um das Grundverhältnis 4 zu 1, indem auf die Zeit eines Atemzuges jeweils 4 Pulsschläge entfallen. In der anatomischen Bildung der beteiligten Organe drückt sich diese Proportion wiederum darin aus, daß von der Lunge her 4 Lungenvenen in das linke Herz münden, während die große Körperschlagader als einziges Gefäß das linke Herz verläßt. In das rechte Herz münden obere und untere Hohlvene, die aber je die Impulse zweier Körperhälften, im ganzen 4 Impulse, zum Herzen hinleiten, während wiederum nur eine Lungenschlagader das rechte Herz verläßt. Auch in der Chemie der Atmung treffen wir auf das gleiche Grundverhältnis: die Atmungsluft mit 80 % Stickstoff und 20% Sauerstoff enthält viermal so viel Stickstoff als Sauerstoff, so daß dem leicht entzündlichen, die Verbrennungsprozesse beschleunigenden Sauerstoff eine viermal stärkere auslöschende, verlangsamende Kraft des Stickstoffs entgegenwirkt. Dem enspricht dann wieder, daß das Blut in der Zeit eines Atemzuges viermal in die Lunge vorstoßen muß, um sein Sauerstoffbedürfnis zu befriedigen. Ein weiteres Beispiel lehrt, daß die schwerere Gehirnanhangdrüse (Hypophyse) und die leichtere Zirbeldrüse (Epiphyse), die in ihrer Gegensätzlichkeit das gesamte Stoffwechsel- und Wachstumsgeschehen mitregulieren, in einem Gewichtsverhältnis von 4 : 1 stehen« (233).

Dieses Zahlenverhältnis wird uns noch öfter begegnen. Hier ist es zunächst im Organismus des Menschen beschlossen. Aber durch den Atem besteht auch ein Zahlenverhältnis zwischen Mensch und Erde, wobei eine Erdenumdrehung als ein *Erden-Atemzug* betrachtet wird. Dabei ist das Zeitmaß der Erde 24 Stunden zu je 60 Minuten, also 1440 Minuten/Tag. Mit 18 Atemzügen in der Minute tut der gesunde Mensch $24 \times 60 \times 18 = 25\,920$ Atemzüge in einem Tag. Die gleiche Zahl, die sich hier in dem Verhältnis zwischen Menschenatem und Erdentag ergibt, begegnet uns wieder in dem Weltenatem der Präzession mit 25 920 Jahren. (Dieser umfassende Rhythmus des Sonnenumganges im Tierkreis wird S. 289 ff. beschrieben.) Der rhythmische Zusammenklang von Mensch, Erde und Kosmos klingt schon hier erstmalig auf. Mensch und Kosmos sind über die Erde unlösbar miteinander verbunden und aufeinander abgestimmt. Sogar in der Blutwelle = Puls oder Herzschlag mit 72 Schlägen in der Minute klingt eine Teilschwingung des großen Sonnenrhythmus auf.[4] Der Blutkreislauf der roten und weißen Blutkörperchen hingegen zeigt sich – nach Richard Schubert – von einem mondgemäßen Rhythmus mit der Zahl 28 beherrscht.

Das Zusammenspiel von Atem und Blut des Menschen mit Erde und Kosmos ist lebentragend. Es kann deshalb nicht ohne Gesundheitsschäden über den Atem beliebig beeinflußt werden. Eingriffe in diese Rhythmen durch Drogen, Yoga oder andere rhythmusändernde Atemübungen führen meist zu schweren Störungen. Der Psychiater FRIEDRICH HUSEMANN berichtet über Atemübungen, bei denen der Rhythmus verändert wird: »...ich habe tiefgehende Veränderungen der Persönlichkeitsstruktur gesehen, die kaum wesentlich zu korrigieren waren« (78, S. 34). Moderne Meditationsübungen sind solche, die nicht mit dem Organismus des Leibes, sondern in Selbsterkenntnis mit Seele und Geist üben. Sie wirken harmonisierend auf die Rhythmen des Lebens zurück, gehen aber nicht von deren Veränderung aus. RUDOLF STEINER hat diese Art Meditation beschrieben (162, 163). »Der Morgenländer sagt: Ausbilden des physischen Atmens; der Abendländer sagt: Ausbilden des geistig-seelischen Atmens in dem Erkenntnisprozeß durch Wahrnehmen und Denken« (195, 3.10.20).

5. Zeitmessung, Uhren

Die Zeit kann man nicht sehen und nicht greifen. Was man nicht sehen und nicht greifen kann, trotzdem messen und zählen zu wollen und zu können, ist eine Großtat menschlichen Denkens. Wie hat der Mensch die geistige Leistung vollbracht, die Zeit zu messen und zu zählen?

Die Menschen der Frühzeit haben den Sonnenlauf beobachtet und den Gang der Sonne über markante Geländepunkte zu bestimmten Zeiten bemerkt und sich eingeprägt. Wo die natürlichen Horizontmarken fehlten, wurden sie durch aufgestellte Steine ersetzt. Besonders in Gebirgsgegenden gibt es Berge, die heute noch den Mittagsnamen tragen. Es sind Dutzende solcher zeitweisender Bergnamen aufgefunden und ihre Beobachtungsorte vermessen worden (222). Die Sextener »Uhrenberge« im Pustertal haben einen Neuner-, Zehner-, Elfer-, Zwölfer- und Einserkofel (Kofel oder Kogel bezeichnet eine Bergkuppe). Vor 4000 Jahren hat man bei Hallstatt in der Nähe des Eingangs zum Salzbergwerk, wo heute der Rudolfsturm steht, den Sonnenlauf über dem südöstlichen Bergkranz beobachtet und die Spitzen entsprechend benannt. Auch bei Goisern und am Wolfgangsee im Salzburger Land gibt es solche Zwölferkogel. Es wurde nicht nur der Lauf der Sonne, sondern auch die Veränderung und Länge des Schattens beobachtet. Daran hat der Mensch vermutlich die Zeit so gemessen, daß er die Länge des eigenen Schattens abschritt, indem er Fuß vor Fuß setzte. Es war dann nicht sieben Uhr, sondern sieben Fuß. Das war vermutlich die allererste *Sonnenuhr*. Dann wurde ein Stab, ein Stein mit aufgesetzter Spitze oder gar ein Obelisk als Schattenwerfer benützt. Horizontale Steinplatten mit eingeritzten Marken waren das noch nicht kreisförmige Zifferblatt. Die Griechen nannten den Schattenwerfer: Gnomon = Schattenweiser. Für genauere Messungen hat man zur Vermeidung des Halbschattens den Sonnenstrahl durch eine feine Bohrung an der Spitze des Gnomons fallen lassen. Im Gegensatz zu den üblichen Sonnen-*Schattenuhren* sind dies Sonnen-*Lichtuhren*. Die Lehre von den Sonnenuhren = Gnomonik ist ein zentrales Stück

Kulturgeschichte der Menschheit. Das zeigt sich u.a. an den jahreszeitlich verschieden langen Stunden des Lichttages und ihren Auswirkungen im alltäglichen Leben. Diese *elastischen* Stunden wurden griech. horai kairikai, lat. horae inaequales und später Temporal-, Planeten- oder Jüdische Stunden genannt. Erst die mechanischen Uhren konnten für Tag und Nacht gleichlange Stunden angeben. Bis zu ihrer Erfindung und weiteren Verbreitung wurden besonders in Klöstern die Temporalstunden beibehalten. Das änderte sich erst im 15. und 16. Jahrhundert. Zur Zeit der Tagundnachtgleiche ist der zwölfte Teil des Lichttages und der der Nacht gleichlang. Deshalb hat man diese gleichlangen Stunden griechisch horai ishemerinai, *Äquinoktialstunden* genannt. Der ganze Tag von zweimal zwölf Stunden hieß griech. nychthemeron = Nachttag. »Die Alten mit ihren langen Sommer- und kurzen Wintertagstunden schmiegten sich elastisch dem Wechsel der Natur an. Wir mit unseren gleichbleibenden Äquinoktialstunden vergewaltigen die Natur, was ja auch wieder zu Mißständen führt (Sommerzeit)« (27, S. 162).

Im Altertum gab es neben den Horizontaluhren mit waagrechtem Zifferblatt die Vertikaluhren mit dem Zifferblatt an senkrechten oder schrägen Wänden. Der achtseitige Turm der Winde aus dem 1. Jahrhundert v. Chr., der noch heute in Athen auf dem alten Marktplatz steht, trug sogar mehrere öffentliche Vertikal-Sonnenuhren. Auch Äquatorialuhren, deren Stundenring in der Äquatorialebene lag und deren Gnomon die Richtung der Erdachse hatte, wurden im Altertum schon gebaut (vgl. S. 284). Weit verbreitet war die Skaphe = Becken, eine Sonnenuhr, deren Schattenstrich an einer Stundenteilung auf der Innenfläche einer Halbkugel aus Stein oder Metall ablesbar war. Auch Taschensonnenuhren für die Reise gab es in vielerlei Ausführungen. Tibetanische Mönche benützen heute noch ihre achteckigen Wanderstäbe mit Querstab zum Messen der Zeit. Diese Methode ist auch aus dem ältesten Ägypten bekannt. Zur Stern- und Zeitmessung haben die Alten noch mancherlei andere Instrumente nach dem Prinzip der Sonnenuhr erfunden. Dazu gehören der Quadrant, oder der Sextant, ein Viertels- oder Sechstelskreis mit Gradeinteilung und Visierarm. Ähnlich wird das Astrolabium, wörtlich Sternfänger, als Gestirnmeßgerät gehandhabt. Komplizierter ist die Armillarsphäre (von armilla = Armband), eine Ringkugel aus Metall, an der viele Zeitmaße ablesbar sind. Man hat sogar solche zum Nachstellen der Präzession (vgl. S. 285) um wenige Millimeter für ein Jahrhundert gebaut.[5] Die Griechen nannten derartige Uhren horologion = Stundenleser, und die Sonnenwarten hießen heliotropion = Sonnwendanzeiger.

Auch die großen und weitläufigen *Kalenderbauten* aus alter und neuerer Zeit müssen hier erwähnt werden, weil sie ebenfalls Sonnenuhren sind. Es sind sehr viele Sonnen- und Mondwarten aus prähistorischer Zeit gefunden und vermessen worden. Unter den europäischen Großsteinbauten sind die bedeutendsten: Stonehenge in England, Carnac in Frankreich und die Externsteine in Deutschland. Im alten Ägypten gab es Stufen- und Streiflichtsonnenuhren, an denen die Treppen- und Mauerkanten mit ihren Schatten die Zeit anzeigten. Auch die Cheopspyramide ist neben anderen Bestimmungen eine nach astronomischen Berechnungen ausgerichtete Sonnenuhr. In Mexiko, Peru und Bolivien sind, meist hoch in den Bergen, vorkolumbianische Sonnen- und Mond-Observatorien und die zugehörigen Tempelanlagen entdeckt, vermessen und beschrieben worden (126, 127). Kaiser AUGUSTUS hat im Jahre 9 v. Chr. in Rom auf dem Marsfeld eine riesige Sonnenuhr, das »Solarium Augusti«, errichten lassen. Den Schattenwerfer bildete ein aus Ägypten herbeigebrachter Obelisk von 30 m Höhe mit einer Kugel auf seiner Spitze. Als Zifferblatt diente ein großer mit Steinplatten belegter Platz. Die Stunden- und Monatslinien waren darin in vergoldeter Bronze eingelassen. Das ganze war so berechnet und vermessen, daß am 23. September, dem Geburtstag des Kaisers, die Spitze des Schattenwerfers in gerader Linie genau auf die Mitte des dort errichteten Friedensaltars zulief (93). Die vielseitigsten monumentalen Zeitmeßinstrumente wurden in Indien und noch im 18. Jahrhundert in Delhi und 250 km südwestlich davon in Jaipur errichtet. Dort ist das Samrāṭ Yantra, der Name bedeutet »wichtigstes Instrument«, eine Äquatorial-Sonnenuhr von riesigen Ausmaßen. Der Gnomon ist ein rechtwinkliges Mauerdreieck, dessen Hypotenuse mit einer Schiefe von 26° 53′ zum Horizont parallel zur Erdachse verläuft und zum Himmelspol weist. Diese Mauer ist die genau süd-nördlich verlaufende Meridianwand. Sie ist 2,70 m breit und erhebt sich auf einer Grube bis zur Höhe von 27,356 m. Die zum Ablesen des Schattens rechts und links anschließenden Quadranten bilden einen 2,838 m breiten Reif aus poliertem Marmor, dessen Radius 15,189 m beträgt. Dieser Quadrantenreif verläuft parallel zum Äquator. Der genaue Augenblick des Mittagsstandes der Sonne ist dann erreicht, wenn der riesige Gnomon für einen Moment keinen Schatten auf den Quadranten wirft (Abb. 2). Der Erbauer dieser Sternwarte von Jaipur, Jai Singh II., orientierte sich an der Sternwarte des »Ulug Beg«, des Großfürsten in Samarkand, West-Turkestan. Der Träger dieses Titels, Muhammad Taragaj (1394–1449), »war hochgebildet, gründete eine Moscheehochschule und erbaute in Samarkand ein riesiges Observatorium, dessen Fertigstellung mit dem Jahr 1437 angegeben wird und dessen Überreste 1907 durch den russischen Archäologen V. L. Vjatkin entdeckt wurden« (93, S. 12). Die Ausgrabungen legten einen ziegelsteingemauerten Quadranten frei, dessen Beginn unter der Erdoberfläche in einer Breite von 2,5 m als senkrechter Schacht in den gewachsenen Felsen gehauen ist. Der Radius dieses Riesenquadranten beträgt 40,10 m, und die Höhe des Observatoriums wird mit derjenigen der Hagia Sophia in Byzanz, also mit rund 60 m angegeben. Solche Bauwerke sind besonders anschauliche Beispiele für den mit jeder Zeitmessung verbundenen Versuch, Raum und Zeit auszutauschen und ineinander umzuwandeln.[6]

Da mit größeren Instrumenten die Meßgenauigkeit zunimmt, hat Tycho Brahe (1546–1601) auch in Europa, in Augsburg und in Uraniborg bei Kopenhagen, zwei Mauerquadranten errichten lassen. »Die für damalige Zeit erstaunliche Genauigkeit der so erzielten Meßergebnisse war Voraussetzung dafür, daß Johannes Kepler, der Schüler und Nachfolger Brahes, seine fundamentalen Planeten-Gesetze formulieren konnte« (93, S. 12). Auch heute werden noch wertvolle und genaue Sonnenuhren gebaut. So hat Lothar M. Loske (112) für die öffentlichen Anlagen der Stadt Frankfurt a. Main eine Äquatorial-Sonnenuhr in einer Armillar-Sphäre (Ringkugel) von 3,50 m Durchmesser konstruiert und mit gebaut (Abb. 3). Ähnliche von ihm entworfene Instrumente stehen in Basel vor der Mustermesse und in Mexiko. Auf einem verkleinerten Exemplar dieser Art lassen sich folgende Zeitmaße ablesen:

1. Wahre Sonnenzeit
2. Mittlere Sonnenzeit
3. Wahre und mittlere Sonnenzeit des maßgeblichen Normalzeit-Meridians
4. »Weltzeit« – Meridian von Greenwich
5. Sämtliche Zonenzeiten auf der Erde
6. Polhöhe und Neigung der Erdachse
7. Sonnenhöhe und Stand im Tierkreisring.

Auch die *Wasseruhr* reicht in sehr alte Zeiten hinauf. In ihrer einfachsten Form bestand sie aus einer kleinen bronzenen oder eisernen Schale, die auf dem Wasser schwimmen konnte. Durch ein feines Loch im Boden der Schale sickerte langsam Wasser ein. Zum Messen einer bestimmten Zeitspanne ließ man das Schälchen vollaufen, bis es untersank. Eine Verbesserung dieser Sinkwasseruhren, die als Kahnuhren vereinzelt auch heute noch in Gebrauch sind, bestand in eingravierten Marken auf der Innenseite. Daran konnte der Stand des langsam steigenden Wasserspiegels und damit die entsprechende Zeit abgelesen werden. Nach einem ähnlichen Prinzip arbeitete die Klepshydra der Alten. Der Name Klepshydra = Wasserdieb bezeichnet zunächst ein Küchengerät. Es war ein bauchiges Gefäß, dessen Boden siebartig mit feinen Löchern durchbrochen war. Der dünne Hals oder ein Loch in dem hohlen Henkel konnten mit dem Daumen zugehalten werden. Tauchte man ein solches Gefäß, so lief das Wasser ins Innere. Durch Zuhalten des Loches konnte man das Wasser, nach dem Prinzip des Stechhebers, unbemerkt entnehmen. Die Klepshydra als Uhr hatte zum Eingießen des Wassers die größere Öffnung oben und unten seitlich oder im Gefäßboden ein feines Loch oder Abflußröhrchen. Nach Abfluß des Wassers war eine bestimmte Zeit vergangen. Dann mußte man nachfüllen. Die Wasseruhr wurde zum Beispiel bei Gerichtsverhandlungen derart verwendet, daß dem Ankläger, der Verteidung und dem Richterkollegium das je gleiche Quantum Wasser = Zeit zugebilligt wurde. Bei Verlesungen von Zeugenaussagen und ähnlichen Unterbrechungen wurde »die Uhr« auf den Ruf: epilabe to hydor = halte das Wasser an, vom Wasserwart gestoppt. Auch für die Wachablösung der Soldaten wurde die Wasseruhr benutzt. Um zwischen Anfang und Ende eines solchen Zeitmaßes die Stunden zählen zu können, wurde in das Auslauf- oder das Einlaufgefäß ein Schwimmer eingelegt, auf dem ein Zeiger befestigt war. Der sich senkende oder hebende Wasserspiegel führte den Zeiger an einem linealartigen, zur Ablesung der Stunden eingeteilten Zifferblatt entlang. Die täglich wechselnde Länge der Lichtstunden wurde im griechisch-römischen Altertum durch auswechselbare, je anders graduierte Zifferblätter berücksichtigt. In dem erwähnten Turm der Winde in Athen war eine derartige öffentliche Normal-Wasseruhr aufgestellt. Auf der Spitze des Daches drehte sich ein bronzener Triton als Windfahne, der seinen Stab über einen der acht unter dem Gesims plastisch abgebildeten Hauptwinde ausstreckte.

Platon hatte in seiner Akademie im Garten des Akademos nicht nur eine Sonnenuhr für den Tag, sondern auch eine Nachtuhr, die durch einen Flötenton die Genossen und Schüler in frühester Morgenstunde aus ihren Schlafräumen zu den Vorlesungen und Übungen herbeirief. Eine komplizierte Vorrichtung mit Drucklufterzeugung durch Überlaufwasser brachte den Pfeifton hervor (27, S. 200). (Aus diesem Wecker ging der wenig später einsetzende Orgelbau hervor.) Der römische Baumeister und Ingenieur Vitruvius widmete um 25 v. Chr. dem Kaiser Augustus sein Werk: »De Architectura«, in dem neben der Baukunst auch die Konstruktion von Uhren und Maschinen beschrieben wird. Vitruv berichtet von Wasseruhren, bei denen aus Türchen Figuren hervortraten und sich bewegten. Es gab viele Varianten solcher Spieluhren durch Wasserkraft. Aus späterer Zeit weiß man, daß Theoderich (493–526 König der Ostgoten) in Italien zwei *Figuren*-Uhren bauen ließ. Zur selben Zeit errichtete ein unbekannter Künstler in Gaza auf dem Markt ein tempelartiges Gebäude, in dem eine große, höchst komplizierte Figurenuhr untergebracht war. Um den stundenschlagenden Herakles waren vielerlei sich bewegende mythische Gestalten angeordnet. Im 9. Jahrhundert sandte HARUN AL RASCHID aus Bagdad an KARL DEN GROSSEN in Paderborn eine Figurenuhr. EINHARD, der Biograph Karls des Großen, beschreibt diese Wasseruhr. Nach jeder abgelaufenen Stunde fiel ein metallenes Kügelchen in eine Bronzeschale (cimbalum) und gab so die zwölf Stunden des Tages und der Nacht an. Gleichzeitig öffneten sich der Reihe nach 12 Fenster, und Ritter sprengten daraus hervor und wieder zurück.

Auch *Schlaguhren* anderer Art kannte man schon im Altertum. Man hat Kerzen abbrennen lassen, in die in Abständen Metallkugeln eingefügt waren. Beim Schmelzen des Wachses fielen die Kugeln in eine Bronzeschale, und so schlug die Uhr. Kerzenuhren sind vermutlich eine chinesische Erfindung. In China gab es noch andere Arten solcher Wecker-*Feueruhren* (Abb. 4). Dabei ließ man meist einen leicht und langsam glimmenden Stoff von der Art einer Zündschnur abbrennen. In entsprechenden Abständen brannte diese Zündschnur einen quer zu ihr gelegten Faden durch, an dem kleine Metallkugeln hingen, die dann in ein klingendes Becken fielen. Um 875 hat man am Königshof in England die Zeiten durch Abbrennen dicker, mit einer Skala versehener Kerzen gemessen.

Vor der Erfindung der Räderuhr wurden zur Zeitmessung in elementarer Weise Feuer, Licht, Schatten, Wasser, Öl und feste Materie (Sand) verwendet. Obwohl der italienische Schriftsteller MARTINELLI im Jahre 1665 in einer Abhandlung über die *Sanduhr* diese als etwas ganz Neues darstellt, hat man aus dem Jahre 1339 ein schriftliches Rezept zur Herstellung von Uhrensand. Sicher ist auch, daß schon HERON VON ALEXANDRIEN (um 125 v. Chr.) zur Gewichtsverlagerung in seinen Spielautomaten Sand, Hirse- oder Senfkörner verwendet hat. Die Verbreitung der Sanduhr, des *Stundenglases*, ist mit der Vervollkommnung der Glasbläserei eng verbunden. Ende des 17. Jahrhunderts war Nürnberg eine Zentrale der Sanduhrmacher, deren letzten das Adreßbuch von 1812 dort verzeichnet. Eine bestimmte Zeitspanne wird mit der Sanduhr an der durchgelaufenen Menge Sand gemessen.

Als Eieruhren sind derartige Chronometer heute noch in Gebrauch. Das Stundenglas war auf See wegen des Schlingerns der Schiffe der geeignetste Zeitmesser. Die Sandmenge war für eine halbe Stunde abgemessen. Wenn ein »Glas« leer gelaufen war, wurde es gewendet (getörnt) und die halbe Stunde durch Glockenschlag angezeigt. Dieses halbe Stundenschlagen heißt noch heute »Glasenschlagen« oder kurz »Glasen« vom Stundenglas der Sanduhr. »Acht Glas« waren vier Stunden = eine Wache. Auch auf Kanzeln wurden Sanduhren angebracht zur Beachtung einer angemessenen Predigtlänge. Bei den *Öluhren* zeigte der durch den brennenden Docht sinkende Ölspiegel über Marken am Glase die verflossene Zeit an.

Ein wichtiger Einschnitt in der Zeitmessung ist dort zu sehen, wo man von der kontinuierlichen Sonnen-Schattenbewegung, dem durch eine dünne Röhre rieselnden Wasser, dem brennenden Öl, der Kerze und dem wellenbildenden feinsten Sand zur mechanischen Uhr überging. Die ersten *Räderuhren* scheinen Turmuhren im 12. Jahrhundert gewesen zu sein; es gab bereits damals in Köln eine Uhrenmachergasse. Damit waren die elementaren und stetigen Bewegungen von Licht, Schatten, Wasser, Öl oder Sand verlassen. An ihre Stelle trat als mechanischer Antrieb das *Gewicht* der festen Materie. Hinzu kommt, daß die Kontinuität dieser mechanischen Antriebsarten durch eine Hemmung dauernd unterbrochen und wieder freigegeben werden muß, damit die Antriebskraft wenigstens eine gewisse Zeit vorhält. Dies wurde bei den durch Gewichte angetriebenen Turm- und Standuhren zunächst durch eine Spindelhemmung mit Waag bewirkt. Diese vermutlich arabische Erfindung besteht in einem horizontalen Balken, der vom Uhrengewicht angetrieben über der Uhr hin- und herpendelt. Die Geschwindigkeit dieser Pendelbewegung der Waag wurde durch verschiebbare kleine Gewichte geregelt. Wann die Räderuhr erfunden wurde, kann nicht mehr genau festgestellt werden. Sicher ist, daß dabei, wie auch in der Astronomie, der Mathematik und der Technologie, die Araber viel Vorarbeit geleistet haben. Im Zusammenhang mit ersten Räderuhren werden die Mönche PACIFICUS (gest. 846), GERBERT VON AURILLAC (gest. als Papst Silvester II. 1003) und der Abt

Wilhelm von Hirsau (gest. 1091) genannt. Es wird daraus deutlich, daß um die erste christliche Jahrtausendwende – im Gegensatz zur Sonnenuhr, welche die jahreszeitliche Lichtelastizität der Temporalstunden angezeigt hat – mit der Räderuhr ein absolut starrer Zeitgeber die Zeiten »zu regeln« begann. Von jetzt an wurden derartige Uhren an Türmen und öffentlichen Gebäuden angebracht. Dabei ist bemerkenswert, daß die mechanischen und technischen Möglichkeiten dazu dienen sollten, lebendige Bewegungen abzubilden oder wenigstens anzudeuten. Das wird an den Figuren- und astronomischen Uhren deutlich. Die heute bekanntesten Figurenuhren befinden sich im Münster zu Straßburg (1574)[7] und an der Frauenkirche in Nürnberg (1356), dann an den Rathäusern in München, Ulm (1520/1952), Esslingen/Neckar (1592), Heilbronn/Neckar (1580 neu), Ochsenfurt/Main, Rothenburg/Tauber, Marburg/Lahn, Hameln, Arnstadt, Jena, Plauen, Bern und Prag. Manche dieser Figurenuhren geben auf weiteren Zifferblättern auch eine Reihe von astronomischen Daten an wie die neue astronomische Uhr in der Marienkirche in Lübeck. Eine rein *astronomische* Turmuhr mit mehreren Angaben hat Wells/England (1392, ursprünglich für das Kloster Glastonbury), dann Auxerre (15. Jahrh.), Padua (15. Jahrhundert), Udine (1527), Arezzo (1552), Zug/Schweiz (1574), Sion/Schweiz (1668). Die komplizierteste astronomische Uhr besitzt die flandrische Stadt Lier. Sie wurde von dem Uhrmacher Louis Zimmer erbaut und 1930 eingeweiht. Um das große Zifferblatt sind im Kreise zwölf kleinere angeordnet. Sie zeigen Zeitgleichung, Tierkreis, Sonnenzirkel, Sonnenbuchstaben, Wochentage, Rotation der Erde, Monate, fortlaufende Daten, Jahreszeiten, Gezeiten, Mondphasen und den Metonischen Mondzyklus (vgl. S. 209). Eine andere geographisch-astronomische Rathausuhr, in Bernburg, hat 23 Zifferblätter, auf denen sie gleichzeitig die Zonenzeiten mehrerer Großstädte der Welt zeigt. Für die Weltausstellung in Brüssel hat Louis Zimmer eine Uhr gebaut, die 93 Uhren in sich vereinigt. Darin sind Räder, die sich in 1, 4, 15, 18, 19, 28, und 77 Jahren einmal umdrehen. Das langsamste Rad zur Darstellung der Präzession dreht sich in 25 807 Jahren einmal um sich selbst. Diese Monumentaluhr, die auch Figuren bewegt, ist eine unerreichte Einmaligkeit auf dem uhrentechnischen Feld. Hier ist noch anzumerken, daß mit der Räderuhr das *runde Zifferblatt* allgemeine Verbreitung fand. Es war aber bereits im Altertum durch die astronomischen Ringkugeln und Astrolabien angeregt. Auch gab es Wasseruhren, deren Schwimmer mit einer Zahnstange verbunden ein Zahnrad mit kreisendem Zeiger über ein kreisförmiges Zifferblatt bewegte. Bei Salzburg hat man die Reste einer astronomischen Uhr mit rundem Zifferblatt aus dem 2. oder 3. Jahrhundert n. Chr. gefunden. Die Bauart solcher Uhren hat VITRUV um 25 v. Chr. bereits beschrieben.

H. DIELS erwähnt (27, S. 28) ein bei Antikythera vor Kreta im Meer gefundenes, zu einem Bronzeklumpen oxydiertes Instrument, das für ein Astrolabium gehalten wird. Dieses im Jahre 1900 von Schwammtauchern aus einem Schiffswrack ans Tageslicht geholte Gebilde von 17×30×7 cm konnte erst nach 1971 mit Hilfe von Gamma- und Röntgenstrahlen durch DEREK DE SOLLA PRICE, Professor an der Yale University (USA) als Kalender-Computer erkannt und beschrieben werden. Es konnten »793 griechische Buchstaben in drei Schriftgrößen, eindeutig von derselben Hand geschnitten« entziffert werden. Das Gerät hat 31 Zahnräder und 14 Achsen mit Lagerung. »Die große Überraschung war, daß ein ausgeklügeltes Differentialgetriebe als rechnendes Element eingesetzt ist, um die Differenz zwischen zwei Umdrehungen zu bekommen.« Es handelt sich um einen komplizierten, mechanischen Analogrechner, der etwa 87 v. Chr. hergestellt wurde und »umfangreiche astronomische und kalendarische Berechnungen ermöglichte zur Bestimmung der Sonnen- und Mond-Auf- und Untergänge nach Tagen und Stunden sowie derjenigen für die wichtigen Planeten Merkur, Venus, Mars, Jupiter und Saturn ... Dieser einzigartige überlieferte Kunstgegenstand dürfte das komplizierteste Stück sein, das wir vom Altertum überliefert bekommen haben« (229).

Ein weiterer Schritt, der für die Größe der Uhren ausschlaggebend wurde, war der Übergang vom Gewicht zum *Federzug* als Antriebskraft. Dieser Übergang vollzog sich um 1500 in Italien und Süddeutschland. Die Erfindung wird PETER HENLEIN (1480–1542) in

Nürnberg zugeschrieben; aber der Gedanke, die Elastizität der festen Materie technisch zu verwenden, war durch die Federn der Türschlösser schon seit der Antike nicht mehr neu. Allein die feinmechanische Technik war erst einige Jahrzehnte nach Peter Henleins Tod so weit, daß man eine Federzuguhr in eine kleine Dose einbauen konnte. Der Name dieser »Nürnberger Eierlein« soll aber von Hora = Stunde = Örlein abgeleitet sein. Damit war der Anfang für *Taschen*-Räderuhren gemacht, obwohl die Taschen-Sonnenuhren ebenfalls noch lange in Gebrauch blieben. Diese Räderuhren waren noch sehr ungenau und mußten ständig nach der zuverlässigen Sonnenuhr korrigiert werden. »Meine Uhren enttäuschten mich, wenn ich sie zu einer Arbeit einsetzte, die Genauigkeit erforderte«, klagte TYCHO BRAHE. Die zahlreichen Uhrmacherzünfte jener Zeit in Paris (1544), in Nürnberg (1565), in Ansbach (1591), in Blois (1600) und Genf (1601) bezeugen aber, daß die Zeitmessung durch Räderuhren nicht mehr aufzuhalten war (39, S. 41).

Auf dem Weg zur Genauigkeit im Uhrenbau brachte die Verwendung des *Pendels* einen weiteren Fortschritt. GALILEO GALILEI hatte 1583 schon das Pendelgesetz entdeckt. Er kam aber erst 1641 auf den Gedanken, das Pendel in eine Gewicht- oder Federzuguhr einzubauen. Galilei konnte die Wirkungsweise nicht mehr selbst überprüfen. Der Holländer CHRISTIAN HUYGENS verwirklichte 1657 Galileis Hoffnung. Durch die Verwendung des Pendels als Hemmung wurde die Ganggenauigkeit entscheidend verbessert. Jetzt konnte man Minutenzeiger und später sogar Sekundenzeiger einbauen. Die Einteilung der Stunde in die heutigen Minuten und Sekunden nach dem babylonischen Sexagesimalsystem stammt höchstwahrscheinlich von arabischen Astronomen um 1000 n. Chr. (vgl. S. 59). In Europa läßt sie sich erst am Ausgang des Mittelalters nachweisen. Diese Einteilung wurde dann mit der Erfindung der Räderuhr auf das runde Zifferblatt mit kreisenden Zeigern übertragen. 1674 erfand Christian Huygens die Hemmung durch die *Unruh* mit Haarfeder. Diese Spiralfederunruh ermöglichte den Bau von kleineren und von ihrer Lage unabhängigeren Uhren. Weitere Erfindungen, besonders für die genauen und robusteren Chronometer auf See, vervollkommneten den Bau der Räderuhren. Trotzdem wurden aber in der Renaissance und in der neueren Zeit die Sonnenuhren nach antikem Muster weitergebaut und benützt (Abb. 5 u. 6). Daher setzte sich die *mittlere* Sonnenzeit, d. h. hier die gleichlangen Äquatorialstunden, welche die Räderuhren angaben, nur sehr langsam gegen die *wahre* Sonnenzeit der Temporalstunden durch. Erst im 19. Jahrhundert konnte man sich von der Elastizität des natürlichen Lichttages trennen. Ab 1816 gingen die Pariser Uhren nach der mittleren Sonnenzeit. In Japan begann man damit erst 1873. Bis dahin dauerten dort zur Zeit des längsten Tages die Tagesstunden zweieindrittel mal länger als die Nachtstunden.

Bereits in diesem 19. Jahrhundert kam eine weitere Antriebskraft für die mechanischen Uhren hinzu. Es war die *elektromagnetische Kraft*, die mehr und mehr die Räder überflüssig machte. Im 20. Jahrhundert folgte die Regulierung der elektro-magnetischen Uhren durch die gleichmäßigen Schwingungen von Molekülen und Atomen bestimmter Elemente. Sie ermöglichten einen nahezu absoluten Isochronismus, die Gleichheit der Schwingungen. Damit wird ein ähnlicher Schritt wie der von den »Elementar-Uhren« zur gewicht- und federzugbetriebenen Räderuhr getan.

Mit der sehr kleinen Zeiteinheit der Sekunde wuchs auch das Bedürfnis nach genauer gehenden Uhren. Der geschilderte Weg der Zeitmessung geht von den Elementaruhren über die Räderuhren zu den *Atomuhren.* Bei den *Quarz-Uhren* wird ein Quarzkristall in den Stromkreis eingeschaltet. Durch den vibrierenden Quarz wird die Zuverlässigkeit der Frequenz des in den Quarz geleiteten Stromes derart geregelt, daß erst im Laufe von 30 Jahren eine Abweichung von etwa einer Sekunde feststellbar ist. Die möglichst hohe Schwingungszahl des verwendeten Impulsreglers, zum Beispiel 32 768 Schwingungen/Sekunde, wird heute als Gütezeichen in der Werbung genannt. Eine ähnliche Funktion wie der Quarz können das Ammoniak-Molekül oder das Cäsium-Atom übernehmen. Diese Atomuhren, die seit Beginn des letzten Drittels unseres Jahrhunderts auch als Armbanduhren im Handel sind, arbeiten also nicht mit Atomkraft, sondern mit kleinen

Batterien, deren elektrischer Strom durch die Schwingungen des Atoms in allerkleinste, aber als Gangregler zuverlässige Impulse zerhackt wird. Atomuhren sind Zeitmeßanordnungen ohne Räder, deren Genauigkeit weit über der im täglichen Leben gebrauchten liegt. Die Abweichung solcher Uhren soll in 300 000 – nach neueren Rechnungen in 450 000 – Jahren allenfalls eine Sekunde betragen.[8]

Seit 1972 gibt es ein Zeitmaß, das von jeder astronomischen Beobachtung unabhängig ist: Die *Atomsekunde* ist die Zeit, in der sich eine ganz bestimmte Art von Schwingung des Cäsium-Atoms 9 192 631 770 mal wiederholt (231). Zur Erdvermessung hat man ein verbessertes Laser-Meßsystem entwickelt. Dabei wird Laser-»Licht« auf einen Satelliten geschossen. Für die Laufzeit der Lichtimpulse wird mit einer Genauigkeit von einer milliardstel Sekunde gerechnet. Es werden Atomuhren eingesetzt, die einen Zeitpunkt auf eine millionstel Sekunde genau bestimmen können. Diese Art wissenschaftlicher Exaktheit ist völlig losgelöst vom menschlichen Erleben. Trotzdem wird der heutige Mensch immer wieder damit konfrontiert. So zum Beispiel in der Zeitungsmeldung vom 16.7.1975: »Die Kosmonauten waren um 13.20 Uhr MEZ mit einer Verspätung von nur fünftausendstel Sekunden gestartet.«

Das Ablesen der Uhrzeit, von welcher Uhr auch immer, bleibt ein Vorgang im Raum. Durch technische Einrichtungen kann man sich heute die genaue Zeit geben lassen. Es geschieht dies immer so, daß ein Mechanismus im dreidimensionalen Raum ein kurzes Ton- oder Lichtzeichen auslöst, das eine Zahl bedeutet. Diese übertragen wir wiederum auf eine kleine Maschine im Raum derart, daß die angesagte Zahl von den verstellbaren Zeigern auf dem Zifferblatt unserer Uhr bedeckt wird. Alles dies sind Vorgänge im Raum. Das muß man sich ganz deutlich machen. *Wir messen die Zeit mit dem Raum.* Durch den Takt der mechanischen Uhr wird der rhythmische Atem der Zeiten in genau gleiche, sich wiederholende Intervalle zerhackt. Es ist gegen alle Wirklichkeit, es ist ein echtes Paradoxon, daß wir durch die mechanischen Uhren den Rhythmus des Lebens mit Hilfe des toten Taktes im Raume messen müssen. Aber wir erleben die Zeit in der Seele, und da kommen wir aus dem Raum heraus. Da ist die Zeit eine geistige Realität. Diesen Übergang aus dem Raum in die innere Zeit hat M. HEIDEGGER in einer Widmung an den französischen Dichter RENÉ CHAR in den Wahrspruch geprägt:

> Zeit
> Wie weit?
> Erst wenn sie steht, die Uhr
> im Pendelschlag des Hin und Her
> hörst Du: sie geht und ging und geht nicht mehr.
> Schon spät am Tag die Uhr,
> nur blasse Spur zur Zeit,
> die, nah der Endlichkeit,
> aus ihr ent-steht.

Dieser skizzenhafte Ausflug in die Geschichte der Zeitmessung und des Uhrenbaus hat deutlich drei Stufen gezeigt. In ihnen spiegelt sich in groben Zügen die *Bewußtseinsentwicklung* der Menschheit. Zuerst wird die Zeit an elementaren und kontinuierlichen Bewegungen von Feuer, Licht, Wasser oder Sand gemessen. Diese Bewußtseinsstufe kann mit der vorgeschichtlichen, *mythischen* Zeit verglichen werden. Mit den Räderuhren wird die Zeit durch eine künstliche und maschinell erzeugte Bewegung gemessen, wobei die bewegende Kraft mit Hilfe der festen Materie gewonnen wird. Damit stehen wir mitten in der *geschichtlichen* Zeit. Am Beginn der Neuzeit werden die physikalischen, im Bereich des toten Stoffes wirksamen Gesetze mathematisch erfaßt. Sie werden mehr und mehr auf das Lebendige und Beseelte in unangemessener Weise übertragen und technisch in einem vorher nie dagewesenen Ausmaß angewandt. Physik und Mathematik ereignen sich im Raum. Die dritte Stufe, die der Atomuhr im 20. Jahrhundert, geht über das Maß des Menschen in Raum und Zeit weit hinaus. Die Zahlen der Atomschwingungen übersteigen jede menschliche Vorstellungsmöglichkeit. Moderne Denker charakterisieren deshalb diese Bewußtseinsstufe als *nach-* oder *übergeschichtliche* Zeit (84). – Dabei ist es gut zu wissen, daß auch heute noch das Normalzeitsignal aus der

Sternwarte Hamburg-Bergedorf wie früher, nur viel genauer, aus astronomischen Beobachtungen abgeleitet wird.

6. Werdende Zeit

Wir erfassen denjenigen Teil der Sinneswelt, welcher durch sich selbst keine Veränderung erleidet und mineralisch oder unbelebt ist, erkenntnismäßig durch mathematische und physikalische Gesetze. Die räumlichen Gegenstände haben drei Dimensionen. Durch diese drei Dimensionen ist der Begriff des unbewegten und unwidersprochenen Nebeneinander charakterisiert. Zeitliches ist hier nicht zu finden.[9] Die durch sich selbst nicht bewegten räumlichen Gegenstände können daher nichts über das Zeitliche aussagen. Der Raum entspricht der Zeit ebensowenig wie zum Beispiel das Kilogramm einer Entfernung. Wie und wo entsteht das, was wir Zeit nennen? Und welches Maß würde der Zeit wirklich entsprechen?

Die Gestalt einer wachsenden Pflanze verändert sich aus sich selbst. »Die äußeren Verhältnisse (Sonnenschein, Regen, geeigneter Boden usw.) bilden nur die Gelegenheit, daß das Mineralische, das äußere Wirkungen braucht, den verändernden Ursachen der Pflanze selbst folgen kann« (201, S. 136). Diese gestaltwandelnde Veränderung geht aus dem Wesen der Pflanze hervor. Sie weist auf den Begriff des *Nacheinander*. Eine wachsende Pflanze steht in logischem Widerspruch zu dem Begriff des Nebeneinander im Raum. Sie ist nicht mit sich selbst identisch im Sinne des ersten Grundsatzes der allgemeinen Logik. Jeder Begriff, jedes Urteil ist sich selbst gleich. Beim *Nebeneinander* kann kein anderes an die Stelle des einen treten, ohne es zu verdrängen. Bei der wachsenden Pflanze ist aber nach einem Monat an die Stelle der heutigen Pflanzengestalt eine veränderte getreten, ohne die ursprüngliche Pflanze selbst weggeschafft zu haben. Während in der Logik der drei Dimensionen jeder Begriff das ihm andere ausschließt, gilt hier eine andere Logik, die des Werdenden, die man mit Carl Unger »die Logik der vier Dimensionen« nennen kann. Bei dieser Logik gilt: »Jeder Begriff schließt das ihm andere ein.« Wurzel – Pflanze; Stengel –

Pflanze; Blätter – Pflanze; Blüte – Pflanze; Frucht – Pflanze. »Wird das ihm andere in den Begriff des Räumlichen hereingenommen, so erhalten wir den Begriff der Veränderung im Raum. Das ist aber nichts anderes als der Begriff der Zeitbeziehung« (s. o., S. 153). »Um die Pflanze im Raum zu erkennen, müssen wir diesem Widerspruch in unserem Denken Platz einräumen. Dies geschieht, indem wir anerkennen, wie die Pflanze dem Mineralischen widerspricht, nämlich durch die Zeit, die für das Mineralische noch ein Äußeres ist. Wir können sagen: Die Pflanze überwindet den Raum durch die Zeit. Die Logik des Grundsatzes der Identität ist nicht anwendbar auf das Wesen der Pflanze; hier ist eine Logik am Platz, welche der dreidimensionalen Logik widerspricht, eine Logik des Werdens, der Zeit« (s. o., S. 166 f.).

Zeit kann aus der Logik des Raumes nicht abgeleitet werden. Sie steht sogar im Widerspruch zu ihr. Die Zeit *erscheint* in und mit allem Werdenden. Und sie erscheint als eine je eigene und andere in und mit den Gestaltungsmetamorphosen der einzelnen Arten von Wesen. So erscheint beispielsweise beim Menschen das Zeitverhältnis im Atmungsbereich so, daß 18 Atemzüge in einer Minute stattfinden. Eine Taube dagegen macht 30–60, ein Condor nur 6, ein Pelikan nur 4, ein Kasuar sogar nur 2–3 Atemzüge in der Minute. Weitere Verschiedenheiten der Zeitverhältnisse zeigen sich im Herzschlag und den anderen Lebensrhythmen sowie bei Pflanzen und Tieren in den Werderhythmen und in der Lebensdauer der einzelnen Arten. Bei solchen Angaben handelt es sich nicht um ein absolutes Zeitmaß, sondern um ein Zeit*verhältnis* zwischen dem einen und dem anderen Erscheinungsfeld der Zeiten. Mit jedem Wesen wird bei seinem Räumlich-Werden *seine* Zeit. Der Mensch bringt diese verschiedenen Zeiterscheinungen in ein gegenseitiges Verhältnis. Die Zeiten werden verglichen, gemessen. Dies kann nur durch das Denken geschehen.

7. Gedanken-Welt

Sonnen- und Mondengang, Pulsschlag und Atem, aber auch Wachsen und Vergehen werden als große, kleine und kleinste Veränderungen, als räumliche Bewegungen wahrgenommen. An den Bewegungen werden die Zeiterfahrungen gemacht. Bewegungen werden gesehen. Das Sehen geschieht im Licht. Die Wahrnehmung im Licht, im Bereich des Sinnlichen wird mit dem Denken, das die Begriffe findet, im Übersinnlichen verbunden. Das Ergebnis ist eine Erkenntnis, die zugleich eine Beziehung zwischen einem Sinnlichen und einem Übersinnlichen darstellt. Das ist entscheidend für das Erkennen der Zeiterscheinungen. Diese sind im Nacheinander erscheinend Teile der Außenwelt. Die zu den zeitlichen Erscheinungen gehörenden Gedanken, Begriffe und Ideen erfassen das nacheinander Erscheinende jedoch in einem *Miteinander* und *zugleich* und so gerade nicht mehr zeitlich, sondern außer- und überzeitlich, im Bereich des Wesens. *Dieses ist nur ideell zu erfassen.*

Räumliche Veränderungen und Bewegungen erscheinen in zeitlicher Folge. Indem wir ihr Erscheinen denkend erkennen, vollziehen wir eine geistige Leistung, die auf das innere Wesen dieser Erscheinungen gerichtet ist. Diese Denkleistung ist *überzeitlich*, weil wir die Wahrnehmung vom Beginn einer Gestaltveränderung oder Bewegung an, während und nach der Veränderung vorstellungsmäßig immer noch gegenwärtig haben. Der damit verbundene Begriff der Bewegung, oder im Bereich des Lebendigen die Idee der Entwicklung, enthält ein ergänzendes Element gegenüber den einzelnen zusammenhanglosen Wahrnehmungen. Dieses ist auf das innere Wesen dessen gerichtet, was in das Feld der Sinneswahrnehmung eintritt. Weil dieser Vorgang im unreflektierten täglichen Leben nicht bemerkt wird, gehen wir mit der Zeit in äußerlicher Weise um wie mit einem Ding. In Wirklichkeit zeitigen sich die Wesen, indem sie erscheinen, und indem sie vergehen, entzeitigen sie sich. Denkend sind wir überzeitlich. Wahrnehmend sind wir zeitlich. Die Außenwelt erkennend sind wir zeitlich-überzeitlich. Erkennend verbinden wir die Erscheinungen des Zeitlichen wieder mit ihrem Überzeitlichen, d.h. mit ihrem Ursprung im Wesen.

Wie verhält sich dazu die Tatsache, daß wir die Zeit messen? Ist das nicht doch ein Vorgang in der Außenwelt? Zur Aufhellung dieser Frage ist noch einmal ein Ausflug in den Bereich des reinen Denkens nötig. Wie auch schon in den vorangegangenen Ausführungen können dabei jetzt nicht alle einzelnen Denkschritte getan werden. Wir begnügen uns mit dem Hinweis auf die wichtigsten Stationen des Weges. Im Anschluß an die Erkenntnistheorie Rudolf Steiners kann gesagt werden: Das, was sich ergibt, wenn das Denken sich auf sich selbst richtet, wird *Wirklichkeit* genannt. So findet das Ich seine Wirklichkeit in sich. Diese seine Wirklichkeit ist gleichsam der Maßstab des Ich für alles andere, das Nicht-Ich, die Welt. »Das Streben nach Erkenntnis bedeutet das Bemühen des ›Ich‹, die Wiedervereinigung mit dem ›Nicht-Ich‹ zu vollziehen. Das ›Ich‹ sucht das zunächst dadurch zu erreichen, daß es seinen Maßstab für die Wirklichkeit mit dem reinen Gedanken an das ›Nicht-Ich‹ heranbringt« (201, S. 131). Das Erkennen ist ein subtiles inneres Vergleichen des Begriffs mit der Wahrnehmung; gleichsam ein *Abmessen, Ausmessen, Ermessen.* Das Messen in der Erscheinungswelt ist ein nach außen verlegtes, sich wiederholendes *Be-Denken*, entsprechend dem Maßstab, der an das zu Messende angelegt wird. In der lateinischen Sprache zeigt sich die Verwandtschaft von Denken und Messen in der Wortwurzel men, aus der die Wörter mens – Denkvermögen, mensio – das Abmessen, mensis – der Monat (als abgemessene Zeit) gebildet sind. Mensch heißt im Altindischen manuṣa, manuṣya, von der Wurzel man – denken, die auch dem deutschen Wort Mensch zugrunde liegt. Ein früherer Zusammenhang der Wortwurzeln ergäbe auch sprachlich die Verbindung: Mensch – Denken – Messen.[10]

Das Verschmelzen von Wahrnehmung und Begriff in richtiger Weise macht die Erkenntnis der Wirklichkeit aus. Dies vollzieht sich, wie wir gesehen haben, urbildlich beim Messen. Zeitliches kann gemessen werden, weil es als Werdendes räumlich erscheint. Damit ist die äußere Seite der Zeitmessung nicht wesentlich verschieden von anderen Messungen. Beim Messen von Gegebenheiten in der Sinneswelt erfassen wir diese zählend in ihrem Nacheinander als Einheit im Raum. Beim Messen von sich verändernden Gegebenheiten erfassen wir diese aber zusätzlich in der höheren Logik des Nacheinander als zeitliche Ganzheit. Messen und Zählen sind im Denken begründet. Das Denken ist fähig, sich von der Einheit zur Ganzheit ins Übersinnliche zu erheben. Den Raum zu ermessen und die Zeit zu zählen sind geistige Leistungen, die ins Überräumliche und ins Außerzeitliche führen.

Zum Schluß dieser einleitenden Bemerkungen sollen Wortlaute Rudolf Steiners zur Frage von Raum und Zeit folgen: »Werfen wir nun noch ganz bestimmt die Frage auf: Was ist nach den vorangegangenen Untersuchungen der Raum? Nichts anderes, als eine in den Dingen liegende Notwendigkeit, ihre Besonderheit in ganz äußerlicher Weise, ohne auf ihre Wesenheit einzugehen, zu überwinden und sie in eine Einheit, schon als solche äußerliche, zu vereinigen. Der Raum ist also eine Art, die Welt als eine Einheit zu erfassen. Der Raum *ist eine Idee.* Nicht, wie Kant glaubte, eine Anschauung.« ... »Hier sehen wir, daß die Zeit erst da auftritt, wo das *Wesen* einer Sache in die *Erscheinung* tritt. Die Zeit gehört der Erscheinungswelt an. Sie hat mit dem Wesen selbst noch nichts zu tun. Dieses Wesen ist nur ideell zu erfassen... Das Wesen einer Sache kann nicht zerstört werden; denn es ist außer aller Zeit und bedingt selbst die letztere. Damit haben wir zugleich eine Beleuchtung auf zwei Begriffe geworfen, für die noch wenig Verständnis zu finden ist, auf *Wesen* und *Erscheinung*. Wer die Sache in unserer Weise richtig auffaßt, der kann nach einem Beweis von der Unzerstörbarkeit des Wesens einer Sache nicht suchen, weil die Zerstörung den Zeitbegriff in sich schließt, der mit dem Wesen nichts zu tun hat« (158, XVI). »Was man gegenwärtig ›Zeit‹ nennt, ist erst eine im Zeitalter der gedanklichen Weltanschauung ausgebildete Idee« (166, 1. Abschnitt).

Raum und Zeit sind zwei verschiedene Dimensionen, durch die unser Geist die Welt einmal als *Einheit* und zum anderen als *Ganzheit* erfaßt. Diese Erkenntnis ist das Fundament eines Versuches über Zeiten und Rhythmen.

II. Erden-Atem
Der Tag

Die Verehrung desjenigen, was in der Zeit verläuft, die Erkenntnis desjenigen, was in der Zeit verläuft, wird zur Pflicht.
RUDOLF STEINER (181, 24.12.17)

8. TAG UND NACHT

Die Begriffe Wesen und Erscheinung und ihre Verbindung zur Erkenntnis der Wirklichkeit sind von RUDOLF STEINER zugleich mit dem Studium und der Herausgabe von GOETHES Naturwissenschaftlichen Schriften schrittweise dargestellt worden. In »Mein Lebensgang« berichtet RUDOLF STEINER im 7. Kapitel von seinem »Sendschreiben über die Natur und unsere Ideale« an die Dichterin MARIE EUGENIE DELLE GRAZIE, daß darin bereits die Urzelle seiner erst acht Jahre später erschienenen »Philosophie der Freiheit« liege. In diesem Schreiben findet sich der Satz: »Nicht das Zeitendasein, nein das innere *Wesen* der Dinge macht sie vollkommen« (170). Das steht am Beginn von RUDOLF STEINERS philosophischer Wirksamkeit. Zurückschauend kann er am Ende derselben im 17. Kapitel des »Lebensganges« zusammenfassend sagen:

»Erkennen ist nicht ein Abbilden eines Wesenhaften, sondern ein Sich-hinein-Leben der Seele in dieses Wesenhafte. *Innerhalb* des Bewußtseins vollzieht sich das Fortschreiten von der noch unwesenhaften Sinnenwelt zu dem Wesenhaften derselben. So ist die Sinnenwelt nur so lange Erscheinung (Phänomen), als das Bewußtsein mit ihr noch nicht fertig geworden ist« (169).

Die Methode, mit der wir die Zeiten jetzt im einzelnen zu betrachten haben, soll diese zunächst als *Phänomene* aufzeigen. Dann gilt es, die Phänomene nicht anders haben zu wollen, als sie sind, sie zu erkennen und dann auch *anzuerkennen.* Das Wesen der Dinge schließlich wird wirksam, wenn wir bereit sind zu einem übenden »Sich-hinein-Leben der Seele in dieses Wesenhafte«.

Der Wechsel von Tag und Nacht ist der wirksamste Rhythmus des Erdplaneten. Mit ihm schwingen alle Erscheinungsformen des Lebens mit. Aber nicht nur alles Leben, auch das tote Gestein der Gebirge wird, auf lange Zeiten gesehen, durch die tägliche Erwärmung und nächtliche Abkühlung in diesen Rhythmus wirksam einbezogen. Hier wirkt er physikalisch, mechanisch und chemisch. Im Bereich alles pflanzlich Wachsenden können die Auswirkungen von Tag und Nacht nicht mehr überschaut und schon gar nicht überschätzt werden. Hierzu braucht man sich nur zu vergegenwärtigen, daß die Blattgrün- und Stärkebildung, die Grundlage alles sich nährenden Lebens, das Tageslicht der Sonne zu seiner Voraussetzung hat. Das Ergrünen eines Teiles der Erdkugel im Frühjahr und Sommer ist ein so gewaltiger Vorgang im Wasserhaushalt der Erde, daß deren Gewichtsmassenverteilung verändert wird und infolge davon eine Auswirkung auf die Erdrotation vermutet werden kann. Auch für alles tierisch-beseelte Leben ist es an erster Stelle der Rhythmus von Tag und Nacht, der das ganze Leben bestimmt. Als Beispiel sei an die Singvögel erinnert. Das Leben der einzelnen Arten ist so in jede Stufe des kommenden und gehenden Tageslichtes einverwoben, daß man frühmorgens die Uhr nach dem Beginn ihres Gesanges richten kann. Die Lichtdauer des Tages bestimmt auch das Leben der zahlreichen Dämmerungs- und Nachttiere.

Der Mensch ist mit Leben und Seele in ähnlicher Weise wie Pflanze und Tier in den Tagesrhythmus einverwoben. Aber bei ihm kommt als entscheidende Daseinsform das Bewußtsein hinzu. Ein Bewußtsein, das in sich polar differenziert ist zwischen heller Wachheit und tiefem Schlaf mit allen Zwischenstufen. Der helle Tag und das wache Bewußtsein, die dunkle Nacht und der tiefe Schlaf gehören zusammen, auch wenn diese Ordnung vom einzelnen und von der Zivilisation vielfach durchbrochen werden kann. Aus arbeitsphysiologischen Untersuchungen sind die Schäden einer Dauerstörung dieser Ordnung hinreichend bekannt als Schlafstörungen und Herzkrankheiten bei jedem dritten Menschen. Tiere leiden nicht an Schlafstörungen. Ihr Wachen und Schlafen ist nicht zu vergleichen mit dem des Menschen. Auch kann es von ihnen selbst nicht absichtlich umfunktioniert und die Nacht zum Tag gemacht werden. Erst recht kann das menschliche Wachbewußtsein nicht mit dem Bewußtsein eines Tieres verglichen werden. Das Wachbewußtsein des Menschen ist ein Geschehen, das alle biologischen und physiologischen Begleitvorgänge weit überragt; ja, es ist der Gegenpol des »schlafenden« Lebens. Das Tages-Wachbewußtsein des Menschen baut die reinen Lebensvorgänge ab und verbraucht sie. Nachts, wenn die Wachheit vom Tiefschlaf abgelöst ist, können die regenerierenden Lebensvorgänge wieder Kräfte sammeln und Aufbauarbeit leisten. Die Polarität *Bewußtsein* und *Leben* ist für den Menschen weitgehend identisch mit den Zeiten Tag und Nacht. Die *Ehrfurcht vor dem Bewußtsein* muß der Ehrfurcht vor dem Leben als polare Ergänzung gegenübergestellt werden. Erst aus dieser Einsicht kann die rechte Achtung des Tages und der Nacht als *sozialhygienische Grundhaltung* des Menschen erwachsen. Der Maler weiß sehr genau, daß dem Tageslicht kein Licht aus anderer Quelle gleichkommt. Er kann bei Kunstlicht nicht malen. Tag und Nacht sind keine gleichwertigen Zeiten. Sie haben innere Qualitäten, die sich fördernd oder hemmend auf unsere verschiedenen Tätigkeiten auswirken. Für den, der seine Tätigkeiten den feinen Unterschieden der Tageszeiten entsprechend einteilen kann, wird ein solcher selbstgefundener und praktizierter Rhythmus zur kraftsparenden Lebenshilfe.

Dieses alltägliche Geheimnis ist den Künstlern, allen voran den Dichtern, wohl vertraut. Deshalb werden sie nicht müde, immer wieder neu den Tag und die Nacht zu besingen. Unlösbar ist das äußere und innere Leben, das biologische, seelische und geistige Wesen in die Polarität von Tag und Nacht in vielfacher Weise eingebunden; auch dadurch, daß wir die Bilder und Worte zum Benennen unserer Bewußtseinsstufen in erster Linie dem Bereich von Tag und Nacht entnehmen. Wir sprechen von »hellem« Bewußtsein, von einem »lichten« Gedanken, vom »Dämmer«-Zustand, von einem »Dunkel«-Mann, oder einer »finsteren« Sache. Es gilt aber hier nicht nur schwarzweißzumalen, denn auch die Nacht hat ihre heilsame und fördernde Seite, gerade für alle Lebensprozesse, die am Tag einen Abbau erfahren. Es ist deshalb hinsichtlich der Wirkungen von Tag und Nacht auf den Menschen immer zu fragen, ob vom Bewußtsein oder vom Leben die Rede ist. In unübertrefflicher und noch weiterführender Weise sind Tag und Nacht von dem Dichter Novalis in seinen »Hymnen an die Nacht« besungen worden.

»Welcher Lebendige, Sinnbegabte liebt nicht vor allen Wundererscheinungen des verbreiteten Raums um ihn das allerfreuliche Licht – mit seinen Farben, seinen Strahlen und Wogen; seiner milden Allgegenwart, als weckender Tag... Seine Gegenwart allein offenbart die Wunderherrlichkeit der Reiche der Welt.

Abwärts wend ich mich zu der heiligen, unaussprechlichen, geheimnisvollen Nacht...

Himmlischer, als jene blitzenden Sterne, dünken uns die unendlichen Augen, die die Nacht in uns geöffnet...«

Mit solchen Worten wird das Schauen der geistigen Wesenswelt berührt. Dieser Bereich wird allerdings durch das Tageslicht und seine Welt der Erscheinungen für uns zunächst verdeckt. Hierüber soll am Schluß dieses Kapitels noch einiges ausgeführt werden.

Die Christengemeinschaft[11] hält ihren Gottesdienst, die »Menschenweihehandlung«, nur mit der aufsteigenden Sonne am Vormittag. Einmal im Jahr erfährt diese Regel eine Ausnahme. Die erste der drei Feiern an Weihnachten ist in der Nacht vom 24./25. Dezember um Mitternacht, wenn die Sonne ins Aufsteigen kommt. Die zweite in der Morgendämmerung und die dritte nach Sonnenaufgang am Vormittag. In den Gebeten der mitternächtlichen Feier wird von der »Erdennacht« und der »Sinnenfinsternis« gesprochen, in die das Geistes-Licht eintritt. Damit ist nicht nur die Mitternachtsstunde, sondern das Nachtdunkel unseres ganzen Erdendaseins gemeint, das überall dort herrscht, wo die Geistes-Sonne noch nicht aufgegangen ist. Und das ist die Stimmung, die seit ältesten Zeiten gerade die Mitternachtsstunde als den Nacht-Pol charakterisiert. Unter diesem Aspekt ist die Erdennacht nicht nur Abwesenheit von Licht, sondern auch Wirkensbereich lichtscheuer Wesen, die dem Menschen nicht wohlgesonnen sind und seine Verdunkelung und Verwirrung betreiben. Der andere Pol des Gesamttages ist der hohe Mittag. Auch er ist, zum Beispiel bei den Griechen, als Einstrahlungsbereich verwirrender Kräfte erlebt worden. Wenn in der Totenstille der Sommermittagshitze, wo Mensch und Tier schlafen, durch plötzliche, unerklärliche Laute einen der »panische«[12] Schrecken packte, dann wurde die Seele durch Verwechslung von Geistessein und Zeitlichkeit in Panik versetzt. Ein ähnliches Erlebnis ist das von der »Mittagsfrau«. Sie sucht und bedrückt die in der Mittagshitze ausruhenden Bauern. FRIEDRICH NIETZSCHE ahnte diese Wirkungen der Extreme des Tageslaufes, wenn er in seinem »Zarathustra« (Dritter Teil) das Wort vom »großen Mittag« findet und von ihm sagt:

»... du heiterer, schauerlicher Mittags-Abgrund!
Wann trinkst du meine Seele in dich zurück?«

und jenes andere von der Mitternacht:

»O Mensch! Gib acht! Was spricht die tiefe Mitternacht...«

9. Morgen und Abend

Tragen wir die vier Tageszeiten auf einem Kreis derart ein, daß ganz oben der Mittag und unten die Mitternacht stehen, dann zeigt dieses *Tageskreuz* die beiderseits in der Mitte stehenden Orte für Morgen und Abend. Dieses Bild des Tages ist zugleich ein Bild des Jahres im kleinen. Morgen und Abend sind die ausgleichende Mitte zwischen Mittag und Mitternacht, zwischen Licht und Finsternis und allem, was wir mit deren Qualitäten, Wirkungen und Wesen verbunden gesehen haben. Morgen und Abend halten exakt diese Mitte zwischen Tag und Nacht zu den Zeiten der Tagundnachtgleichen im Frühling und Herbst. Das Ganze des Tages umfaßt die vier Tageszeiten als Glieder entsprechend dem Atem des Menschen und den eingeordneten vier Pulsschlägen. Ein nach innen gewendetes Verhältnis 1:4 tritt hier wie bei den Jahreszeiten in Erscheinung.

Das Phänomen der Verbundenheit und Vergleichbarkeit von Tag und Jahr zeigt sich auch in dem deutschen Rechtsspruch: »Nach Jahr und Tag.« Danach kann ein Verfahren abgebrochen und nach Jahr und Tag, d.h. nach einem Jahr, 6 Wochen und 3 Tagen wieder aufgenommen werden. Jede einzelne dieser drei Zeiten hat einen erfüllenden, abrundenden Charakter. 6×7 Tage = 42 Tage; $42 + 3 = 45$ Tage = $1/8$ Jahr. In der megalithischen Zeit, im zweiten vorchristlichen Jahrtausend gab es im nordischen Raum einen Jahreskalender mit 16 Monaten zu wechselweise 22 und 23 Tagen. Zwei solcher Monate sind die 45 Tage des alten Rechtsspruches (126, S. 28).

Die Aufteilung von Licht und Finsternis, von Tag und Nacht ist nicht überall auf der Erde und nicht zu allen Jahreszeiten die gleiche. Am Erdäquator ist jeder Tag des Jahres mit je zwölf Stunden Licht und Nacht ausgeglichen, auch wenn die Auf- und Untergangsorte der Sonne sich verschieben. Wenn die Sonne im Himmelsäquator steht, dann geht sie an jedem Erdenort genau im Osten auf und im Westen unter. Das ist um den 21. März und um den 23. September der Fall. Dies sind aber nicht die Tage, an denen Licht und Dunkelheit in unseren Breiten je eine Tageshälfte einnehmen, d.h. die Sonne genau 12 Stunden über und 12 Stunden unter dem Horizont ist. Die genaue Tag- und Nachtgleiche ist im Frühling bereits am 18. März und im Herbst erst am 26. September. Dies ergibt sich aus der elliptischen Bahn der Erde um die Sonne. Im Sommer wird ein längerer Teil durchlaufen als im Winter. Dadurch beträgt die Länge des Sommerhalbjahres $186\,1/2$ Tage. An diesen Tagen ist die Sonne länger als 12 Stunden über dem Horizont. Im Winterhalbjahr ist nur an $178\,3/4$ Tagen die Nacht länger als der Tag. Auch die Refraktion ist an dieser Verschiebung beteiligt. Durch die Brechung der Lichtstrahlen beim Durchgang durch die Lufthülle der Erde erscheint das Gestirn für das Auge des Beobachters ein wenig gehoben. Es geht dadurch früher auf und später unter. Der Tag wird länger. Die Tagundnachtgleichen werden in Richtung der dunkleren Jahreshälfte verschoben. Diese Verhältnisse gelten für den Sonnenmittelpunkt. Für die Beobachtung des oberen oder unteren Sonnenrandes am Horizont kommt die Lage der Ekliptik in ihrer

Abhängigkeit von der geographischen Breite des jeweiligen Beobachtungsortes hinzu. Wir haben auf der nördlichen Halbkugel durch die geschilderten Verhältnisse in der gegenwärtigen Erdenzeit rund 7–8 längere Sonnentage mehr als am Äquator und auf der Südhalbkugel. Das ist ein Lichtphänomen, das nachdenklich machen kann.

Morgen und Abend haben ihre Dämmerungszonen als Zeiten des Überganges. Anders als den Extremen Mittag und Mitternacht, wohnt ihnen ein ausgleichendes, verbindendes, heilend-vermittelndes Wesen inne. Die Nacht bringt ihre Erfrischung und ihren Segen in den kommenden Tag mit. Der Tag ist am Abend überschaubar und das Erreichte wie auch das Nichterreichte dürfen der Mutter Nacht zur Bewahrung übergeben werden. Morgen und Abend sind Zeiten der Besinnung auf das In- und Miteinander von Geistwelt und Sinneswelt, von Himmel und Erde. In diesen Zeiten schafft das Licht im Ringen mit dem Dunkel die schönsten Farben. Sonnenaufgang und Sonnenuntergang sind die stillen und großen Ereignisse des Tages. Morgen und Abend sind die Zeiten, welche die Natur für den Menschen bereithält zum Gebet.

Auch die österlichen Erscheinungen des Auferstandenen ereignen sich in den Zeiten des morgend- und abendlichen Gleichgewichtes von Licht und Dunkelheit[13] (15 und 45, S. 185). In dem Zwischenzustand, der aus dem Schlaf der Nacht in das Erwachen des Tages hinüberführt, geschehen für uns die intimen Begegnungen mit den Wesen der geistigen Welt. Denn der Übergangszustand von der Nacht zum Tag und vom Tag zur Nacht ist viel mehr als nur Bild des täglichen Übergangs unserer Seele über die unsichtbare Grenze zwischen Sinneswelt und Geisteswelt. »Das Übergängliche, das Milde« das GOETHE in der luftigen Welt der Wolken erlebte, charakterisiert ebenso auch Morgen und Abend (7). Es macht den Menschen zum »Wanderer zwischen beiden Welten« (40).

Es war das Wissen um diese Schwelle, das die großen Geister zwischen 1795 und 1805 besonders bewegte. PHILIPP OTTO RUNGE hat 1803 alle vier *Tageszeiten*, Morgen und Abend, Mittag und Nacht, in großen Blättern mit der Feder gezeichnet und später als Radierungen herausgebracht. Weil er sich dabei in freier Weise natürlicher und erfundener Pflanzenformen bedient, wurden diese in der Kunstgeschichte einmaligen Blätter ein paradiesischer »Garten der Zeiten« genannt.[14] Von den geplanten, großen Ölbildern ist in wiederholten Anläufen nur »der Morgen« fast fertig geworden. Er ist eine Kostbarkeit der Hamburger Kunsthalle. In den Tageszeiten hat Runge die wesentliche und bestimmende Mitte seines Wirkens gefunden, auch wenn das im Gesamtwerk nicht sogleich bemerkt wird. Goethe hat mit sicherem Blick den Schwellencharakter dieser Tageszeitenbilder erkannt und diese wohl gerade deshalb – seinem zurückhaltend verantwortlichen Wesen gemäß – nicht öffentlich besprochen. Aber ein Jahr nach Runges Tod, als der junge Sulpiz Boisserée als Fürsprecher altdeutscher und romantischer Kunst bei Goethe in Weimar war, hingen Runges Tageszeitenbilder in Goethes Musikzimmer. Goethe ergriff den jungen Boisserée am Arm und sagte: »Was, Sie kennen das noch nicht? Da, sehen Sie einmal, was das für Zeug ist! Zum Rasendwerden, schön und toll zugleich... Wer so auf der Kippe steht, muß sterben oder verrückt werden, da ist keine Gnade« (8, S. 37).

Wir haben diese bedeutende Bemerkung des 61-jährigen Goethe angeführt, weil sie zeigt, daß Runge und Goethe das »Übergängliche« gut gekannt und gepflegt haben. Diese Bilder sind nicht nur Darstellungen der Tageszeiten, sondern zugleich auch der Jahreszeiten und sogar der Lebenszeiten des Menschen. Daß ihr offenbares Geheimnis nicht so leichthin in Worte zu fassen ist, sagt Runge selbst: »Hätte ich es sagen wollen oder können, so hätte ich nicht nötig, es zu malen.« Auch C. D. Friedrich, der Maler der »Erdenfrömmigkeit«, hat das Unaussprechliche der Tageszeiten in zahlreichen Bildern immer von neuem zu fassen versucht.

10. Stunden-Zählung

Man kann die Erscheinungen des Leibeslebens des Menschen, seines Seelenlebens und seines Bewußtseins im einzelnen auf das genaueste studieren, aber die Summe solcher Einzeltatsachen zeigt die volle

Wirklichkeit noch nicht auf. Erst die Einordnung der einzelnen Lebenserscheinungen in das größere Ganze des Tageslaufes ergibt die nötige Ergänzung. Der Tageslauf ist der übergeordnete Zeitorganismus, in dem alles »seine Zeit« hat. Dies wußte und weiß man überall dort, wo es auf ein gesundes Zusammenarbeiten mit der Natur ankommt, wobei dann als weitere Ergänzung des Tageslaufes das Jahr noch als übergeordneter Zeitorganismus hinzukommt. Für die optimale Wirksamkeit eines pflanzlichen Heilmittels ist zum Beispiel die Tagesstunde, zu der Blätter, Blüten oder die ganze Pflanze geerntet werden, wichtig. Es ist kennzeichnend, daß diese Wirkung gerade beim Übergang von dem makrokosmischen Organismus Tag auf auf den mikrokosmischen Organismus Mensch in Erscheinung tritt. Das rhythmisch zu- und abnehmende Licht, seine wechselnde Kraft und die dadurch bewirkte innere Gliederung des Tages und seine Zeit-Erscheinung im ganzen legen es in diesem Zusammenhang nahe, den Tag als einen Zeitorganismus anzusprechen.

In einem Organismus steht jeder einzelne Vorgang zu den anderen in einem vielschichtig geordneten Verhältnis. Wie bereits dargestellt wurde, ist beim Menschen der Rhythmus von Blut und Atem derart geordnet, daß in der Zeit von vier Pulsschlägen ein Atemzug erfolgt. Es besteht das Verhältnis 4 : 1. Die Einheit Atemzug steht nun ihrerseits in einem Verhältnis zur Einheit Tag. Dieses Verhältnis lautet in Zahlen 25 920 : 1. Im Verhältnis zur Minute 18 : 1. Wenn wir sagen, ein Vorgang dauert eine Stunde, dann ist damit ein *Zeitverhältnis* gemeint, d. h. der Vorgang steht zum Tag in dem Verhältnis 1 : 24. Alle Zeitangaben sind Verhältnisangaben. Wie schon angedeutet, gibt es kein absolutes Zeitmaß, sondern nur die mit jedem Wesen bei seinem Räumlichwerden erscheinende »eigene Zeit«. Diese wird für uns faßbar durch einen Vergleich mit einer anderen Zeit, zum Beispiel dem Tag und seinen Unterteilungen. In dem Satz: *Jede Zeitangabe ist ein Zeitverhältnis*, ist ein komplizierter Denkvorgang enthalten, den zu leisten dem Menschen aufgegeben ist.[15]

Die Ausführungen am Schluß des Kapitels I haben gezeigt, daß im Denken ein subtiles, abwägendes Vergleichen betätigt wird, das auch in der Außenwelt beim Messen geübt wird. Dabei kommt die Wiederholung des gleichen Vorgangs hinzu. Diese Wiederholungen werden zusammengezählt und so überschaubar und verfügbar gemacht. Daß auch alle Zeitmessung durch Vermittlung des Räumlichen geschieht, ist schon dargestellt worden. Auf dem Wege zur Erscheinung erschafft sich jedes Wesen seinen Raum und seine Zeit. Der Mensch erobert sich im Menschheitswerden und in der Einzelentwicklung als Kleinkind Raum und Zeit für sein Bewußtsein hinzu. Dabei lernt er Raum und Zeit zu zählen.

Die Tageseinheit von Sonnenaufgang zu Sonnenaufgang fügt zu der Lichtzeit »Tag« die »Nacht« als Dunkelzeit hinzu. Tag und Nacht ist die erste Unterteilung derjenigen Zeitspanne, die dann als Ganzheit nach Tagen oder Nächten benannt und gezählt wurde.[16] Die weiteren, am Tageslicht selber ablesbaren Zeiten waren bei den Griechen orthros = die Morgendämmerung, mesämbria = der Mittag, deilä = der Nachmittag und hespera = der Abend. Die Nacht wurde in drei Nachtwachen eingeteilt: die erste von 18–22, die mittlere von 22–2, die dritte oder Morgenwache von 2–6 Uhr. Mit der römischen Herrschaft kam die Einteilung in vier Nachtwachen auf (Abend 18–21, Mitternacht 21–24, um den Hahnenschrei 0–3, des Morgens 3–6 Uhr). Diese alten Vigilien der römischen Legionen sind zum Teil in den Kult der römischen Kirche übergegangen. Dort gibt es das Stundengebet, durch welches die Abschnitte des Tages geheiligt werden. Die 7–8 »Horen« sind: Matutin um Mitternacht, Laudes um 3, Prim um 6, Terz um 9, Sext um 12, Non um 15, Vesper um 18 und Komplet um 21 Uhr. Davon ist wiederum einiges in die Kompositionskunst übergegangen als Serenade, Notturno, Matutino und Reveille. Mit eben diesen musikalischen Überschriften hat GOETHE in der Handschrift die vier Strophen des Chores am Anfang des Faust II versehen. Stundengenauigkeit im heutigen Sinne gab es im täglichen Leben zunächst noch nicht. Das griechische und lateinische Wort hora = Stunde war zunächst neben anderen Bedeutungen auch die Bezeichnung für diese Tageszeiten. Vom lateinischen hora kommt französisch heure, deutsch Uhr. Das deutsche Wort *Stunde* gehört wohl zu stehen, Stand der

Sonne und bedeutet ursprünglich auch nur Zeitabschnitt, Zeit. Die Einengung auf den Begriff von $1/12$ oder $1/24$ des Tages erfolgte erst später.

Die *Zwölfstundeneinteilung* ist sehr alt. Im vierten vorchristlichen Jahrtausend haben die alten Sumerer eine Hochkultur ausgebildet, deren Gehalt sie »das Mysterium von Himmel und Erde« nannten (83). Danach sollten alle Lebensformen in der menschlichen Sozialordnung eingerichtet werden. Rund 360 mal geht die Sonne auf und unter, ehe sie auf einen durch ein einfaches Visierinstrument festgelegten Punkt ihres himmlischen Kreislaufes zurückkommt. In dieser Zeit durchläuft der Mond den gleichen Weg durch den Tierkreis am Himmel zwölfmal. Das altsumerische Bildzeichen für Tag ist Sonne. Der Tag wurde als Kleinjahr aufgefaßt und wie das große Jahr in 12 Teile unterteilt. Das sind die 12 Doppelstunden früherer Zeiten. In Bogengraden ergibt das $360° : 12 = 30°$, welche die Sonne in 120 Minuten durchläuft, also $1°$ in 4 Minuten. Später wurde dann die Einteilung in 12 Tag- und 12 Nachtstunden eingeführt, aber zunächst noch mit Rücksicht auf deren jahreszeitlich verschiedene Länge.

Die Einigung der Völker auf die Dauer einer Stunde zu $1/12$ der Tageshelle brauchte Zeit. Und sie ergab zunächst noch nicht eine Stunde zu 60 Minuten. Denn im Sommer ist $1/12$ der Tageshelle eine viel längere Zeit als im Winter. Dies wurde zum Beispiel in Griechenland im 3. Jahrhundert v. Chr. von dem Ingenieur KTESIBIOS, der auch der Erfinder der Wasserorgel ist, an den Wasseruhren durch verschieden graduierte und auswechselbare Zifferblätter berücksichtigt. Erst mit der Erfindung und Einführung der mechanischen Räderuhren um das 12. Jahrhundert gibt es die zweimal 12 Stunden gleicher Länge. Die Durchzählung der 24 Tagesstunden hat bereits PETER HENLEIN auf seiner Dosenuhr (Zeytdose) von 1517 angewandt.[17] Diese hat ein Zifferblatt mit einem äußeren Kreis von zwölf römischen und einen inneren von 13–24 arabischen Ziffern. Seit dem Ende des 19. Jahrhunderts hat sich diese Durchzählung der 24 Stunden vom Bahn- und Telegraphendienst ausgehend immer weiter in die Bereiche von Technik, Wirtschaft und Verwaltung hinein durchgesetzt. Daneben bleibt im täglichen Leben die zweimal zwölf Stundeneinteilung schon durch das Zifferblatt der Uhr bestehen. Die Minute als $1/60$ Stunde $= \frac{1}{24 \times 60} = \frac{1}{1440}$ Tag ist höchstwahrscheinlich von arabischen Astronomen um 1000 n. Chr. berechnet worden. In Europa wird sie erst am Ausgang des Mittelalters bekannt. Der Name lautete minuta pars, der »verkleinerte« Teil der Stunde. Damals dachte man noch nicht an die Sekunde. Als dann diese weitere Unterteilung der Minute zu Beginn der Neuzeit gemacht wurde, nannte man die neue Größe secunda minuta pars, »zweiten verkleinerten« Teil. Eigentlich müßte die Minute, von prima minuta pars abgeleitet, dann Prime heißen. Aber die lebendige Sprache ist nicht logisch.

In der jüdischen Chronologie wird der Tag ebenfalls in 24 Stunden geteilt. Eine Stunde hat 1080 ch = chalakim = Teile. Das sind die 18 × 60 Atemzüge in der Stunde. Außer ihrem kosmischen Bezug zum Weltenjahr, 1080 × 24 = 25 920, ist diese Zahl durch 2, 3, 4, 5, 6, 8, 9, 10, aber nicht durch 7 teilbar. Ein chelek, ein solcher Teil, der einem Atemzug entspricht, wird in 76 r = rega^{c}m = Augenblicke unterteilt. Ein rega ist rund $1/25$ Sekunde.

Eine abstrakte Zeiteinteilung wurde im französischen Revolutionskalender 1793 angestrebt. Nach dem Dezimalsystem sollte der Tag in 10 Stunden zu je 100 Minuten und je 100 × 100 Sekunden geteilt werden. Es sind Uhren mit dieser Einteilung gebaut worden, wovon zwei in Leyden erhalten sind. – Aber in der Gegenwart hat man eine *Industriezeit* geschaffen, bei welcher dem Computer zuliebe die Stunde in 10 Teile zu 6 Minuten geteilt wird. – Daneben gibt es heute Vorschläge für ein dezimales Uhr-Zeit-Kalender-System. Danach soll der Tag, statt wie bisher 86 400, neu 100 000 Sekunden haben. Das Datum in seiner heutigen Schreibweise wird als »kompliziert« angesehen. Der 10. Juli 1974, 11.44 Uhr, 13 Sekunden lautet dann »viel einfacher« so: 62278,275853 Ms (Mega-Sekunden). Derartige Vorschläge werden als »konsequent« angepriesen. Sie sind zwar folgerichtig, zerstören aber die für das Leben des Menschen heilsamen Rhythmen von Stunde, Tag, Woche, Monat und Jahr.

Die moderne Zeitmessung, die mit atomaren Raum- und Zeitverhältnissen arbeitet, dreht nun den Spieß um und prüft mit ihrer derart präzise genormten Zeit die Umdrehung der Erde. Sie stellt fest, daß die natürlichen Zeiteinheiten, Jahr, Tag und damit auch Stunde, Minute und Sekunde immer länger werden. Die Erdumdrehung wird langsamer, und zwar 0,0016 Sekunden im Jahrhundert. Die Sonnenuhren gehen nach. Seit 1900 blieben sie durch weitere Rhythmenschwankungen im Zusammenhang mit Sonne und Mond schon über 1/2 Minute hinter der »exakt« gemessenen Zeit zurück. –

Von dieser wissenschaftlichen Einseitigkeit wollen wir uns jedoch nun wieder dem im lebendigen Dasein erfahrenen Tag zuwenden.

11. Der Atem der Erde

Zunächst erleben wir den täglichen Rhythmus im Auf- und Untergang der Gestirne, im Umschwung des ganzen Himmelsgewölbes. Man kann bei diesem Phänomen stehen bleiben und es in allen Einzelheiten beobachten. Das war ursprünglich die rein geozentrische Betrachtungsweise, die wir auch heute noch für die Himmelsbeobachtung anwenden. Mit der beginnenden Neuzeit lernte man diesen Umschwung des ganzen Himmels als eine Art spiegelbildliche Gegenbewegung zur Umdrehung der Erde zu deuten. Dabei wird das Himmelsgewölbe, entgegen dem Augenschein, als feststehend und die Erde sich um eine Achse bewegend gedacht. Dieser Vorgang kann nur im Denken erfaßt werden. Anders ist es mit den gleichzeitig auftretenden Rhythmen. In den kosmischen, atmosphärischen, terrestrischen Vorgängen sowie im pflanzlichen, tierischen und menschlichen Leben finden wir überall Variationen, die sich bei näherem Studium mehr oder weniger deutlich als Rhythmen erweisen. *Der Rhythmus ist die Urerscheinung des Lebens* formuliert Ludwig Klages. In seinem Werk »Erde und Mensch« hat Guenther Wachsmuth eine Fülle von Phänomenen aus allen Bereichen der Meteorologie und Biologie zusammengetragen, die in einem täglichen Rhythmus verlaufen. Dieser große Rhythmus der Erde besteht darin, »daß ein *Kraftfeld* beziehungsweise *eine Sphäre oder Schicht kontraktiver Kräfte* von der Erde im Tageslauf morgens in die Atmosphäre ausströmt beziehungsweise

›ausgeatmet‹ wird« und am Abend wieder in den Bereich unterhalb der Erdoberfläche »eingeatmet wird« (205, S. 136). Dabei zeigt sich, daß auch die tägliche doppelte Luftdruckwelle mit einem ersten Druckmaximum um 9 Uhr und einem zweiten um 21 Uhr und die ihr synchronen Rhythmen, wie zum Beispiel der Niederschlag des Taues am Morgen und Abend, diesem täglichen Rhythmus eingeordnet sind. Das morgens aufsteigende und abends wieder unter die Erdoberfläche eintauchende Kraftfeld durchläuft so zweimal am Tage die untere Atmosphäre und erzeugt dort die Druckmaxima am Morgen und am Abend. Die Bewegung dieses kontrahierenden Kraftfeldes entstammt der feineren, nicht materiellen Eigenstruktur und Eigendynamik der Erde. Sie ist eine *Eigenschwingung* und nicht eine direkte Folge der Sonneneinstrahlung. Deshalb kann es als berechtigt angesehen werden, von der Erde als einem Organismus zu sprechen, der einen *eigenen Atem* hat. Dies ist auch im Sinne Johannes Keplers, der sagte: »Die Erdkugel ist ein Leib, der einem Lebewesen zugehört.« *Ein Tag* ist ein *Atemzug* dieses Lebewesens.

Die Rotation, die Umdrehung der Erde um ihre Achse, muß im Zusammenhang mit diesem eigenschwingenden Atem der Erde gesehen werden. Dieser Atemstrom wendet sich kontinuierlich der Sonne zu und ist dadurch wesentlich an der Erdrotation beteiligt. Die physikalische Erklärung durch Gravitationskräfte ist zu einseitig. Die Drehung der Erde kann nur zum Teil und nicht zureichend als rein mechanische Bewegung eines toten Körpers allein durch Gravitationskräfte erfaßt werden. Das Primäre und Eigenrhythmische ist in dem Organismus nichtmaterieller, ätherischer Kräfte zu suchen, dessen Wesen als Tag erscheint.[18] Der Tag hat mit anderen erlebten Zeiten Anfang und Ende innerhalb eines polaren Spannungsfeldes, stetige Erneuerung und Elastizität gemeinsam. Die letztere kann auch in der dem Jahreslauf entsprechend sich stetig ändernden Helligkeitsdauer gesehen werden. Auch die Zeiten für die Maxima und Minima der täglichen, doppelten Luftdruckwelle variieren elastisch mit der geographischen Breite. Durch die drei genannten Charakteristika wird der Tag zum großen kosmischen Urbild des Rhythmus (vgl. S. 63).

Die Dämmerungszone zwischen Nacht und Tag wandert wie alle Tageszeiten in ostwestlicher Richtung um die Erde. Die Jahreszeiten dagegen rücken im Laufe des Jahres vom Rande des jahreszeitenfreien Äquatorgürtels in nördlicher und südlicher Richtung gegen die Polargebiete vor. Die Linien dieser Richtungen zeichnen ein Kreuz auf die Erde. Die zerteilten Jahres- und Tageszeiten werden von der Erde selber zur Gleichzeitigkeit und zu einem großen Ganzen verbunden. Derartige »Kreuze« sind der Erde in mehrfacher Weise eingeschrieben. Sie verbindet in einer Art »Dreischlag des Weltenwirkens« die Senkrechte mit der Waagerechten und dem zusammenfassenden Kreis (Fig. 1).

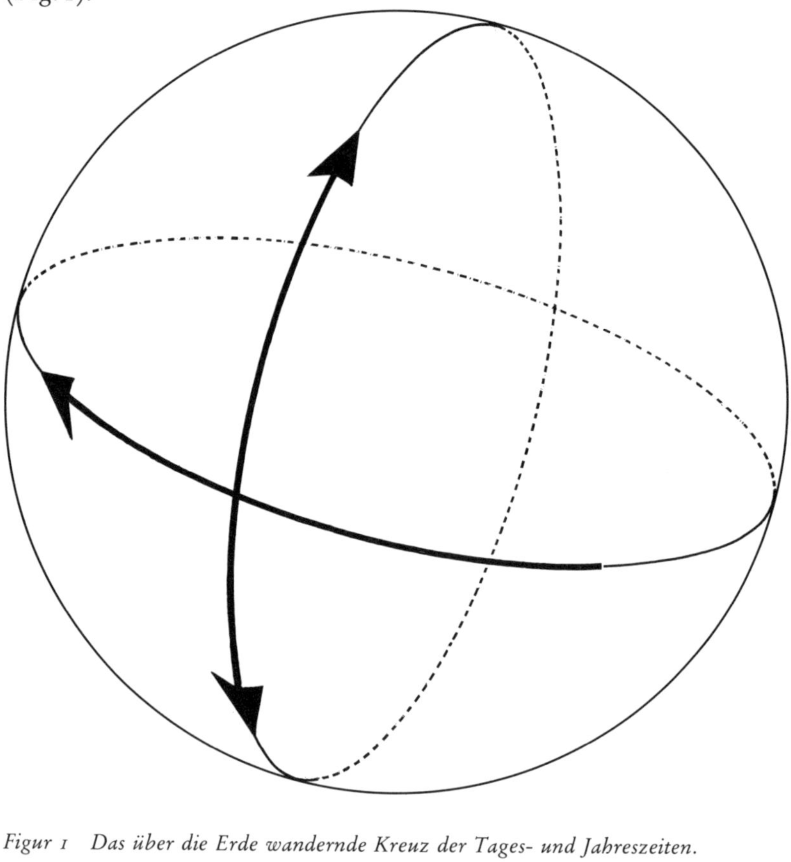

Figur 1 Das über die Erde wandernde Kreuz der Tages- und Jahreszeiten.

Im rhythmischen Ausgleich der Polarität von Tag und Nacht kann die Idee des Ganzen in Erscheinung treten. HANS WALTER sagt in seinem Vortrag vom Rhythmus der hochklassischen, griechischen Kunst, »daß die Glieder des Tempels aneinander *werden* können, in der ganzen *Polarität* ihrer eigenwilligen Gebilde, die nicht verwischt werden können. Aus dem Zusammenwirken der *polaren* Glieder entsteht dann der Eindruck des *Ganzen*« (212/1, S. 33). Dieser »polar-dynamisch bedingte Ganzheitsbegriff« ist sowohl in der Wortbedeutung »Halt und feste Begrenzung der Bewegung« als auch in der von der »Bewegungsordnung« für Rhythmus enthalten. Aber seit der Antike ist ein Bedeutungswandel des Wortes Rhythmus eingetreten. Er hat dazu geführt, daß Rhythmus im Mittelalter zunächst zwar noch im Sinne von Zeitmaß, Ebenmaß gebraucht wurde, aber in seiner heutigen Verwendung im biologischen Bereich die rhythmische Polarität fast nirgends mitgedacht wird. »Man versteht darunter allgemein nur das Auftreten periodischer Gesetzmäßigkeiten und will diese sogar mit einem Fließen oder Strömen verbinden.« Aber ein Geschehen im Lebendigen kann nicht nur von einer Seite her umfassend definiert werden. Wir haben drei wesentliche Kennzeichen für den Rhythmus gefunden. Zur Periodizität müssen Polarität und Elastizität hinzugenommen werden. Nur gemeinsam führen diese drei zur Idee des Ganzen. Über den geistigen Hintergrund des Bedeutungswandels, den das Wort Rhythmus durchlief, sagt RODA WIESER treffend: »Der Blick auf die gebieterische rhythmische Polarität wurde abgelöst vom Blick auf die rhythmische Periodizität, die den Ausdrucksmöglichkeiten des erwachenden Subjekts freien Spielraum eröffnet. Hierin spiegelt sich ein langer Entwicklungsweg menschlichen Bewußtseins ... Doch scheint das heute allgemein Gegebene vielleicht nur eine Etappe auf einem noch lange nicht fertig zurückgelegten Weg zu sein« (212/1, S. 33).

Die Idee des Ganzen eines Tages erscheint in den drei Kennzeichen:

1. Rhythmischer Ausgleich der Polarität von Tag und Nacht.
2. Stetige Erneuerung. Dabei erneuert der neue Tag den vorangegangenen auch dadurch, daß er noch nicht Gewesenes ganz neu in Erscheinung treten läßt.

3. Elastizität im Auf und Ab, im Kommen und Gehen des Lichtes und der Nacht.

Von dem Abstraktum *Zeit* soll in diesem Zugang zu einer Rhythmenkunde nicht die Rede sein. Es sind immer erlebte Zeiten im Sinne natürlicher Rhythmen gemeint. Zeiten und Rhythmen haben deshalb im wesentlichen stets die drei beschriebenen Erscheinungsformen gemeinsam. Die Idee des Ganzen eines Tages erscheint als der Atem der Erde.

12. Tages-Zählung

Im alltäglichen, gesunden Leben besteht kaum Anlaß, die menschlichen Atemzüge zu zählen. Die 25 920 Atemzüge am Tage werden als *viele* erlebt. Weniger die Stunden, die mit der Zahl 24 und der Helldunkel-Teilung des Tages zwar *mehrere*, aber für den erwachsenen Menschen doch überschaubar sind. Erst die in sich geschlossene Ganzheit des Tages macht diesen zur brauchbaren *Einheit* für das Zählen der Zeit.

Um zählen zu können, müssen die Einheiten der Tage gegeneinander abgegrenzt werden. Theoretisch könnte man dies an jeder Stelle des sich erneuernden Rhythmus tun. Es haben sich aber bestimmte Zeitpunkte als günstig für die Zählung erwiesen. Die Chinesen, die alten Athener und Römer zählten die Tage zunächst vom *Sonnenuntergang* bis zum nächsten Sonnenuntergang. Man erlebte die Nacht als den zugehörigen Mutterschoß, aus dem der neue Tag auftaucht. Im jüdischen und im mohammedanischen Kalender beginnt der neue Tag auch heute noch am Vorabend um 18.00 Uhr, unabhängig vom astronomischen Sonnenuntergang. Die Indogermanen zählten nach Nächten, denen die zugehörige Tageshelle folgte. Der römische Schriftsteller Tacitus (55–116 n. Chr.) sagt im 11. Kapitel seines Buches »Germania«: Die Germanen »rechnen nicht, wie wir nach Tagen, sondern nach Nächten. Nach Nächten setzen sie die Termine für Versammlungen und Verabredungen fest; denn nach ihrer Auffassung geht die Nacht dem Tage voran«. In der germanischen Mythologie gebiert »Nott« ihrem

Manne von asischer, lichter Abkunft den Sohn »Dagr«. Das englische »fortnight« läßt die Zählung nach Nächten noch erkennen (fortnight = 14 Tage). Ebenso das Mittelhochdeutsche »ze wihen nahten« = in den heiligen Nächten, das Winterfest der Germanen, das vom 26. Dezember bis 6. Januar dauerte. Das Wort »Weihnachten« hat darin seinen Ursprung. Auch andere Traditionen, wie Fastnacht und die Feste Ostern, Pfingsten und Johannis beginnen in der vorangehenden Nacht. Im Tschechischen heißt Ostern: velikonoce = große Nächte. – Das alte sumerische Bildzeichen für Tag ist Sonne. Dies mag mit dazu beigetragen haben, daß in den Zeiten nach 2500 v. Chr. die Babylonier, die Syrer, die Perser und die Griechen den Tag mit *Sonnenaufgang* zu zählen begannen. Die Ägypter und mit ihnen auch HIPPARCHOS aus Nicäa, der Begründer der wissenschaftlichen Astronomie und Trigonometrie im 2. Jahrh. v. Chr., haben die *Mitternacht* zum Tagesanfang gemacht. Ihnen schlossen sich die Römer und die Völker des römischen Imperiums an. Auch KOPERNIKUS folgte diesem Gebrauch. Bei den alten Arabern fing der Tag um *Mittag* an. So zählte dann auch CLAUDIUS PTOLEMÄUS (um 150 n. Chr.) 24 Stunden zwischen Mittag und Mittag.

Manche Völker, wie die Griechen, Juden und Römer unterschieden bei der Zählung zunächst Tag und Nacht und begannen die 12 Stunden je mit Sonnenaufgang und Sonnenuntergang zu zählen. Da aber an einem Orte nicht alle Lichttage des Jahres gleich lang sind, ergaben sich Stunden von ungleicher Länge. Außerdem wächst die Länge des Lichttages mit der geographischen Breite. Das bemerkte schon JULIUS CÄSAR bei seiner zweiten Expedition nach Britannien im Jahre 54 v. Chr. Im 5. Buche des »Bellum Gallicum« sagt er: »Außer daß wir nach bestimmten Messungen mit der Wasseruhr feststellten, daß die Nächte kürzer sind als auf dem Festland.«[19] Der längste Lichttag im Sommer dauert z. B. in 40° nördlicher Breite (Olymp, Toledo) im Sommer 14 1/2, im Winter dagegen nur 9 1/2 Stunden. Im Sommer ist nach dieser Einteilung eine Stunde 73 heutige Minuten, im Winter nur 48 Minuten lang. In Island mit 65° nördlicher Breite dauert der längste Lichttag 21 Stunden, der kürzeste im Winter nur 3 Stunden. Im Sommer dauerte dann eine Stunde 105, im Winter nur 15 Minuten. Diese zweifache Zählung von Lichttag und Nacht hat die römische Kirche in den germanischen Norden gebracht und durch das jus canonicum (Kirchenrecht) verbindlich gemacht. Dadurch entstand aber eine Verwirrung in der Zeitrechnung, und die Kirche mußte neben ihren »kanonischen« Stunden auch wieder das frühere nordische Verfahren der Stundenzählung nach Sonnenpeilungen gelten lassen. Eine Teilung des Tages in jahreszeitlich verschieden lange Stunden ist in Rom noch um 1850, in der Türkei noch im 20. Jahrhundert üblich gewesen. Im Anhang zur italienischen Reise beschreibt GOETHE das »Stundenmaß der Italiener« als »eine von den Fremden meist aus einem falschen Gesichtspunkt betrachtete Einrichtung«, ... die »dem Astronomen, dem der Mittag der wichtigste Tagespunkt bleibt, verächtlich scheinen, dem nordischen Fremden unbequem fallen mag, sehr wohl auf ein Volk berechnet ist, das unter einem glücklichen Himmel der Natur gemäß leben und die Hauptepochen seiner Zeit auf das faßlichste fixieren wollte.« Die Tageseinteilung in verschieden lange Stunden wurde an dieser Stelle besprochen, weil sie sich an die erwähnte Elastizität des Licht-Finsternis-Atems der Erde im Laufe des Jahres voll anschließt.

Die alten Ägypter zählten die Tage von Mitternacht zu Mitternacht. Für sakrale und rechtliche Handlungen begannen die alten Römer den neuen Tag ebenfalls von Mitternacht an zu zählen. Dieser Brauch ist daraus entstanden, daß die Auspizien, d. h. die Beobachtung und Befragung von heiligen Tempelvögeln in der Nacht vor dem Ereignis stattfanden, für das man eine Vorhersage wünschte. Man durfte damit aber nur bis zur Mitternacht zurückgehen. Von den Römern ging die Tageszählung ab Mitternacht auf unser Rechts- und öffentliches Leben über.

In der heutigen Astronomie beginnt die Stundenzählung mit dem Datumswechsel des bürgerlichen Jahres um Mitternacht. Früher wurden die Tage von Mittag zu Mittag gezählt, weil man die genaue Tageslänge hauptsächlich am Meridiandurchgang der Sonne maß. Dies hat man im Anschluß an PTOLEMÄUS getan. So rechnet auch die *Julianische Numerierung* die Tage von Mittag zu Mittag (vgl. S. 275). Dabei erhält jeder Tag von 4713 v. Chr. an eine Nummer, die aber um Mittag gewechselt wird. Dadurch beginnt das kalendarische Datum eines Tages um 12 Stunden früher als dessen julianische Nummer. Zur Abstimmung mit der üblichen Datierung werden heute die Stellen nach dem Komma verwendet:

der 17. Januar 1977, 0 Uhr hat die julianische Nr. 2.443.160,5
der 17. Januar 1977, 12 Uhr hat die julianische Nr. 2.443.161
der 26. Febr. 1977, 0 Uhr hat die julianische Nr. 2.443.200,5.

Die Durchzählung der Sternzeitstunden seit dem Durchgang des Frühlingspunktes durch den Meridian des Beobachtungspunktes zur Zeit der Frühlings-Tagundnachtgleiche soll nicht unerwähnt bleiben. Sie wird von der Sternzeituhr angegeben. Eine zweite Uhr auf der Sternwarte zeigt die mittlere Sonnenzeit. Zur Umrechnung zeigen Tabellen die zu 0 Uhr mittlerer Sonnenzeit eines jeden Tages gehörige Sternzeit.

13. Tageslänge, Zeitzonen, Datumsgrenze

»Die genaue Zeit: Beim Gongschlag ist es zwölf Uhr.« Das kennen wir alle. Aber wer denkt daran, daß in der so gehandhabten »Zeit« ein ganzes Bündel von Problemen steckt? Wenn wir einen bestimmten Fixstern, zum Beispiel den Aldebaran im Stier von einem festen Beobachtungspunkt aus an einem davor senkrecht gespannten Faden vorbeiziehen lassen, dann vergeht ein Tag, bis der gleiche Stern wieder den Fadendurchgang macht. Eine Uhr sei nun so eingerichtet, daß sie für diese Zeit genau 24 Stunden anzeigt. Das ist die Zeit der einmaligen Umdrehung der Erde um ihre Achse. Diese so gemessene Zeit hat man *Sternzeit* und den Tag Sterntag genannt. Da der Stern nicht gleichzeitig jeden Beobachtungsort passiert, haben immer die Orte auf dem gleichen Längengrad die gleiche *Orts*sternzeit. Mit dem Durchgang des Frühlingspunktes durch den jeweiligen Ortsmeridian beginnt dessen eigene Ortssternzeit. Man hat den Meridian von Greenwich zum Null-Meridian der Erd- und Himmelseinteilung gewählt. Diese Wahl wurde 1884 durch eine internationale Konferenz bestätigt. Die ihm zugehörige Sternzeit wird als *Welt*sternzeit gebraucht. Obwohl man mit irdischen Uhren die Abweichungen von der regelmäßigen Erdrotation noch nicht direkt nachweisen konnte, hat man doch derartige Schwankungen aus der Verfolgung von Planetenumlaufszeiten über lange Zeiträume hin errechnet. Daraus hat sich ergeben, daß der Sterntag durch eine Verlangsamung der Erdrotation gegenwärtig länger wird. Seit 1700 soll sich die Differenz auf insgesamt 50 Sekunden angehäuft haben.

Die Zeit unserer Normaluhren ist aber nicht nur von dem Verhältnis Erde – Stern, als Sternzeit, sondern von dem Verhältnis Erde – Stern – Sonne abgeleitet. Wenn man mit der Sternzeituhr die Zeit von einem Meridiandurchgang der Sonne zum anderen mißt, bemerkt man, daß diese Zeit um rund 4 Minuten länger ist als ein Sterntag. Die Ursache für diese Differenz ist die Eigenbewegung der Erde um die Sonne. Diese *Revolution* genannte Bewegung zeigt sich uns in dem Gang der Sonne durch den Tierkreis in der Gegenrichtung des Uhrzeigers. Infolge der verschiedenen Geschwindigkeiten der Erde auf ihrer leicht elliptischen Bahn und der darin exzentrisch stehenden Sonne sind aber die *wahren* Sonnentage nicht für alle Tage im Jahr gleich lang. Aus den verschiedenen Tageslängen hat man einen *mittleren* Sonnentag errechnet. Die täglich maximal mögliche Differenz zwischen wahrem und mittlerem Sonnentag beträgt ± 28 Sekunden. Sie summiert sich aber und bewirkt im Jahreslauf gegenüber der mittleren Ortszeit eine maximal 14 Minuten frühere oder 16 Minuten spätere Kulmination der Sonne. Diese Differenz zwischen wahrem Mittag und mittlerem Mittag wird in astronomischen Kalendern als *Zeitgleichung* in Minuten und Sekunden für jeden Tag angegeben. JOACHIM SCHULTZ hat in »Rhythmen der Sterne« (149, S. 56) beschrieben, wie die Zeitgleichung graphisch anschaubar gemacht werden kann. Dabei entsteht eine Lemniskate. Diese Lemniskate geht viermal im Jahre durch die Linie des mittleren Mittag, d.h. am 15. April, 13. Juni, 1. September und 25. Dezember ist die Zeitgleichung 0, die mittleren Mittagsstände der Sonne fallen mit den wahren zusammen und damit auch die wahre Ortszeit

(WOZ) und die mittlere Ortszeit (MOZ). Im Laufe eines Jahres zeigt sich:

365,2422 mittlere Sonnentage = 366,2222 Sterntage

Infolge der verschieden langen wahren Sonnentage ist die Errechnung eines mittleren Sonnentages für die gebräuchliche Zeit notwendig. Der mittlere Sonnentag ist also die Grundlage unserer Uhr und ihrer 24 Stundeneinteilung. Die verschiedenen Tageslängen der wahren Sonne aber zeigen, ähnlich der rhythmisch sich ändernden Lichtdauer der Tage, hier ein nochmaliges, aber viel feiner *veränderliches Atmen*.

Die mittlere Ortszeit gilt zunächst nur für Orte auf dem gleichen Meridian. Die Orte westlich und ostwärts davon haben jeweils ihre eigenen mittleren Ortssonnenzeiten. Eine Entfernung von 300 m erfordert bereits eine Zeitkorrektur von einer Sekunde. So hatte früher jeder Kirchturm seine eigene Ortszeit. Die örtlichen Sonnenuhren zeigen diese Ortszeit auch weiterhin an. Aber mit dem Zusammenrücken der Menschheit durch Technik und Wirtschaft ist eine gemeinsame, genaue Zeit über ein größeres Gebiet hin immer unausweichlicher geworden. Post und Bahn könnten ihre heutigen Aufgaben ohne eine solche *Zonenzeit* überhaupt nicht mehr erfüllen. Bereits 1884 hat man sich in Washington darauf geeinigt, die ganze Erdkugel in 24 Längszonen mit je 15° Breite zu unterteilen. Von 15 zu 15° ist die zeitliche Differenz der Sonnenkulminationen eine volle Stunde. Auf dem mittleren Meridian einer solchen 15°-Zone liegen die Orte, deren mittlere Ortszeit (MOZ) zugleich die Standard- oder Zonenzeit ist. Für die mitteleuropäische Zeit (MEZ) trifft das für Görlitz zu, wo heute sogar ein Denkmal steht, das an diese Tatsache erinnert. Der ostwärtige Rand einer Zeitzone hat 30 Minuten früher, der westliche 30 Minuten später als deren mittlerer Meridian seinen wahren Mittag. Für eine genaue Bestimmung eines astronomischen Zeitpunktes ist folglich die Zeitgleichung und zusätzlich die Differenz zwischen mittlerer Ortszeit und Zonenzeit zu berücksichtigen. Ein Beispiel für Essen/Ruhr: Wenn die Sonne am 7. Nov. kulminiert, zeigen die Uhren:

nach WOZ: 12.00 Uhr	nach MOZ: 11.44 Uhr
nach MEZ: 12.16 Uhr	nach DSZ: 13.16 Uhr

Diese letztere deutsche Sommerzeit wurde 1916 und im 2. Weltkrieg eingeführt, um damit Vorteile für eine bessere Arbeitszeit-Ausnutzung zu haben. Um Energie zu sparen, hat man 1947 in Deutschland, allerdings nur für 7 Wochen, sogar eine doppelte Sommerzeit ausprobiert und die Uhren um 2 Stunden vorgestellt. Aber es ist deutlich geworden, daß eine so große Abweichung vom wahren Sonnenstand, jedenfalls in der Landwirtschaft, unerträglich ist.[20] – Eine auffallend große Differenz zwischen der Zonenzeit und der wahren Ortszeit besteht in Frankreich. Die Zeitzonengrenze zwischen mittel- und westeuropäischer Zeit verläuft durch die Niederlande, Belgien, Luxemburg und Ostfrankreich. Durch den Anschluß dieser Länder an die MEZ ergibt sich jene besonders große Differenz. – Entsprechend der bereits erwähnten Weltsternzeit gibt es über die Zeitzonen hinweg auch eine *Weltzeit*. Die mittlere Sonnenzeit von Greenwich ist 1883/84 auch als Weltzeit = UT = universal time festgesetzt und 1925 allgemein eingeführt worden. Ihre alleinige Anwendung für die ganze Erde wäre unnatürlich. Die Weltzeit wird nur im großen, zwischenstaatlichen Verkehr und in der astronomischen Rechnung vorteilhaft verwendet.

Mit je einer Stunde Unterschied von Zone zu Zone sind die 24 Stunden des Tages wie ein vollkommener *Tageszeiten-Mantel* um unsere Erde herumgelegt (Fig. 2). Dies gilt natürlich auch ohne Unterbrechung und zusammenhängend für jeden einzelnen Augenblick des ganzen Tages. Und in jedem folgenden Augenblick bleibt die ganze Hülle dieses Licht-Finsternis-Mantels mit seinen fließenden Übergängen zwar fortwährend weiterwandernd, aber doch beständig um die ganze Erde gelegt. Eine schwer zu fassende, aber erhabene Wirklichkeit: Für die Erde als Einheit ist der ganze Tag mit jeder seiner Stunden, in jedem Augenblick, gleichzeitig da. Ähnliche Ergänzungen ergeben sich beim Blick auf die Erde als Ganzheit für die Jahreszeiten. Diese Gleichzeitigkeit kann als Bild für ein »außerzeitliches« Sein erlebt werden, das immer von neuem bedacht werden muß, gerade dann, wenn man bemerkt, daß zur Lösung von Fragen der Tageszeit, des Ostertermins und der Kalenderordnung Kompromisse unvermeidlich sind. Wie ein Abdruck dieser tatsächlich vorhandenen Gleichzeitigkeit kann

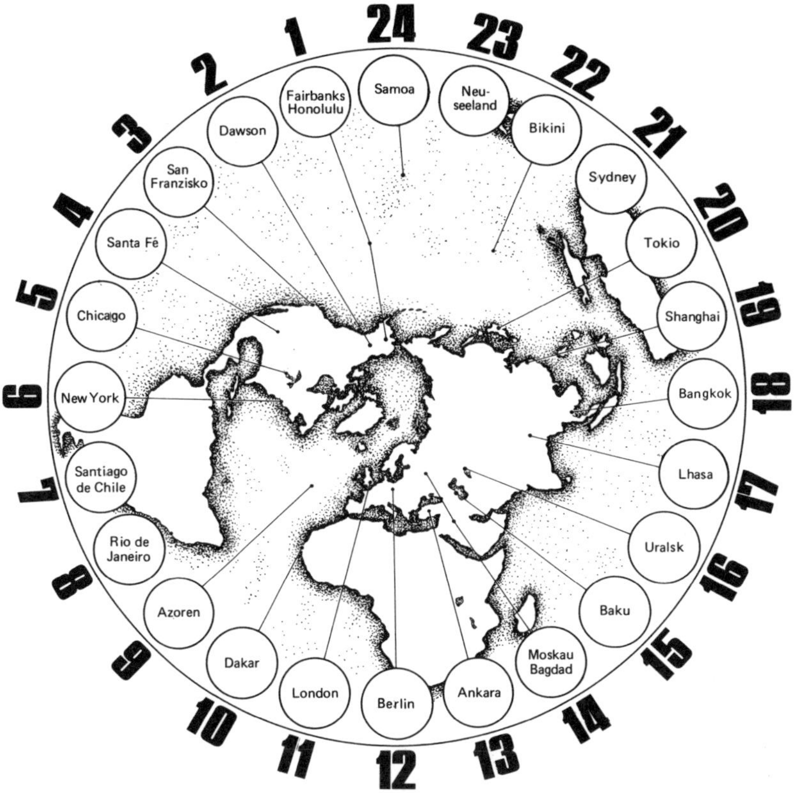

Figur 2 Die Weltzeituhr; der Tageszeiten-Mantel der Erde.

diejenige Gleichzeitigkeit verstanden werden, zu der wir durch die Differenz zwischen Orts- und Zonenzeit genötigt sind. Hier kündigt sich die entwicklungsgeschichtlich notwendige *Loslösung* des Menschen vom Kosmos an. Sie ist der Preis, der für das ebenfalls entwicklungsgeschichtlich notwendige Zusammenrücken der Menschen, für das allmähliche Heranbilden echter Gemeinschaft gezahlt werden muß. Dabei können aber die sozialen Erfordernisse hier nicht mehr im vollen Einklang mit dem Lauf der Sonne gehalten werden. In der Sinneswelt werden die Zeiten zum Erdenraume, der durchmessen wird.

So kann man die 24 Zeitzonen wie Zeiträume erleben, von denen die Erde umgeben ist, wie in der Imagination von Apokalypse 4 der Thron des Lammes von den 24 Ältesten. Zwischen der *individualisierenden* Ortszeit und der *kollektivierenden* Weltzeit hält die Zonenzeit eine *heilsame Mitte.* Sie kann deshalb auch als spirituell berechtigt angesehen werden. In Deutschland wurde die mitteleuropäische Zeit (MEZ) am 1. April 1893 eingeführt.[21]

Als eine Kuriosität kann einem die zweite Datumsgrenze erscheinen. Die erste *Datumsgrenze* ist beweglich und geht jede Mitternacht mit dem Datumswechsel in ost-westlicher Richtung über jeden Erdenort hinweg. Der zeiterlebende Mensch bleibt dabei an seinem Erdenort mit der sich drehenden Erde verbunden. Ganz anders ist es, wenn er sich nach Westen oder Osten auf die Reise macht. Reisen wir mit der Drehbewegung der Erde nach Osten, dann gewinnen wir, wenn auch in kleinsten Abschnitten, zusätzlich Raum zur Bewegung der Erde hinzu. Wenn wir in der gleichen Richtung die ganze Erde einmal umkreist haben, dann entspricht diese Strecke einer vollen Erdumdrehung zusätzlich. Das bedeutet einen ganzen Tag zusätzlich. Wenn wir mit den am Ort gebliebenen Menschen zeitlich wieder in Einklang kommen wollen, müssen wir den gewonnenen Tag in der Zählung wieder ausschalten. Das geschieht, indem wir einen Tag zweimal zählen, also auf Dienstag, den 22. Juli noch einmal Dienstag, den 22. Juli folgen lassen. Reist man gegen die Erdumdrehung nach Westen, dann verliert man bei einer Erdumrundung einen vollen Tag, den man aus der Reihenfolge herausnehmen muß. Ist es Dienstag, der 22. Juli, dann entfällt der 23. und man muß gleich Donnerstag, den 24. Juli auf den 22. folgen lassen. Damit diese mit der Kugelgestalt der Erde und ihrer Rotation verbundenen Zeitrechnungsprobleme nicht noch komplizierter werden, hat man schon 1844 den 180. Längengrad für Reisen um die Erde (mit Abweichungen um die Ostspitze von Asien, die westlichen Aleutengruppe und die ostwärtige Fidschi-Inselgruppe herum) als eine feste Datumsgrenze (date-line) eingeführt. Der 180. Längengrad liegt dem 0-Grad von Greenwich polar gegenüber und verläuft seiner ganzen Länge nach durch den Pazifischen Ozean, sodaß wirklich nur die

Schiffs- und Flugreisenden zu diesem kuriosen Datumswechsel gezwungen sind.

Im Jahre 1522 »entdeckte« man den Datumswechsel durch die erste Weltumsegelung des portugiesischen Seefahrers FERNÃO DE MAGALHÃES (1480–1521). Er war 1519 mit fünf Schiffen in westlicher Richtung ausgefahren, entdeckte im Oktober 1520 die nach ihm benannte Durchfahrt zwischen dem südamerikanischen Festland und dem Feuerland, fiel aber bei einem Gefecht auf der Insel Matan (Philippinen) am 27.4.1521. Als die Überlebenden auf den Kanarischen Inseln 1522 eintrafen, mußten sie nach dem dramatischen Verlauf ihres Unternehmens auch noch erfahren, daß ihr Kalender um einen ganzen Tag gegenüber dem dort geführten europäischen, mit dem sie auch abgefahren waren, zurück war. Sie hatten also auf ihrer Reise die letzten Sonntage falsch, d. h. an einem Samstag, begangen. Da man die geistige Realität der Wochentage mit ihren spezifischen Qualitäten gut kannte, war das keine gleichgültige oder nur rechnerische Angelegenheit.

Die Tatsache, daß bei einer Reise um die Erde ein Datumswechsel notwendig ist, gibt uns Anlaß, Zeit und Raum im Erdenwerden über das gebräuchliche Verständnis hinaus immer wieder neu zu bedenken. Zu dem einfachen Weiterzählen ist hier eine zusätzliche, für das übliche Denken *paradoxe* Bemühung gefordert. Dazu genügt das gewöhnliche, rechnende Denken nicht mehr. Daß wir beim Datumswechsel einen ganzen Tag zur gezählten Zeit hinzu oder wegnehmen müssen, um mit dem Zählen auf der Erde zurechtzukommen, ist ein Hinweis darauf, daß Zeit und Raum vom Menschen in verschiedener Weise als Ganzheit und Einheit erfaßt werden können.

Zeit und Raum sind keine leeren Behälter, in die etwas hineingetan wird, sondern sie erscheinen mit und in der Verleiblichung von Wesen aus einer anderen Seinsweise in das Irdische hinein. Man kann sogar sagen: Wer nach Osten reist, macht Zeit gut, gewinnt Zeit. Für jede Reise um die Erde muß er zahlenmäßig einen seiner durchlebten Tage wegnehmen, um mit seinen Mitmenschen wieder gleichzeitig (synchron) zu sein. Umgekehrt muß der nach Westen hin die Erde Umrundende einen Tag zu seinen durchlebten Tagen hinzuzählen. Von manchen

Darstellern dieses Umstandes wird im ersten Fall von einem »jünger werden«, im zweiten von einem »älter werden« gesprochen. Diese Redeweise macht aber das vorliegende Problem nicht einfacher. Deutlich ist, daß wir hier an ein Grenzproblem der Zeitrechnung herankommen. Hier versagt auch das so praktisch ausgedachte System der Zonenzeit. So sind auch äußere Zustände auf unserer Erde ein unübersehbarer Hinweis und Anlaß für das Bedenken eines »außerzeitlichen Weltenseins«.

Dieses »Überzeitliche« wirkt im Mysterium von Golgatha auf ganz besondere Weise in die Zeitlichkeit herein. Es ist deshalb nicht verwunderlich, daß bei der Bestimmung des Ostertermines nach den kosmischen Gegebenheiten von Sonne, Mond und Erde in besonderen Grenzsituationen die Datumsgrenze wieder beachtet werden und darüber hinaus sogar noch eine weitere »Paradoxie-Grenze« zu Hilfe genommen werden muß (vgl. S. 189).

14. Tod und Leben, der Rhythmus des Ich

Die alten Griechen haben den Schlaf den Bruder des Todes genannt. Die Ähnlichkeit eines Schlafenden mit einem Toten kann die Seele zutiefst erschüttern. Auch das Wort »entschlafen« für sterben deutet diesen Sachverhalt an. Kinder und sehr ermüdete Erwachsene können so tief schlafen, daß man sie wegtragen kann, ohne daß sie aufwachen. Dieses Tiefschlafbewußtsein steht in polarem Gegensatz zum Wachbewußtsein des Menschen am Tage. Was wir im alltäglichen Wachbewußtsein erfahren, das ist zunächst »unser Leben«. Der alte Grieche lebte so stark das Leben des Tages, daß er sagen konnte: Lieber ein Bettler auf der Erde als ein König im Reich der Schatten. Schlaf und Tod stehen diesem Leben im Licht polar gegenüber. Beide scheinen sich gegenseitig auszuschließen.

Blieben wir nur bei dieser Anschauungsweise stehen, dann wären der Tag mit Bewußtsein und Leben, die Nacht mit Schlaf und Tod verbunden. Das wahre Wesen des Menschen läßt sich aber auf eine derart vereinfachte Weise nicht angemessen erfassen. Was mit dem Wort *Le-*

ben benannt wird, kann verschiedenen Seinsschichten angehören: Das rein biologische Leben der Pflanze grenzt im Blütenbereich an das seelische Leben des Tieres und im Menschen kommt eine weitere Art von Leben im Bewußtseinsbereich hinzu. RUDOLF STEINER hat 1917 in seinem Buch »Von Seelenrätseln« die Polarität von *Bewußtsein* und *Leben* des Leibes herausgearbeitet. Das Tagesbewußtsein hat eine »Herablähmung« der Lebensvorgänge zur Voraussetzung. Es wird der Psychologe KARL FORTLAGE zitiert, der auf das verstärkte vegetative Leben der Ernährung im Schlafe und auf das Überwiegen der »Verzehrung« in den Pausen des Wachens aufmerksam macht und dann fortfährt:

»Das Bewußtsein ist ein kleiner und partieller Tod, der Tod ist ein großes und totales Bewußtsein, *ein Erwachen des ganzen Wesens in seinen innersten Tiefen*« (GA 21, IV, 7).

In dieser Sicht vertauschen Tod und Leben ihre Rollen gegenüber der geschilderten Anschauung der Griechen. Die Absterbeprozesse des Lebens während des Tages werden die Voraussetzung für ein ungetrübtes Bewußtsein. Das erneuernde Leben jedoch, das im Schlaf der Nacht unbehindert aufbauen kann, überwältigt dabei das durch die Sinneswelt angeregte Bewußtsein. Diese Polarität von Leben und Bewußtsein wird in der Paradieseserzählung und in anderen Mythen als die Zweiheit: Baum des Lebens und Baum der Erkenntnis beschrieben. Indem der Mensch zu früh vom Baum der Erkenntnis ißt, wird ihm dieser zum Baum des Todes, der Baum verdorrt (6, S. 311). Erkenntnis aus der Sinneswelt und Tod bedingen einander.

Dieses durch die Sinneswelt angeregte Bewußtsein ist aber nicht die einzige und letzte Stufe menschlicher Bewußtheit. Die durch Rudolf Steiner erneuerte Geisteswissenschaft beschreibt darüber hinaus ein Leben im Geiste, das in den alten Mysterienstätten der Menschheit bekannt war und auch heute und in Zukunft wieder errungen und gepflegt werden kann. Für ein Bewußtsein, das sich auf diesen Weg begibt, kann der Materialismus so etwas wie die Grablegung des Menschengeistes in Raum und Zeit sein. Für das zum Geiste voll erwachte Bewußtsein wird der Tag mit seinem Licht zu Nacht und Finsternis, wenn sie nur in ihrer Erscheinungsweise in der Sinnenwelt allein erfaßt werden. Die Fähigkeit aber, im Lichte des Geistes zum wahren Wesen der Erscheinungen vorzudringen, nannte man: das Schauen der Sonne um Mitternacht. Von diesem Erwachen im Geiste künden die Hymnen an die Nacht von NOVALIS. Erst auf diese Weise werden die Polaritäten von Tag und Nacht, Wachen und Schlafen, Bewußtsein und Leben, Leben und Tod überbrückt und zu einem Ganzen, dem »totlosen Leben« gesteigert. Im mythischen Bilde heißt das: Der verdorrte Baum der Erkenntnis beginnt wieder neu zu ergrünen, er wächst mit dem Lebensbaum zusammen, ihre Kronen durchdringen sich. Damit ist der Weg der menschlichen Bewußtseinsentwicklung angedeutet, der vom Paradies in die ewige Stadt führt. Von ihr sagt Johannes im letzten Kapitel der Offenbarung (22,2): »Mitten auf den Straßen der Stadt und hüben und drüben am Strom der Baum des Lebens, zwölffach Früchte tragend, so daß er jeden Monat seine Früchte gab. Die Blätter des Baumes dienten den Völkern als heilende Arznei. Jeder Fluch verliert durch sie seine Kraft.«

In dem Rhythmus von Tag und Nacht, Wachen und Schlafen, Aufleben und Untertauchen des Bewußtseins lebt das menschliche Ich. Und wer im Ich das zunächst höchste Wesensglied des Menschen sehen kann, für dessen volle Entfaltung er selber mit verantwortlich ist, der wird im Umgang mit Tag und Nacht behutsamer werden. Bei starken Störungen des Zeiterlebens, wie sie durch Versuche im Dauerbeleuchtungsraum mit Mensch und Tier hervorgerufen werden, versuchen die Organismen, wenigstens einen »Zirkadian-Rhythmus« von 23–25 Stunden aufrecht zu erhalten. Der Arzt, der berufliche Nachtarbeiter zu überwachen hat, kennt die allmählich krankmachenden Folgeerscheinungen eines gestörten Tagesrhythmus sehr genau. So haben wohl auch die zunehmenden Schlafstörungen häufig in der Achtlosigkeit gegenüber dem Rhythmus von Tag und Nacht ihren Grund. Das Tages-Ich des Menschen muß während der Nacht in das Welten-Ich eintauchen können (174, 21.12.08). Nur dadurch können die ermüdenden Tageseindrücke aufgelöst und Erneuerungskräfte gebildet werden.

Im Ich geschieht das Aufleuchten des Geistes im Menschenwesen. Das Ich ist nicht, sondern es geschieht. In dieser Weise spricht KARL KERÉNYI auch von dem Wesen und Namen des Gottes Zeus und deren Zusammenhang mit dem Wort dies (lat.) für Tag: »Wenn das Große geschieht, so heißt es Zeus...« WALTER F. OTTO hat bedeutsam gefunden, daß Zeus »dem Namen nach zu urteilen auch ein Gott der Inder war als Dyaus-pita, der Germanen als Ziu... Die Römer kannten ihn als Diespiter. Alle genannten Namen haben etwas mit dem Licht zu tun. Ihre Verwandtschaft mit *dies,* dem Tag, darf als sprachwissenschaftlich erwiesen gelten. Zeus war ... sicher mehr als das Tageslicht. Sein Name weist dennoch auf ein Ereignis wie das Tageslicht. Dieses ›Fast wie das Tageslicht‹ oder ›Mehr als das Tageslicht‹ kann in seinem Ereignischarakter sprachwissenschaftlich genau bestimmt werden ... Unter seinen nächsten sprachlichen Verwandten befinden sich zwei Feminina: *dyau,* Himmel, im altindischen als Mutter und Göttin angesprochen, und *dies,* Tag... der ursprüngliche Inhalt des Namens müßte, nach seiner sprachlichen Beschaffenheit, das Aufleuchten sein und erst nachher der Erleuchter. Es darf hinzugefügt werden: das Aufleuchten nicht nur des Himmels und des Tages, sondern ein glückliches Aufleuchten überhaupt« (91 und 92, S. 129). Mit dem Aufleuchten des äußeren Lichtes in dem Wort *Tag*, das zu der indogermanischen Wurzel dhegh = brennen, hell sein, gehört, wird zugleich das *Aufleuchten des Ich* beschrieben.

Aus alledem wird deutlich, daß der Rhythmus von Tag und Nacht, Morgen und Abend überall dort vorrangig wird, wo es um echte Kultur geht. *Kultur* ist Pflege der *Erde* (Agrikultur) und Pflege des Menschen-*Ich*. Deshalb werden beispielsweise die Landwirtschaft, aber ebenso alle Künste, zu denen auch Erziehung und Heilkunst gehören, sowie besonders die Heilpädagogik und auch das religiöse Leben immer bewußter eine Lebenskunst zu pflegen haben, die dem Tag und seinem Zeitorganismus abgelauscht ist.

Der Schlaf in der Nacht gehört unersetzbar zu dieser Pflege des Ich. Im Rhythmus der gleichen Schlafzeiten erfährt das Ich die stetige Erneuerung seiner Kraft. So ereignen sich im Verlaufe von Tag und Nacht durch alle 24 Stunden hindurch fortwährend Veränderungen im Ich. Diese Tatsache zusammen mit allen anderen, tagesrhythmischen Naturvorgängen zeigt uns den Tag als einen zusammenfassenden Zeitorganismus. Durch die Fähigkeiten von Gedächtnis und Gewissen ist der Mensch außerdem so in das zeitliche Werden eingebunden, daß sein Ich in der Gegenwart und zugleich auch in der Dauer des Welten-Ichs, das heißt in Vergangenheit und Zukunft leben kann. Der Zeitorganismus Tag mit seiner Polarität von Wachen und Schlafen ermöglicht diese Doppelheit. Deshalb ist *der Tag der Rhythmus des Ich.*

III. Monden-Atem
Der Monat, die Woche

Die Zeit ist auch beim Menschen dasjenige, was eigentlich den innerlichen Seelenablauf darstellt.

Rudolf Steiner (196, 3.1.21)

15. Der Mond

Der tägliche Wechsel von Licht und Finsternis wird gemildert durch den Lichtschein des Mondes. Wenn der Lärm des Tages verstummt ist, dann wird die Seele bereit, sich jener besonderen Stimmung hinzugeben, die der aufgehende Mond hervorzaubern kann. Eine Wanderung bei Vollmond im Sommer durch die Felder oder im Winter über das beschneite Land ist ein Erlebnis, das seit je die Menschenseelen tief ergriffen hat. Die wachsende oder abnehmende Sichel des Mondes, seine verschiedenen Lagen bis hin zum Mondenschiffchen, das von einem Stern überstrahlt wird, die am Vollmond vorüberjagenden Wolken und vieles andere können Kindheitserlebnisse sein, die das ganze Leben als Quellen der Kraft und inneren Frische begleiten. Das Phänomen der sich allnächtlich leise verändernden Lichtgestalt des Mondes in seinem Auf und Ab bis hin zu seinem Verschwinden vom Himmel für einige Tage hat die Menschen aller Völker und Zeiten mit Staunen und Ehrfurcht erfüllt. Weil sie in diesen Erscheinungen die Wirksamkeit und Offenbarung geistiger Wesen erleben konnten, wurde die Wesenheit des Mondes und deren vielfache Auswirkungen von fast allen Völkern schon sehr früh tief verehrt.

Die Verehrung der *großen Mutter* aus der Frühzeit der Menschheit meint das Erdenwesen in seiner Verbundenheit mit dem ganzen Wirkensfeld der Mondensphäre. Erden-Monden-Mysterien stehen hinter den Natur-Mutter-Kulten. In verwandelter Form wirken sie im Christentum nach in manchem Zug der Marienverehrung. Es darf dabei aber nicht übersehen werden, daß Maria in den entsprechenden Darstellungen den Mond meist zu Füßen hat, ja sogar auf und über ihm steht. Das weist auf die dienende Einfügung der Mondenwelt in ein größeres Ganzes. Es ist die Sonne, mit der nach der Offenbarung des Johannes im 12. Kapitel die Menschenseele jetzt und in Zukunft »bekleidet« ist.

Kleinasien ist ein Quellort der Mondmysterien und Mondkulte. Durch die Mondensphäre wird der große ätherisch-göttliche Lebensleib der Erde begrenzt. Mondenkräfte wirken im Erdenleib beim Keimen der Pflanzen, beim Keimen der Frucht im mütterlichen Leib. Monden-Erden-Mutter-Verehrung ist mit den Namen der indischen Maja, der ägyptischen Isis, der phrygischen Rhea und Kybele, der griechischen Demeter und Artemis verbunden. Alma mater, die gütige, nährende Allmutter war der Ehrenname dieser Göttinnen. Er stand für die äußere und für die innere Ernährung. Deshalb konnte er später auch auf die Hochschulen übertragen werden. Ja sogar Pallas Athene darf als die jüngste und vergeistigtste Form der naturhaften Urmutter betrachtet werden. In China hat sich seit ältesten Zeiten bis heute das Mondfest als Laternenfest erhalten, bei dem überall Papierlaternen die Gärten und Häuser erleuchten. Heißt doch Luna der »leuchtende« Stern. Die Verehrung der Monden-Erden-Urmutter war so umfassend, daß es sogar ein Jahrtausend des *Mutterrechtes* gab (etwa 1500–500 v. Chr.). Die erden-mütterliche Würde der Frau prägte damals ihre gesellschaftliche Stellung. »Dort warb das Mädchen um den Mann, das Kind ward nach der Mutter benannt und wurde freier Bürger, auch wenn sein Erzeuger ein Sklave war. Die Töchter erbten das Vermögen der Eltern. In Familie und Gemeinwesen herrschten nicht die Männer, sondern die Mütter. Darum nannten die Bewohner von Kreta, wo der Rhea-Kult herrschend war, ihre Heimat nicht Vater- sondern Mutterland« (53, S. 207). Das alles darf nicht unerwähnt bleiben, wenn vom Mond und seinen Zeiten und Rhythmen gesprochen werden soll.

Erst mit Pallas Athene wird in Hellas diese ältere, mutterrechtliche Mondenverehrung langsam verwandelt. Es folgt allmählich eine Kultur des Ich-Bewußtseins, deren Inspiratoren mehr in Verbindung mit dem Wesen und den Wirkungen der Sonne erlebt werden. Dadurch wird die Menschheit vorbereitet für die Aufnahme der Sonnen-Tat des Christus.

Die unmittelbare Vorbereitung zur Aufnahme des Sonnen-Evangeliums leisteten das Judentum und der Orden der Essäer. Obwohl der mosaischen Religion im wesentlichen eine Orientierung nach dem Monde eigen ist, kann die gegen die Zeitenwende hin zunehmende Einbeziehung der alten Sonnen-Weisheit nicht übersehen werden. Auf diese Tatsache weist EMIL BOCK (14) in den drei Büchern über »Das Alte Testament und die Geistesgeschichte der Menschheit« immer wieder hin. Die neueren Schriften-Funde, vor allem in Qumran, haben dies bestätigt (vgl. S. 127). In seinem »Moses« sagt MARTIN BUBER (18, S. 98): »Den Menschen, die wir Religionsstifter nennen, ist es ja nicht darum zu tun, eine Religion zu stiften, sondern darum, eine Menschenwelt unter einer göttlichen Wahrheit zu ordnen, die Wege der Erde mit denen des Himmels zu vereinigen; und dazu gehört ganz wesentlich, daß die Zeit, die an sich nur durch die kosmischen Rhythmen, durch Sonnenwandel und Mondphasen gegliedert ist, in einem Höchsten, in einer auch das Kosmische noch übergreifenden Heiligkeit verfestigt werde.« Es wäre eine verfälschende Vereinfachung, wollte man im Judentum einfach eine »Mondenreligion« sehen. Aber für den Beginn der kosmisch vorgegebenen, heiligen Zeiten der Gottesverehrung durch Fasten und Feste galt vorrangig die strenge Beobachtung des Mondes und erst in zweiter Linie die der Sonne. Darin zeigt sich die alte Mysterien-Weisheit in bezug auf die Gestirne. Die Jahve-Verehrung selber führt aber darüber hinaus.

Anders der Islam. Nach Mohammed war es der Erzengel Gabriel, der ihm den Koran inspirierte, also eine »Monden-Intelligenz« (vgl. S. 257). Die Religionsübung und Kalenderordnung der Mohammedaner ist starr und allein an die Mondenrhythmen gebunden. Das Mondenlicht ist kein Eigenlicht, es ist *gespiegeltes* Sonnenlicht. Als eine Art Spiegelung übermenschlicher Intelligenz hat man auch die kalte, aber geschliffene Schärfe arabischer Verstandeskräfte im Mittelalter erlebt.

Sie eilte dem sich erst langsam bildenden abendländischen, menschengemäßen Wissen weit voraus. Ihre unverwandelte Weiterentwicklung führte zu einem Verhalten, das sich heute in unverantwortlicher und hemmungsloser Ausbeutung der Erde weltweit gegen den Menschen selber wendet. Die geistige Unfreiheit eines solchen Denkens und Tuns ist die genaue Entsprechung zu jener starr an den Mondlauf gebundenen Religion. Die Mondsichel ist das Zeichen dieser bluts- und verstandesgebundenen Welt geworden. Demgegenüber ist das unmittelbare Licht der Sonne seit alten Zeiten als das Bild des freien und deshalb verantwortungsfähigen Menschengeistes erlebt worden.

Bei den keltischen und germanischen Völkern Nordeuropas läßt sich eine so ausgesprochene Mondenverehrung wie in Kleinasien nicht nachweisen. »Mediterranische Muttergottheit und indogermanischer Sonnengott sind wahrscheinlich, wie verschieden sie auch erscheinen mögen, zwei Hauptkomponenten der keltischen Religion gewesen« (123, S. 102). Der Monden-Fruchtbarkeitskult der »Großen Mutter« Kybele war vom ersten Jahrhundert an in Südgallien und im Rheinland verbreitet. Einer der Gründe für diese Beliebtheit des Kybele-Rituals dürfte die innere Verwandschaft mit dem einheimischen Kult der Muttergöttinnen sein. Die Kelten verehrten die »Matres«, die meistens als Dreiheit und sitzend dargestellt werden. Sie halten Früchte, Tiere oder ein Kind auf dem Schoß, was sie eindeutig als Fruchtbarkeitsgottheiten ausweist. Als den Quellbereich der leiblichen Fruchtbarkeit kannte man auch hier den »großen göttlich-ätherischen Lebensleib der Erde, der durch die Mondsphäre begrenzt wird« (53, S. 200). Bei den Germanen war es der Mysterienkult der Wachstums- und Fruchtbarkeitsgöttin Nerthus (irrtümlicherweise auch als Hertha überliefert), der seinen Ursprung in Jütland bei den Ingäwonen hat. Auch hier sind verwandte Züge zu dem Kult der Großen Mutter und damit zur Verehrung der Mondenkräfte deutlich. Albrecht Meyer zeigt in den Steingravuren und Skulpturen der Megalithzeit um die Wende vom 3. zum 2. Jahrtausend v. Chr. das »Bild der Großen Mutter« und die »Geheimnisse der Geburt« auch für das nordwestliche Europa auf. »Aus dem Vermächtnis einer gemeinsamen Urreligion stand in diesen nordeuropäischen Mysterien wie in den frühen Tempelstätten des Mittelmeergebietes der Kult der Großen Mutter im Mittelpunkt. Man erlebte die Erdennatur in ihrer mondbewegten Empfänglichkeit, in der Sonne und Sternenmächte schaffend tätig sind... Ein gewaltiges Inbild, das durch die Jahrtausende geht, eine Wahrheit spiegelnd, die nicht auszuschöpfen ist« (118, S. 197).

16. Der Monat

In zahlreichen Ausführungen über alte Mythen und Mysterien und über »Die geistigen Wesenheiten in den Himmelskörpern und Naturreichen« (181 u. 177) hat Rudolf Steiner aus der geisteswissenschaftlichen Forschung viele dieser religionsgeschichtlichen Tatsachen bestätigt, korrigiert und erweitert. Es kommt aber eine kaum überschaubare Fülle von neuen Forschungsergebnissen hinzu. Das Entscheidende ist hier die Möglichkeit der *Zusammenschau* von Kosmos, Erde und Mensch durch die moderne Geisteswissenschaft. Wenn im folgenden die Umlaufszeiten des Mondes in nüchternen Zahlen betrachtet werden, dann zeigt sich hier ebenso wie im mythologischen Bereich, daß die Schöpfungswunder des Kosmos mathematisch nicht voll zu erfassen sind.

Der Mond ist die Sonne der Nacht. Sein Licht ist gespiegeltes Sonnenlicht. Seine Bahn verläuft in der Nähe der Sonnenbahn, maximal je 5 Grad von dieser nördlich oder südlich abweichend. Die volle Mondenscheibe hat etwa denselben Winkeldurchmesser wie die Sonne, ungefähr einen halben Grad. Es könnten also um den ganzen Horizont herum 720 Vollmonde nebeneinander stehen und vom Ostpunkt über den Zenit zum Westpunkt 360 Vollmondscheiben. Diese Vorstellung ist wegen der dabei auftretenden Zahlen bedeutsam (vgl. S. 215). Die verschiedenen *Phasen* der Lichtgestalt des Mondes ergeben sich aus dem Stand zur Sonne. Der Mond überholt auf seiner Bahn die Sonne. Dabei kann eine ganze oder teilweise Bedeckung der Sonne durch den Mond, also eine *Sonnenfinsternis* eintreten. *Neumond* ist für den Astronomen der Zeitpunkt, an dem Sonne und Mond dieselbe Ekliptiklänge haben.[22] Da kommt der Mond mit der Sonne zusammen. Sie haben eine Zusammenkunft, eine »Synode«. Daher wird die Zeit zwischen zwei Neumonden die *synodische Umlaufszeit* des Mondes oder synodischer Monat oder von der gleichen Lichtphase *Lunation* genannt. Sie beträgt 29 1/2 Tage. Diese Zeit ist Schwankungen unterworfen, aber im Durchschnitt sind es $29^d\ 12^h\ 44^m\ 3^s$ das sind 29,530588 mittlere Sonnentage. Diese Zeit bildet die Grundlage für die Rechnung nach Mond-*Monaten*.

Wenn wir den Mond nicht in bezug auf seine allmonatliche Zusammenkunft mit der Sonne, sondern im Hinblick auf einen Fixstern betrachten, dann bemerken wir, daß die Zeit von einer zur anderen Begegnung mit dem gleichen Stern kürzer ist als eine Lunation. Diese Zeit wird (von sidus = Gestirn) *siderische* Umlaufszeit oder siderischer Monat genannt. Sie beträgt im Durchschnitt: $27^d\ 07^h\ 43^m\ 12^s$ das sind 27,321661 mittlere Sonnentage. In dieser Zeit werden die vollen 360 Grad am Himmel durchwandert. Das sind am Tage 13, in einer Stunde eine Mondbreite, d. h. 1/2 Grad. Die Geschwindigkeit des Mondes in bezug auf die Fixsterne ist etwa 13 mal größer als die der Sonne.

Ein weiterer möglicher Bezugsort für den Umlauf des Mondes ist der Schnittpunkt zwischen der Sonnenbahn und dem Himmelsäquator, den die Sonne im Frühling durchschreitet. Er heißt daher *Frühlingspunkt*. Dieser kommt – wenn auch sehr langsam (vgl. S. 256) – dem Mond entgegen. Der Mond begegnet dem Frühlingspunkt sieben Sekunden früher als seinem Ausgangsstern beim siderischen Monat. Da der Frühlingspunkt die Mitte zwischen den Sonnwendpunkten hält, wird die Beziehung auf ihn auch tropisch (trepein = wenden) genannt und von einem *tropischen* Monat gesprochen. – Die Schnittpunkte zwischen Sonnenbahn und Mondbahn sind die *Mondknoten*. Der Pol der Mondbahn beschreibt eine ähnliche Kreiselbewegung um den Ekliptikpol wie der Himmelspol bei der Präzession. Dadurch wandern die Mondknoten ebenfalls dem Mondgang entgegen und zwar um etwa 1 1/2 Grad von Mondumlauf zu Mondumlauf. Die Mondknoten sind zugleich die Orte möglicher Bedeckungen, d. h. möglicher Verfinsterungen von Sonne oder Mond. Mythologisch gesprochen: Der Wolf oder der *Drache* verschlingt die Sonne. Daher heißen die Mondknoten auch Drachenkopf und Drachenschwanz und ihre Umlaufszeit *drakonitischer* Monat. – Die beiden *Apsiden*-Punkte[23] der elliptischen Mondbahn, die Orte der Erdnähe (Perigäum) und der Erdferne (Apogäum) verschieben sich ebenfalls um durchschnittlich 3 Grad pro Mondumlauf, aber mit dem westöstlichen monatlichen Mondgang. Diese Apsidenbewegung ist jedoch äußerst kompliziert aus mehreren vor- und rückwärts pendelnden Einzelrhythmen zusammengesetzt. Von anomalos = uneben, regelwidrig wird der resultierende Mondumlauf *anomalistischer* Monat genannt.

Aus den genauen Zeiten dieser fünf wichtigsten Mondperioden ergibt sich durch Multiplikation mit 223, 241, 241, 242 und 239 die nahezu gleiche Anzahl von 6585 Tagen.

Die fünf wichtigsten Mondperioden haben folgende Zeiten:

Synodischer Monat	$29{,}530\,588^d = 29^d\ 12^h\ 44^m\ \ 2{,}8^s$
Siderischer Monat	$27{,}321\,661^d = 27^d\ 7^h\ 43^m\ 11{,}5^s$
Tropischer Monat	$27{,}321\,582^d = 27^d\ 7^h\ 43^m\ \ 4{,}7^s$
Drakonitischer Monat	$27{,}212\,220^d = 27^d\ 5^h\ 5^m\ 35{,}8^s$
Anomalistischer Monat	$27{,}554\,550^d = 27^d\ 13^h\ 18^m\ 33{,}1^s$

Mit der Genauigkeit bis auf rund einen Tag sind die fünf verschiedenen Umlaufarten des Mondes in dieser Zahl ohne Rest enthalten.[24] Diese Periode von 18 Jahren 10 Tagen und 8 Stunden ermöglicht die Vorausberechnung der Finsternisse. Sie wird seit alten Zeiten *Saros-Periode* genannt.

Den Eintritt des bisher besprochenen astronomischen Neumondes, bei dem der Mond am nächsten und unsichtbar bei der Sonne steht, konnten die frühen Völker nur selten bestimmen. Der Anfang der Zählung des Mondalters und damit der Monatstage begann mit dem *Neulicht.* Das ist die erste, zarte Sichel, die etwa 1 ½ Tage nach dem astronomischen Neumond nur kurz und tief am Abendhimmel zu sehen ist. Sie hieß bei den alten Völkern Neulicht oder *Neumond* und war der erste Tag des Monats. So gesehen müßte man den astronomischen Neumond etwa Nicht-Mond oder Kein-Mond nennen. Aber der Sprachgebrauch ist häufig unlogisch und verschiebt sogar manchmal die Bedeutungen von einem auf das andere Phänomen. Heute ist Neumond die Konjunktion von Mond und Sonne, und was früher Neumond hieß, ist der zunehmende Mond, astronomisch Luna zwei oder drei. Nun muß aber jede *Kalenderrechnung* mit der kosmisch vorgegebenen *ganzen* Tageslänge als Einheit rechnen. Die Länge einer Lunation von etwa 29 1/2 Tagen zwingt also auch hier beim Zählen der Tage zu einem Kompromiß. Man zählte die Monate abwechselnd zu 30 und 29 Tagen. Wenn man aber den Monatsanfang mit dem Mondlauf genau synchron halten wollte, müßte man, auch ohne Rücksicht auf den Sonnenlauf, Schalttage einfügen. Innerhalb von 30 Jahren müssen zum Beispiel die Mohammedaner elf Tage einschalten, um die Monatsanfänge auch ohne Beobachtung einigermaßen im Einklang mit dem »Neulicht« zu halten.

Romulus, einer der Begründer Roms, soll schon im 8. Jahrhundert v. Chr. das bei den Albanern geltende Mondjahr zu 304 Tagen übernommen haben. Man zählte zehn Monate (davon heute noch Dezember = der Zehnte). Vier davon als Vollmonate = menses pleni zu 31 Tagen und sechs als Halbmonate = menses cavi zu 30 Tagen. Die Zahl der Tage in den Monaten ist bis heute unverändert geblieben. Dieses Mondjahr der alten Römer und seine Monate waren allerdings nicht in Übereinstimmung mit dem wahren Lauf des Mondes wie heute die Monatsanfänge der Mohammedaner. Bei den Römern zeigte sich bereits damals eine Tendenz zur Lösung von dem kosmischen Rhythmus. Dieses Freiwerden vom natürlichen Mondlauf wird jedoch von den meisten Völkern wieder aufgefangen durch den Einbezug des jährlichen Sonnenganges in den Kalender.

17. Das Mondjahr

Nicht so bei den Mohammedanern. Sie halten die Monats- und Jahreszählung in voller Übereinstimmung mit dem wahren Mond. Das hat Mohammed als ein wichtigstes Vermächtnis noch auf dem Sterbelager so befohlen. Ein normales Jahr hat demnach bei ihnen zwölf Mondmonate, also

$$12 \text{ mal } 29^{d}\ 12^{h}\ 44^{m}\ 2{,}8^{s} = 354^{d}\ 8^{h}\ 48^{m}\ 33{,}6^{s} = 354{,}36706^{d}$$

Der Überschuß von $8^{h}\ 48^{m}$ beträgt in 30 Jahren elf volle Tage. Es müssen also innerhalb von 30 Jahren 11 Tage eingelegt werden. Das ergibt elf Jahre mit 355 statt 354 Tagen. »Schaltjahre« im gebräuchlichen Sinne zum Ausgleich mit der Sonne sind im Koran verboten.[25] Nach 354 oder 355 Tagen beginnt das neue Jahr. Dadurch wird der *Jahresanfang* alljährlich rückwärts durch alle Jahreszeiten *verschoben*, bis er nach 33 Sonnenjahren wieder auf den Tag des Anfangs fällt. Man nennt das Jahr in dieser Zählungsweise das *freie Mondjahr*, weil es frei ist gegenüber dem Sonnenjahr. Das Jahr der alten Römer mit 304 Tagen war ebenfalls ein freies Mondjahr mit noch rascher umlaufendem Jahresbeginn. Der Jahresrhythmus der Sonne und die Jahreszeiten sind dabei völlig außer acht gelassen. Der mohammedanische Kalender, der im religiösen Bereich heute noch benutzt wird, ist, soweit dem Verfasser bekannt, heute der einzige, der als reiner Mondkalender das natürliche Jahr nicht kennt und es durch das herumwandernde Neujahr verdrängt. Das *Sonnenjahr* (Kap. IV) ist aber die umfassende *Einheit,* die alle andern Rhythmen enthält. Der Einzelne und die Menschheit leben in seinem heilsamen Rhythmus mit.

Es ist bedeutsam, daß die meisten Völker schon lange vor der Zeitenwende, viele schon von Anfang ihrer Zeitrechnung an, für die Jahreszählung Mond *und* Sonne beachteten. Es geschah dies meist in der Art, daß man von den 12 1/3 synodischen Monaten im Sonnenjahr ausgehend die elftägige Differenz zwischen Mond- und Sonnenjahr als ganze dreizehnte Monate von Zeit zu Zeit einschaltete. (Über den hierbei zugrundeliegenden 19jährigen Zyklus siehe Kap. VI). Diese Art Jahr nennt man in der Kalenderkunde das an den Sonnengang *gebundene Mondjahr,* das Lunisolar-Jahr. Andere Völker, zum Beispiel die Chinesen und späteren Ägypter, kannten ein *festes Sonnenjahr.* Dabei wird der Kalender mit dem Gang der Sonne von Sonnenwende zu Sonnenwende durch eingeschaltete Tage in Übereinstimmung gehalten. Im Gegensatz zu diesem tropischen Sonnenjahr gab es auch das bewegliche oder *Wandeljahr* (annus vagus), das mit zwölf Monaten zu 30 Tagen und fünf angehängten 365 Tage umfaßte. Da nun die genaue, etwas größere Jahreslänge nicht in die Schalttage miteinbezogen wurde, bewegte sich der Jahresanfang langsam, in 1508 Jahren einmal, durch das ganze Jahr (S. 251).

Bei manchen Völkern waren gleichzeitig zwei Kalender in Gebrauch. Ein Mondkalender für die alltäglichen Bedürfnisse, vor allem in der Landwirtschaft, und daneben ein Sonnenkalender, durch den Priester und Könige die Feste, das religiöse und das öffentliche Leben ordneten. Zur Zeit Christi waren reine Mondkalender allein kaum noch in Gebrauch. Der im 7. Jahrhundert nach Chr. aufgestellte mohammedanische Kalender mit dem freien Mondjahr ist eine Einmaligkeit und im Grunde ein Rückfall in längst vergangene Zeiten des Menschheitswerdens.

18. Der Atem des Mondes

Der Atem ist der Rhythmus, der dem Leben am innigsten verbunden ist. Er kann als *Ur-Phänomen* des Lebens bezeichnet werden. Im Hinblick auf diesen Quell des Rhythmus kann jedes rhythmische Geschehen ein »Atmen« genannt werden.

Die Sonne erscheint an jedem Tag, in bezug auf ihren Himmelsort kaum merklich verändert, in gleicher Weise als volle Scheibe. Als Quelle der Tageshelligkeit gestattet sie es nicht, ungeschützt in ihr Licht zu schauen. Man lebt in ihrem Licht und freut sich daran, aber man blickt selten direkt zu ihr auf. Das ist ganz anders beim Mond. Diese Leuchte der Nacht erscheint nicht in jeder Nacht. Zeitweise vor oder nur nach Mitternacht und jedesmal in einer deutlich veränderten Gestalt. Von der zarten Sichel mit dem scharfen Außenrand nach rechts gewendet langsam zunehmend bis zum Halbmond und von da zur vollen Scheibe. Dann am rechten Außenrand abnehmend, so daß nur der linke scharf begrenzt erscheint, bis wieder zum Halbmond und zur zarten Sichel am Morgenhimmel und bis hin zu deren Verschwinden. Nach etwa drei bis vier Tagen erscheint dann die zunehmende Sichel zunächst nur für kurze Zeit wieder am westlichen Abendhimmel. Dieser rasche Gestaltwandel, der in 29 1/2 Tagen jede seiner Phasen einmal zeitigt, hat die Menschen aller Völker und zu allen Zeiten tief angesprochen. So war es über den Tag hinaus zuerst der Mond, der sich anbot, die Zeit nach seinem Rhythmus zu messen und zu zählen.

Messen und Zählen sind uns heute so geläufig, daß wir Mühe haben, uns in jene Denkweise zu versetzen, die noch nicht rechnet oder eben erst mühsam damit beginnt. Das *mythische* Denken kennt die Abstraktion noch nicht. Es lebt noch ganz in der geistigen Wesenswelt. Dieses Bewußtsein erlebt in den Lichtphasen des Mondes den großen *Lebensatem* eines Wesens. Für den Ägypter war das vom Mond zurückgestrahlte Sonnenlicht der Osiris. Man sah hoffnungsvoll auf zu Osiris, aber er wird getötet und in vierzehn Teile (die abnehmenden Mondphasen) zerstückelt, die mit dem Neumond verschwinden. Aber Isis sucht sie und sammelt sie wieder zusammen zum wiedererstehenden, vom vollen Monde hereingestrahlten Sonnenlicht Osiris. Verwandte Mythen gab es bei anderen Völkern. Meist sind der Vollmond und der Neumond heilige Zeiten, Feiertage.

Man kann Vollmond und Neumond – gewissermaßen *statisch* – als extreme Pole des Gegensatzes Licht und Lichtlosigkeit anschauen. Blickt man aber mehr auf den Prozeß des zu- und abnehmenden Lichtes, also auf die *Dynamik* des Geschehens, dann sind der Vollmond und der Neumond jeweils der Umkehrpunkt zwischen dem Wachsen und Schwinden des Lichtes. Dieser *Augenblick des Gleichgewichtes* bei Vollmond und bei Neumond birgt das *Geheimnis der Mitte*, (Fig. 3/4). Für die alten Völker waren diese Zeiten die günstigste naturgegebene Voraussetzung für wichtige Entscheidungen auch des sozialen Lebens. »Abgesehen von unvorhergesehenen eiligen Fällen treten die Germanen in bestimmten Fristen bei Neumond oder Vollmond zum Thing zusammen; denn diese Tage sehen sie als besonders glückbringend für die Eröffnungen von Beratungen an« (TACITUS, »Germania« 11). Das Bild der im *labilen Gleichgewicht* auf der ruhenden Unterstützung, dem Hypomochlion, einschwingenden Balkenwaage

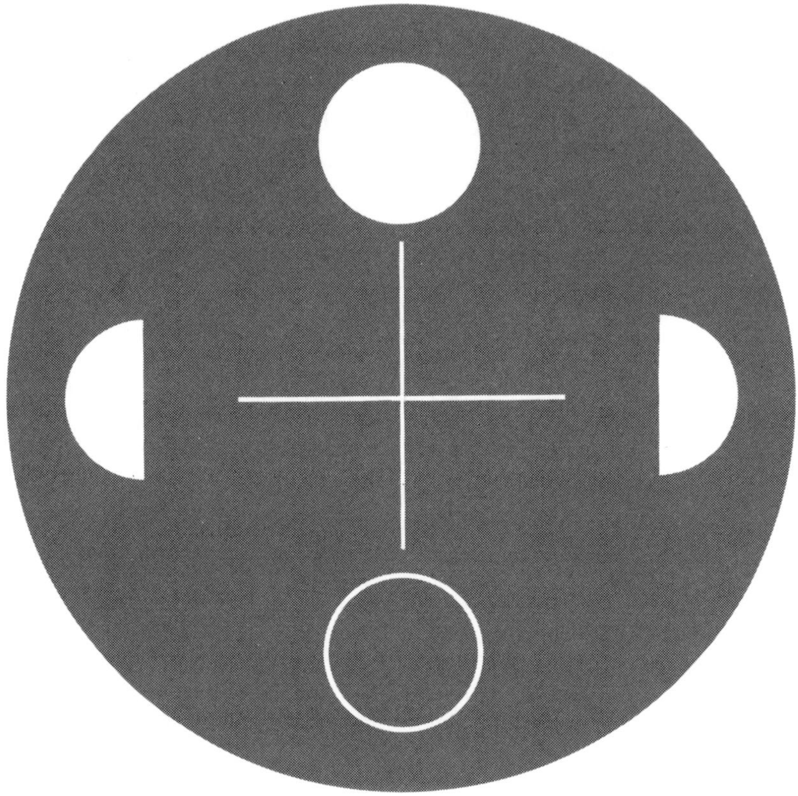

Figur 3 Polarität und Ausgleich der vier Hauptphasen des Mondes, statisch.

macht diesen Zeitpunkt des Stehens in der Mitte noch anschaulicher. Auf die Mittellage dieses Gleichgewichtes zwischen den polaren Extremen wird noch öfter hinzuweisen sein. Die Phasen des Mondes erscheinen wie ein großes stilles Ein- und Ausatmen des Sonnenlichtes. Der Mond in seinem Lauf ist dieses atmende Wesen, und sein *Monden-Atem* umhüllt wie eine Lebenssphäre die ganze Erde.

Außer diesem Monden-Atem im wechselnden Licht zeitigt der Mond noch viele andere Rhythmen, welche die (vgl. S. 85) aufgezählten Hauptrhythmen dauernd beeinflussen. Sie werden in der Astro-

Figur 4 Die 28 sichtbaren Phasen des Mondes; die Dynamik des Zu- und Abnehmens.

nomie *Ungleichheiten* genannt. »Derartige Ungleichheiten gibt es beim Mond hunderte« (197, S. 122). Ihre Berechnung für die exakt resultierende Mondbewegung füllt 138 Buchseiten. CHARLES EUGÈNE DELAUNAY (1816–1872) hat in seinem Werk »Theorie der Mondbewegung« (202, 1960) diese Störfunktionen dargestellt. Die Formeln für die Berechnung von Mondlänge und Mondbreite füllen zusammen 328 Seiten. In diesen Ungleichheiten erscheinen die Wirksamkeiten vieler kosmischer Kräfte und Wesen, die über den Mond zur Erde vermittelt werden (vgl. S. 190). Eine andere derartige Ungleichheit erscheint darin, daß der Mond durch ein leichtes Pendeln um seine Achse uns 1/7 mehr als nur die uns zugekehrte Hälfte seiner Oberfläche zeigt; man spricht vom Wackeln des Mondes. Diese »Libration« genannte Bewegung ermöglicht in Verbindung mit zwei weiteren derartigen Schwankungen, daß wir insgesamt 59 %, also fast 3/5 der ganzen Mondoberfläche sehen. Eine andere Ungleichheit ergibt sich aus der leicht elliptischen Form der Mondbahn. Sie bewirkt, daß der Durchmesser der vollen Mondscheibe zwischen 28 und 34 Bogenminuten in seiner beobachtbaren Periode schwankt. O. Thomas spricht bei diesem anomalistischen Monat von einem »Atmen« oder »Pulsieren« der Mondscheibe. Wenn solche Worte nicht nur als Vergleiche und Bilder gebraucht werden, sondern Wesen zu beschreiben suchen, dann wird der heute notwendige Schritt vom rechnenden, abstrakten Denken zum lebendigen Denken getan.

19. Die Sieben-Tage-Woche, der Rhythmus der Seele

Der siderische Umlauf des Mondes beträgt 27 1/3 Tage. Wenn man nach ganzen Tagen zählt, dann ist der Mond am 28. Tage wieder bei dem Stern, bei dessen Zusammenstehen mit dem Mond (Konjunktion) man die Zählung begonnen hatte. Die gleiche Lichtphase erreicht er aber erst zwei Tage später. Bemerkenswert ist nun die Tatsache, daß die Zahl der Tage, an denen der Mond mit bloßem Auge gesehen werden kann, ebenfalls 28 beträgt. Diese 28 verschiedenen Mondphasen wachsen und schwinden in einem elastischen Rhythmus so, daß die raschesten Veränderungen während der zu- und abnehmenden Halbmonde zu beobachten sind. Bei einem einzigen Umlauf sind nicht restlos alle 28 Phasen zu sehen. Je nach dem Zeitverhältnis zwischen dem astronomischen Neumond und dem Sonnenaufgang wird der zu- oder abnehmende Mond etwa 1–2 Tage nach oder vor dem Neumond sichtbar. Denn um die Neumondzeit ist der Mond rund 3–4 Tage unsichtbar, weil er in der Nähe der Sonne von ihrem Licht überstrahlt wird. Wenn die zarte Sichel am Abendhimmel wieder wahrgenommen wurde, sprachen die alten Völker vom Neulicht oder Neumond. Von da an wurde gezählt. Dieses Ereignis mußte bei den Juden von zwei erwachsenen Männern beobachtet werden. Dann wurde es durch Posaunenblasen vom Tempel verkündet und durch Schnelläufer und Feuersignale weitergegeben. Die erwähnten 28 Tage der Mondsichtbarkeit verteilen sich im Mittel nun derart, daß vom Neulicht bis zum Halbmond gerade sieben Tage gebraucht werden. Vom Halbmond bis zum Vollmond ebenfalls sieben. Erstes und zweites Viertel des zunehmenden Mondes sind zusammen genau vierzehn Tage. Entsprechend zeigt das dritte Viertel am 21. Tag den abnehmenden Halbmond, und die letzte Sichtbarkeit der schmalen Sichel ist mit dem Ende des letzten Viertels am 28. Tage erreicht. Die Beobachtung der Mondphasen führt eindeutig zu der Zahl *sieben.* Ein Fortzählen der Tage in diesem Sinne führt jedoch aus dem Siebener-Rhythmus und dessen Gleichzeitigkeit mit den Mondphasen heraus, weil der volle synodische Mondumlauf mit 29 ½ Tagen die Siebener-Zählung nicht mitmacht. Der siderische Umlauf mit 27 ⅓ Tagen, ganztägig mit 28 Tagen gezählt, hat die gleiche Zahl von Tagen, wie die sichtbaren Phasen des Mondes im synodischen Umlauf. Aber die fehlenden unsichtbaren Phasen verhindern die durchgehende Siebener-Zählung[26] (227). Hier standen die alten Völker vor einer unausweichlichen Entscheidung zwischen Bindung und Lösung gegenüber dem Kosmos, wenn sie eine mehrtägige Unterteilung des Monats anstrebten. Ausschlaggebend war das Erleben in ihrer Seele. Sie bemerkten, daß die Seele im Laufe von sieben Tagen Veränderungen durchmachte, die am achten Tage sich rhythmisch zu erneuern begannen. Im Siebentage-Atem der Seele kündigt sich am deutlichsten der Siebener-Rhythmus als der Grundrhythmus der erscheinenden Zeit an.[27]

Die *Sieben-Tage-Woche* ist zwar alt, aber sie war nicht vom Anfang der Kalenderrechnung an im Gebrauch. Die Inder rechneten zuerst mit halben Monaten. Die erste Hälfte bis Vollmond hieß »klar«, die zweite bis zum Neumond »dunkel«. Die vedischen Hindus hatten eine Sechs-Tage-Woche. ALFRED JEREMIAS (83, S. 277) vermutet im alten sumerischen Kalender eine Woche zu fünf Tagen und berichtet von einer Neuner-Woche in Texten aus der Bibliothek Assurbanipals. In Ägypten waren die zwölf Monate in je drei Wochen zu zehn Tagen aufgeteilt. Das ergab die 36 Dekaden (S. 148). Die Römer hatten eine Art Acht-Tage-Woche, in der sie immer am achten Tage ihre Erzeugnisse zum Markte brachten. Da sie aber den vergangenen Markttag mitzählten, ergaben sich Neunheiten (Nundinae = Wochenmarkt). Abgesehen von den indischen halben Monaten ist allen diesen Unterteilungen des Monats die Loslösung von kosmischen Gegebenheiten gemeinsam. Auch die weitergezählte Sieben-Tage-Woche mußte sich von einem Zusammenstimmen mit den Umlaufszeiten lösen. In der Differenz zwischen siderischem und synodischem Monat scheint eine teilweise Lösung vom Kosmos geradezu *veranlagt* zu sein. Für die Kalenderordnung ist sie *notwendig.* Diese Tatsache ist wichtig, weil sie einen Schritt auf dem Wege zur Freiheit des Menschen bedeutet.

Als Planetenwoche ist die Sieben-Tage-Woche in Chaldäa entstanden. »Die einzelnen Tage wurden nach göttlichen Wesen benannt. Als deren äußere Antlitze im Raumessein empfand man die Planeten; das innere Erleben ihrer Fähigkeiten wurde gepflegt in den ihnen gewidmeten Tempeln und den damit verbundenen Kulten. In diesem Zusammenklang von geistdurchflutetem Weltenall und ebenso geistbewegtem Zeitengange konnte das Ich des Menschen heranwachsen« (30, S. 7). Damit deutet FRIEDRICH DOLDINGER den Mysterienhintergrund der »Geistigen Führung des Menschen und der Menschheit« (165) an, aus dem die *Benennung,* die *Zahl* und die *Folge* der Wochentage hervorgegangen ist. Sie entspricht den sieben großen Werderunden unseres Planetensystems, wie sie RUDOLF STEINER beschreibt: Saturn, Sonne, Mond, Erde (= Mars und Merkur), Jupiter, Venus, Vulkan. Damit sind nicht die heutigen Planeten gemeint. Die Kunde dieser Werdeordnung entstammt vielmehr der Mysterienweisheit. – Man kann sie aber auch aus der nach ihren Umlaufszeiten aufgestellten Reihe der Planeten ablesen, wie es schon CASSIUS DIO um 230 n. Chr. im 37. Buche seiner Geschichte beschrieben hat. Die 24 Stunden des Tages werden der Reihe nach dieser Planetenordnung zugeschrieben. Der Planet der ersten Stunde regiert jeweils den ganzen Tag, und die Reihe dieser ersten Stunden ergibt im Hinblick auf ihre Planeten die Wochentagsfolge.

Saturn	Jupiter	Mars	Sonne	Venus	Merkur	Mond
1	2	3	4	5	6	7
8	9	10	11	12	13	14
15	16	17	18	19	20	21
22	23	24	**1**	2	3	4
5	6	7	8	9	10	11
12	13	14	15	16	17	18
19	20	21	22	23	24	**1**
2	3	4	5	6	7	8
9	10	11	12	13	14	15
16	17	18	19	20	21	22
23	24	**1**	usw.			

In diesem Verfahren wird die Sieben, die Zahl der Zeiten und Rhythmen, mit der Zwölf ($24 = 2 \times 12$) als der Zahl des Raumes in ein geheimnisvoll offenbares Zusammenspiel gebracht. Die Benennung der Wochentage nach den Planeten und die aufgezeigte Wochentagsfolge sind eine Verbindung, eine Art Drehpunkt zwischen den Dimensionen des *Raumes* und der *Zeit*.

In anderer Weise, die schon in Babylonien bekannt war, kann der Übergang aus der kosmischen Raumesordnung der Planeten in die andersartige chronologische Ordnung der Wochentage durch einen Kreis dargestellt werden, auf dessen Peripherie die Planeten nach ihren Umlaufszeiten und Entfernungen von der Erde aufgetragen sind. Der eingezeichnete Siebenstern (Heptagramm) ergibt die Reihenfolge der Wochentage (Fig. 5). Aus babylonischer Zeit hat sich eine solche astronomische Steintafel mit Kreis und eingezeichnetem Heptagramm erhalten. Raumesordnung und Zeitenlauf sind durch diese Anordnung wechselseitig miteinander verbunden. In der Wochentagsfolge haben so die Evolutionsstufen des Weltenwerdens ihr weiterwirkendes sozial-hygienisch heilsames Erinnerungszeichen (Fig. 6).

Die *Planetenwoche* im alten Chaldäa »begann mit dem Samstag, im Zeichen des Ninib, der dem Saturn entsprach. Dann folgten: Schamasch = Sonne, Sin = Mond, Nergal = Mars, Nebo = Merkur, Mar-

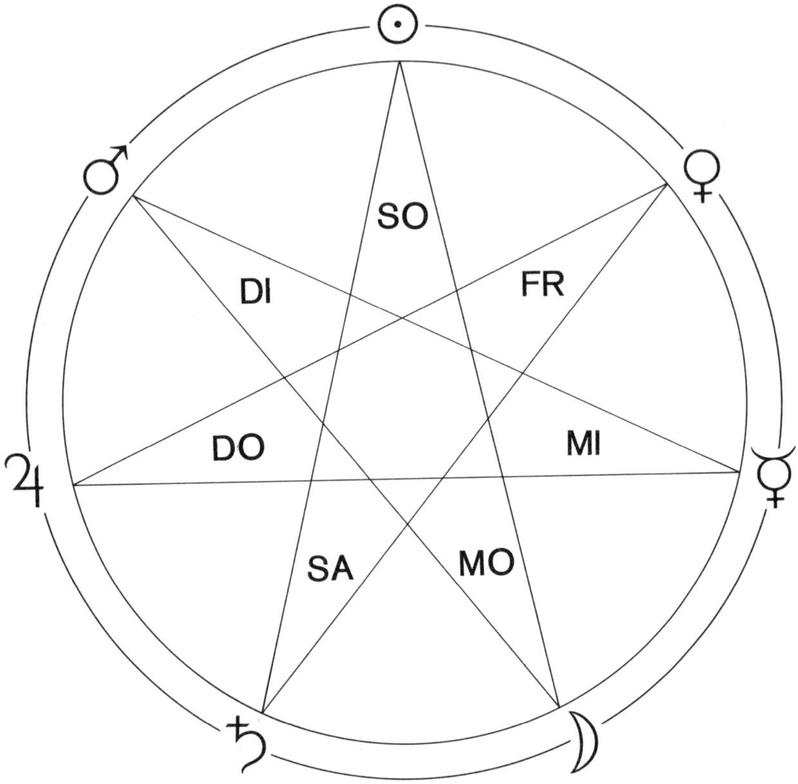

Figur 5 Die Reihenfolge der Wochentage. Sie ergibt sich aus der Planetenordnung auf dem Kreis durch den Linienzug im Siebenstern.

duk = Jupiter, Ischtar = Venus. Römer und Griechen setzten, so wie später die Germanen, ihre entsprechenden Namen ein« (43, S. 10). Diese Namen sind Hinweise auf Wesen, deren »siebenfältiger Gaben Schatz« (220) in der Menschenseele Fähigkeiten heranreifen läßt, die wir, mit dem Sonntag beginnend, entsprechend andeuten können als: Besonnenheit, Hingabe, Mut, Beweglichkeit, Weisheit, Schönheit und Ewigkeitsweite. Die Siebenheit der Planeten-Gottheiten ist der Sonne, dem Mond und den fünf, mit bloßem Auge sichtbaren Wandelsternen abgelesen. Die geschilderte, viermalige Siebenheit der Mondviertel wird ebenso am Herausfinden dieser fundamentalen Geistgegebenheit beteiligt gewesen sein wie das seelische Erleben einer Folge von sieben Tagen. Aus dem Erscheinen der Wesen und ihrer Zeiten im Bereich des Erdenlebens ist die siebentägige Woche gefunden worden. Sie ist also nicht *er*funden, sondern *ge*funden worden. Und dieses Finden der Siebenheit als Schlüsselzahl alles zeitlichen Werdens ist eine der frühesten und hervorragendsten Geistestaten des Menschen. Im Hebräischen heißt Schewuah = *Siebenheit* = Woche. Aristoteles gebraucht das Wort Hebdomas = Siebenheit ebenfalls schon für Woche. Der letzte Quellort dieser Phänomene ist das siebenstufige Zeiten-Erscheinen und Zeiten-Verschwinden selber, das alles Werden durchtönt.

Der Naturphilosoph Gotthilf Heinrich von Schubert (1780–1860) beschreibt das offenbare Geheimnis der Siebenheit (146, S. 327): »Diesen sinnvollen Siebenklang wiederholt dann auch die bildende und lebendig bewegende Kraft in den Raum- wie in den Zeitverhältnissen des Planetensystemes beständig von neuem, und wenn sie auch zuweilen einen andern, harmonisch verwandten Akkord gegriffen, so kehrt sie doch immer wieder zu jenem Grundton zurück... Auf dieselbe Weise wird, wie in den Raum-, so auch in den Zeitverhältnissen der Entwicklungsgeschichte des Menschenleibes und seiner inneren

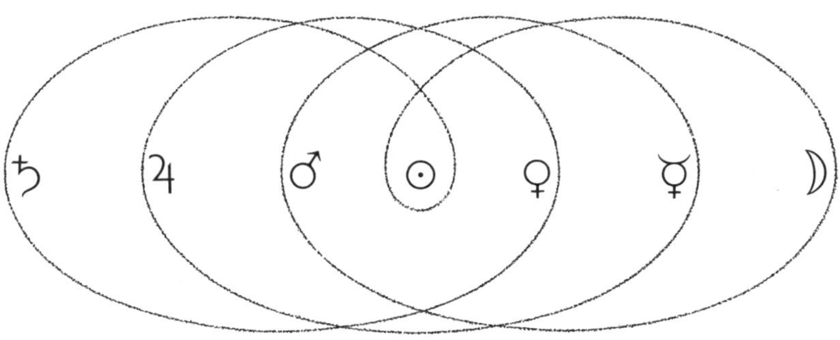

Figur 6 Die Harmonie in der Reihenfolge der Wochentagsplaneten. Der Linienzug ergibt sich aus der kosmischen Ordnung der Planeten dadurch, daß sie gemäß der Wochentagsfolge verbunden werden.

Lebensbewegungen im kranken wie im gesunden Zustande eine Abteilung durch Sieben in großer Beständigkeit gefunden, und die Wichtigkeit der sieben- und viermal siebentägigen, der siebenjährigen und anderer harmonisch hiermit verbundener Perioden in der Naturgeschichte des Menschen ist von den Naturforschern wie von den Ärzten in großer Allgemeinheit anerkannt worden. Selbst an den oben erwähnten Zeitverhältnissen der Blutumläufe und Atmungen sowie in der gewöhnlichen Dauer des Menschenlebens zeigt sich eine Abspiegelung allgemeinerer, umfassenderer Naturperioden in den Zeiten des Menschen... Ein Hindurchgehen und beständiges sich Wiederholen der hehren Siebenzahl durch das ganze Reich der Sichtbarkeit bis zur harmonischen Stufenleiter unserer Töne, unserer Farben, Gestalten und Ordnungen der Lebensreiche, ja bis zu den Intervallen des Raumes und der Zeiten des Planetensystemes und des Menschenleibes, läßt uns vermuten, daß jene Zahl gleichsam eines der Namenszeichen, eine hieroglyphische Andeutung jenes Wesens sei, durch dessen Kräfte die ganze Sichtbarkeit geschaffen und gestaltet ist, so wie noch jetzt beständig erhalten und bewegt wird. Ein Schattenriß jener Grundform alles Seins ist auch das Planetensystem; ein Gleichnis und Ebenbild derselben im Reiche der Sichtbarkeit ist die Gestalt des Menschen.«

Die Sieben-Tage-Woche ist von Babylonien über Ägypten und Griechenland nach Rom und durch die Kalenderreform Julius Cäsars in alle Teile des römischen Weltreiches und darüber hinaus gekommen. Im keltisch-germanischen Norden kam ihr die dort geübte Zählung nach »sieben Nächten, vierzehn Nächten (fortnight)« entgegen, die den Mondvierteln entnommen war. Beim Übergang in das werdende Mitteleuropa ergibt sich folgendes Bild der Namen:

Planeten	Lateinisch	Französisch	Englisch	Deutsch	Altnordisch	Schwedisch
Sonne	Dies Solis	Dimanche	Sunday	Sonntag	Sunnudagr	Söndag
Mond	Dies Lunae	Lundi	Monday	Montag	Manadagr	Mandag
Mars	Dies Martis	Mardi	Tuesday	Dienstag	Thyrsdagr	Tisdag
Merkur	Dies Mercurii	Mercredi	Wednesday	Mittwoch	Odinsdagr	Onsdag
Jupiter	Dies Jovis	Jeudi	Thursday	Donnerstag	Thorsdagr	Torsdag
Venus	Dies Veneris	Vendredi	Friday	Freitag	Friadagr	Fredag
Saturn	Dies Saturni	Samedi	Saturday	Samstag	Laugardagr	Lördag

Der Dienstag ist dem Kriegsgott Ziu geweiht. Davon kommt in Schwaben Ziestag, Zistig. Aus dem Beinamen Thingsus = Schützer des Dings[28], ist Dienstag abgeleitet. Im Altbayerischen hieß der Gott Eor oder Eru; daher in Bayern: Ertag, Erchtag, Irtag. – Nicht von Götternamen abgeleitet ist der Mittwoch als »die Mitt-woch«, wie es früher hieß. Im Oberpfälzischen gibt es Mida = Mitte-Tag und Pfinsda für Donnerstag, was vom griechischen pempte = der fünfte Wochentag, kommt.[29] Samstag ist aus Sabbats-Tag zusammengezogen. Die Bezeichnung Mittwoch bringt die chronologische Mitte der Woche zwischen Sonntag und Samstag treffend zum Ausdruck. Als die kosmologische Mitte der Woche ergibt sich der Sonntag. Das ist auf S. 100 dargestellt (Fig. 7).

Man kann in der Tatsache, daß die Sieben-Tage-Woche bei allen Völkern Eingang gefunden hat, und zwar allermeist noch in vorchristlicher Zeit oder vor der Verbreitung des Christentums, eine tiefgehende Vorbereitung für die Christianisierung sehen. Diese Vorbereitung reicht in die Zeit zurück, in der aus Versuchen von Monatsunterteilungen mit allen Werten zwischen fünf und vierzehn Tagen die Siebenheit der Woche herausgefunden wurde. Bei der allgemeinen Verbreitung der Siebentagewoche hatten das Judentum und das Imperium Romanum als Vermittler zu dienen.

Bei diesem Vorgang darf nicht übersehen werden, daß sich in den gleichen Jahrhunderten die Siebentagewoche durch das Judentum noch in einer anderen Form verbreitete. Im Gegensatz zum feierlich begangenen Wochenbeginn der Chaldäer am Saturnstag war dieser Tag für die Juden der siebente Tag der Woche. Dieser Sabbat = Ruhe-Tag war nun das feierliche Ziel der Woche, auf das man zulebte. An diesem Tag suchte und pflegte man das Göttliche in sich als Erlösung von der Mühe und Arbeit der Woche. Zurückschauend bedachte man die Schöpfung, das Gesetz und die Propheten. »Der heilsame Rhythmus war die großartige erzieherische Aufgabe dieser Einrichtung, die ein ganzes Volk prägte. Dieses Geschenk Gottes an die Menschenwelt, das vielleicht das segensreichste war, das über das jüdische Volk der Menschheit zuteil wurde, gliederte den gleichmäßigen, einförmigen

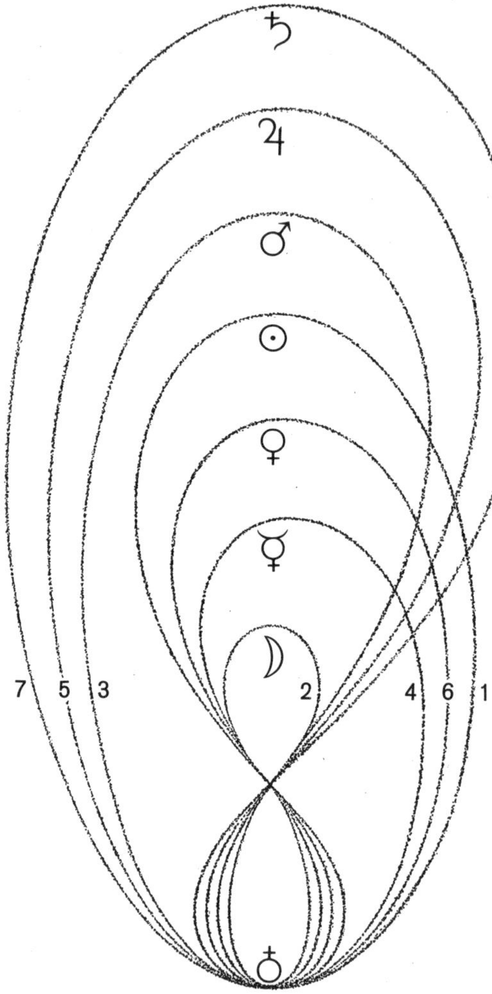

Figur 7 *Der Mond als Vermittler der Planetenkräfte an die Erde. Der Mond ist in dem lemniskatischen Schnittpunkt (S, nicht eingezeichnet) zu denken. Der harmonische Linienzug ergibt sich aus der Folge der Wochentagsregenten: 1 – Sonne – S – Erde – S – 2 – Mond – S – Erde – 3 – Mars – S – Erde – 4 – Merkur – S – Erde usw. Der harmonische Linienzug ist keine Sternenbahn am Himmel, sondern er zeigt im Bild das wechselweise Hereinholen der ober- und untersonnigen Planetenkräfte im Zuge der Wochentagsfolge (vgl. S. 183).*

Ablauf des Lebens so, daß sechs Tage des arbeitsamen Zugewandtseins zur Erde von einem Tag der kompromißlosen Hingegebenheit an die göttliche Welt gefolgt waren. Da das etwas unerhört Neues war, mußte es zunächst in Form eines strengen Gebotes an das Volk herantreten« (210, S. 27).

Das Judentum hatte voranzugehen mit der Ausbildung einer ichhaft wachen Bewußtseinshaltung, zu deren Förderung das rasche Schwinden des alten Bilderbewußtseins nötig war. Deshalb waren Bilder der Gottheit verboten, ja sogar die göttlichen Namen für die Wochentage, deren Erzengel-Regenten in der jüdischen Geheimlehre durchaus bekannt waren[30], wurden streng abgelehnt. Auch das Namengeben wird, wie vieles im Judentum, in die Einmaligkeit des göttlichen Sabbat-Namens zusammengezogen, dem die mit Ziffern bezeichneten Tage mit ihrem Bezug zum Sabbat gegenüberstehen. Diese *Siebentage*woche im engeren Sinne unterscheidet sich durch ihre Namenlosigkeit von der Planetenwoche mit den Wochentagsnamen.

Sonntag	Montag	Dienstag	Mittwoch	Donnerstag	Freitag	Samstag
1. nach d. Sabbat	2. nach d. Sabbat	3. nach d. Sabbat	4. nach d. Sabbat	5. nach d. Sabbat	6. nach d. Sabbat Rüsttag	Sabbat

Entsprechend werden auch heute in Israel die Wochentage gezählt. Rudolf Frieling (43, S. 15) schildert, wie damals dieses nüchtern rechnerisch erscheinende »Numerieren der Tage« noch einen letzten Nachklang des *Qualitativen* im Sinne der sieben Schöpfungstage hatte. Das läßt sich deutlicher an den Psalmen ablesen, die schon in der Zeit des Alten Testamentes für die einzelnen Tage der Woche vorgeschrieben waren. So ging man einen in Stationen gegliederten Weg von Sabbat zu Sabbat. Reinhard Wagner hat »die Woche als Kunstwerk im altjüdischen Kultus« beschrieben (235). So darf auch die jüdische Woche als Vorbereitung für die christliche Woche vor allem dadurch angesehen werden, »daß also der heutige Sabbat unbestreitbar seit mindestens zweieinhalbtausend Jahren die exakte Oktave des damaligen Sabbat ist. Durch alle möglichen Kalender-Verhältnisse seiner Gastvölker hindurch hat das Judentum mit der ihm eigenen Zähigkeit bis heute seinen Sabbat bewahrt. Damit ist zugleich auch ›die Echtheit‹ unserer heutigen christlichen Sonntage in ihrem Abstammungsverhältnis zum Tage der Auferstehung mitgewährleistet« (43, S. 16). Das Sechstagewerk der Schöpfung wird mit dem Ruhetag als siebentem abgeschlossen. In diesem Sinne wird der Sabbat als Feiertag eingehalten. Am ersten Schöpfungstag ergeht das Wort: »Es werde Licht«. Dieser Tag entspricht dem Sonntag als dem Beginn der Woche. Im Bilde gesprochen kann man sagen: Die *Weltschöpfung* beginnt am Sonntag. Das Mysterium von Golgatha ist mit der Siebentagewoche eng verwoben, denn die *Auferstehung* geschieht am Sonntagmorgen. Damit beginnt auch diese »zweite Schöpfung«, die Erlösung am Sonntag. Durch die Auferstehung ist der Sonntag die sonnenhafte Kraftquelle für das weitere Werden von Menschheit und Erde geworden und wird deshalb zum Feiertag, mit dem die Woche beginnt. Der abschließende Sabbat – Samstag regt zum Zurückschauen an, während der sonntägliche Wochenbeginn den Blick planend und hoffend vorwärts in die Zukunft gehen läßt. *Planen, arbeiten, ruhen* ist die dem Wesen und der Aufgabe des Menschen entsprechende Reihenfolge, die mit *Sonntag, Arbeitstagen* und *Samstag* gegeben ist. So wird deutlich, daß es nicht nur ein Rückfall in abgelegte Zeiten ist, die Woche mit dem Montag zu beginnen und den Sonntag als letzten Tag der Woche im Wochenende aufgehen zu lassen, sondern vor allem auch ein, wenn auch unbewußter Angriff auf die sozial-hygienisch heilsame Ordnung der christlichen Woche. Auferstehung, Sonntag, Siebentagewoche und Christentum gehören von Anfang an zusammen. Die Bezeichnung des Sonntags in verschiedenen Sprachen zeigt in vier Bereichen sein wahres Wesen auf:

Auferstehung
Wosskressēnje heißt der Sonntag im Russischen. Damit ist das Wesen aller Sonntage unübertrefflich ausgesprochen.

Herrentag
heißt der Sonntag schon in der Apokalypse 1 (griech. hemera kyriu, lat. dies dominica, it. domenico, franz. dimanche). Das Wort Kyrios

ist der Hinweis auf die Hierarchie der Kyriotetes, der Geister der Weisheit, der Weltenlenker. Christus ist der Führer und Lenker aller Wesenheiten der Hierarchien, »denn in Christus wohnt und hat Leib angenommen die ganze Wesensvielfalt und -fülle der göttlichen Welt« (Kolosser 2,9). Am Herrentag versammelten sich morgens oder abends die urchristlichen Gemeinden zur Eucharistie. An diesem Tage wurde nie gefastet und niemals kniend, sondern immer stehend gebetet.

Sonntag
in den germanischen Sprachen weist auf die geistig schaffenden und ordnenden Kräfte der Sonne, aus deren Kenntnis die alten Druiden-Priester das biologische Geschehen und das soziale Leben leiteten. Der Name Sonntag war im Urchristentum mindestens seit JUSTIN (gest. um 165 n. Chr.) ebenfalls im Gebrauch. Über die Logos-Philosophie eines PHILO VON ALEXANDRIEN lebte die Wesensverwandtschaft zwischen dem Christus und der Sonne noch im Bewußtsein der Menschen (11). In einer Predigt am Ostersonntag sagt HIERONYMUS (347–420): »Der Herrentag, der Tag der Auferstehung, der Tag der Christen, das ist unser Tag... Wenn er also von den Heiden Sonntag genannt wird, bekennen wir auch das überaus bereitwillig: denn heute ist das Licht der Welt erschienen, heute ist die Sonne der Gerechtigkeit aufgegangen, in deren Strahlen Heil ist.«

Der Sonntag war schon lange der Festtag der Christen, als Kaiser KONSTANTIN im Jahre 321 mit Rücksicht auf die Mithras-Religion seine Feier gesetzlich anordnete. Heute wird die gesetzliche Sonntagsruhe und Sonntagsfeier vereinzelt wieder abgeschafft.[31]

Der Erste
nach dem Sabbat heißt der Sonntag in den Auferstehungsberichten aller vier Evangelisten. Auch im heutigen Israel heißt er jom rischon = der erste Tag. Die Ordnungszahl hat immer auch einen qualitativen Charakter. Auf die geschilderte dreifache Weise ist sie als Sonntagsname qualitativ bis zum äußersten »erfüllt«. Sie faßt die Auferstehung als das erste derartige Geschehen, den Herrentag als den Tag des vorangehenden Gotteswesens und den Sonn-Tag als die Verbindung mit

der ersten Kraft im Planetensystem in der knappsten, aber von der Kraft des Urbeginnes erfüllten Form zusammen.

Wie der Sonntag als »Tag der Sonne« oder »Erster Tag«, so zeigen sich auch die Qualitäten der anderen Wochentage durch ihren Zusammenhang mit der siebenfältigen Differenzierung der genannten Seelenfähigkeiten als eine Art Vorbereitung für das sich zeitigende Christentum. Die Erfüllung dieser Vorbereitung darf in den einzelnen geschichtlich-übergeschichtlichen Tagesereignissen der *Karwoche* (von althochdeutsch chara = Wehklage, Trauer), der »stillen Woche« gesehen werden. Emil Bock hat auf diese Tatsache ausführlich aufmerksam gemacht: »Die Ereignisse, die sich vor zweitausend Jahren in der heiligen Woche zwischen Palmsonntag und Ostersonntag zugetragen haben, waren urbildliche Schicksalsoffenbarungen, durch die in jeder Woche die sieben Tage einen neuen erhöhten Sinn und eine leuchtende seelenbildende Prägung empfangen haben« (15, 2/III, S. 286). Durch die Taten und Leiden des Christus werden die planetarischen Qualitäten der einzelnen Wochentage mit den Seelenkräften dessen *getauft*, »der die sieben Sterne in seiner rechten Hand hält« (Apokal. Joh. 1).

Seine Besonnenheit	hält Einzug am Palmsonntag
Seine Hingabe	eröffnet neue Wege der Geisterkenntnis.
Sein Mut	leuchtet auf in den Streitgesprächen am Dienstag.
Sein Mittlertum	löst in der Salbung durch Maria-Magdalena am Mittwoch den Strom der sakramentalen Opferfähigkeit aus.
Seine Weisheit	verbindet im Gründonnerstags-Opfermahl Vorzeit und Zukunft, Himmel und Erde.
Seine Schönheit	in kosmischem Sinne hat noch die Romanik im Bilde des gekrönten, am Kreuze stehenden Christus zeigen können, der die Arme segnend ausbreitet, Sonne und Mond zu beiden Seiten.

Seine Ewigkeitsweite	überleuchtet Tod, Erdengrab und Höllenfahrt.
Seine Liebe	als Kraft der Auferstehung am Ostersonntag faßt als Oktave alle sieben Sternen-Seelenkräfte wie eine Sonne in sich.

Von der Zusammenfassung der Sieben in die Acht sagt CLEMENS VON ALEXANDRIEN: »Wen Christus wieder zum Leben gebiert, der wird in die Achtheit versetzt«[32] (10, S. 256). Mit gutem Grund hat man im Urchristentum die Passionswoche hebdomas megale d.h. die »Große Woche« genannt. Wer diese Woche von Jahr zu Jahr immer bewußter durchlebt, darf auf ein wahres Osterfest hoffen. In dieser Woche erfüllt sich alljährlich der Frühlingsvollmond, der erste Vollmond nach der Tagundnachtgleiche zu der so wichtigen Gleichgewichtslage zwischen Zu- und Abnehmen (vgl. S. 184)

Die Qualitäten der Wochentage waren auch für die Fasten- und Gebetstage bestimmend. Die pharisäischen Fasttage waren Montag und Donnerstag, die urchristlichen dagegen Mittwoch und Freitag. Aus Erfahrung weiß man, daß es förderlich ist, einen wichtigen Entschluß erst einmal mit in die Nacht zu nehmen oder, wenn es gar möglich ist, ihn durch sieben Tage und Nächte zu bewegen, dann hat man für die Entscheidung mehr Boden unter den Füssen. Denn in sieben Tagen hat die Seele gleichsam den vollen Kreis ihrer Möglichkeiten und Fähigkeiten einmal durchschritten und sich auf diese Weise mit einem Ereignis oder Entschluß ganz verbunden. *Woche,* gotisch wiko, heißt Wechsel, Frist. Gemeint ist der Wechsel, die Frist der siebentägigen Mondviertel. Der einzelne Tag ist der Rhythmus des Ich. In den sieben Tagen der Woche erlebt die Seele den ihr eigenen Rhythmus. Dabei sind die Sonntage wie ein Einatmen und die Wochentage zusammen das Ausatmen.[33] Von Sonntag zu Sonntag atmet die Seele. *Die Sieben-Tage-Woche ist der Rhythmus der Seele.*

20. Der Rhythmus des Lebens

Für die exakte Berechnung des Mondlaufes sind hunderte von Ungleichheiten seiner Bewegung zu berücksichtigen (vgl. S. 91). Das macht ihn für die Astronomen zu einem interessanten, aber zugleich auch schwierigen Objekt. Die Vielfalt der Rhythmen, deren fünf wichtigste bereits beschrieben wurden (S. 85), läßt auch zahlreiche Auswirkungen vermuten, die zwischen Mond und Erde zur Erscheinung kommen. Im Gegensatz zu dieser differenzierten Beweglichkeit stehen die tote, schlacken- und staubartige Substanz und Oberflächengestaltung des Mondes selber. In der »Geheimwissenschaft« (163) beschreibt Rudolf Steiner einen früheren Erdzustand, bei dem Mond und Erde noch ein gemeinsamer Himmelskörper waren. Dabei führte aber das Übermaß der gestaltbildenden Formkräfte allmählich alles Leben in ein Erstarren und Absterben. Die Herauslösung eines großen Teiles dieser Formkräfte und ihre Konzentration auf einen besonderen Himmelskörper ließ den heutigen Mond entstehen. Im Zusammenwirken von außen mit den von der Sonne ausgehenden beschleunigenden Entwicklungskräften, die gebändigt auch im reflektierten Mondlicht wirken, konnte ein lebenförderndes *Gleichgewicht der Kräfte* auf der Erde bewirkt werden (vgl. S. 190). In rhythmischem Wechsel zwischen den Extremen der belebenden und verfestigenden Wirkungen entsteht im Gang durch die Mitte immer wieder ein labiles Gleichgewicht beider Kräfte. Das ist sowohl für den Bereich des *Lebens* wichtig als auch für den des *Bewußtseins* und nicht minder für deren gegenseitige Polarität. Hier greifen die verschiedenen Gebiete der Wissenschaften von Kosmos, Erde und Mensch ineinander, Bereiche, zu deren Erforschung und geistiger Durchdringung erst wenige Vorarbeiten geleistet worden sind.

Allgemein anerkannt ist der Zusammenhang von *Ebbe und Flut* mit dem Mond. Die Gezeiten, auch Ebbe und Flut oder Tiden genannt, wiederholen sich periodisch in einem mittleren Zeitabstand alle 12 Stunden und 25 Minuten. Das ist die Hälfte der Zeit zwischen zwei Meridiandurchgängen des Mondes, die rund 24 Stunden und 50 Minuten, einen Mondtag, beträgt. Zur Zeit der Syzygien, das sind Voll- und Neumond, ist die Hubhöhe, der Tidenhub am größten. Diese Hoch- und anschließenden Niedrigwasser heißen Springtiden. Die beim ersten und letzten Mondviertel (Quadraturen) besonders kleinen Hubhöhen sind die Nipptiden. Wenn zu den Springtiden bei Voll- und Neumond ein durch auflandige Winde und Luftdruck bewirkter großer Windstau hinzukommt, können die oft verheerenden »Sturmfluten« entstehen. All diesen Phänomenen ist eine deutliche Beziehung zum Mond gemeinsam. Auf der Suche nach den Ursachen ergab sich eine physikalische Erklärung. Aus den Kepler'schen Gesetzen[34] der Planetenbewegung hat NEWTON die Berechnung der Schwerkraft als Anziehungskräfte zweier Massen gefunden und als Gravitationsgesetz formuliert. Danach besteht sowohl eine gegenseitige Anziehung der Himmelskörper als auch eine Fliehkraft, die durch die Bahnbewegungen um einen gemeinsamen Schwerpunkt auftritt. Auf dem vielfältigen Gleichgewicht zwischen Anziehungskräften und Fliehkräften im Himmelskörpersystem beruht nach dieser Erklärungsweise »der stets gleichbleibende Ablauf aller astronomischen Bewegungen in unserem Sonnensystem, jene kosmische Stabilität, die eines der größten Wunder unseres Weltalls ist« (26, S. 20). Dies gilt für die Erde als Ganzes. Für die einzelnen Punkte der Erdoberfläche variiert dieses Gleichgewicht infolge ihrer verschiedenen Entfernung vom Monde. Die Differenzen zwischen Anziehungskraft und Fliehkraft ergeben die für jeden Erdenort verschiedenen fluterzeugenden Kräfte. Außerdem spielen bei der Entwicklung der Flutwellen um die Erde die Tiefe, die Breite und die Gestalt der Meeresbecken sowie die Erdrotation und die Reibung mit. Daraus resultiert die Tatsache, daß der Eintritt des Hochwassers (höchster Wasserspiegel) nicht überall mit dem Meridiandurchgang des Mondes (kürzeste Entfernung, stärkste Anziehung innerhalb eines Tages) zusammenfällt, sondern mit einem Zeitunterschied bis zu zwölf Stunden stattfinden kann. Diese Zeitdifferenz heißt »Mondflutintervall« oder auch »Hafenzeit«. In Helgoland tritt zum Beispiel Hochwasser immer erst 12 Stunden und 20 Minuten nach dem Meridiandurchgang des Mondes auf. Die jeweils registrierte Periode der Tiden ist aber nicht eine einfache Sinuskurve. Sie ist die Resultante, die aus mehreren Unterperioden (Partialtiden) zusammengesetzt ist. Als Musterbeispiel eines »Rhythmengefüges« sollen im Folgenden die acht wichtigsten Tiden aufgeführt werden, die jeweils nach der angegebenen Zeit wiederkehren:

Bezeichnung	Periode in Sonnenstunden (als Dezimalbrüche)
Halbtägige Tiden:	
Hauptmondtide	12,42
Hauptsonnentide	12,00
Elliptische Mondtide	12,66
Luni-solare Halbtagstide	11,97
Eintagstiden:	
Luni-solare Eintagstide	23,93
Hauptmondtide	25,82
Hauptsonnentide	24,07
Langperiodische Tiden:	
14tägige Mondtide	327,86

Die Summe dieser einzelnen Flutwellen ergibt die tatsächlichen Gezeiten. Wir erleben die Gezeiten wie ein *Atmen des Meeres,* das rund um die Erde wandert.

Es wäre unvollständig, nur von Ebbe und Flut des Meeres zu sprechen, ohne die Gezeitenschwingungen der *Atmosphäre* zu erwähnen. Denn die fluterzeugenden Kräfte von Mond und Sonne wirken auch auf die Luftmassen der Atmosphäre, wenn auch im Vergleich mit dem Meer nur im Verhältnis 1:1000. Mit der geschilderten halbtägigen Luftdruckwelle (vgl. S. 61) haben diese atmosphärischen Gezeiten sehr wenig zu tun. Denn die Maxima der halbmondtägigen Luftdruckgezeiten liegen meistens etwas nach dem Meridiandurchgang des Mondes, und ihre Abweichungen von diesem sind kleiner als eine Stunde. Es steht somit außer Zweifel, daß es atmosphärische Mondgezeiten gibt. Sie sind einfacher als die ozeanischen, weil das Luftmeer die ganze Erde lückenlos umhüllt. Auch in den höheren Schichten der Atmosphäre, in der Ionosphäre ab 100 km scheinen Gezeiten vorhanden zu sein, die zu den erdmagnetischen Gezeiten parallel verlaufen und über diese gemessen werden können. Sie zeigen deutlich sonnen- und mondbedingte Variationen. Die »thermisch-bedingten Horizontalbewegungen und die im Rhythmus eines Sonnen- und Mondtages vor sich gehenden Hebungen und Senkungen der Atmosphäre sind wie ein ›Atmen‹ der Atmosphäre anzusehen« (26, S. 109). Dabei wurde auch ein ganztägiger Anteil der täglichen Luftdruckschwankung festgestellt. Ja noch mehr, auch der feste *Erdkörper* wird von den fluterzeugenden Mondenkräften erfaßt. Er wird gehoben und senkt sich in Gezeiten »atmend«. A. DEFANT berichtet von genauen Messungen, nach denen sich die Erdoberfläche in Marburg a. d. Lahn zweimal am Tage um etwa 1/2 m hebt und senkt.[35] Außerdem gibt es Neigungsänderungen des Bodens bis weit ins Binnenland hinein durch das Gewicht des auflaufenden Wassers (Flut) an der Küste. Die Kurve dieser Neigungsänderungen geht mit der Gezeitenkurve parallel.

Die Entstehung der Gezeiten in den drei Erdschichten, der Atmosphäre, der Hydrosphäre und der Lithosphäre wird durch die Gesetze der Gravitation »erklärt«. Denkvoraussetzung ist dabei, daß die gegenseitige Massenanziehung entsprechend den Verhältnissen auf der Erde auch für die Himmelskörper gilt. Eine weitere Wirkung der Gestirne ist deren *Licht-* und *Wärme*einfluß auf die Erde. Eine dritte Wirkungsweise der Gestirne bis in die innerste Struktur bewegter Flüssigkeiten konnte durch die »Tropfenbildmethode« im Institut für Strömungswissenschaften in Herrischried nachgewiesen werden. In einem Aufsatz »Zum Begriff des lebendigen Wassers« sagt THEODOR SCHWENK, der Leiter des Instituts: »In den Gezeiten schwingen die Gewässer in kosmischen Rhythmen und geben diese an die Erde und ihre Geschöpfe weiter. In jedem bewegten Wasser werden die kosmischen Bildekräfte eingefangen und weitergegeben« (152). Es ist deshalb zu erwarten, daß im ganzen Bereich des Lebendigen, das ohne Wasser nicht entstehen und bestehen kann, die angedeuteten, über Licht- und Wärmestrahlung hinausgehenden *kosmischen* Bezüge immer deutlicher aufgezeigt werden können. »Der Mondphasen-Zyklus und das Wetter« ist von amerikanischen Meteorologen an den Niederschlagsdaten von 1544 Wetterstationen aus den Jahren 1900–1949 untersucht worden. Es ergab sich der eindeutige Hinweis auf »das Bestehen einer Beziehung zwischen dem synodischen Mondzyklus und dem Wetterablauf« (232, S. 32).

Die Beachtung der Mondphasen für die günstigsten *Aussaatzeiten* unserer Kulturpflanzen ist aus der Tradition nur noch hier und da bekannt. Indes liegen auf diesem Gebiet heute die gesicherten Ergebnisse jahrzehntelanger Forschung und Auswertung vor. Maria Thun hat an der Typenänderung und an Gewichts- und Längenmessungen von Wurzel, Knolle, Blatt und Samen von Radies-Pflanzen die Korrelation dieser Wachstumsergebnisse mit der wechselnden Stellung des Mondes vor dem Tierkreishintergrund zur jeweiligen Aussaatzeit nachgewiesen (199). Es ist wichtig, festzuhalten, daß es sich hier um »Kosmische Wirkungen in Boden und Pflanze im siderischen Mondrhythmus« handelt. Diese Entdeckung ist neu. Ebenso neu ist »Die Signatur des Mondes im Pflanzenreich« (49) in den Untersuchungen einzelner Blütenpflanzenarten durch Agnes Fyfe. Dabei zeigten sich Wachstumsrhythmen in Beziehung zum Umlauf der Mondknoten. Schon länger bekannt sind lunationsperiodische Rhythmen bei elf Algenarten, deren Lebensraum ausschließlich das Wasser ist. »Die Braunalge Dictyota dichotoma entleert an bestimmten Standorten ihre männlichen und weiblichen Geschlechtszellen zweimal innerhalb des Mondzyklus, d. h. in Abständen von 14–15 Tagen (Hoyt). Dieser Vorgang ist aber obendrein noch auf den Spätsommer und an den betreffenden Tagen auf eine eng begrenzte Tageszeit beschränkt. So findet diese Entleerung nur an wenigen Stunden innerhalb des Jahres statt... Bemerkenswert bei diesen Vorgängen ist die für mehrere Arten festgestellte Fortsetzung der Periodik unter Laboratoriumsbedingungen, also ohne Einwirkung der Gezeitenrhythmik und ohne Einwirkung des Mondlichtes. Hierdurch gewinnt man den Eindruck, daß es eine endogenlunare[36] Rhythmik gibt« (22, S. 112). Diese Tatsache ist bedeutsam, auch wenn dabei noch weitere Fragen zunächst offen bleiben.

Im *Tierreich* sind derartige Mondenrhythmen bei 94 Arten gesichert. Es handelt sich dabei zumeist um niedere, im Wasser oder wassernah lebende Tiere. 17 davon sind Wirbeltiere. Schon am Ende des 19. Jahrhunderts war das Fortpflanzungsverhalten des Palolowurms (Eunice viridis) im Zusammenhang mit den Lunationsrhythmen bekannt. Diese Tiere leben in großen Mengen in den Riffen der Südsee (Samoa-, Fidji-, Tonga-, Gilbert-Inseln). Sie stoßen ihre Leibesenden mit den Fortpflanzungsprodukten gleichzeitig ab. Diese steigen dann in solchen Massen an die Meeresoberfläche, daß sie mit Gefäßen, ja sogar mit den Händen aus dem Wasser geschöpft werden können. Sie werden von den Eingeborenen als Leckerbissen verzehrt. Das Abstoßen dieser Produkte erfolgt nur an drei Tagen zwischen dem 8. Oktober und dem 23. November und zwar vor, an und nach dem letzten Vollmondviertel, also beim abnehmenden Halbmond, und nur von Mitternacht bis morgens. Dies wiederholt sich so genau mit den Mondrhythmen, daß es nach 19 Jahren (siehe Metonischer Zyklus S. 209) am gleichen Kalendertag erfolgt. In noch feinerer Weise ist der Fortpflanzungsrhythmus des Grunion-Fisches (Leuresthes tenuis) an der kalifornischen Südküste auf seine Umwelt abgestimmt. Nur in drei oder vier Nächten nach Vollmond oder Neumond und nur bis zu zwei Stunden nach Hochflut laicht dieses silbrige 12–15 cm lange Fischchen im Sand der Küste in 30 Sekunden ab und läßt sich dann ins Meer zurücktragen. Vierzehn Tage später, unter den gleichen Bedingungen, werden die Eier freigewaschen. Dann schlüpfen die Jungen alle zugleich aus und werden vom ablaufenden Wasser ins Meer getragen. Wenn die Eier nicht freigewaschen werden, können sie noch weitere 14 Tage im Sand »warten« und dann erst unter den gleichen Bedingungen ausschlüpfen.

Je höher man in der Tierwelt hinaufsteigt, desto weniger zeigen sich diese lunarperiodischen Rhythmen.[37] Das bedeutet aber nicht, daß hier eine Beziehung völlig fehlt. Oft sind die Siebentage-Perioden deutlich erkennbar, jedoch nicht mehr gleichlaufend mit den Lunationen, sondern bereits von ihnen gelöst und individualisiert. »Der Rhythmus in den embryonalen Entwicklungszeiten der Vögel« ist von

Friedrich A. Kipp daraufhin untersucht worden (202, 1951). Er zeigt an der *Brutdauer* von 197 mitteleuropäischen Vogelarten, bei welchen zuverlässige Beobachtungen vorliegen, »daß die Dauer der Embryonalentwicklung meist ein Vielfaches von 7 Tagen beträgt. Das Schlüpfen erfolgt entweder nach 2 × 7 oder nach 3 × 7 oder nach 4 × 7 Tagen usw. ... zirka

14 Tage:	die meisten Singvogelarten und die Spechte.
21 Tage:	Huhn, Eisvogel, Enten, Regenpfeifer, Uferläufer, Schnepfen, Seeschwalben, die kleineren Möven, Rallen.
28 Tage:	die kleineren Eulen, Falken, Weihen, Mäusebussard, Gänse.
35 Tage:	Uhu, Schlangenadler, Fischadler, Habicht, Höckerschwan, Alke, Lund.
42 Tage:	Steinadler, Schreiadler.«

Ausnahmen finden sich versprengt in den verschiedensten Vogelgruppen. »Auch bei den Säugetieren scheint die Dauer des embryonalen Lebens dem Siebenerrhythmus zu unterliegen... Die Tragzeiten von Pferd, Rind, Schwein usw. lassen sich ziemlich genau in Wochenzahlen ausdrücken, ... während über die Tragzeiten der wildlebenden Säugetiere noch manche Unklarheit besteht.« F. Kipp weist auch auf die Embryonaldauer der Menschenaffen hin:

Schimpanse 253 Tage	= 9 × 28 bzw.	36 × 7 Tage.
Orang-Utan 274 Tage		= 39 × 7 Tage.

Die menschliche Embryonalzeit von 40 Wochen wird in dem größeren Zusammenhang dieser Zahl auf S. 236 erwähnt.

Erst beim *Menschen,* für dessen Lebensvorgänge ein im Vergleich zu allen anderen Organismen sehr viel reicheres statistisches Material vorliegt, lassen sich derartige Rhythmen wieder zeigen. Die folgenden Angaben sind der 1961 in Leipzig erschienenen Arbeit von Hilmar Heckert: »Lunationsrhythmen des menschlichen Organismus, Methodisches und Ergebnisse« entnommen. Aus der Fülle der bisher veröffentlichten Beobachtungen und der mit größter Sachlichkeit und Zurückhaltung formulierten Ergebnisse eigener statistischer Untersuchungen ist das Wesentliche in einer Übersicht zusammengefaßt. Daraus geht hervor, daß ein lunarer Rhythmus (meist des ganzen oder halben synodischen Monats) erwiesen ist bei der Häufigkeit von Geburten, von Sterbefällen, von Lungenentzündung, Harnsäureausscheidung, Menstruation und Farbensehen. Bei weiteren Krankheiten wie Eklampsie, Epilepsie u.a. sind die Zusammenhänge zwar untersucht, aber noch ungeklärt. Manche dieser Rhythmen sind mehr oder weniger individuell geworden und nicht mehr in Übereinstimmung mit dem Mond. Auf eine siebentägige Periode im Zusammenhang mit den Mondvierteln weisen die Geburtenhäufigkeit und Sterbefälle. Beide Rhythmen sind sich ähnlich. Aber auch der tropische Monat mit den Höchststellungen des Mondes wirkt in die Geburtenhäufigkeit hinein. Walter Bühler hat den Nachweis erbracht, »daß die Häufigkeit der Knabengeburten im zunehmenden Mond, die der Mädchengeburten hingegen im abnehmenden Mond in einer 30-tägigen Doppelperiode auf- und niedersteigt« (214). In der Zusammenfassung der Untersuchungen formuliert Heckert:

1. Mondeinflüsse auf Lebewesen sind nachgewiesen.
2. Lunare Rhythmen in Parallele zu unterschiedlich definierten Mondumläufen kommen vor.
3. Aus statistischen Recherchen kann keine generelle Mondunwirksamkeit hervorgehen; ein gesichertes lunares Phänomen wird von einer Untersuchung ohne entsprechendes Ergebnis nicht widerlegt...
6. Es können Aussagen über die Realität lunarer Rhythmen bei einigen Körpervorgängen gemacht werden...
9. Ein synodisch-lunarer Rhythmus der Sterbefälle ist vorhanden.
10. Wie auch innerhalb anderer Rhythmen feststellbar, gehorchen Geburt und Tod hier ebenfalls derselben Periodizität: der Lunation. Die Variationen in der Häufigkeit beider Phänomene ähneln sich auffallend und scheinen mit einer Phasenverschiebung von etwa 180° Grad abzulaufen...

14. Ein bedeutsames Ergebnis ... liegt in dem Nachweis einer Reaktion von Mikroorganismen (Pneumokokken) auf das Mondphasengeschehen...
16. Es läßt sich von den vorhandenen Befunden auf eine kontinuierliche, in engem Zusammenhang mit dem Ablauf der Lunation stehende Induzierung der Oszillationen in den Lebensvorgängen schließen...
19. Die Teilschwingungen der Mondphasenperiodizität vermehren die bereits bekannten Beispiele mehrtägiger Rhythmen...
21a. Jeder menschliche Organismus reagiert offenbar in Permanenz auf den Ablauf der Lunation.
21b. Es gibt individuell gestaltete Reaktionsformen...« (70, S. 107 ff.) Soweit die Ergebnisse der Forschung.[38]

Für uns ist hier zweierlei wichtig: Die annähernde Parallelität der Rhythmen des Mondes und derjenigen der Organismen sollte nicht zu dem Kurzschluß verführen, dieses rhythmische Gleichschwingen leichthin und allgemein aus dem *Kausalitätsprinzip* »erklären« zu wollen. Aber selbst wenn wir den einen Rhythmus als die Ursache des anderen betrachten, so bleibt doch sowohl die Art der ausgehenden Wirkung als auch deren Aufnahme durch Organismen für die heutige Naturwissenschaft weitgehend ungeklärt. Die Formulierung, daß ein Vorgang eine »Wirkung *auf*« einen anderen hat, bleibt eine Redewendung, so lange man das Wie nicht kennt.

Es ist wichtig, zunächst das Phänomen gleichperiodischer Rhythmen zu sehen. Dabei gibt es solche, die synchron, d.h. gleichlaufend mit einem Mondrhythmus sind und solche, die zwar gleiche Periodenlänge haben, aber nicht mit dem Monde parallel, d.h. in Phase, sondern mehr oder weniger individuell verlaufen. Der Biologe sagt, der Rhythmus ist *endogen* (von innen angeregt) geworden. Auch hier bleibt das *Wie* des endogenen Rhythmus ungeklärt. Hier stellt sich die Frage, ob nicht eine über die Physik und deren Kausalitätsgesetz hinausgehende Betrachtungsweise ergänzend hinzukommen muß. Die Rhythmen der Gestirne und die auf der Erde müssen nicht unbedingt nur durch Ursache und Wirkung verbunden gedacht werden. Beide können Erscheinungsweisen von Wesen sein, die sich sowohl makrokosmisch im Gestirn als auch mikrokosmisch auf der Erde zeigen. Dabei wird deutlich, daß sich der Mensch im Vergleich zu den anderen Lebewesen der Erde von seinem früheren Eingebundensein in die kosmischen Rhythmen weitgehend gelöst hat. Die letzten Reste jener alten Gestirnverbundenheit haben sich noch im Volksglauben erhalten. Darin ist aber Halbwahres, Mißverstandenes und Falsches derart vermischt, daß das Körnchen Wahrheit nur sehr schwer zu finden ist. Und zum andern geht es hier nicht darum, den alten Volksglauben zu bestätigen, sondern es geht für den Menschen um ein neues, bewußtes *Schaffen* und *Darleben* von Zeiten und Rhythmen.[39] Denn ohne Rhythmus fällt alles ins Chaos. Demgegenüber sind die Rhythmen des Mondes eine ordnende und die Zeiten bemessende Macht. Der oben geschilderte, siebentägige Wochenlauf ist der Rhythmus der Seele. Die verschiedene Beleuchtung des Mondes durch die Sonne hat ebenfalls einen Siebentagerhythmus. Vierfach verschieden wie die vier Mondviertel sind die 4×7 Tage im Laufe des Monats. Der ganze Kreislauf des Mondes um die Erde, wie er als siderische Periode erscheint, entspricht dem Rhythmus des menschlichen Bildekräfteleibes (174, 21.12.08). 28 Tage sind der Grundrhythmus, um den die Abweichungen pendeln. Obwohl der synodische Monat 29 1/2 Tage hat und es zur Abstimmung mit dem Sonnenjahr auch kalendarische Monate mit 31 Tagen geben muß, kann man im Blick auf den Monat sagen: *Der Monat ist der Rhythmus des Lebens.*

Dieser Rhythmus des Lebens wird in der Christengemeinschaft beachtet. Die christlichen Feste werden hier nicht nur als isolierte, einzelne Tage gefeiert, sondern als Feste*zeiten* von vier Wochen begangen. In ähnlicher Weise wie wir die vier Adventssonntage feiern, gibt es eine vierwöchentliche Passionszeit, deren Höhepunkt die Große Woche von Palmsonntag bis Karsamstag ist. Die Osterzeit dauert sieben Wochen von Ostern bis Pfingsten. Vierwöchentliche Festzeiten folgen im Anschluß an Epiphanias, Johanni und Michaeli. Ihr Zusammenklang im Jahreslauf wird an späterer Stelle beschrieben (S. 168).

21. Kalenderordnung

Die Wissenschaft von den Beziehungen der Lebewesen zu ihrer Umwelt (Ökologie) weiß heute sehr gut, daß jeder Lebensbereich Glied eines größeren ist, bis hinauf zur ganzen Erde. Diese wiederum ist abhängig von der Sonne, dem Mond und den Sternen. Es ist »somit der irdische Lebensraum in kosmischer Verflechtung. Die ganze Welt, mindestens aber unser Sonnensystem, wird in diesem Sinne zum Lebensraum« (198, S. 21). Diese späte Erkenntnis der Wissenschaft war für die Menschen der Frühzeit das alltägliche Erleben ihres Eingebundenseins in die kosmischen Zeiten und Rhythmen. Von der religiösen Kraft, mit der man den Zusammenklang mit den Götterwesen dieser mächtigen Wirkungen suchte, können wir uns nur schwer ein zutreffendes Bild machen. In der Frühzeit der Menschheit lag das ganze religiöse Streben in dem Bemühen, die irdischen Dinge nach kosmischem Vorbild zu ordnen: *Wie oben, so unten.* Der Kultus, der dieses Zusammenklingen fortwährend verwirklicht, wird damit zum Herold der göttlichen Ordnungsmächte, die in den rhythmisch sich erneuernden Zeiten erlebt werden. Aus den Erfordernissen des Kultus entstand eine Art *religiöses Gedächtnis* (140, S. 15). Das waren die Anfänge des *Kalenders.* Dabei darf mit gutem Grund angenommen werden, daß die meisten Völker von der augenfälligsten Erscheinung am Himmel, dem Phasenwechsel des Mondes, ausgingen. »Es ist die Wurzel *me,* die im Sanskrit zu *mâmi* ›ich messe‹, wird. Der Mond ist ein universales Meßinstrument. Die Mondterminologie der indogermanischen Sprache kommt ganz aus dieser Wurzel: *mâs* (sanskrit), *mah* (avestisch), *mah* (altpreußisch), *menu* (litauisch), *mêna* (gotisch), *men* (griechisch), *mensis* (lateinisch)« (35, S. 181). Der Mond ist also der die Zeiten *Messende.*

Schon früh in der vorgeschichtlichen Zeit gab es bei fast allen Völkern nachgewiesene große Beobachtungsanlagen für Sonne, Mond und Sterne. Die wichtigsten Zeiterscheinungen für das alltägliche Leben waren das Zu- und Abnehmen des Mondes. Deshalb wurden die Neu- und Vollmondtage genau bestimmt und beachtet. Sie galten als die von den Göttern vorgegebenen günstigen Zeiten. Im 104. Psalm heißt es: »Der den Mond gemacht hat für Gezeiten« (19). Diese Tage wurden aber nicht von allen Völkern in der gleichen Weise bewertet. In China waren es die *Voll- und Neumonde,* an denen den Ahnen Weihrauch mit Wein oder Tee geopfert wurde. Auch im Buddhismus sind dies die Tage besonderer Frömmigkeitsübungen. Ebenso haben die Germanen ihre Versammlungen, wie Tacitus sagt, zur Zeit des Neu- und Vollmondes gehalten.

Bei anderen Völkern war es im besonderen der *Neumond,* dem die Verehrung galt. An den Herrn des Neumondtages, an Re, wendet sich der ägyptische Fromme. In Israel wurde der Neumondtag = hodesch, feierlich begangen, Psalm 81: »Stoßt zur Neuung in die Posaune« (19). Bei den Griechen war der Neumond dem Apollo heilig, in Rom galten die calendae (Neumond) der Juno.

Der *Vollmond* dagegen wurde in Babylonien verehrt. Er hieß sabattu und war der 15. Tag des Monats. In Griechenland begannen die kleinen Eleusinien am Vollmondtag, und in Rom war dieser Tag – idus – dem Jupiter heilig. Er hieß Jovis fiducia, das bedeutet »Unterpfand seiner himmlischen Gegenwart«. – Die Zählung der einzelnen Monatstage war im alten Rom sehr kompliziert und nicht für alle Monate gleich. Die jeweils gültige wurde am Neumondtag ausgerufen. Von calare = ausrufen heißt dieser Tag calendae, wobei man über die Herkunft der Pluralform nichts weiß. Aber der Kalender hat davon seinen Namen bis heute.[40]

Die Römer zählten die Monatstage nicht vom 1. bis zum 30. oder 31., sondern rückwärts von den calendae, dem ersten Tag des folgenden Monats bis zum – in unserem Sinne – 16. des zu zählenden Monats. Der 15. hieß idus = die Iden, von hier aus wurde neu rückwärts gezählt bis zu den nonae, die am 5. oder 7. waren und von da bis zu den calendae zurück. Der 30. Januar ist der 3. vor den calendae des Februar. Man weiß nicht, warum das so gehandhabt wurde. Früher mußte man an unseren Gymnasien ein solches Datum aus dem Kopf errechnen und lateinisch aufsagen können. Die heutige Zählung von eins an vorwärts findet sich erst seit dem 6. Jahrhundert nach Chr., aber man weiß auch da nicht, wem man sie zu verdanken hat. Möglicherweise war aber die alte Zählung, angefangen von einem Tag, der noch in der Zukunft ruht zurück zur Gegenwart, eine Übung, die aus Mysterienzusammenhängen stammte und einer Verfestigung des Denkens entgegenwirken sollte. Die Möglichkeit dieser beiden gegenläufigen Zählungen kann deshalb fruchtbare Gedanken zum Wesen der Zeiten anregen.

Die *Monate* sind Glieder in dem umfassenden *Zeitorganismus* des ganzen Jahres und sind gleicherweise eng mit dem Monden-Atem verbunden. Deshalb werden sie an dieser Stelle beschrieben. Bei den Juden beginnen die 12 Monate des Jahres[41] jeweils mit dem Neumondfest, das feierlich in der Synagoge begangen wird. Neumonds-Weihe und -Segen sollen innerhalb von 3 Tagen auch im Freien und in Festkleidung gesprochen werden. Dabei darf – dem Bilderverbot gemäß – die zarte Sichel am Himmel nicht angeschaut werden. Das Judentum ist geistig-religiös nicht nach dem Vollmond, sondern nach dem Neumond orientiert. Das Kalenderjahr wird jedoch durch sieben in 19 Jahren eingeschaltete dreizehnte Monate in größtmöglicher Übereinstimmung mit dem Naturjahr gehalten. Den Mondmonat innerhalb eines freien Mondjahres von 354 Tagen mit umlaufendem Neujahr hat allein der Islam bis heute beibehalten (vgl. S. 87). Diese zentrale Stellung des Mondmonats ist in der zur Grabmalmoschee Abrahams umgebauten Kreuzfahrerkirche in Hebron (Israel) anschaubar gemacht worden. In dem mehrere Meter hohen Ostfenster sind dort die 29 Tage des Monats als Lichtfelder mit Zeichen in Lemniskatenform so angeordnet, daß 14 im oberen und 14 im unteren Teil der Lemniskate stehen und ein weiteres Feld im Schnittpunkt den oberen und unteren Bogen verbindet.[42]

Über den Mondkalender der Kelten sind wir durch eine bruchstückhafte bronzene Kalendertafel von ursprünglich 152 cm Breite und 107 cm Höhe gut unterrichtet. Sie wurde 1897 bei Coligny (Dept. Ain) gefunden und wird im Palais des Arts in Lyon aufbewahrt (123, S. 282). Die Inschrift ist mit römischen Buchstaben in keltischer Sprache verfaßt und in rein gallischer Komposition angeordnet. Sie war in 16 senkrechte Streifen (Columnen) unterteilt, die 62 aufeinanderfolgende Monate und zwei Einschaltmonate enthielten. Jeder Monat war in eine helle und eine dunkle Hälfte geteilt; die Trennung wurde durch das hervorgehobene Wort Atenoux = wiederkehrende Nacht, gekennzeichnet. Die Tage der hellen Monatshälfte sind von I bis XV und die der dunklen von I bis XIV oder XV numeriert. Bestimmte Tage und Monate sind mit Abkürzungen als »gut« oder »ungut« bezeichnet. Die Monatsnamen werden für Erfindungen der Druiden gehalten, die diesen Kalender im 1. Jahrhundert v. Chr. machten und öffentlich aufstellten.[43]

In Griechenland hatten die großen Städte jeweils ihre besonderen Kalender mit eigenen Monatsnamen, von denen wir insgesamt noch 400 kennen. Die Römer hatten ursprünglich 10 Monate, deren Namen von Göttern oder Ordnungszahlen abgeleitet waren: Marcius (von Mars, Monat des Kriegsbeginnes nach dem Winter), Aprilis (aperire = öffnen, Ovid?), Maius (Gott des Wachstums?), Junius (von Juno?), Quintilis (Fünfte), Sextilis (Sechste), September (Siebente), Oktober (Achte), November (Neunte), Dezember (Zehnte). Unter König Numa Pompilius kamen Januarius (Janus, Gott des Sonnenlaufes) und Februarius (Reinigungsmonat) zunächst am Jahresende hinzu, denn der Jahresbeginn blieb auf dem 1. März, bis er von Cäsar auf den Amtsantritt der römischen Konsuln, den 1. Januar verlegt wurde. Zu Ehren Julius Cäsars hat Marcus Antonius, der damals Konsul war, 44. v. Chr. den Quintilis, in dem Cäsar geboren war, in Julius umbenennen lassen. Der Sextilis wurde 8 v. Chr. zu Ehren des Octavianus in Augustus umbenannt und um einen dem Schaltmonat Mercedonis, dem Februar, weggenommenen Tag vermehrt. Damit sollte die Gleichwertigkeit mit dem Vorgänger dokumentiert werden. Diese zwei Namensänderungen wurden allgemein angenommen. Die Versuche der Kaiser Tiberius, Claudius, Nero und Domician, ihre Namen gleichfalls dem Kalender einzuverleiben, wurden abgewehrt. Dadurch ist diese Verewigung menschlichen Geltungsbedürfnisses der Welt erspart geblieben.

Die Kelten und Germanen waren bereits in vorchristlicher Zeit mit den römischen Monatsnamen bekannt geworden. Sie behielten aber ihre eigenen Bezeichnungen nach den Jahreszeiten und den Landarbeiten bei. Hierfür zwei Beispiele noch aus der Zeit um 1500: I. Kalvermaen (die Kühe fangen an zu kalben), II. = Fosmaen (die Füchsin wird läufig), III. = Valemaen (die Fohlen werden geboren), IV. = Koldemaen (kaltes Wetter), V. = Floymaen (es gibt wieder Flöhe), VI. = Lusemaen (der Juni bringt die Blattläuse), VII. = Hundemaen (Hündin wird läufig), VIII. (fehlt), IX. = Wickemaen (Wickenernte), X. = Ossemaen (die Ochsen sind fett), XI. = Swynmaen (Schweineschlachtfeste), XII. = Hasemaen (Hasenjagd). Oder: I. = Hardemaen, II. = Hornung, III. = Marstimaen, IV. = Ostermaen, V. = Meymaen, VI. = Brachmaen, VII. = Howmaen, VIII. = Augustmaen, IX. = Harvestmaen (Erntemond), X. = Wynmaen (Weinmond), XI. = Schlachtemaen, XII. = Nebelmaen. Die Monatsnamen waren durch ihren Bezug zur Landwirtschaft regional sehr verschieden, ähnlich wie im alten Griechenland. KARL DER GROSSE (742–814) suchte den daraus erwachsenen Verständigungsschwierigkeiten durch die Einführung einer für sein Reich gültigen deutschen Namenreihe abzuhelfen. Er wählte folgende Namen: I. Wintermanoth (Schneemond), II. Hornungsmanoth (Hornung von althochdeutsch hornunc = Bastard, zu kurz gekommener.), III. Lentzingmanoth (Lenzmond), IV. Ostermanoth (Ostermond), V. Wunnemanoth (Weidemond), VI. Brachmanoth (Brachmond = brachen, aufackern), VII. Hewimanoth (Heumond), VIII. Aranmanoth (Erntemond), IX. Witumanoth (Holzmond oder Unkrautmond), X. Windumemanoth (Weinlesemond), XI. Windunmanoth (Windmond, auch Herbistmanoth), XII. Heilagmanoth (Christmond). Diese Namen wurden in Deutschland zum Teil bis ins 17. Jahrhundert hinein viel gebraucht (98, S. 55). Die Bestrebungen, die lateinischen Monatsnamen durch deutsche zu ersetzen, sind auch in jüngerer Zeit immer wieder aufgetaucht, konnten sich aber nicht durchsetzen. Für den Abbau der wachsenden Lebensentfremdung und für eine gesunde Verbindung mit dem Jahreslauf wären Monatsnamen aus dem germanischen Sprachbereich und mit Bezug zum Naturjahr von großer Wichtigkeit. Die Bestrebungen Karls des Großen in dieser Richtung waren spirituell gesund.[44]

Aus alledem ist zu ersehen, wie stark und wirksam, besonders in älteren Zeiten, die Menschheit in die Lebens- und Atemrhythmen von Sonne, Mond und Erde eingebunden war. Diese Verbundenheit löste sich im Laufe des Menschheitswerdens immer mehr. Dabei ging viel von dem alten, oft ganz unbewußten Weisheitsgut verloren. Das mußte zunächst so geschehen, weil der Mensch nur auf diese Weise die Voraussetzung dafür finden konnte, daß die *Freiheit* – wenn auch zunächst nur als Möglichkeit – im Bewußtsein aufzuleuchten begann. Die alten Bräuche und Sitten entarteten großenteils zu einem gedankenlosen Tun, als das erwachende und stärker an die äußeren Sinne gebundene Bewußtsein die übersinnlichen Quellen mehr und mehr verschüttete. Da die meisten dieser unverstandenen und deshalb immer stärker veränderten Bräuche aus der vorchristlichen Zeit stammten, wurden sie von vielen Verbreitern des Christentums als »Aberglaube« (= Gegen-Glaube) gebrandmarkt und mit Kirchenstrafen belegt. JAKOB GRIMM hat in seiner »Deutschen Mythologie« (1844) gesammelt, was sich bis dahin noch von dem alten Weisheitsgut erhalten hatte. Er berichtet uns, daß man sich für wichtige Entschlüsse nach dem Mond richtete. Der Neumond wurde »Holder Herr« genannt und als heilbringend für alles zu Beginnende betrachtet: Ehen sollen da geschlossen, Häuser erbaut, der Einzug da gehalten werden. Haare und Nägel sollen da geschnitten und Vieh entwöhnt werden, damit sie gut gedeihen. Nach oben Wachsendes ist da zu säen und Schlachten sind zu schlagen. Bei Vollmond, d. h. bei abnehmendem Licht, sind Arbeiten angebracht, die Trennung, Auflösung, Fällen oder Erlegen zum Inhalt haben: ein Haus abbrechen, Seuchen vertreiben, ebenso Gras mähen und Holz im Walde fällen, weil beides dann gut trocknet, und weiterhin dasjenige säen, dessen Ertrag im Wurzelbereich liegt. Grimm berichtet auch von einem mahagoniähnlichen Baum in Demerara, der zu Neumond gefällt hartes und schwerspaltiges Holz liefere, zu Vollmond aber weiches und leichtspaltiges. Ebenso sollen zu Neumond geschnittene Bambusbretter zehn Jahre, zu Vollmond geschnittene nur ein Jahr halten. – Inwieweit der Mondwechsel auch für das Wetter und für die Stimmungen des Menschen bis hin zu dem Extrem der »Mondsüchtigen« von Bedeutung ist oder nicht, wird eine zukünftige Forschung zu zeigen haben. Dabei weist allerdings das Wort »launisch«, (Luna = Mond), deutlich auf einen gewissen Zusammenhang hin. So kommt es, daß auf dem Felde der Mondwirkungen auch heute noch Erfahrung und Aberglaube nicht immer leicht zu unterscheiden sind.

Der wirksamste und am tiefsten in das gesamte Leben eingreifende Rhythmus über den Tag hinaus ist die Siebentagewoche. Sie mag von den vier Quartalen des Mondes mit angeregt sein, aber sie ist nicht in der eindeutigen Weise vorgegeben, wie der Tag oder das Jahr. Sie ist als ein tiefgreifender Rhythmus der Menschenseele gefunden und dann erst kalendarisch eingerichtet worden. Die willentliche Beteiligung des Menschen ist hier – im Gegensatz zu den vorgegebenen Rhythmen von Tag, Monat und Jahr – das Entscheidende. Dadurch wirken im Kalender Natur *und* Mensch fortwährend harmonisch zusammen. Weil aber in der Anzahl der Tage des Jahres die Sieben nicht ohne Rest enthalten ist, bleiben im Gang der Jahre die Wochentage mit ihren Qualitäten nicht an die gleichen Monatsdaten gebunden. Die Woche *gleitet* durch die Monatsdaten hindurch. Wenn der 1. Januar beispielsweise ein Samstag ist, so ist er im folgenden Jahr ein Sonntag, im Schaltjahr sogar ein Montag. Durch dieses Vorschreiten der Wochentage und durch die Schaltjahre wird der einzelne Tag des Jahres nicht alle sieben, sondern erst alle zehn Jahre ein- oder zweimal nacheinander von den sieben Wochentagsqualitäten heilsam durchstrahlt. Der Segen der »gleitenden Woche« wird so im harmonischen *Ausgleich* aller Planetenkräfte wirksam (vgl. S. 230 u. Anm. 49).

Diese Beweglichkeit zwischen Wochentag und Monatsdatum stört aber gerade diejenigen Menschen, die der irrigen Meinung sind, die Welt des Lebendigen müsse sich restlos in Zahlen und Mechanismen einfangen lassen. Sie wollen den Kalender »reformieren«. Es gibt bereits an die 500 Vorschläge, den bestehenden beweglichen Kalender zu ändern. Die meisten dieser Vorschläge laufen darauf hinaus, die gleitende Woche abzuschaffen und die Wochentage mit den Daten des ganzen Jahres für alle Jahre gleichbleibend zu *fixieren* (vgl. S. 150). Seit einem halben Jahrhundert mißbrauchen die Reformfanatiker die öffentlichen Kommunikationsmittel besonders zur Neujahrs- und Osterzeit zur Verbreitung dieser wahrhaft »fixen Idee«. Diese Bestrebungen sind deshalb so gefährlich, weil die mit einer solchen Störung des Rhythmus der Seele verbundenen Krankheitsveranlagungen heute noch gar nicht durchschaut werden (20). Die meisten dieser Reformversuche sind, bewußt oder unbewußt, ein Angriff gegen jene geistigen Mächte, welche die wahren Regenten der Zeiten und Rhythmen sind.

Die geschilderten Tatsachen, vor allem aus dem Feld der Naturwissenschaften, zeigen jedoch, daß heute unser Wissen von denjenigen Rhythmen, die den vielfältigen Mondenrhythmen vergleichbar sind, wieder in stetem Wachsen begriffen ist. Man wird es sich nicht leisten können »hinter dem Monde« zurückzubleiben. Die meteorologische Singularitätsforschung, die das Wetter der einzelnen Tage des Jahres über einen größeren Zeitraum hin beobachtet, beschreibt ihre Ergebnisse bezüglich des Zusammenhanges zwischen Wetter und Mond. Die Auswertung der Beobachtungen von 1544 amerikanischen meteorologischen Stationen hat diesen Zusammenhang eindeutig festgestellt.

Auf die Vielfalt der einzelnen Mondkalender weiterer Völker wie der alten Chinesen oder der amerikanischen Urbevölkerung einzugehen, führte über den gegebenen Rahmen hinaus. Es ist beabsichtigt, das Typische aufzuzeigen und nicht eine lückenlose Aufzählung zu geben. Dies zeigt sich in dem Einbezug der Mondrhythmen in die verschiedenen Kalenderordnungen. Davon ist auch die Gegenwart und die Zukunft nicht entbunden. Denn »da das Gesamtschicksal der Menschheit von ihrem Verhältnis zum Mond entscheidend mitbestimmt wird, ist echte Mondforschung unerläßlich ... Für die Menschheitszukunft wird nur eine solche Mondforschung heilsam sein, welche die übersinnlichen Kräftebereiche einbezieht und vom Mond*körper* zur *Substantialität* seiner Sphäre vorstößt« (214). Dabei wird die *Wandelbarkeit* des Denkens von entscheidender Bedeutung sein. Ein Denken, das sich an Mathematik und Physik geschult hat, wird die Stufe des Lebendigen im Pflanzenreich nicht beschreiben können, ohne sich zum Erfassen der Gestalt weiterzubilden. Ebenso ist eine weitere Stufe für das Denken zu erringen, wenn es den beseelten Organismus des Tieres anschauen und begrifflich durchdringen lernen will. Der 28tägige »Rhythmus des Lebens«, in dem sich der Lebensleib zeitigt, wird durch den 7tägigen Grundrhythmus des bewußtseinwekkenden Empfindungsleibes, den »Rhythmus der Seele«, gegliedert. Hier begegnen sich Seelenatem und Lebensatem in einem Rhythmen-Verhältnis, das durch die gleiche Zahl 1:4 gekennzeichnet ist, wie das bereits beschriebene Verhältnis von Atem und Blut (vgl. S. 27). Durch die Rhythmen von Atem und Blut ist das seelische Erleben ununterbrochen mit dem Erdenleben verbunden. Im Frühling ist diese Begegnung mit dem sich erneuernden Erdenleben besonders stark. Dabei kann die Lebensüberfülle dazu führen, daß so etwas wie ein »Verlust des Geistes« und eine »Sehnsucht nach des Geistes Erweckung« erlebt wird. Davon und von der »Hoffnung«, der »Erfüllung« und dem »Geistestrost« sprechen die Zeitengebete in der Menschenweihehandlung der Christengemeinschaft in der Passions- und Osterzeit. *Blut* und *Atem* werden wiederholt genannt. Ihre Rhythmen verbinden Natur und Geist im lebendigen Wort. Darin wirkt das seelenheilende Element des Kultus in moderner, auch dem Bewußtsein zugänglicher Form. Unsere bestehende *Kalenderordnung*, in der die ununterbrochene Siebentagewoche 52 mal durch die zwölf Monate des Jahres gleitet, hat zwischen Woche und Monat das gleiche Rhythmenverhältnis wie Atem und Blut des Menschen, 1:4. Damit hat der Kalender die Grundrhythmen von Seele und Leben aufgenommen und dem *Zeitenleib* des Menschen erneut eingeprägt, selbstverantwortet durch den Menschen. Daraus wird deutlich, daß ein Kalender nicht nur »praktisch« im oberflächlichen Sinne durch eine einfache und schnelle Zählweise sein sollte. Praktisch in umfassenderem Sinne ist nur das, was den Menschen und die Menschheit *über Jahrhunderte* hin *ohne* krankmachende *Nebenwirkungen* wirklich fördert. So hat der Kalender auch eine für das Gesamtbefinden des Menschen prophylaktische, d. h. gegen die Zivilisationsschäden vorbeugende Wirkung. Durch den Zusammenklang der wichtigsten Grundrhythmen des Menschen ist der bestehende Kalender auf weiteste Sicht weisheitsvoll geordnet und deshalb *sozialhygienisch heilsam.*

IV. Sonnen-Atem
Das Jahr, die Jahreszeiten, das Osterfest

Die Ewigkeit ist klein.
Wer spricht von tausend Jahren?
Sagst Du nur ein Mal »Ich«, so hast Du
sie erfahren.

FRIEDRICH DOLDINGER (216)

22. DIE SONNE

Die Sonne ist der Quell alles Lebens auf der Erde. Ohne sie kann nichts gedeihen. Die Erde ist eingetaucht in ihre Wärme und in ihr Licht. Alle Gebiete der Erde werden im Laufe des Jahres von ihren Strahlen erreicht. Unter ihrem täglichen und jährlichen Kommen und Gehen ist der Mensch auf der Erde herangewachsen und sich seiner selbst bewußt geworden. Wer diese Quelle unserer physischen und geistigen Existenz klar erkennt, vermag mit GOETHE die Sonne zu verehren als »eine Offenbarung des Höchsten, und zwar die mächtigste, die uns Erdenkindern wahrzunehmen vergönnt ist. Ich anbete in ihr das Licht und die zeugende Kraft Gottes, wodurch allein wir leben, weben und sind und alle Pflanzen und Tiere mit uns.«[45]

In solchen Worten klingt noch ein letzter Ton von der ergreifenden *Ehrfurcht vor der Sonne* nach, welche die Menschen von der Frühzeit an bis in die ersten Jahrhunderte nach der Zeitenwende bewegte. In der Sonne sahen die alten Völker das höchste Symbol für die Götterwesenheiten. Es erfüllte ihr ganzes Leben, nach deren Geboten zu handeln, ihnen zu dienen und zu opfern. Im fernen Osten, in China, nannte man das Land, über dem man die Sonne aufgehen sah, »Japan«. Dieses chinesische Wort Jih-pen (sprich ri-bön) heißt »Sonnenursprung«, japanisch Nippon. Bis zum heutigen Tag leuchtet in der japanischen Flagge der rote Sonnenball auf weißem Grund.

Im indianischen Westen in Amerika beherrschte der Sonnenkult Leben und Sterben. Er durchwirkte das ganze Jahr. Das Leben wurde im

Dienst des Kalenders geführt. Die Verehrung der Azteken und Maya galt ganz zentral der Sonne, und bei den Inka war der Sonnenkult verpflichtende Staatsreligion. Der regierende Inka galt geradezu als die Verkörperung der Sonne. Die Sonnenwarten und Kalenderanlagen der Inka gehören zu den eindrucksvollsten Denkmälern früher Sonnenkulte (127).

Eines der hohen Kultfeste der Prärie-Indianer ist der zur Mittsommerzeit stattfindende Sonnentanz, bei dem als Symbol der Sonne ein am Rand mit Adlerfedern besetzter Schild getragen wird. Bei den Pueblo-Indianern zeigt die Schildfläche den Sonnengott mit menschlichen Zügen.

Der ganze vorderasiatisch-europäische Bereich ist das Quellgebiet der abendländischen Sonnen*verehrung*. Das zeigt sich ganz besonders im alten *Persien* mit seinem Wissen von dem hohen Sonnenwesen Ahura Mazdao. Der Name des Sonnengottes in *Babylonien* war Schamasch. Eine weitere Stufe der Sonnenverehrung wurde in *Ägypten* mit Osiris erreicht, wo auch der nachtfahrenden Sonnenbarke verehrend gedacht wurde.

In *Griechenland* war es der kraftvolle Helios-Pater, in der erdfesten *römischen* Bauernfrömmigkeit Sol. Noch nach der Zeitenwende verehrten die römischen Legionssoldaten ihren Sonnenhelden Mithras. Viele Sonnenhymnen und Lieder hat es damals gegeben. So lautet eines, das Macrobius (um 400 n. Chr.) zugeschrieben wird: »Sonne, du Zier der Erde und des Himmels, Sonne, du gemeinsames Licht für alle, Sonne, du Glanz der Nacht und des Lichts: Sonne, du bist Anfang und Ende« (136, S. 91).

Kaiser Julian (331–363) hat dem Gott der Sonne sein ganzes Leben weihen wollen. Er sprach von der dreifachen Sonne und rührte damit an den Kern der Sonnenverehrung (31). Die leiblichen und seelischen Wirkungen der Sonne sind Erscheinungsformen des hohen geistigen Sonnenwesens. Dem im Kampf gegen die Perser tödlich verwundeten Kaiser hat man das tröstende Sonnenlied vorgesungen: »Helios wird dich lösen von allen Leiden des Leibes und dich führen zur Halle des Vaters im himmlischen Lichte« (136, S. 90). Wir spüren hier schon die besondere Nähe zu der tieferen Sonnenweisheit des Christentums. Aber in der Auseinandersetzung zwischen Christentum und altem Sonnenkult wurde diese Weisheit zunächst größtenteils zugeschüttet. ALFRED SCHÜTZE (148) schildert in seinem Mithras-Buch den weltgeschichtlichen Fortschritt vom Mithras-Kult zum Sonnenchristentum.

Dieser Übergang wurde dadurch gefördert, daß gegen Ende der vorchristlichen Zeit die aus den Anfängen der menschlichen Kulturen stammenden Sonnen*religionen* teilweise wieder aufgenommen wurden, nachdem sie zwischenzeitlich von der dominierenden Mondverehrung überdeckt waren. Dieser Wechsel kann im griechisch-römischen Bereich an der Übernahme des persischen Mithraskultes besonders gut verfolgt werden. In ähnlicher Weise findet im jüdischen Gebiet durch die *Essäer* ein Aufgreifen altpersischer Sonnenweisheit in die stark mondgebundene Jahve-Religion statt. Dies war sogar eine ihrer Hauptaufgaben. Aus den Qumran-Funden sind Einzelheiten hierzu bekannt geworden.[46] Hesekiel und Daniel lernen im 6. Jahrhundert mit den nach Babylonien entführten jüdischen Gefangenen Zarathustrische Lehren kennen. Das ist von großer Bedeutung für das Hereinholen alter Sonnenweisheit in die jüdische Welt, in der das Erdenleben des Christus vorbereitet werden sollte.

Die *indogermanischen* Völker waren besonders stark mit dem Sonnenkult verbunden. Im Norden, wo das heilige Feuer als eine Verkörperung der Sonne betrachtet und als segenspendende Macht empfunden wurde, kam zu den Sonnenwenden und den Tagundnachtgleichen der Feuerkult hinzu. Die Bilder von Auf- und Niedergang der Sonne sind in Sonnenschiffen, von Rossen gezogenen Sonnenwagen und Sonnenrädern dargestellt worden. An den Bauten der Megalithkulturen wird die umfassende Sonnenastronomie und Mathematik mehr und mehr erforscht. Die berühmtesten Steindenkmäler wie Avebury und Stonehenge bei Salisbury in England, die Externsteine im Teutoburger Wald und die vielen himmelskundlich ausgerichteten Steinsetzungen der südlichen Bretagne sind als Sonnenwarten, Mondortungs- und Kalenderanlagen unter anderen von dem Astronomen ROLF MÜLLER (126) ausführlich beschrieben worden. Diese Orte waren aber zugleich auch *Mysterienheiligtum* und *Kultstätte.* Deshalb konnten von ihnen die frühen Kulturen ihren Ausgang nehmen. Hier wurden noch in unzerteilter Einheit Wissenschaft, Kunst und Religion gepflegt, Gebiete, die heute oft genug gegeneinander gerichtet sind.

Die Bewegung der Sonne wird im Folgenden meist so beschrieben, wie sie sich dem beobachtenden Menschen darbietet. Da die Erde dabei als ruhender Mittelpunkt erlebt wird, um den Sonne, Mond und Sterne kreisen, spricht man von der *geozentrischen* Betrachtungsweise. Von der Erdrotation, deren »Spiegelung« wir als den Wechsel von Tag und Nacht im täglichen Umschwung des Himmelsgewölbes erleben, ist bereits (vgl. S. 60) gesprochen worden. Jetzt soll das Phänomen des Sonnenganges durch den Tierkreis im Lauf eines Jahres betrachtet werden. Dieser jährliche Sonnenlauf wurde durch Kopernikus denkerisch ebenso als gespiegelte Bewegung der Erde erfaßt, wie die tägliche Rotation der Erde um ihre Achse. Die jährliche Bewegung der Erde um die Sonne wird *Revolution* genannt. Bei dieser kopernikanisch, also *heliozentrisch* gedachten Bewegung steht im Gegensatz zur geozentrischen Betrachtungsweise die Sonne im Mittelpunkt und wird von den Planeten und der Erde umkreist (S. 153). Tycho de Brahe hat eine Kombination beider Ansichten ausgebildet (Fig. 8). Für ein *bewegliches* Denken ist die Anwendung beider Betrachtungsweisen wichtiger als die vorschnelle Frage nach der Richtigkeit des geozentrischen oder heliozentrischen Weltbildes. Der Nachvollzug der sehr komplizierten Bewegungsverhältnisse zwischen Sonne, Mond und Erde geht jedoch über die hier beabsichtigte Darstellung hinaus. – Die Verbreitung der Sonnenkulturen hat eine Fülle von Symbolen und Zeichen hervorgebracht. Auge, Kreis, Rad, (4, 6, 8, 12 und 16-speichig), Strahlenkranz, Bogen, Spirale, Kreuz und Hakenkreuz in vielerlei Formen, Krummstab, Speer, Schwert und Doppelaxt, sowie Schiff und Wagen und ihre vielfältigen Zusammenstellungen untereinander finden sich über die ganze Erde verbreitet (37). Die Seelenregungen der Menschen nachzuempfinden, die in der Frühzeit diese Zeichen anschauten und mit ihnen umgingen, ist uns heute nur noch schwer möglich. Vieles aus der alten Sonnenfrömmigkeit hat sich in Volkskunst und Brauchtum jedoch bis

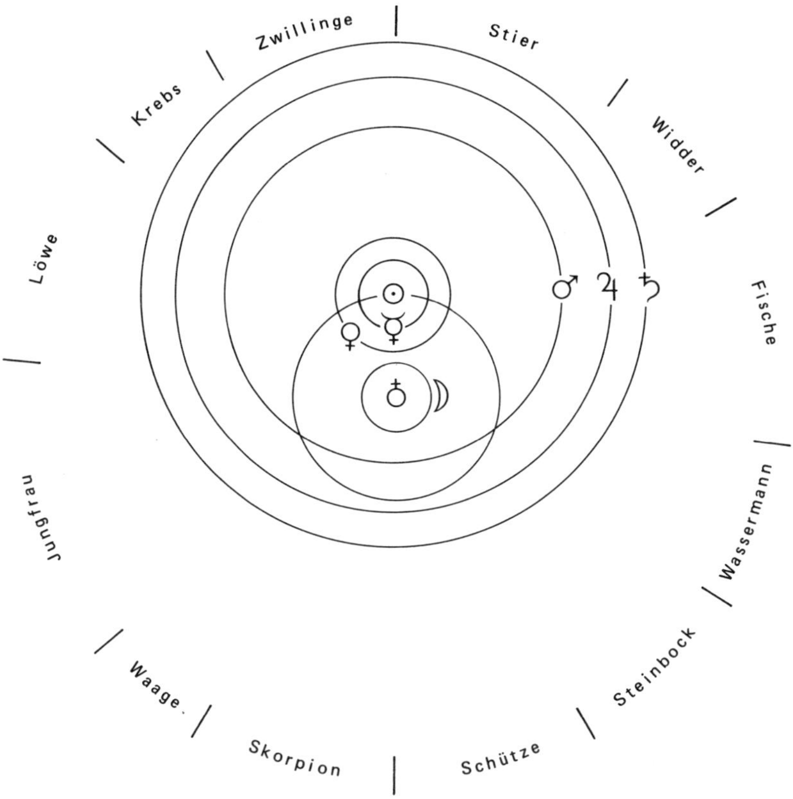

Figur 8 Weltordnung nach Tycho Brahe. Sonne und Mond umkreisen die Erde, und gleichzeitig kreisen die fünf Planeten um die Sonne.

heute erhalten. Jeder kann da Entdeckungen machen, besonders im Bereiche bäuerlicher Schnitz- und Malarbeiten. Weniger bekannt ist die Tatsache, daß Wettrennen, Scheibenschießen, Ballspiele oder Spiele mit Feuerrädern von den alten Sonnen-Kultfesten herrühren. Das olympische Feuer und das Stadion waren der Sonne geweiht, und die olympischen Spiele selber haben ihren Ursprung in alten Sonnwendfeierspielen. Diese fanden zum Ausgleich des alljährlich überzähligen 1/4-Tages nur alle vier Jahre statt.

Bei alledem kann nicht übersehen werden, daß es durch alle Zeiten, bis in die Gegenwart herein, auch eine christliche Sonnensymbolik gegeben hat und noch gibt. Die hier angestrebte Zusammenschau möchte ein Beitrag dazu sein, daß die Harmonie der Zeiten und Rhythmen der Sonne mit den christlichen Festen wieder wahrgenommen werden kann. Hierin liegt die Kraft, durch die der Christus das Leben der Welt ordnet und heilt und es in die folgenden Zeitenkreise hinüberträgt.

23. Das Jahr

Das lateinische Wort tempus meint einen begrenzten Zeitabschnitt, eine Teilzeit, einen Zeitpunkt oder einen besonderen Zeitumstand. Die Verkleinerungsform davon heißt tempulum, dieses wird zu templum, von dem das Lehnwort »Tempel« herkommt. Hier wird der Zeitabschnitt auf den Raum übertragen, innerhalb dessen die Zeitbeobachtung gemacht wird. Denn zunächst ist der »Beobachtungskreis« gemeint, den der Priester am Himmel oder auf der Erde zur Beobachtung der Zeichen aussonderte. Dafür wurde meist eine Anhöhe ausgewählt, von welcher man »überschauen« konnte. Dieses abgemessene Stück Land war einem Gotte geweiht und somit ein heiliger Tempel-Bezirk.[47] Weil man hier auf Wort und Weisung der Gottheit lauschte, wurde ein solcher Platz auch fanum (von fari = göttlich sprechen) genannt. »Fanaticus« war ehemals der Priester, der aus Enthusiasmus (aus griech. en theo einai = aus dem In-Gott-Sein) sprach. Die andern waren außerhalb dieses Platzes und Zustandes: pro fanum. Auf diese Gegebenheiten darf aufmerksam gemacht werden, weil jene Heiligtümer aus der Zeit vor 4000 Jahren sowohl Tempel als auch zugleich komplizierte *Zeitmeßanlagen* waren. Das wirkt sich bis in den Wortzusammenhang von *Tempel* und *tempus* aus. Im krassen Gegensatz dazu zeigt das heutige Wort »Tempo« einen erschreckenden Bedeutungswandel im Sprachbereich.

Beobachtet man die Sonne mehrere Tage lang, zeigt sich, daß ihre Auf- und Untergangsorte am Horizont nicht die gleichen bleiben, sondern sich von Tag zu Tag gegen Süden oder gegen Norden hin verschieben. Ist ein äußerster Punkt dieser Wanderung erreicht, beginnt eine Veränderung der Auf- und Untergangsorte in entgegengesetzter Richtung. Vom äußersten Aufgangsort im Nordosten zur Zeit der Sommersonnenwende bis zu dem Zeitpunkt, da die Sonne wieder genau an dem gleichen Orte aufgeht, vergehen 365 ganze Tage. So zeitigt sich der wichtigste *Sonnen-Erden*-Rhythmus: das *Jahr*. In diesen Rhythmus ist auch der Mensch mit der normalen Geschwindigkeit seines Ganges einbezogen: Bei unausgesetztem Weitergehen würde er in 365 Tagen die ganze Erde auf einem Großkreis umschritten haben. Dabei ergibt sich eine dauernde Marschgeschwindigkeit von 4,57 km/Stunde. Deshalb sagten schon die altbabylonischen Weisheitslehrer: »Der gesunde Mensch hat die Geschwindigkeit der Sonne.«

Der Zeitraum von Sonnenwende zu Sonnenwende ist das *tropische*, der von einer Fixsternkonjunktion der Sonne zur nächsten das *siderische* Jahr.

Tropisches Sonnenjahr:	365,242 198 d = 365 d, 5 h, 48 m, 46 s
Siderisches Sonnenjahr:	365,256 360 d = 365 d, 6 h, 9 m, 11 s

Die Differenz von 20 Minuten und 25 Sekunden ist eine Folge der Präzession des Frühlingspunktes, die in Kapitel VII beschrieben wird. Wichtig ist aber schon jetzt die Einsicht, daß das Jahr keine volle Summe von Tagen enthält. Es muß somit für jede Rechnung mit Tagen und Jahren ein Rest bleiben. Die beiden Zeiten sind exakt genommen nicht zu verrechnen, sie sind *inkommensurabel.*

Die räumliche Einteilung des Kreises und des Erdballs in 360° stammt aus dem alten Babylon. Sie hängt mit den 360 + 5 Tagen des Jahres zusammen. Auch hier zeigt sich eine Verbindungsstelle der Dimensionen von Raum und Zeit. Im germanischen Norden und wahrscheinlich auch in China teilte man den Kreis außer in 360° auch noch in 16 bzw. 32 Teile. Eine Erinnerung daran ist die Strich- oder Kompaßrose der Seeleute mit ihren 16 Marken über der jetzt eingeführten 360°-Einteilung des Schiffskompasses. Aus beiden Einteilungen ergeben sich die verschiedenen Verhältnisse zwischen den Monaten und dem Jahr. Aus einer großen Zahl von Sonnenvisuren über heute noch stehende Steine, Bodenerhebungen und Horizontmarken vermutet man, daß in der megalithischen Zeit das Jahr in 16 Monate geteilt war. 13 Monate zu 23 und 3 Monate zu 22 Tagen. Auch die Länge des Jahres mit 365,25 Tagen soll schon bekannt gewesen sein (126). In China wurde schon unter Kaiser Yao 2356 v. Chr. das Jahr zu $365\,\frac{1}{4}$ Tagen festgestellt und der Erdäquator in die gleiche Zahl von Graden geteilt, von denen jeder nach unserer Rechnung $0^\circ\ 59'\ 8\frac{1}{4}''$ hat. Ein genialer Gedanke, der die hohe Vollkommenheit alter chinesischer Einrichtungen zeigt. Das Jahr hatte 12 Sonnenmonate, deren einer, das »Tschong-ki«, $30\frac{14}{32}$ Tage hat. Das ist deshalb bedeutsam, weil die Chinesen gleichzeitig den siderischen Mondumlauf mit einer Genauigkeit kannten, die gegenüber den heutigen Messungen nur um 22,7 Sekunden zu groß war. Bei den meisten alten Völkern war das Jahr in 12 Sonnen- oder Mondmonate mit entsprechenden Schaltmonaten oder -tagen untergliedert. Eine bemerkenswerte Ausnahme macht der Kalender der Maya. Bei ihnen sind zwei Jahreseinteilungen nebeneinander bekannt. Das eigentliche heilige Jahr wurde »Tzolkin« oder »Zählen der Tage« genannt. Es hatte keine Monate sondern eine feste Folge von 260 Tagen, deren einzelne Bezeichnung sich aus je einer Zahl zwischen eins und dreizehn und je einem Namen von 20 Gottheiten zusammensetzte. Wenn jede der dreizehn Zahlen mit jedem Götter-Tagesnamen einmal zusammengekommen war (13×20), dann war ein Tzolkin vollendet. Es begann darauf ein neues mit den gleichen Tagesnamen. Nach diesem »Jahr« richtete sich das kultische und das private Leben. Daneben gab es das normale Jahr »haab« mit genau 365 Tagen. Es wurde in 18 Monate zu je 20 Tagen und in einen 19. mit nur fünf Tagen aufgeteilt. Diese fünf waren »Tage ohne Namen«. Sie wurden als Unglückstage betrachtet und mit Fasten und Beten begangen. Die Maya rechneten nur mit den vollendeten Tagen. Der erste Tag des Monats war Null, der zweite Eins, und der letzte Tag des 20-Tage-Zyklus hatte die Nummer 19. Das Vorbild dieser 20er Zählung waren zweifellos die Finger und Zehen. Jedoch die Anwendung des Stellenwertes und der Null schon vor 2000 Jahren ist im Vergleich mit Europa bedeutsam, wo beide erst im späten Mittelalter aus Indien durch Vermittlung der Araber bekannt wurden.

Über die ganze Erde wird das Sonnenjahr als die *Einheit* und *Ganzheit* erlebt, in die alle kleineren Zeiten eingegliedert sind. Das Naturjahr ist nicht eine zufällige Zahl von Tagen, sondern der übergeordnete und umfassende *Zeitorganismus* alles irdischen Lebens, in dem sich der Schöpfer selber zeitigt. In altindischen Texten wird wiederholt davon gesprochen (140, S. 28): »Der Herr der Schöpfung dachte bei sich: Ich schuf das Jahr als ein Abbild (pratima) meiner Selbst. Deshalb heißt es: der Herr der Schöpfung ist das Jahr. Denn er ließ es entspringen als ein Abbild seiner selbst.« Und weiter: »Das Jahr ist der Herr der Schöpfung, der Kala, die Nahrung, Ruhestätte des Brahman, und des Atman. Denn so heißt es: Die Zeit bringt zur Reife alle Wesen im großen Atman. In welchem aber die Zeit selbst reift, wer den kennt, der ist vedakundig.« Der Schöpfer des Jahres ist gleichzeitig der *Jahrgott.* In der römischen Religion trägt Janus auf dem Kopf mit zwei bärtigen Gesichtern den Kranz des Jahres. Ihm waren zwölf Altäre geweiht. Die indogermanischen Völker erlebten bei der Annahme des Christentums ihren Jahrgott im Wirken des Christus. Damit haben diese Völker mit unverbrauchter Sicherheit die *kosmische Dimension* des Christentums wahrgenommen. Zahlreiche Kunstwerke des ersten christlichen Jahrtausends zeigen in Sonne, Mond und Sternen, in Bäumen, Tieren und vielgestaltigen mythologischen Wesen, sowie in der Symbolik der irischen oder langobardischen Flechtbänder diese kosmische Dimension auf. Unter ihnen ist die Ewaldi-Decke aus Sankt Kunibert in Köln, ein Altartuch aus dem 9. Jahrhundert, ein nicht zu überschätzendes Dokument. Verhüllend und enthüllend zugleich zeigt die Seidenstickerei auf blauem Leinen den Jahrgott im Kreis der Weltenbereiche. Dieser thronende, pontifikal gewandete Annus hält dies und nox, Tag und Nacht, in den erhobenen Händen. Umgeben ist der Thronende von einem Kreis, der in der Bildachse das Kreuz der Elemente und dazwischen im Diagonalenkreuz die Jahreszeiten trägt. In einem äußeren Kreis wird das Ganze vom Gürtel des Tierkreises umzogen. Die Art des Thronenden und die an die Vision Hesekiels (1, 15) gemahnenden vier Räder weisen aber das Bild des Jahrgottes eindeutig als den Christus, den Offenbarer des Weltengrundes aus. Das bezeugen auch die beiden Buchstaben Alpha und Omega in den oberen Zwickeln und die Umschrift: »Volk, welches anschaut insgesamt das durch göttliche Logos-Kunst Gewirkte.« Im Bilde des *Annus* zeitigt sich der *Logos*.[48] (Vgl. Abb. 7).

Im Laufe des Jahres überstrahlt die Sonne fortschreitend neue Sternbezirke und gibt diejenigen wieder dem Blick frei, an denen sie vorübergezogen ist. Die alten Völker haben diese zwölf Regionen als *Häuser* von zwölf *Göttern* erlebt. Die Sonne steht im Hause eines Gottes und ihr Licht, ihre Wärme und ihre Kraft werden von den Wesen der Häuser in zwölffach verschiedener Weise verstärkt. So wandert die Sonne von Haus zu Haus. SIGISMUND VON GLEICH berichtet: »Agamemnon soll in Aulis als Führer der vereinigten Griechenstämme den Kultus der Zwölf Götter gestiftet haben... Die Beziehung der zwölf Götter zu den Monaten des Sonnenjahres und zum Tierkreis soll angeblich erst aus der Zeit Platons stammen. Der römische Dichter MANILIUS (um Christi Geburt) hat zur Zeit des AUGUSTUS in seinem astronomischen Lehrgedicht gewiß nur das veröffentlicht, was früher Geheimlehre gewesen ist« (53, S. 306). Daraus ergibt sich:

Juli	Krebs	Hermes	Mercurius
August	Löwe	Zeus	Jupiter
September	Jungfrau	Demeter	Ceres
Oktober	Waage	Hephaistos	Vulkanus
November	Skorpion	Ares	Mars
Dezember	Schütze	Artemis	Diana
Januar	Steinbock	Hestia	Vesta
Februar	Wassermann	Hera	Juno
März	Fische	Poseidon	Neptunus
April	Widder	Athene	Minerva
Mai	Stier	Aphrodite	Venus
Juni	Zwillinge	Apollon	Apollo

Auch wenn wir uns dieses Wandern durch die Bewegung der Erde um die Sonne erklären können, sollten wir dabei nicht vergessen, daß es eine Zwölfheit von Himmelskräften ist, die uns von der Sonne im Wechsel des Jahres zugeatmet wird. Der *Tierkreisgürtel*, auf dem Sonne, Mond und Planeten wandeln, hieß im alten Babylonien *Weg des Mondes*, weil der Weg und der Wandler selber nachts gleichzeitig zu beobachten sind. Auf manchen alten Uhren tragen die Zeiger kleine Bilder von Sonne und Mond. Dabei entspricht dem Mond mit seiner schnelleren Bewegung der große Zeiger, der Sonne der langsamere kleine Zeiger. Die *Ekliptik* ist die genaue Bahn der Sonne auf dem Tierkreisgürtel, dessen *Zwölfteilung* und Namen vermutlich schon 5000 Jahre alt sind. Das älteste Zeugnis babylonisch-astronomischer Aufzählung einzelner Namen stammt aus den letzten Jahrhunderten des 3. vorchristlichen Jahrtausends. Mythologische Bilder, die auf die gleichen geistigen Wesen deuten, können von Volk zu Volk sehr verschieden sein. Zum Vergleich seien die Namen der Tierkreisbilder aus drei verschiedenen Kulturgebieten zusammengestellt.

babylonisch	hellenistisch	ostasiatisch
Widder	Katze (Maus)	Maus (Ratte)
Stier	Hund	Rind
Zwillinge	Schlange	Tiger (Panther)
Krebs	Käfer (Krebs)	Hase
Löwe	Esel	Drache
Jungfrau	Löwe	Schlange
Waage	Bock	Pferd
Skorpion	Stier	Schaf (Ziege)
Schütze	Sperber	Affe
Steinbock	Affe	Huhn
Wassermann	Ibis	Hund
Fische	Krokodil	Schwein (Eber)

Mit dieser Zwölfer-Tierkreisreihe, deren Tiernamen ehemals zur Benennung der Jahre, Monate, Tage und der zwölf Doppelstunden gebraucht wurden, bezeichnet man in China noch heute die Jahre. So folgte zum Beispiel am 11. Febr. 1975 auf das Jahr des Tigers das Jahr des Hasen.

Damit ist die Frage des Jahres*beginns* berührt. Innerhalb der Hochkulturen der Erde sind Jahresanfänge an allen vier Hauptpunkten des Sonnenlaufes nachgewiesen. Der Jahresanfang zur *Wintersonnenwende* ist in Sumer vor 5000 Jahren üblich gewesen. Man hat ihn »Geburt der Sonne« oder »Geburtstag der Unbesiegten« genannt. Die Athener begannen das neue Jahr nach der *Sommersonnenwende.* Bei anderen Völkern war dieses Fest zusammen mit der Wintersonnenwende ein Doppelneujahr. Das *Frühlingsäquinoktium* als Jahresanfang kam seit etwa 2300 immer mehr auf. Auch die Germanen hatten ihr altes Frühlingsneujahr lange gegen das römische Wintersonnwend-Neujahr behauptet. Bei Ägyptern und Juden hatte sich ein doppeltes Neujahrsfest herausgebildet, eines zur Frühlings- und eines zur Herbsttagundnachtgleiche. Es war ein staatlich orientiertes und ein religiöses Neujahr, wobei der religiöse *Herbst-Neujahrsgedanke* mit dem Siege Michaels über den Drachen der kraftvollere ist. Alfred Jeremias (83, S. 282) schildert ausführlich das elftägige babylonische Neujahrsfest und die Festspiele. – Die freien Sonnen- und Mondjahre mit langsam oder schnell umlaufendem Jahresbeginn sind schon erwähnt worden. Von der alles durchwirkenden religiösen Kraft des Jahrgottes und seines *Heiligen Jahres* haben wir keine zutreffende Vorstellung mehr. Die Neujahrs- und Geburtstagswünsche, Geschenke und sonstigen Bräuche sind nur noch ein schwacher Nachklang davon. In christlicher Zeit gab es ebenfalls verschiedene Jahresbeginne, jedoch außer in Rußland nur zwischen Weihnachten und Ostern.

25. Dezember	in Frankreich zur Zeit Karls des Großen
1. Januar	in Deutschland um 1500; in Frankreich ab 1564 in England um 1752
1. März	bei Römern (107a, S. 178); in Frankreich um 755
25. März	in England bis 1752
Ostern, beweglich	in Frankreich im 12. und 13. Jahrhundert fast allgemein (1, S. 168)
1. September	Rußland bis 1700

Das griechische Wort für Jahr: eniautos bedeutet »der in sich geschlossene Zeitenkreis«. Das lateinische annus heißt »der Umlauf der Zeit, der Kreislauf, die periodische Wiederkehr«. Das nordische »Jahr« ist urverwandt mit dem griechischen Wort horai »Göttinnen der Jahreszeiten«. So werden die drei wichtigsten Wesenszüge des Jahres deutlich, die ihre Entsprechung in den charakteristischen Merkmalen des Rhythmus finden.

Geschlossener Zeitenkreis	Polarität und Ausgleich
Periodische Erneuerung	Stetige Erneuerung
Freundliche Gottheit	Elastische Anpassung

24. Der Kalender

Das seit den frühesten Zeiten der Menschheit geübte Aufstellen von Kalendern kann man mit der Brückenbaukunst vergleichen. Es ist die *Brücke* zwischen den natürlichen Runden des Sonnenjahres, den Monden und den Tagen einerseits und den äußeren und inneren Lebensbedingungen von Mensch und Menschheit andererseits. An der Fülle der Zeiten und Rhythmen aller lebenden Wesen hat allein der denkende Mensch Anteil. Er kann diese Fülle als ein *gegliedertes* Ganzes denkend erfassen. Indem er das tut, erkennt er den bloßen Begriff Zeit in seiner Wesenlosigkeit. Die von den einzelnen kosmischen Wesen dargelebten Zeiten bilden zusammen einen Zeitorganismus, dessen wirksamste Glieder das Kunstwerk eines Kalenders ausmachen. Dabei ist es wichtig, die Dreigliederung zu bemerken, die jeden Kalender kennzeichnet:

Die *Einheit* des Jahres,
die *Mehrheit* der Monate,
die *Vielheit* der Wochen und Tage.

Das Hauptproblem eines jeden Kalenders besteht in der Gegebenheit, daß kein Zeitmaß gefunden oder erfunden werden kann, das eine einheitliche Zählung von Tag, Monat und Jahr ohne Rest möglich macht. Das hat darin seinen Hauptgrund, daß diese natürlichen Zeiten alle nur durch *irrationale*, d. h. nicht ganz genau ausrechenbare Zahlen, also nur annäherungsweise erfaßt und verglichen werden können. Die Pythagoräer erlebten die Welt durch die Logoi geordnet, deren Wirksamkeit sich in Zahlen kundtat. Man kann sich vorstellen, daß sie ungeheuer verunsichert wurden, als sie das Vorhandensein von irrationalen Zahlen bemerkten, da das letzte Erklärungsprinzip für diese Philosophen nicht im Stoff, sondern in der mathematischen Form oder Gesetzlichkeit gesucht wurde. Schließlich mußten sie dieses »a logon« aber doch anerkennen. Es ist darin ein Bild dafür gegeben, daß Himmelswesen mit dem Maß des menschlichen Verstandes nicht ohne Rest zu fassen sind. Der Erdentag zu 24 Stunden und das Erdenjahr zu 365 Tagen sind notwendige Kalendergrößen. Der wahre Sonnentag und das wahre Sonnenjahr sind zu diesen Kalendergrößen *inkommensurabel*, d.h. nicht ohne Rest mit ihnen zu verrechnen. Wenn dieser Rest sich zu einem ganzen Tag oder Monat summiert hat, muß er durch *Schalt*tage oder Monate ausgeglichen werden, damit das Kalenderjahr mit dem Naturjahr in Übereinstimmung gehalten werden kann. Vermeidet man aus religiösen Gründen die innere Beweglichkeit der Einschaltungen, dann wird der Jahresanfang beweglich und beginnt umzulaufen. Er zwingt einem nunmehr die Beweglichkeit des Neujahrsfestes auf. Die vier naturgegebenen Sonnenstationen: die Wintersonnenwende, die Frühlings-Tagundnachtgleiche, die Sommersonnenwende und die Herbst-Tagundnachtgleiche kann man in einen Kreis als ein Sonnenkreuz einzeichnen. Überall dort, wo man diese Stationen in ihrer Bedeutung für Erde und Mensch erkannte, machte man sie zur Kalendergrundlage, indem man sie mit dem Kalender fest verband. Das *gebundene Sonnenjahr* ist das Wesentliche solcher Kalender. Sie atmen gleichlaufend (synchron) mit dem Sonnenatem des Jahres. Manche Völker haben neben dem Sonnenkalender zugleich einen Mondkalender von 354 Tagen. Dieser hat im wesentlichen zwei Hauptformen. Die eine Form ist die des freien Mondjahres ohne Einschaltungen zum Ausgleich mit dem Sonnenjahr und deshalb mit umlaufendem Neujahr. In dieser Weise ist der *mohammedanische* Kalender aufgebaut.

Allein der Schah von Persien hat bei seinem Regierungsantritt 1941 eine Änderung des islamischen Kalenders eingeführt. Er hat den Mondkalender durch den Sonnenkalender mit 365 oder 366 Tagen ersetzt.

Die andere Form ist der an das Sonnenjahr gebundene Mondkalender mit einem eingeschalteten 13. Monat in zwei Jahren. Von dieser Art ist der *jüdische* Kalender, dessen sonstige Beschreibung aber hier zu weit führen würde. Seine Festordnung muß hier jedoch erwähnt werden. Der jüdische Kalender war an das Sonnenjahr gebunden, aber die Feste wurden von den Priestern im Zusammenhang mit dem Gang des Mondes angesetzt. Jeder Neumond wurde mit Gebeten begrüßt, und der siebente Neumond des Jahres wurde besonders festlich begangen. Im Mondjahr der jüdischen Feste waren die vier Jahreszeiten der Sonne nicht bestimmend. Dadurch gab es verschiedene Daten für die Feste. Das Johannes-Evangelium spricht vom Passah der Juden im Gegensatz zu dem der Essäer (Joh. 2,13 und 6,4 und 11,55). Die Ordensgemeinschaft der *Essäer* hielt sich nämlich strenger an das Sonnenjahr mit seinen vier Jahreszeiten (119, S. 79). Auf die Berechnungsdifferenzen zwischen dem Festkalender der Juden und dem Sonnenkalender der Qumranleute weist auch ETHELBERT STAUFFER hin (155, S. 57). Deren Passahmahl war am Donnerstag, das der Juden am Freitag. Jesus starb in der Stunde, da im Tempelbereich die rituelle Schlachtung der Passahlämmer begann. Sein Tod trägt mitten in den Mondenkultus die Kraft eines geistigen Sonnenaufganges hinein. Das leere Grab wird erlebt »während die Sonne aufging« (Mark. 16,2).

Die Differenz zwischen dem Sonnen- und dem Mondjahr beträgt elf, in Schaltjahren zwölf Tage. Wenn am 6. Januar Neumond ist, dann ist am 25. Dezember ein Mondjahr mit zwölf Lunationen vollendet. Es fehlen dann noch die zwölf Tage bis zum vollen Sonnenjahr. Sie wurden bei den nordischen Völkern anschließend an den 25. Dezember eingeschaltet, um das Mondjahr mit dem Sonnenjahr in Übereinstimmung zu bringen. An diesen Tagen, die den Göttern geweiht waren, sollten keine schweren Arbeiten getan werden. Der Mensch durfte sich mit den höheren Welten verbunden wissen. Vielerlei Gebräuche,

Gebote und Verbote geben noch schwache Kunde von den »wihen nahten«, den Heiligen Nächten, wovon Weihnachten nur noch seinen Namen hat. In der Neujahrsnacht erinnert der Lärm an die Vertreibung der Dämonen. Die zwölf Tage wurden als prophetisch angesehen für die zwölf Monate des kommenden Jahres. Unser Jahresbeginn fällt mitten in diese Zeit der »Weih-nachten«. Für bewußt lebende Menschen können diese zwölf Tage und dreizehn Nächte ähnlich der Siebenheit der Passionswoche zu einer ausgesparten Zeit gemacht werden, in der Besinnung und Gebet ihren besonderen Platz haben. Rudolf Steiner hat darauf hingewiesen, daß diese Tage »mystischer Vertiefung besonders fruchtbar« sind (s. Anm. 61).

Das Verhältnis von Sonne und Mond kann auch mathematisch durch ihre Umlaufszeiten ausgedrückt werden. Dann zeigt sich, daß das Verhältnis der Zahl des *Goldenen Schnittes* $g = 1{,}618$ zur *Kreiszahl* $\pi = 3{,}141$ genau die Hälfte der Verhältniszahl von Sonnenjahr und Mondjahr ist.

$$\text{Sonnenjahr} : \text{Mondjahr} = 2 \times (g : \pi) = 1{,}030.$$

Dieses Doppelverhältnis zeigt, daß die Kreiszahl durch die geometrische Veranschaulichung und Berechnung der Planetenbahnen und Umlaufszeiten »sowohl mit dem *räumlichen* als auch mit dem *zeitlichen* Aspekt der Planetenumläufe verbunden ist« (145, S. 86). Das ins Unendliche fortschreitende Verhältnis des Goldenen Schnittes und das im Gegensatz dazu mehr in sich ruhende Verhältnis von Kreisumfang und Radius können wiederum zu Gedanken über Zeit und Raum anregen. Denn hier *verbünden* sich Zeit, Raum und Mathematik zur Offenbarung *des Wesens*, das durch die Vermittlung von Sonne, Mond und Sternen das Leben der Welt trägt und ordnet.

Die Art, wie die *Chinesen* den Lauf der Sonne und des Mondes aufeinander abstimmten, ist die älteste, die uns bekannt ist und steht so einmalig unter den Kalendersystemen der Völker, daß sie hier in ihren Grundzügen beschrieben werden soll. Zunächst ist dabei zu beachten, daß die Chinesen, um einheitlich rechnen zu können, den synodischen Mondmonat auf die Rechnungseinheit des Sonnenmonats, des

Tschong-ki zu $30\,{}^{14}/_{32}$ Tagen umrechneten. Dann ist ein synodischer Monat von $29\,{}^{499}/_{940}$ Tagen $= {}^{228}/_{235}$ Tschong-ki. Nun geht man vom feststehenden Wintersolstitium (Wintersonnenwende) aus. Der dazugehörige Mond ist der zwölfte des zu Ende gehenden Jahres. Der übernächste Neumond ist der erste im neuen Jahr, der Neujahrstag. Er fällt meist in den Februar und ist das wichtigste Fest, das tagelang vorher und nachher begangen wird. Nun kann der Fall eintreten, daß ein voller Mondmonat von $29\,{}^{499}/_{940}$ Tagen so genau innerhalb eines Sonnenmonats von $30\,{}^{14}/_{32}$ Tagen liegt, daß er dessen Grenzen nicht berührt. Er liegt dann nur im Bereich von einem einzigen Tschong-ki und nicht von zweien, wie das normalerweise der Fall ist. Dieser ganz innerhalb eines Sonnenmonats liegende Mondmonat erhält keinen eigenen Namen. Er wird nur mit der Endsilbe »shun« am Namen des Vormonats angedeutet. Er zählt nicht mit und gilt als Schaltmonat. Dieser Fall tritt in zwei- bis dreijährigem Abstand in 19 Jahren siebenmal ein. Dann sind Sonne und Mond wieder am gleichen Ausgangspunkt wie vor 19 Jahren. Dieser Zyklus war den Chinesen schon 600 Jahre vor Meton (vgl. S. 209) bekannt.

19 mal 12 Tschong-ki zu $30\,{}^{14}/_{32}$ Tagen =		6940 Tage
228 Mondmonate zu $29\,{}^{499}/_{940}$ Tagen =	6733 Tage	
7 Schaltmonate =	207 Tage	6940 Tage

Die Normaljahre haben somit 354, die Schaltjahre 383 oder 384 Tage. Da im Kalender nur volle Tage gezählt werden können, werden zum Ausgleich der Bruchzahlen Schaltmonate mit 30 und 29 Tagen im Wechsel angesetzt. Die Aufstellung, Vervielfältigung und Verbreitung der Kalender war den kaiserlichen Beamten vorbehalten. Jedes Exemplar trug einen Regierungsstempel und nicht verkaufte Stücke mußten zurückgesandt und im Hof des kaiserlichen Amtsgebäudes verbrannt werden.

Ein weiteres bedeutendes Beispiel für die Verbundenheit der alten Völker mit ihrem Kalender ist der Kalender- oder Sonnenstein der *Azteken*, der das Prunkstück des Nationalmuseums in Mexico-City ist. Der kreisrunde Steinblock hat bei einem Meter Dicke fast vier Meter

Durchmesser. In konzentrischen Kreisen sind um die Sonnenmitte zunächst die vier Weltalter (vgl. S. 278) in vier Rechtecken dargestellt. Im folgenden Kreis stehen die 20 Symbolbilder des Tzolkin, die wir schon aus dem Maya-Kalender kennen (vgl. S. 132). Dann folgt ein breites Schmuckband, der Größe des Sonnengottes angemessen, und schließlich bilden zwei gewaltige Schlangenkörper, der Feuergott und der Sonnengott, die äußerste Begrenzung dieses einzigartigen Kalendersteins. Er war im Oktober 1968 in Mexiko auf dem offiziellen Emblem für die olympischen Sommerspiele, die ja einem alten Sonnenkult entstammen (vgl. S. 199), zusammen mit den die fünf Erdteile darstellenden Ringen abgebildet.

Nach diesen beiden markanten Beispielen der Kalenderkunde im fernen Osten und im Westen wenden wir uns dem *heutigen Kalender* zu, der für die ganze bewohnte Erde gültig ist. Der von der christlich werdenden Welt übernommene Kalender des Julius Caesar war so gestaltet, daß er die Weltaufgabe des Christentums durch seine Zeiten und Rhythmen in einzigartiger Weise aufnehmen und entscheidend fördern konnte. So ist er heute, wenigstens in Bereichen des Verkehrs, der Wirtschaft und der Politik, selbst für die nichtchristliche Bevölkerung der Erde verbindlich geworden und dient damit dem wahren Ziel der Menschheit. Die Überwachung des Kalenderwesens unterstand im alten Rom dem Oberpriester, dem Pontifex Maximus. Im ersten Jahrhundert v. Chr. war es aber durch mangelnde astronomische Kenntnis oder durch die willkürliche Einschaltung ganzer Monate zur Verlängerung von Amtszeiten und durch den Gebrauch verschiedener Kalender zu einer beispiellosen Verwirrung im Kalenderwesen gekommen. Julius Caesar, ein weitblickender, staatsmännisch genialer und tatkräftiger Mensch, hatte zugleich einen offenen Blick für den Lauf von Sonne, Mond und Sternen. Er schrieb sogar einige astronomische Abhandlungen. Als er 46 v. Chr. nach langer Abwesenheit seinen triumphalen Einzug in Rom hielt, war einer der empfindlichsten Mißstände die völlig durcheinander geratene Zeitrechnung. Der Kalender war 85 Tage hinter dem wahren Sonnenstand zurück. Um die größten Fehler zu beseitigen, verlängerte Caesar zuerst das Jahr 46 v. Chr. um drei Monate auf 445 Tage. Damit wurde es das längste Jahr in der abendländischen Geschichte. Obwohl damit die Ordnung im Kalenderwesen wiederhergestellt wurde, ging dieses Jahr doch als »Jahr der Verwirrung« (annus confusionis) in die Geschichte ein. Mit Hilfe der Gelehrten Sosigenes von Alexandrien und M. Flavius wurde für die Folgezeit festgesetzt: Die Länge des Jahres beträgt 365 1/4 Tage. Zum Ausgleich des Bruches, mit dem der Kalender nicht rechnen kann, soll jedes vierte Jahr 366 Tage haben. Damit war die Grundform der noch heute gültigen Schaltregel (vgl. S. 145) gefunden. Wahrscheinlich haben Caesar und seine Gelehrten den Reformversuch des ägyptischen Königs Ptolemäus Euergetes wieder aufgenommen, der mit dem Dekret von Canopus aus dem Jahre 238 v. Chr. gemacht und dann aber gescheitert war.

Die verschiedenen Monatslängen wurden zum Teil aus Rücksicht auf römische Feste so gewählt, wie sie heute noch bestehen. Und damit die im Volke fest verwurzelten Datierungen nicht geändert werden brauchten, wurde ein Tag doppelt gezählt. Am 23. Februar war das große Fest des Grenzgottes Terminus, die Terminalien. Der darauf folgende 24. wurde doppelt gezählt, allerdings nur im Schaltjahr. Nach der römischen Zählung (vgl. S. 117) ist von den Kalenden des März rückwärts, wobei der 1. März mitgezählt wurde, der 24. Februar der 6. und der zwischen 23. und 24. eingeschobene Tag der zweite 6. Tag, also »ante diem bis sextum calendas martias«. Davon leitet sich das französische »année bissextile« ab, was Schaltjahr bedeutet.

Als um 500 die Monatstage durchlaufend numeriert wurden, blieb die Vorstellung, daß der Schalttag der 24. sein sollte, bestehen. Im Heiligenkalender hat er den Namen des für Judas hinzugewählten Matthias erhalten. In der praktischen Handhabung wurde aber dann der 29. dazugezählt, wodurch sich die Numerierung aller folgenden Tage gegenüber den Gemeinjahren um eine Einheit verringert.[49] Den *Jahresbeginn* verlegte Caesar vom März auf den *1. Januar*, an dem schon immer die römischen Konsuln ihr Amt angetreten hatten. Dadurch haben die Monatsnamen ab September ihren Sinn verloren. Die kurze Mißachtung der Julianischen Kalenderreform nach Caesars Ermordung am

15.3.44 wurde von AUGUSTUS wieder abgestellt und der Quintilis zu JULIUS CAESARS Ehren in Julius umbenannt. Damit war der *Julianische Kalender* für das ganze römische Reich gültig geworden.

Das werdende Christentum hat mit Hilfe dieses Kalenders sein *Kirchenjahr* ausgestalten können. Es hat ihn überall dorthin gebracht, wo es sich ausbreitete. Im 13. Jahrhundert bemerkte man durch die Osterrechnung, daß die Frühlings-Tagundnachtgleiche nicht mehr auf den 21. März fiel. Im 14. Jahrhundert war sie bereits auf den 12. März verschoben, weil man sie fälschlicherweise als feststehend angenommen hatte. Wie konnte das geschehen? Das Julianische Jahr war zu 365,25 Tagen errechnet worden. Tatsächlich ist aber das Jahr mit 365,2422 Tagen etwa elf Minuten kürzer. Dieser Fehler bewirkte, daß in 1000 Jahren alles, was der Kalender jahreszeitlich angab, in der Natur schon acht Tage früher eingetreten war. Beim Bedenken dieser Tatsache sollte man den Jahreslauf der Sonne als das vorgegebene Bezugssystem betrachten. Diesem gegenüber ist dann der Kalender unter größtmöglicher Anpassung nachgeordnet. Wird das Kalenderjahr, wie im Julianischen Kalender, dem tropischen Sonnenjahr gegenüber zu lang angesetzt, dann geht der Kalender *vor*. Seine Daten bezüglich des Sonnenlaufes liegen alle zeitlich später (z. B. der kalendarische 21. März ist erst um Tage später als die wahre Tagundnachtgleiche). Wird das Kalenderjahr wie im alten ägyptischen Kalender (vgl. S. 251) zu kurz angesetzt, dann geht der Kalender *nach*. Seine Daten bezüglich der Sonne liegen alle früher gegenüber denen des Sonnenlaufes. Der Vorgang läßt sich mit der Uhrzeitangabe vergleichen: Eine vorgehende Uhr zeigt eine der Normalzeit gegenüber spätere Zeit an. Eine nachgehende Uhr zeigt eine in bezug zur Normalzeit frühere Zeit an. Diese Aussagen erscheinen paradox (gegen die Erwartung). Zu solchen Phänomenen kommt es immer dann, wenn wir den Schritt vom Raum in die Zeit, von der Statik in die Dynamik tun müssen, oder wenn wir den Zeitenlauf durch Raumesaussagen messen wollen. Im täglichen Leben bleibt dieser Schritt meist unter der Schwelle des Bewußtseins. Die Gegenwart fordert aber vom Bewußtsein den Schritt aus dem Raume in die Zeit.

Roger Bacon (1214–1294) hat schon die ersten Vorschläge zur Ausmerzung dieses Fehlers gemacht. Auf dem Konzil von Konstanz, auf dem Johannes Hus verbrannt wurde, beschloß dann 1414 Papst Johannes XXIII. endlich eine Kalenderreform. Wegen der zahlreichen damit verbundenen Schwierigkeiten wurde sie jedoch wieder verschoben. Kardinal Nikolaus von Kues (gest. 1464) trat ebenfalls lebhaft für eine Kalenderreform ein. Papst Sixtus IV. (gest. 1484) berief zu diesem Zweck den berühmten Astronomen Johannes Müller, genannt Regiomontanus, der in Nürnberg die erste Sternwarte Deutschlands errichtete, nach Rom. Aber der Gelehrte starb dort 1476 vor der Vollendung seines Auftrags. Die Päpste Julius II. (gest. 1513) und Leo X. (gest. 1521) trieben die Ausarbeitung der Vorschläge voran. Auch Nikolaus Kopernikus wurde befragt, wagte aber keine Vorschläge, da nach seiner Meinung der Lauf von Sonne und Mond noch nicht genügend erforscht sei. Papst Gregor XIII. (gest. 1585) ließ von einer Kommission der bedeutendsten deutschen, italienischen und spanischen Astronomen die Entwürfe des Luigi Lilio prüfen und legte sie dann den Fürsten und Universitäten vor. Nach allseitiger Zustimmung wurde die Kalenderreform am 24. Februar (Matthias!) 1582 durch die Päpstliche Enzyklika: »Inter gravissimas errores« (zu den schwerwiegendsten Irrtümern) verkündet und nach Papst Gregor benannt. Ihre Durchführung geschah so, daß unmittelbar auf den 4. Oktober 1582 der 15. gezählt wurde, damit die zehn Tage Überschuß des Julianischen Kalenders gegenüber dem wahren Sonnengang beseitigt waren. Ganz besonders wichtig ist dabei aber die Tatsache, daß der Fluß der Wochentage nicht unterbrochen wurde. Auf Donnerstag, den 4. 10. folgte Freitag, der 15. 10. Auch die Schaltregel mußte geringfügig korrigiert werden, damit der alte Fehler des Kalenders sich nicht wieder einstellte. Grundsätzlich blieb jedes vierte Jahr ein *Schaltjahr*, aber die mit zwei Nullen endenden Saecularjahre erhielten nur dann einen Schalttag, wenn sie durch 400 ohne Rest teilbar waren. Dieses Verfahren nannte man *Sonnengleichung*. So wird das ganztägige Erdenjahr mit dem tropischen Sonnenjahr durch Schalttage im *Gregorianischen Kalender* heute in Einklang gehalten. Die genauen Jahreslängen sind:

Julianisches Jahr (44 v. Chr.)	365,2500 Tage
Gregorianisches Jahr (1582 n. Chr.)	365,2425 Tage
Wahres Sonnenjahr (tropisch 1950)	365,2422 Tage
Erden-Kalenderjahr	365 Tage

Aus dem Vergleich wird deutlich, daß das Gregorianische Jahr auch jetzt noch um 0,0003 Tage = 26 Sekunden zu lang ist. Dadurch geht der Kalender ein klein wenig vor. Das beträgt in 3323 Jahren einen vollen Tag. Es wird Aufgabe der Astronomen des 5. Jahrtausends sein, diesen Tag aus dem Kalender zu entfernen.[50]

Mit noch größerer Genauigkeit sind nicht vier Jahre diejenige Zahl von Jahren, die eine ganze Zahl von Sonnentagen fassen, sondern *33 Jahre* (86, S. 82). 33 Sonnenjahre = 33 × 365 Tage + 8 Tage. Jahreslänge = 365 8/33 Tage. Im Gregorianischen Kalender kommen zunächst auf 100 Jahre 24 Schalttage (genauer: auf 400 Jahre 97 Schalttage). Diese dezimale Einschachtelung des Gregorianischen Kalenders ist aber nicht naturgemäß. Dadurch entstehen im Laufe der Jahrhunderte weitere Fehler gegenüber dem wahren Sonnengang. Man bleibt aber mit ihm besser in Übereinstimmung, wenn man auf 33 Jahre zu 365 Tagen 8 Ergänzungstage nimmt. Auf 4 × 33 Jahre = 132 Jahre zu 365 Tagen kommen 32 Schalttage,[51] auf 3 × 33 Jahre = 99 Jahre zu 365 Tagen kommen 24 Schalttage. Dieser naturgegebene Rhythmus von 33 Jahren leuchtet im Erdenleben des Christus und in der Geistesgeschichte der Menschheit ebenfalls auf (vgl. S. 219 f.). Es ist tief bewegend, daß gerade persisch-mohammedanische Mathematiker, unter denen der Dichter und Gelehrte Omar Chaijam der bedeutendste war, im Jahre 1079 n. Chr. schon gefunden haben, daß auf 33 Jahre gerade acht Schaltjahre kommen (1, S. 161). Die Genauigkeit der Kalenderrechnungen im Vergleich mit dem tropischen Jahr wird aus der folgenden Zusammenstellung deutlich:

10000 Julianische Jahre =	3652500 Tage
10000 Gregorianische Jahre =	3652425 Tage
10000 Persische Jahre =	3652424 Tage
10000 Trop. Sonnenjahre =	3652422 Tage

Ein wesentliches Anliegen der Gregorianischen Reform war auch die genaue Berechnung des *Ostertermins*, wodurch die Ostersonntage bei weit weniger Ausnahmen als vorher wieder auf den wahren Frühlings-Vollmond folgen konnten (vgl. S. 177f.). Die Einführung des »Gregorianischen Kalenders« ging nur sehr langsam, weil die evangelischen Länder in ihrer Opposition zu Rom lange damit zögerten. Deutschland, Dänemark und die Niederlande waren 1700 dazu bereit, England 1752, Preußen 1775 unter dem Namen »verbesserter Kalender«, Schweden 1844, Ägypten 1875, China durch SUN YAT SEN 1912, Bulgarien 1916, Rußland 1918, die Türkei 1927. Bis dahin war der Julianische Kalender dreizehn Tage hinter dem wahren Sonnenlauf zurück. Es muß aber erwähnt werden, daß nicht nur konfessionelle Differenzen für die Verzögerung verantwortlich sind. Die Landwirtschaft, das soziale und wirtschaftliche Leben waren – wie teilweise heute noch – durch bestimmte Tage, die *Lostage* geordnet. Das waren Tage, die für das folgende Wetter eine voraussagende Bedeutung haben. Sie gehörten dem Naturjahr an, waren aber zum Teil mit dem Kalenderjahr fest verbunden worden. Das Kalenderjahr ging jedoch dem Naturjahr gegenüber um rund zehn Tage nach. Sowohl durch das Nachgehen des Kalenders als auch nach dessen Korrektur durch die Reform stimmten die Lostage nicht mehr. Bei der Umrechnung ist jedes Datum sowohl des alten als auch des neuen Stils darauf zu prüfen, ob es den wahren oder den kalendarisch verschobenen Sonnenlauf bezeichnet. Hinzu kommt noch die feste oder bewegliche Zuordnung der Heiligen zu den Monatsdaten (98, S. 43). Der Walpurgistag am 1. Mai, der sich mit dem Julianischen Kalender auf den 11. Mai (Gregorianisch) verschoben hatte, wurde durch die Reform wieder auf den 1. Mai des Naturjahres zurückverlegt. Der dem 1. Mai des Julianischen Kalenders entsprechende Tag ist im Gregorianischen Kalender der 11. Mai. Deshalb nannte man diesen noch lange nach der Reform den alten Maitag. St. Lucia war mit dem kürzesten Tag verbunden worden. Zur Zeit der Reform war dies der 13. Dezember. Mit ihm blieb bei der Reform St. Lucia verbunden und nicht mit dem kürzesten Tag des Naturjahres. Durch das Auslassen der zehn Tage bei der Reform wurde dieser Kalendertag vom kürzesten Tag gelöst, so daß er im Gregorianischen Kalender heute als der 13. Dezember nicht mehr der kürzeste Tag ist. – Der *neue Stil*, den die Griechen erst mit dem 14. Oktober 1923 annahmen, ist nicht der Gregorianische Kalender sondern der *Neujulianische Kalender* von dem jugoslawischen Astronomen MILUTIN MILANKOWITSCH (120). Er stimmt im wesentlichen mit dem Gregorianischen Kalender bis zum Jahre 2799 überein, hat aber für die orthodoxen Völker den Vorzug, daß er nicht von Gelehrten des römischen Papstes erarbeitet ist.

Die französische Revolution verbesserte den Gregorianischen Kalender nicht. Vielmehr erließ der Nationalkonvent am 5. Oktober 1793 ein Gesetz, das eine völlig neue Zeitrechnung einführte. Die wesentlichsten Neuerungen dieser radikalen Abkehr von allem Hergebrachten in der gesamten Geschichte des Kalenders lauten folgendermaßen (34): 1. Das Jahr beginnt mit der Herbst-Tagundnachtgleiche, die astronomisch bestimmt wird. 2. Es wird in zwölf gleich lange Monate zu 30 Tagen eingeteilt, deren neue Namen den Jahreszeiten entsprechen: Vendémiaire (Monat der Weinlese), Brumaire (Monat der Nebel), Frimaire (Monat des Reifes), Nivôse (Monat des Schnees), Pluviôse (Monat des Regens), Ventôse (Monat des Windes), Germinal (Monat des Keimens), Floréal (Monat des Blühens), Prairial (Monat der Wiesen), Messidor (Erntemonat), Thermidor (Wärmemonat), Fructidor (Fruchtmonat). 3. Die restlichen fünf Tage werden, wie beim alten ägyptischen Kalender, angehängt. Sie heißen »Les Sans-culottides«, die »Ohne-Hosen-Tage« nach den Sans-culottes, den Soldaten der französischen Revolutionsarmee. 4. Der Schalttag »Jour de la révolution« wird unregelmäßig nach astronomischer Berechnung so eingelegt, daß der erste Vendémiaire immer genau mit dem Herbstanfang zusammenfällt. 5. Die Woche wird abgeschafft und durch numerierte »Dekaden« ersetzt, deren zehnter Tag ein Ruhetag ist. (Primidi, Duodi, Tridi, Quartidi, Quintidi, Sextidi, Septidi, Octodi, Nonidi, Decadi). 6. Der Tag wird nicht mehr in 24, sondern insgesamt in 10 neue Stunden geteilt. Jede neue Stunde enthält 100 minutes décimales mit je 100 secondes décimales. 7. An die Stelle der christlichen Jahreszählung tritt die Ära »Les ans de la République française«. Sie beginnt am 21. September 1792. Dieser äußerste Dezimal-Radikalismus, der sogar das Wort »Decadrier« für Kalender einführen wollte, mußte scheitern. Die kosmische Herkunft der Siebentagewoche und der Tageseinteilung konnte nicht verdrängt werden. Es wurden sogar Uhren nach der neuen Stundeneinteilung gebaut. Mit dem 1. Januar 1806 wurde der Revolutionskalender in seinem 13. Jahre durch NAPOLEON BONAPARTE abgeschafft und der Gregorianische Kalender wieder eingeführt (vgl. S. 59).

Auch von der orthodoxen Seite wird heute eingeräumt: »Das System der Schaltjahre im Gregorianischen Kalender ist derart genau, daß wir keine Veranlassung haben, dieses durch ein neues zu ersetzen« (238). Trotzdem wird dieser Kalender seit über einem Jahrhundert unausgesetzt kritisiert, so daß dem Wirtschafts- und Sozialrat der Vereinten Nationen in den letzten Jahrzehnten über 500 Verbesserungsvorschläge zugeleitet wurden. Dabei geht es meist nicht so sehr um die astronomischen Probleme, sondern vielmehr um die innere Gliederung des Jahres.[52] Eine Neueinteilung der Monatslänge mit vier gleichen Quartalen zu je 31, 30, 30 Tagen wäre auch ohne Nachteil möglich. Das vierte Quartal müßte dann allerdings immer und das zweite in Schaltjahren 92 Tage haben. Auch eine astronomische Verbesserung der Osterterminberechnung wäre wünschenswert (102 u. 103). Die meisten Vorschläge gehen aber viel weiter. Vor allem will man die durch das Jahr gleitende Woche fixieren, d. h. mit dem Monatsdatum fest verbinden. Dabei soll jedes Quartal mit einem Sonntag beginnen. Um bei dieser Korrektur wenigstens die Wochenfolge unzerstört erhalten zu können, müßten die überzähligen Tage in 28 Jahren durch fünf »Schaltwochen« wieder dem Kalender eingefügt werden. Dadurch würde aber die Übereinstimmung des Kalenders mit dem Sonnenlauf empfindlich gestört. Es ist wissenswert, daß im 10. Jahrhundert in Island, wo das Naturjahr nicht so differenziert gegliedert ist, ein derartiger »Schaltwochen-Kalender« in Gebrauch war (86, S. 69). – Die radikaleren heutigen Reformer haben aber noch ganz andere Pläne. Sie wollen die Wochen vom Sonntag, 1. Januar an bis zum Samstag,

30. Dezember mit den Daten fest verbinden. Der dabei übrigbleibende 31. Dezember hätte weder ein Datum noch einen Wochentagsnamen. Als »charakterloser« Tag würde er »Nulltag« oder »Jahresendefeiertag« oder ähnlich benannt werden. Im Schaltjahr käme ein weiterer »charakterloser Tag« nach dem 30. Juni hinzu.[53] Damit würde der seit Jahrtausenden alle anderen Zeiten durchströmende und heilsam verbindende Siebenerrhythmus dauernd durchbrochen, neunmal in sieben Jahren. Die sozial-hygienisch vorbeugende *Kraftquelle* einer *gesunden Zeitenordnung* wäre so an ihrer empfindlichsten Stelle getroffen und zerstört. Denn zum Wesen des Rhythmus gehört seine ununterbrochene Erneuerung.

In den dreißiger Jahren hat man in Rußland Versuche mit einer Fünf-Tage-Woche gemacht. »Im Oktober 1929 beschloß der Sownarkom der UdSSR die Einführung der unterbrochenen Fünftagewoche mit 12 Monaten zu je 30 Tagen und fünf ›überjahreszähligen‹ arbeitsfreien Tagen (22. 1., 1. und 2. 5., 7. und 8. 11.).« Im November 1931 wurde der Übergang zur Sechstagewoche beschlossen, wobei jeder 6., 12., 18., 24. und 30. Tag des Monats als »Wychodnoi denj = Ausgangstag« gelten sollte. »Im Jahre 1940 wurde in der UdSSR in Abänderung der seit 1931 bestehenden Sechstagewoche wieder die Siebentagewoche eingeführt und die Wochentagsbezeichnungen (Montag, Dienstag usw.), die ihre Bedeutung verloren hatten, wieder ›rehabilitiert‹.«[54] Die geschilderten Versuche, den Kalender zu ändern, haben sich ebensowenig bewährt, wie der Rückfall in die Dekadeneinteilung des Monats in der französischen Revolution.

Das lateinische Wort *calendarium* meint das Zins- und Schuldbuch der Geldverleiher, weil am 1., an den calendae, die Zinsen fällig waren. Man sprach deshalb von den »calendae tristes«, dem traurigen Monatsersten. Da die griechische Zeitrechnung mit den römischen Kalenden nichts gemein hatte, bedeutete das Wort ad calendas Graecas solvere: zum »St. Nimmerleinstag« verschieben. – Damals und im ganzen ersten christlichen Jahrtausend hatte man vermutlich öffentlich aufgestellte Kalendertafeln, an denen sich jeder über die Himmelserscheinungen orientieren konnte. Zu Hause hatte man Holztafeln oder das *Kerb-*

holz, in das jeder Tag eingekerbt wurde. Sie sind die Vorbilder für die späteren *Bauernkalender*, deren bekanntester der heute noch bei Leykam in Graz verlegte »Steirische Mandlkalender« ist. Drei Bauern oder Mandl = Männer auf seinem Titelblatt gaben ihm den Namen (131). In den Schreib- und Malstuben der Klöster sowie an den Höfen stellte man *geschriebene* Kalender her. In dem »Hortus deliciarum« der HERRAD VON LANDSPERG,[55] einer Äbtissin des Klosters auf dem Odilienberg im Elsaß, ist uns ein solcher Kalender aus dem Jahre 1170 erhalten (46, S. 110). Aber erst mit dem Aufkommen der Buchdruckerkunst im 15. Jhdt. begann die weitere Verbreitung der verschiedenartigsten Kalender (32). Der sogenannte Türkenkalender von 1454, ein auf die 12 Monate verteilter, gereimter Aufruf zum Kampf gegen die Türken, gilt als Kalendererstdruck aus der Werkstatt von JOHANNES GUTENBERG in Mainz. Bald folgten Aderlaß- und Laxierkalender, sowie kirchliche und astronomische Kalender. Das waren aber immer noch Vorstufen. Als erster Druck mit all den Angaben, die später in einem guten Kalender zu finden waren, gilt der Wiener Kalender für 1462 von ULRICH HAHN. Die Kalender aus Augsburg und Nürnberg waren besonders begehrt. Die ältesten, in primitiven Holzschnitten gedruckten Monats- und Tierkreisbilder enthält der »Teutsche Kalender« von HANS SCHOENSPERGER, Augsburg 1490. Das waren zunächst Einblatt-Kalender, die man an die Wand hing. Später kamen Schreibkalender in Heftform heraus, die leere Seiten für Notizen rechts vom Kalendarium enthielten. Im 17. Jahrhundert kam die Kalendergattung der »Hinkenden Boten« auf. Sie hat ihren Namen von den Kriegsinvaliden, die mit einem Stelzfuß von Dorf zu Dorf hinkten und Krämerwaren und Flugblätter mit den »neuesten Nachrichten« anboten. Mehr als zwei Dutzend verschiedener Ausgaben sind nachgewiesen, von denen »der Straßburger« und »der Lahrer Hinkende Bote« sich bis heute als die bekanntesten erhalten haben. Etwas besonderes waren der Hundertjährige Kalender[56], die Sack- und Taschenkalender und die Fingerkalender, die nur eine Größe von 5 × 3 cm hatten. Da die Kalenderkäufer zunächst überwiegend Männer waren, versuchte man durch unterhaltende, musische und hauswirtschaftliche Themen auch die Frauen für die Kalender zu interessieren. Ab 1724 erschien in Zürich ein »Compendieuser Hand- und Sack-Kalender für das Frauenzimmer«. Unter den vielen Damenkalendern sind der von FRIEDRICH SCHILLER herausgegebene »Historische Kalender für Damen« und der »Musenalmanach« die berühmtesten. Die Ergebnisse der weiteren Kalenderentwicklung bis hin zum Werbe-, Termin-, Abreiß- und Kunstkalender können am alljährlichen Angebot abgelesen werden.

Neben den Kalendern für die einzelnen Jahre hat man zu allen Zeiten auch mehrjährige, *immerwährende* oder *ewige* Kalender erarbeitet. Dabei waren häufig, wie zum Beispiel bei den nordischen Runenkalendern, auf schmalen Holztafeln nur die Wochentagsfolge und die 19 Zeichen für den Mondzyklus eingeritzt. Wochentag und Mondphase waren damit leicht, Monat und Datum dagegen schwer zu bestimmen. Die Abb. 8 zeigt einen liturgischen Dauerkalender aus dem 6. Jahrhundert, Abb. 9 eine Kalendermünze als Dauerkalender. Neben den mechanischen Kalenderuhren werden auch heute noch starre Kalendertabellen oder solche mit beweglichen Scheiben oder Schiebern hergestellt. Von den Mathematikern werden Formeln für ewige Kalender ausgearbeitet (s. Anm. 88). Als eine Besonderheit soll zum Schluß noch der in den Abb. 10 und 11 gezeigte »Astronomische Tisch« aus dem Astronomischen Kabinett im Stift Kremsmünster (Oberösterreich) beschrieben werden. In eine Tischplatte ist eine Kelheimer Marmorplatte eingelassen, in die mit außerordentlicher Genauigkeit und Schönheit 17 konzentrische Kreise eingeätzt sind. Sie zeigen von außen nach innen:

1. 366 Löcher zum Einstecken eines Pflockes mit dem im Zentrum befestigten Ablese-Faden
2. die Monatsdaten
3. die 366 einzelnen Tage des Jahres mit Heiligennamen
4. die Sonntagsbuchstaben
5. die Goldenen Zahlen
6. zwölf Bilder der Monats-Arbeiten
7. zwölf Monatsnamen, und Anzahl der Tage und Mond-Tage
8. Sonnenaufgang

9. Sonnenuntergang
10. Tageslänge
11. 30°-Einteilung
12. die zwölf Tierkreiszeichen, jedoch in Bildern
13. die zwölf Himmelsrichtungen
14. die vier Jahreszeiten, Temperamente und Elemente
15. die Wochentage: »Sontag, Montag, Erichtag, Mitwoch, Pfintztag, Freytag, Sambstag«
16. die sieben Planeten-Gottheiten und ihre Zeichen
17. im Zentrum die Sonne in der Mondenschale (Gralszeichen)

Vier weitere Kreistabellen und eine Inschrift ergänzen dieses einzigartige Kalenderkunstwerk. Die Inschrift lautet: »Ewigwerender Calender, daraus die Zall, Tag, unbewegliche Fest, Sonntagsbuchstaben, Güldenzall, Sonnen Auff und Niedergang, Tagleng, die Monaten, der 12 Zeichen Grad, samt der Winde und 4 Complexionen, des Jars Aigenschaften durch den Faden täglich zu finden. Nebengesetztem Astrolabio. Alles nach dem Corrigirten Calender auff 48 Gr. des Poli gestellt. Durch Andreen Pleninger Organisten zu Gmunden 1656.«

Diese kleine Aufzählung aus der langen Geschichte des Kalenders läßt schon deutlich werden, daß ein Überblick über dieses Gebiet menschlichen Schaffens ein gutes Stück *Kultur-* und *Weltgeschichte* enthält.

25. Der Atem der Sonne

Sonne und Erde spielen ständig in mehreren Rhythmen zusammen, deren wichtigste der Tageslauf und der Jahreslauf sind. Dabei sind Sonne und Erde wie Spieler und Gegenspieler, die *miteinander* einen Tanz vollführen. Bei der Größe dieser Bewegungen zeigt sich dem Beschauer das Zusammenspiel so, daß vor dem unbewegt erscheinenden Himmelsgewölbe die Sonne in großem Bogen von Ost nach West vorüberwandert. Wir nehmen die meisten Bewegungen in der Weise wahr, daß wir in Ruhe sind und der Gegenstand sich vor einem festen Hintergrund bewegt. Es gibt aber auch die Art der Wahrnehmung, daß wir im fahrenden Zug die Landschaft auftauchen, an uns vorübergleiten und verschwinden sehen. Wir korrigieren diese Täuschung sofort, weil wir wissen, daß die Landschaft ruht und wir uns durch sie hindurchbewegen. In der gleichen Weise muß unser täglich beobachteter Sonnengang durch die Vorstellung der Bewegungsursache korrigiert werden, indem wir von der ruhenden Sonne und der sich drehenden Erde sprechen.

Wir beobachten weiter, wie die Tagesbogen der Sonne um die Mittwinterzeit sich nur flach über den Südhorizont erheben und verhältnismäßig kurz sind, weil die Auf- und Untergangsorte nach Süden hin verschoben sind. Sie wandern mit dem wachsenden Jahr wieder nach Osten und Westen zu. Der Tagbogen wird immer länger und höher bis er zur Mittsommerzeit die höchste Stellung auf der Mittagslinie erreicht hat. Dann nehmen die Höhen und Weiten des Sonnenganges wieder ab bis hin zur mittwinterlichen Tiefststellung. Auch dieses erhabene Phänomen der *mächtigsten Bewegung*, die sich im Laufe des Jahres am Himmel zeitigt, wird in der Vorstellung zu einer Bewegung der Erde auf einer Bahn um die ruhende Sonne. Dabei ist aber zweierlei nicht zu vergessen: Gegenüber den Jahrtausenden der Menschheitsgeschichte ist dieses 400 Jahre alte Bewußtsein noch sehr jung. Zum andern weicht auch die moderne Astronomie nicht von der Beschreibung dessen ab, was man täglich und jährlich als Sonnengang beobachtet und erlebt. Durch das Wörtchen »scheinbar« signalisiert sie dabei jedoch immer wieder ihr »Wissen von der Wirklichkeit«. Aber der Schwerpunkt des Erlebnisses liegt im Sonnengang. Das Zusammenspiel von Sonne und Erde ist offenbar so über alles Erdenmaß hinausgehend, daß weder die *Beobachtung*, die uns das geozentrische Bild gibt, noch die *Vorstellung* des heliozentrischen Geschehens je für sich allein ausreichen, den Menschen in einen umfassenden Bezug zu diesem erhabenen Vorgang zu bringen und darin zu erhalten. Wir werden uns darein finden müssen, beides, Beobachtung *und* Vorstellung nebeneinander gelten zu lassen.

Was im Laufe des Jahres in unseren Breiten erlebt wird, sind vor allem die Vorgänge des Keimens, Wachsens, Blühens und dann des

Fruchtens, des Aussamens, Absterbens und Ruhens der Pflanzenwelt und der von ihr abhängigen Bereiche. Es sind im wesentlichen die beiden großen Phasen der Vitalisierung im Frühling und Sommer und der Entvitalisierung im Herbst und Winter, in denen sich das Zusammenspiel von Sonne und Erde zeigt. Das jährliche Zusammenwirken des Weltorganismus mit der Erde ist aber andersartig als der Atmungsrhythmus der Erde im Tageslauf. Dieser geht im wesentlichen von der Erde selber aus und umkreist sie in der Richtung von *Ost nach West*, gegenläufig zur Rotation. Die »Atmungssphäre« des Jahreslaufes hingegen schwingt in *südnördlicher* Richtung und wieder zurück. Damit ergeben sich gleichzeitig die polar zueinanderliegenden Jahreszeiten auf der Nord- und der Südhalbkugel[57] mit der Äquatorzone von etwa 47° Breite in der Mitte. In ihr werden die Lebensprozesse ohne ausgeprägte Jahreszeiten in einem dauernden Gleichmaß gehalten. Aber das ganze jahreszeitliche Geschehen vollzieht sich in einem gewaltigen polaren Spannungsfeld, dessen einer Pol die Erde auf ihrer Jahreswanderung um die Sonne in der Ekliptikbahn ist. Dabei steht die Erdachse nicht senkrecht zu dieser Bahn, sondern verbleibt beharrlich um 23 ½° zu ihr geneigt. Bei senkrechter Stellung der Achse zur Ekliptik gäbe es die Jahreszeitenmetamorphose nicht. Deshalb ist hier der Anteil der Erde an dem Geschehen deutlich. Der lebendige Organismus der Erde trägt, wie alles Lebende, zu seinen eigenen Lebensprozessen selbst mit bei.

Der andere Pol des mächtigen Zusammenspiels ist die Quelle des Lebens selber, die Sonne. Sie bewirkt und beherrscht die gesamten Lebensvorgänge der Erde. Ihre Wärme, ihr Licht, ihr Leben und ihre Gestaltungskraft rufen die verschiedensten Wesen hervor und lassen sie innerhalb ihres *Sonnen-Jahres-Atems* ihre eigene Lebensdauer zeitigen. Die Wesensausstrahlung der Sonne ist der Quell dieser Prozesse. Die Stellungen der Erde auf ihrer Bahn machen nur die Differenzierungen im Auf und Ab dieser Wirkungen möglich. Der Erdenatem als Tageslauf liegt im eigenen Wirkensfeld der Erde und ihrer täglichen Umdrehung. Der Jahreslauf hingegen ist »viel mehr vom Verhältnis der Erde zum Kosmos dominiert« (206, S. 115). Nicht der einzelne

Tag, sondern der *gewaltige und lange Atmungsrhythmus des ganzen Jahres* trägt die Gaben der Sonne zur Erde. Dabei ist im Gegensatz zum Tageslauf als Erdenatem der *Schwerpunkt* des Zusammenspiels die Sonne. Deshalb soll hier der Jahreslauf durch das Wort *Sonnen-Atem* charakterisiert werden.

Dieser Sonnen-Jahres-Atem läßt sich auch dadurch anschaubar machen, daß man in ein Achsenkreuz die Mittagshöhen der Sonne in der Senkrechten und die jeweilige Monatsmitte in der Waagrechten abträgt. Dabei ergibt sich eine Sinuskurve mit einem Hoch- und einem Tiefpunkt und zwei ausgleichenden Mittellagen (Fig. 9). Anfang und Ende, polare Spannung und Entspannung in rhythmischer Erneuerung als Kennzeichen eines Atmungsrhythmus können daran abgelesen werden. Die Elastizität dieses Rhythmus kann jedoch erst in der Überschau der Gesamtlebenserscheinungen mehrerer Jahre deutlich werden. – Trägt man den Jahreslauf der Sonne in einen Kreis derart ein, daß rechts die Tagundnachtgleiche des Frühlings, links die des Herbstes, oben die Sommer- und unten die Wintersonnenwende liegen, dann kann man mit G. WACHSMUTH die senkrechte Verbindungslinie die Achse der *Polarisierung* und die waagrechte die Achse der *Harmonisierung* nennen.

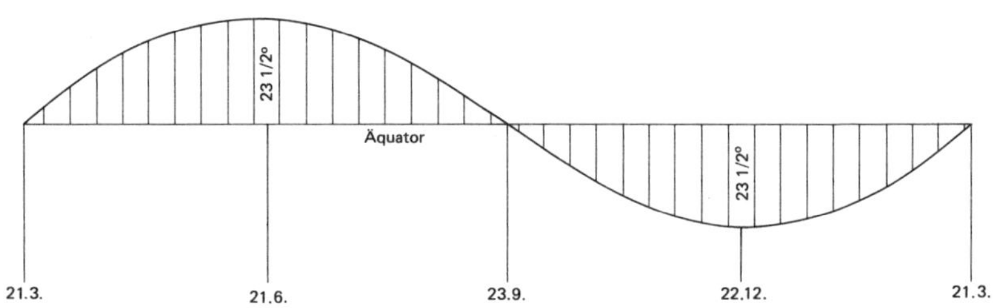

Figur 9 Die Deklination der Sonne in Abständen von 10 Tagen. Dieses Urbild des Rhythmus zeigt in den Mittellagen auf der Null-Linie den vollkommenen Ausgleich der Polaritäten. Ihre derartige kurze Ausschaltung ermöglicht das Einschießen geistiger Kräfte. Deshalb hat R. Steiner den Rhythmus »halbgeistig« genannt (vgl. S. 303).

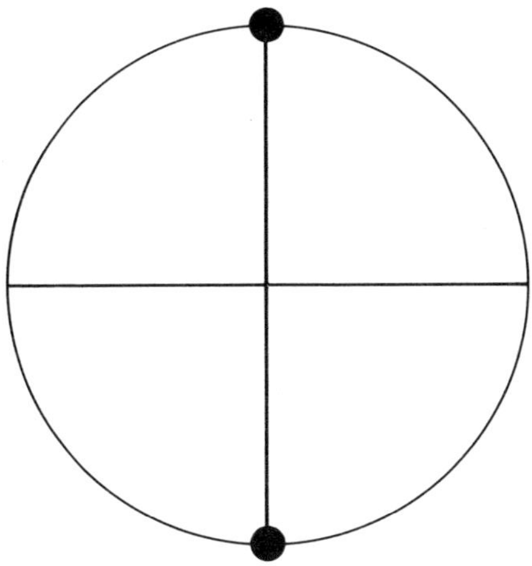

Figur 10 Die Sonnenorte im Jahrkreis, statisch (vgl. Fig. 3). Wie bei Fig. 9 sind auch hier die Tag- und Nachtgleichen die Nullpunkt-Durchgänge.

Die Polarität von Sommer und Winter ist ein Spannungsfeld, das auf zwei verschiedenen Ebenen nach Ausgleich strebt: einmal mehr *statisch* im Blick auf die Sonnen*orte* der polaren Solstitien durch die harmonisierenden Äquinoktien. Entsprechend ist in Fig. 10 die senkrechte Achse die der Polarisierung und die waagrechte die der Harmonisierung, obwohl im momentanen Gleichgewicht letztere durch die wachsende Sonne im Frühling und die schwindende Sonne im Herbst doch schon die Tendenz zur erneuerten Polarisierung in sich trägt. Bei dieser mehr statisch polaren Betrachtung der Jahreszeiten spricht man bezeichnenderweise von *Hoch*-Sommer und *Tief*-Winter. Schaut man jedoch auf die Dynamik der Sonnenbewegung, dann vertauschen sich die Funktionen der Achsen. Für die Polarität von Hochsommer und Tiefwinter ergeben sich in einer *dynamischen* Betrachtungsweise die Worte *Mitt*-Sommer und *Mitt*-Winter. Die ausgleichende Mitte wirkt an der Stelle der Gegensätze. Jetzt *harmonisiert* die senkrechte Achse im Übergang des Auf und Ab den Sonnenlauf, während die waagrechte Achse die Bewegung in ihrer wirksamsten *Polarität* des Aufstiegs im Frühling und des Abstiegs im Herbst zeigt (Fig. 11). Beide Achsen ergeben zusammen das *Sonnenkreuz*, welches seit den frühesten Zeiten der Menschheit das Zeichen für das Jahr, für den Atem der Sonne gewesen ist. In diesem Atem erlebte man die Äußerung einer dazu gehörenden Innerlichkeit (43). So hat noch Kaiser JULIAN Weihnachten 362 in einer Rede von dem Strahlenleib, der göttlichen Seele und dem göttlichen Geist der Sonne sprechen können. »Die ersten Christen wußten noch, daß mit Christus der Mittelpunkt des Weltalls auf der Erde er-

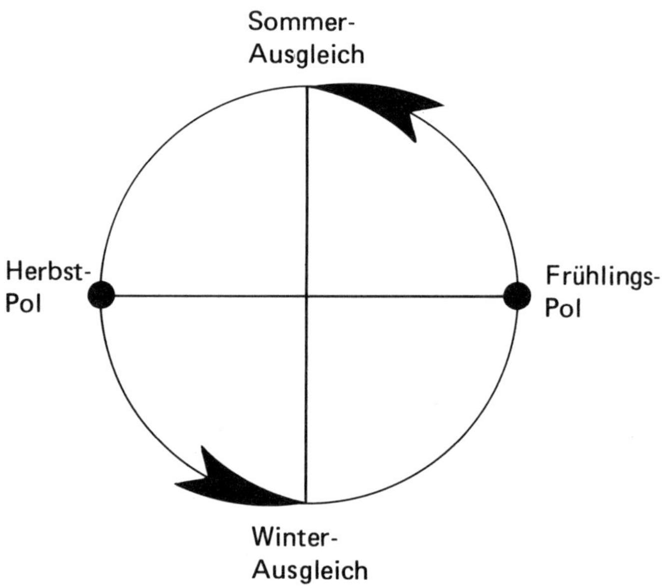

Figur 11 Die Sonnenbewegung, dynamisch (vgl. Fig. 4). Dabei markiert die Senkrechte die Übergänge zwischen dem aufsteigenden und dem absteigenden Jahreshalbkreis. Dadurch wird sie zur Achse der Harmonisierung. Durch etwa sieben Tage im Sommer bleibt die größte Tageslänge gleich und entsprechend die kürzeste im Winter. Zwischen Auf- und Absteigen scheint die Sonne still zu stehen (Solstitium). Für die dynamische Betrachtung sind die Solstitien die Nullpunkt-Durchgänge mit ihrer Offenheit für geistiges Einwirken.

schienen war... Er ist von der Sonne zu uns herabgestiegen... Und warum betonen die frühchristlichen Mosaiken mit solcher Treue die viergeteilte Aura um das Haupt des Christus? Weil es ihn als Sonnenwesen charakterisiert« (31, S. 16). Das frühzeitliche Sonnenkreuz, die *crux quadrata* ist auch das Zeichen für den, der »das Leben der Welt trägt und ordnet«. Der geistige Kern der alten Sonnenverehrung ist vorchristlicher Christusdienst. Und die Nähe des Christus zu der Innerlichkeit der Sonne ist nachchristliche Offenbarung und Heimholung uralter Mysterienweisheit.

Das Wesen, das sich im Sonnenatem *äußert* und das von der Sonne auf die Erde gekommen ist, hat durch sein Erdenleben den Keim dazu gelegt, »daß auch sie einst Sonne werde« (124). Dadurch wird die Erde geistig immer mehr in den Sonnenatem aufgenommen. Das wird in Zukunft bei der Frage nach dem Schwerpunkt des verschiedenartigen Zusammenwirkens zwischen Sonne und Erde mit bedacht werden müssen.

26. Die Jahreszeiten

Der jahreszeitliche Sonnengang gliedert das Jahr in eine warme und eine kühlere Hälfte, als deren Grenzen die Tagundnachtgleichen gelten können. Diese *Zwei*teilung in Sommer und Winter oder Hitze und Regenzeit ist vor allem in äquatornahen Zonen und deren Randgebieten vorherrschend.[58] Eine weitere Zweiteilung des Jahres ist durch den Aufstieg der Sonne vom Tiefst- bis zum Höchststand und durch ihr Absteigen zum Ausgangspunkt gegeben. Beide Teilungslinien im Kreis bilden das erwähnte Sonnenkreuz. Im alten Indien war es eine *Urdreiheit* – heiße, feuchte und kalte Jahreszeit –, die geeignet war, den »Dreischlag des Weltenwirkens« (188, 2.4.23) der menschlichen Seelenverfassung einzuprägen. Auch in den Bereichen der vorderasiatischen Frühkulturen kam eine dritte Jahreszeit zu Sommer und Winter hinzu. So teilte man im alten Ägypten das Jahr in drei mal vier Monate: echet, die Überschwemmungszeit; projet, die Saatzeit; schomu, die Erntezeit. Erst in den gemäßigten Zonen gliedert sich das Jahr deutlich in die *vier* Jahreszeiten: Frühling, Sommer, Herbst und Winter. Die Zwei-, Drei- oder die Vierteilung des Jahres hat noch heute im kulturellen und wirtschaftlichen Leben die entsprechenden Bezeichnungen: Semester, Trimester und Quartal.

Die ganze belebte Natur ist eingebunden in den jahreszeitlichen Wandel, den das Zusammenspiel von Sonne und Erde bewirkt. Der Mensch ist davon nicht ausgenommen, aber er kann sich auf die Jahreszeiten mehr und mehr bewußt einstellen, sie vorher bedenken und ihre Möglichkeiten und Gaben nutzen. Hierzu gehört auch die langzeitliche Wirkung der Jahreszeiten für ein Erwecken und allmähliches Erwachen der menschlichen Seele. Nur wenig und sehr langsam wird ein solcher Vorgang durch die Zweigliederung von Hitze und Regenzeit in den äquatorialen Gebieten gefördert. Die Dreigliederung der Jahreszeiten kam der dazu ebenfalls veranlagten Menschenseele in den frühen Abschnitten ihres Werdens besonders fördernd entgegen. Die Viergliederung unserer Breiten ist für die Bewußtseinsstufen vor allem der nachchristlichen Zeiten und der Zukunft im Sinne der Ausgestaltung der Freiheit von besonderer Bedeutung. Denn der innere Ausgleich der doppelten jahreszeitlichen Polarität fordert zugleich auch eine relative Lösung von den Jahreszeiten. Dieser Wechsel von Bindung und Lösung fördert die *Freiheit*. Zu der doppelten Polarität der Jahreszeiten kommt die der Festeszeiten hinzu. Die Steigerung beider führt zum *überzeitlichen Ganzen* des Jahres. Dies ist auf S. 170 beschrieben.

Die Viergliederung der Jahreszeiten wurde schon in sehr alten Zeiten in den gemäßigten Zonen gehandhabt. Man kann darin eine langzeitige Vorbereitung des heutigen Bewußtseinsseelen-Zeitalters sehen. Die alten *Chinesen* hatten die vier Hauptabschnitte des Jahres genau nach den Solstitien und Äquinoktien bestimmt. Ihr praktischer Sinn für die geistige und physische Wirklichkeit zeigte sich darin, daß sie die Grenzen der Jahreszeiten genau zwischen die bezeichneten Punkte legten. Dies entspricht den wahren klimatischen Verhältnissen auch in unserem mitteleuropäischen Bereich wesentlich besser als die heutige Festsetzung der Jahreszeitenbeginne auf den Anfang der Sonnenquartale. Damals dauerte

Abb. 2 Als astronomisches Großgerät gebaute Sonnenuhr in Delhi.

Abb. 3 Monumentale Äquatorial-Sonnenuhr in Frankfurt/M.,
entworfen und miterbaut von L. M. Loske.

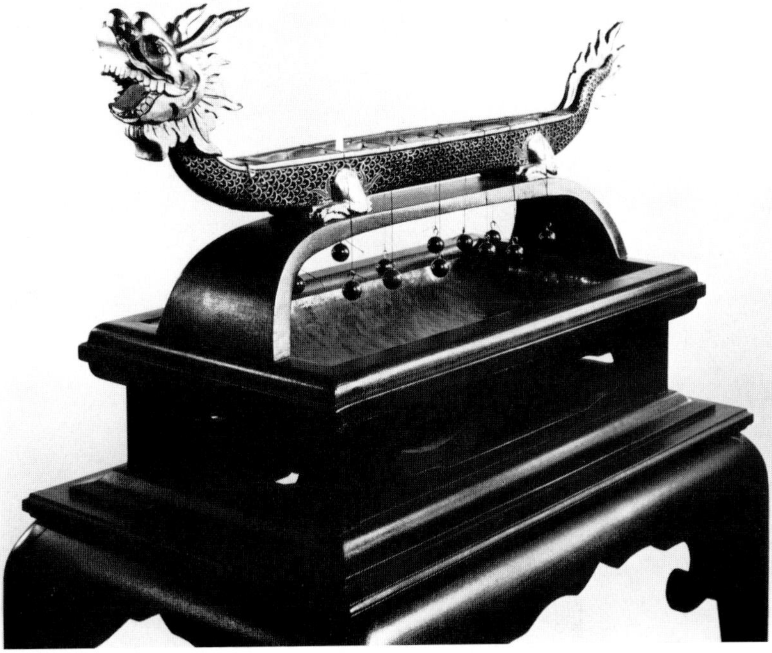

Abb. 4 Tempel-Feueruhr. Provinz Fukien, Südchina. 17. Jh.

Abb. 5 Würfelsonnenuhr aus dem Jahr 1668.

Abb. 6 Entwurf einer Kompaß-Sonnenuhr aus den Opuscula des Pater Aegid Eberhard von Raittenau (1648), des »Archimedes von Kremsmünster«.

Abb. 7 Jahresbild aus der Zwiefaltener Handschrift um 1139.

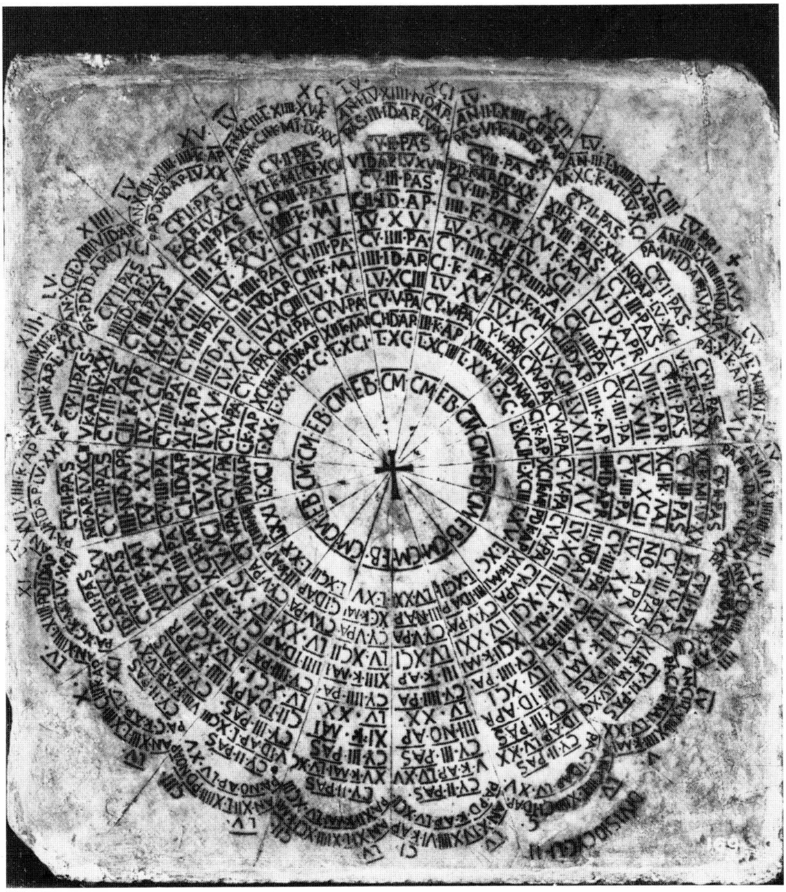

Abb. 8 Liturgischer Kalender aus dem 6. Jahrhundert.

Abb. 9 Würzburger Kalendermedaille, 1780.

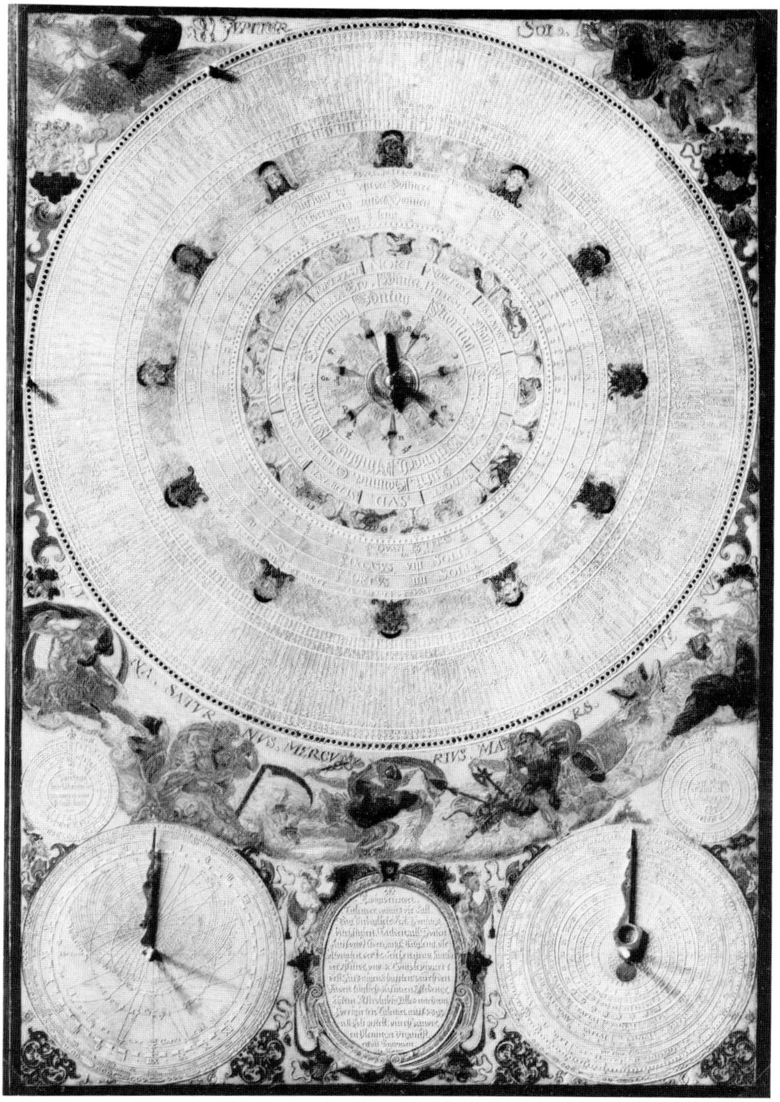

Abb. 10 Astronomischer Tisch aus dem Jahr 1590.

Abb. 11 Astronomischer Tisch, Detail von Abb. 10.

Abb. 12 Weltbild und Weltenjahr im Liber Floridus um 1120.

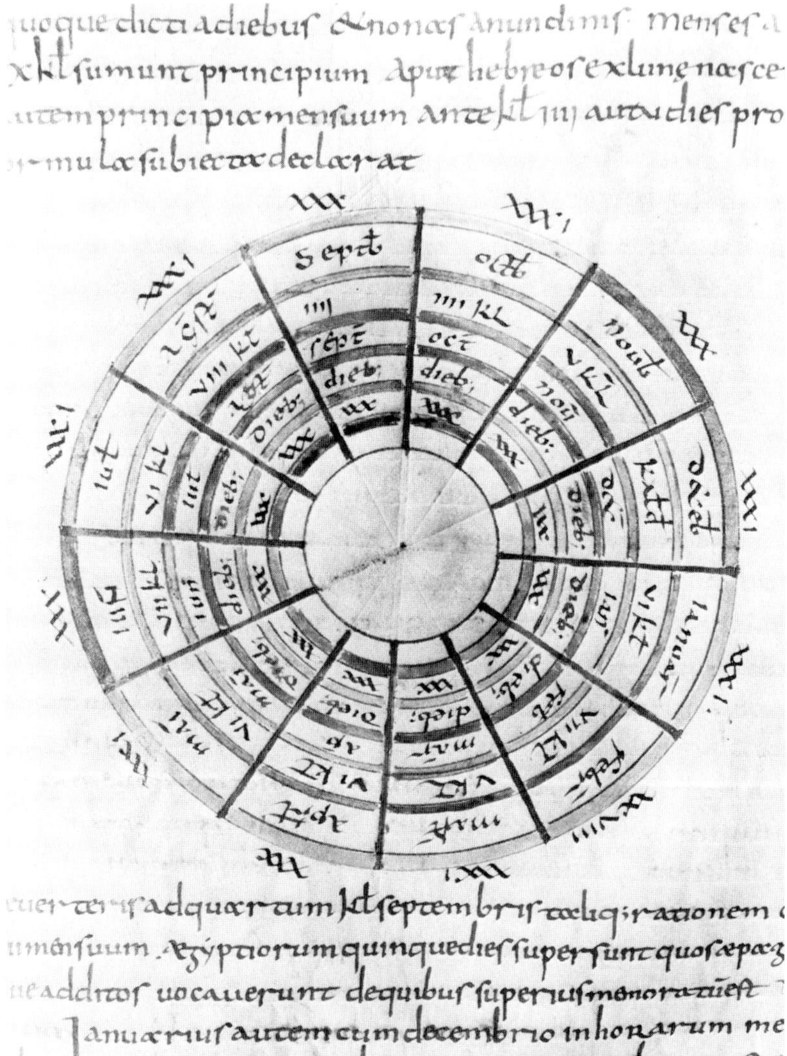

Abb. 13 Das Jahr mit den 12 Monaten, Handschrift um 805.

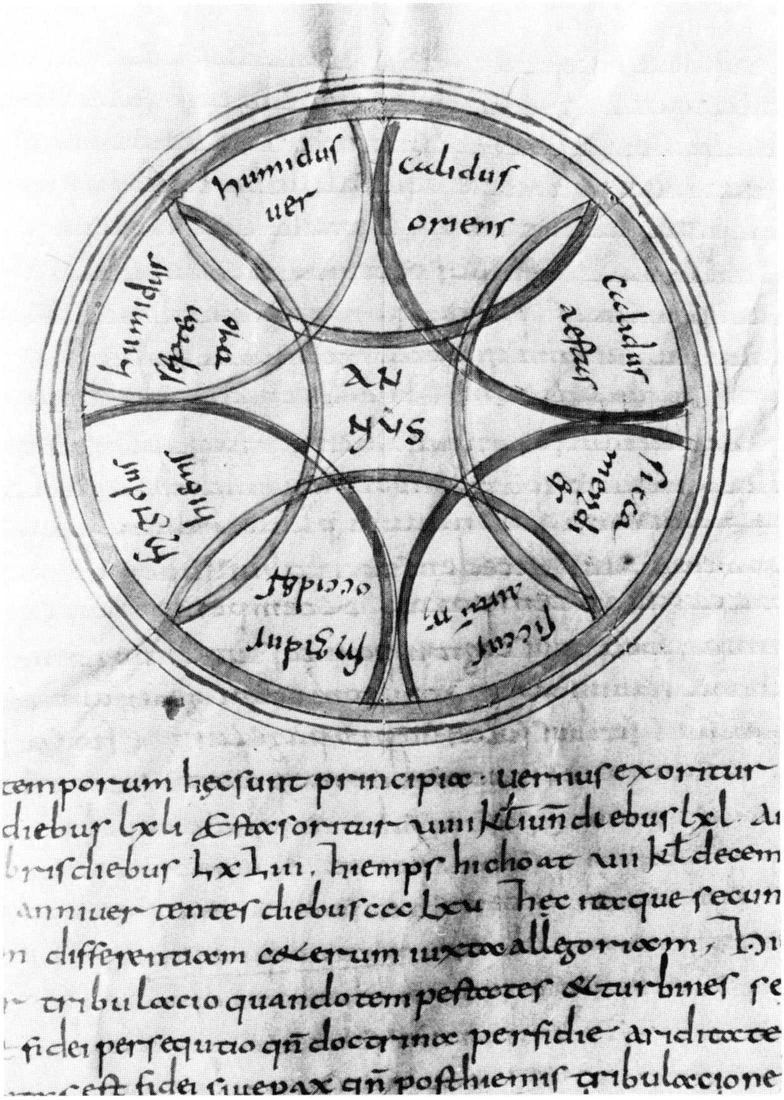

Abb. 14 Die Jahreszeiten und ihre Eigenschaften, Handschrift um 805.

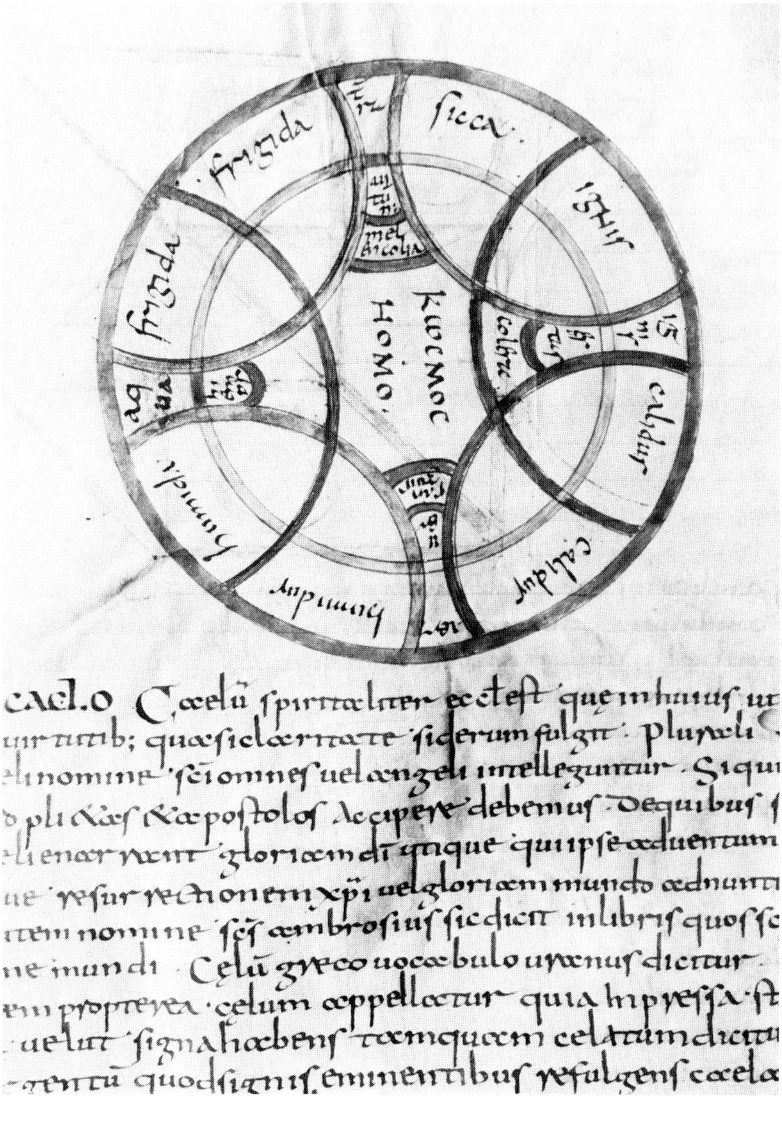

Abb. 15 Die Elemente und Temperamente, Handschrift um 805.

Abb. 16 Abt Mauritius Knauer vom Kloster Langheim und seine Unterschrift.

Abb. 17 Lebensbaum zwischen Sonne und Mond. Reinacker 1423.

der Frühling	vom 1. Februar	bis 30. April
der Sommer	vom 1. Mai	bis 31. Juli
der Herbst	vom 1. August	bis 31. Oktober
der Winter	vom 1. November	bis 31. Januar.

Auch die *Kelten* Mitteleuropas waren in dieser praktischen Art mit dem kosmischen Geschehen verbunden, was durch ihre vier großen Hauptfeste im Jahr deutlich wird. Mit jedem dieser Feste war der feierliche Beginn einer Jahreszeit verbunden. Das wichtigste Fest war das *Samuin* (oder Samoin) am 1. November. Es bedeutete den Übergang vom alten zum neuen Jahr und wurde nicht zu einem der beiden Jahre gerechnet. Die vorhergehende Nacht enthielt wohl den Höhepunkt der Feiern, während man in der folgenden die Scharen der elementaren Wesen verheerend in die irdische Welt einbrechend erlebte. Das Wort Samain – im Coligny-Kalender (vgl. S. 118) heißt es Samonios – bedeutet sowohl Vereinigung zweier Fruchtbarkeitsgottheiten als auch Versammlung. Bei diesem Fest wurden alle Herdfeuer gelöscht. An heiligem Ort schlug man das Feuer neu aus dem Stein, und mit dieser Flamme wurden dann alle Herde (der Insel Irland) neu entzündet. Man ließ Scheiterhaufen auflodern, opferte und betete zu den geistigen Mächten um die Erneuerung der Erdenfruchtbarkeit, die mit dem Winter einsetzte. Er begann mit diesem Fest, an dem vermutlich auch der Verstorbenen kultisch gedacht wurde. Unser Allerheiligen- und Allerseelen-Gedenken ist genau an die Stelle des alten Festes getreten. – Mit dem zweitwichtigsten Fest, das am 1. Mai gefeiert wurde, beging man den Beginn der warmen Jahreszeit.[59] Die Namen Beltine oder *Beltene* deuten auf Bel, Belen, Belenus, einen dem Apollo vergleichbaren Heil-Gott und tene = Feuer. Leuchtendes, glänzendes (apollinisches) Feuer wäre dann der Name des Festes. So entzündeten die Druiden große Feuer und führten die Rinder zwischen zwei flammenden Holzstößen hindurch, damit sie gegen Seuchen »gefeit«, d. h. mit der Wunderkraft der guten Feen gestärkt und vor den krankheitsverursachenden Zaubermächten der bösen Feen geschützt waren. Diese Maßnahmen gegen »Behexung« sind bis heute in manchem Volksbrauch noch lebendig. Es ist der wahre Kern der Feiern am 1. Mai, dem die »Walpurgisnacht« vorangeht. Dabei sind die Feen zu Hexen gemacht worden. In beiden Teilen des Faust hat GOETHE die Walpurgisnacht künstlerisch gestaltet und in der Ballade »Die erste Walpurgisnacht« läßt er die Druiden selber feierlich handeln und sprechen. – Als Vierteljahrfest zwischen dem keltischen Neujahr und dem 1. Mai wurde das *Imbolc*-Fest am 1. Februar gefeiert. Es ist im christlichen Kalender als Fest der heiligen Brigitta erhalten geblieben. Sie hatte eine heidnische Vorgängerin, die Göttin Brigid, die als weise Frau Fruchtbarkeit, Heilkunde und Gelehrsamkeit in ihren Schutz genommen hatte. Ihr Name ist mit dem sanskritischen Brhati »die Erhabene« verwandt. Von dem am 2. Februar folgenden christlichen Fest der Lichtmess (festum candelarum, Lichterweihe in Rom) ist bekannt, daß es zur Verdrängung oder Überhöhung eines vorchristlichen Reinigungsfestes um 500 als Mariä Reinigung, 40 Tage nach Weihnachten (3. Moses 12, 2) eingeführt wurde. Im Osten führte es JUSTINIAN 542 als Hypante = Fest der Begegnung Simeons mit Jesus ein. Es wurde deshalb auch festum Simeonis genannt. Auch der keltische Name deutet auf die an dem Fest stattfindenden rituellen Reinigungen hin, ganz ähnlich dem altrömischen Brauch der februa, dem Reinigungsfest, das dem damals letzten Monat Februar den Namen gab. – Das vierte Jahreszeitenfest war *Lugnasad* am 1. August. Als Kaiser AUGUSTUS Lugdunum (Lyon), die heilige Stadt des Gottes Lug, zur Hauptstadt Galliens erhob, wurde Lugnasad = das Andenken Lugs, immer mehr zum Hauptfest der Kelten. Sind es doch an die 15 Orte, die den Namen des Gottes tragen, darunter Laon, Sankt Lizier in Gallien, Liegnitz in Schlesien und vielleicht auch Leiden in Holland. Lug ist im ganzen keltischen Gebiet verehrt worden. Er kann mit dem römischen Merkur und auch mit dem Wodan (Odhin) der Germanen verglichen werden. Er ist Hauptgott, Heerführer mit dem Speer kämpfend, Magier und Meister der Dichter, dem die Raben verbunden sind. Das Fest am Beginn der Erntezeit galt wohl auch einer Mutter- und Fruchtbarkeitsgöttin, zu deren Ehren es Lug geschaffen haben soll. Lugnasad kann auch als »Lugs Heirat« übersetzt werden. Das würde auf die Vermählung des Himmelsgottes mit der Göttin der Erde hinweisen, denn gerade bei diesem Feste wurde von den Eltern die Vermählung ihrer Kinder verabredet oder gefeiert. Ähnlich wie in Griechenland wurde in Irland das Fest mit Spielen und Wagenrennen begangen. Es hat seinen Nachfolger im Kernland der Kelten, in der Schweiz gefunden. Bewußt wurde ein 1. August für den Schwur auf dem Rütli gewählt, mit dem die Befreiung der Schweiz begann. Noch heute ist dies der Nationalfeiertag, an dem überall die Fahnen wehen und auf den höchsten Bergesspitzen wie in den Tälern die Feuerstöße lodern.

Innerhalb des Sonnenatems des Jahres haben die klassischen vier Jahreszeiten bei örtlich fließenden Grenzen doch ihre gut unterscheidbare Sonderprägung. Nach alten Bauernregeln, deren Sinn auch heute noch geahnt werden kann, liegen die Jahreszeitenbeginne rund 3 ½ Wochen (d. i. die Hälfte von 7 × 7 Tagen) nach den von den Chinesen und Kelten gefeierten Zeiten. Nach diesen Bauernregeln beginnt der Frühling am St. Petrus-Tag, dem 25. Februar, der Sommer am Urbans-Tag, dem 25. Mai, der Herbst am Bartholomäus-Tag, dem 24. August, der Winter am Clemens-Tag, dem 23. November.[60]

Die von der Sonne angeregte Ausatmung der Erdenseele erreicht im Hochsommer ihren Höhepunkt. Nach der Umkehrpause beginnt das langsame Einatmen. Dabei vergeht eine gewisse Zeit, bis der mit den Sonnenwenden gegebene Impuls der Umkehr ganz aufgenommen und spürbar beantwortet werden kann. Das haben diejenigen Völker der Frühzeit bemerkt, die Anfang August den Beginn des Herbstes feierlich begingen. Schon in der Einatmungsphase liegend haben die Monate August, September und Oktober neben jenem Übergänglichen des Grenzbereiches zwischen hohem Sommer und tiefem Winter noch eine ganz eigene Qualität, eben die des Herbstes. Mit dem Hereinholen der Früchte, dem Abfallen des Laubes und der klaren Kühle des Herbstes zieht die im Sommer ausgeatmete Seele der Erde, verwandelt und bereichert durch die Kräfte der Höhe, wiederum ein. Erst im Tiefwinter, wenn sie sich wieder ganz mit der Erde verbunden hat, endet dieses Einatmen und die Umkehr zum befreienden Ausatmen beginnt. Von Ausnahmen abgesehen, verliert der Winter im Februar seine Macht.

Die Sonne hat die Ausatmung angeregt. Die Zunahme des Tageslichtes wird deutlich spürbar. Das künden noch eine Reihe von Bauernsprüchen im Zusammenhang mit Lichtmeß am 2. Februar an. Da treten die landwirtschaftlichen Helfer auf dem Hof ihre Stellen an, weil jetzt die Frühjahrsarbeit beginnt. Der Frühling ist der mehr oder weniger breite Übergang vom Winter zum Sommer, von innen nach außen in mehrfachem Sinn. Die gleiche erfrischende Befreiung, die nach dem Ende des Einatmens in der Pause der Umkehr und dem entspannenden Beginn des Ausatmens verspürt wird, wirkt in der von Schnee und Eis befreienden Kraft der Sonne. Ihr blühen Hasel und Salweide, Schneeglöckchen und Veilchen entgegen. Februar, März und April differenzieren deutlich dieses Grenzerlebnis des Frühlings zwischen Winter und Sommer, zwischen innen und außen. Aber mit der Überfülle des Grünens und Blühens, die dann im Mai sich zu ergießen beginnt, wird das Erleben des Menschen von dem gewaltigen Ausatmungsstrom der Erde in sommerliche Höhen und Weiten mitgenommen. Über Mai, Juni und Juli geht diese völlige Ausatmung hin. Der gewaltige Jahresatemzug, den die Sonne im Erdenwesen anregt, atmet die Seele von Sommer zu Sommer je einmal ein und wieder aus.

Die vorchristlichen Religionen haben das Ganze dieses *Sonnen-Jahresatems* und seine jahreszeitliche Gliederung genau beobachtet und gekannt. Durch besondere Feste und heilige Zeiten wurde das tägliche und jährliche Leben der Menschen in äußerer und innerer Harmonie mit diesem Jahresatem gehalten. Die Jahreszeiten-Feste der Kelten haben wir geschildert. Die Zeiten und Rhythmen wurden als gotterschaffen erlebt und heilig gehalten. So hat man auch in Griechenland in der Weiterbildung der Logos-Lehre des Heraklit die Jahreszeiten mit dem göttlichen Schöpfungsprinzip, mit dem Logos, in engstem Zusammenhang gesehen. Wilhelm Kelber schildert das in seinem Buch »Die Logoslehre«. Philo von Alexandria (25 v. Chr.–50 n. Chr.) sagt: »Moses nennt den göttlichen Logos Sonne, da er das Urbild der Sonne ist, die den Himmel umläuft.« Zu den Taten der Sonne gehören aber die Jahreszeiten. Und so lesen wir bei Philo: »Der Tierkreis bringt durch seine vierfache Zerteilung in je drei Bilder die Jahreszeiten zustande, Frühling, Sommer, Herbst und Winter, vier Wandlungen, jede in den Grenzen von drei Bildern (des Tierkreises). Du bemerkst es an den Umgängen der Sonne gemäß dem in Zahlen sich bekundenden, unerschütterlichen, zuverlässigen und wahrhaft göttlichen Logos... Durch den Logos werden diese Wandlungen und Jahreszeiten hervorgebracht« (90, S. 124). Auch der frühchristliche Lehrer JUSTINUS MARTYR (gestorben 165) nimmt die Logos-Lehre auf, indem er Sokrates, Heraklit, Abraham, Elias und »die ihnen Ähnlichen« Christen nennt, weil sie »gemäß dem Logos leben«, denn der »Logos wird der Christus genannt«. Damit wird die Folge: *Logos – Sonne – Christus* erstmalig sichtbar. Und weiter sagt Justin: »Den zweiten Platz weist PLATON dem aus Gott stammenden Logos zu, von dem er sagt, daß er im All wie ein Chi (X) ausgebreitet sei.« KELBER schildert, wie JUSTIN damit den Logos mit der »Weltseele« gleichsetzt, die nach Platon auf das chiförmige Weltenkreuz von Äquator und Ekliptik ausgespannt und in die einzelnen Gebiete der Schöpfung wie auch in die kosmischen Zeiten und Rhythmen zerteilt ist. Damit wird das kosmische *Opfer* des Logos angedeutet. Das Urchristentum hatte noch das lange vorbereitete Wissen von der Offenbarung des *Christus im Jahreslauf.* Die Weisheit von der kosmischen Dimension des Christentums wurde von jener Zeit wie auf einer mächtigen Brücke bis in die Gegenwart getragen. Ein wichtiger Pfeiler dieser Brücke ist der Universalgelehrte ISIDOR VON SEVILLA (etwa 560–636), der auch »der letzte abendländische Kirchenvater« genannt wird. In seinen »Etymologiarum sive originum libri XX« (20 Bücher Erklärungen oder Urgeschichte) und in seiner »De Natura rerum« (Von der Natur der Dinge) hat er bereits einen beachtlichen Beitrag zur Veranschaulichung astronomischer und jahreszeitlicher Erscheinungen geleistet. Sein Werk ist eine Enzyklopädie des gesamten Wissens des Altertums. Es enthält viele bildliche Darstellungen des Jahres mit den zwölf Monaten, der Jahreszeiten (siehe Abb. 12, 13, 14 und 15), der Elemente und Temperamente, des Planetensystems und des Tierkreises, der Winde und Himmelsrichtungen, der viergeteilten Welt u. a. Die Aufforderung, den Jahrkreis als ein organisches Ganzes zu erfassen, mag auch RAINER MARIA RILKE geahnt haben, wenn er in der vierten Elegie sagt: »... Dann entsteht aus unsern Jahreszeiten erst der Umkreis des ganzen Wandelns. Über uns hinüber spielt dann der Engel. ...«

Es genügt aber heute schon nicht mehr, die Jahreszeiten nur passiv entgegen zu nehmen und als Zuschauer den Engel über uns hinüberspielend zu erleben. Wir haben heute die Aufgabe, die Offenbarung des Christus im Jahreslauf neu zu entdecken, aufzugreifen und zu ergänzen. Wir tun dies, indem wir denkend, fühlend und wollend die Polaritäten der Jahreszeiten *und* den Jahrkreis der christlichen Feste als ein *organisches Ganzes* erfassen. Diese Zukunftsaufgabe des Menschen formuliert der Dichter NOVALIS als *»Die Vermählung der Jahreszeiten«*. So lautet die Überschrift eines fragmentarischen Gedichtes zum unvollendeten zweiten Teil des Romans »Heinrich von Ofterdingen« (130, I, S. 355).

»... ›Wären die Zeiten nicht so ungesellig, verbände
  Zukunft mit Gegenwart und mit Vergangenheit sich,
Schlösse Frühling sich an Herbst, und Sommer an Winter,
  Wäre zu spielendem Ernst Jugend und Alter gepaart:
Dann, mein süsser Gemahl, versiegte die Quelle der Schmerzen.
  Aller Empfindungen Wunsch wäre den Herzen gewährt.‹
Also die Königin; freudig umschlang sie der schöne Geliebte:
  ›Ausgesprochen hast du wahrlich ein himmlisches Wort,
Was schon längst auf den Lippen der tiefer Fühlenden schwebte,
  Aber den deinigen erst rein und gedeihlich entklang.
Führe man schnell den Wagen herbei, wir holen sie selber,
  Erstlich die Zeiten des Jahrs dann auch des Menschengeschlechts.‹«

Wenn sich derart die Zeiten des Jahres zum Ganzen des Jahres »vermählen«, wie Novalis sagt und dadurch als Einheit ihre Zerteiltheit aufgeben, dann kann das Weltenwort selber durch das Wesen des Jahres zur Menschenseele sprechen. Das schildern die Logos-Philosophen um die Zeitenwende noch. Aber es war wie ein Nachschein des Erlebens der Ideen bei Platon und seinen Schülern. Die Ideen waren heraufgeholte Erinnerungen der Seele an einen vorirdischen, rein geistigen Zustand. Bis zur Gegenwart hat sich aber das Denken dahin verändert, daß der Mensch am Bilden seiner Gedanken in einem weit höheren Maße selbst beteiligt ist als in früheren Zeiten. Für das bewußte und innerlich tätige Mitleben mit dem Jahreslauf hat RUDOLF STEINER über die philosophische Grundlegung der Geisteswissenschaft hinaus in dem »Kalender 1912/13«[61] die entscheidenden Hilfen gegeben (171). Der darin enthaltene Neueinschlag für die Kalenderkunde kann in fünf Anregungen gesehen werden: Die Jahre werden nach dem Mysterium von Golgatha gezählt. Ostern ist der Jahresbeginn. Neue Tierkreisbilder scheinen auf. Ein Kalendarium enthält Namen und Jahresgedenktage. Zur Differenzierung des Jahreslaufes werden 52 Wochensprüche gegeben. Dieser letzte Teil wird heute als »Anthroposophischer Seelenkalender« in einem gesonderten Büchlein herausgebracht. Im ersten Vorwort sagt Rudolf Steiner vom Leser: »... Es können ihm aber große Geheimnisse des Daseins aufgehen, wenn er seinen zeitlosen Wahrnehmungs- und Gedankenrhythmus in entsprechender Weise zum Zeitenrhythmus der Natur in Beziehung bringt. *So* wird das Jahr zum Urbilde menschlicher Seelentätigkeit und damit zu einer fruchtbaren Quelle echter Selbsterkenntnis.« Im Vorwort zur zweiten Ausgabe 1918 heißt es: »An ein gesundes ›Sich-eins-Fühlen‹ mit dem Gange der Natur und an ein daraus erstehendes kräftiges ›Sich-selbst-Finden‹ ist gedacht, indem geglaubt wird, ein Mitempfinden des Weltenlaufes im Sinne solcher Sprüche sei für die Seele etwas, wonach sie Verlangen trägt, wenn sie sich nur selbst recht versteht.« Wer mit diesem Seelenkalender arbeitet, entdeckt immer neue Kompositions- und Sprachgeheimnisse, die zeigen, daß sie nicht »gemacht«, sondern dem makrokosmischen Mysterium des Jahreslaufes abgelauscht sind.[62] Dieser Seelenkalender zeigt die Entsprechungen zwischen den Sonnen-Geheimnissen des Naturjahres und den Logos-Geheimnissen der Menschenseele. Nach 2000jähriger Verschüttung ist damit der Anschluß an die Philosophie des Logos wiederhergestellt. Sein volles Licht leuchtet zuerst im Prolog des Johannes-Evangeliums auf. Der Logos, das Weltenwort, hat zu seinem Erscheinen im Denkbereich der *Logos-Philosophen* und zu seiner religiösen Offenbarung im *Johannes-Evangelium* hinzu eine dritte Gestalt als lebenspendendes Geistkunstwerk erhalten. Das ist der *Seelenkalender*. Darin wird der *Weg* durch das Jahr von Woche zu Woche so zurückgelegt, wie ihn der Christusgeist mit der Menschenseele gehen will. Was bei diesem Jahresgang in der ununterbrochenen Metamorphose des polaren Spannungsfeldes zwischen Jahreszeit und Seelenstimmung früher unbewußt von den Seelen mitgelebt wurde, das muß – heute bewußt - vom Menschen aufgegriffen und vertieft werden. Der Jahreslauf ist im wesentlichen der Ein- und Ausatmungsprozeß von Sonnenkräften, der aus seiner Polarität der Zeiten zu einer überzeitlichen Ganzheit geführt werden kann. Der Mensch als Geistwesen vermag diesen innerlichen Ausgleich zu schaffen. In der so bewirkten *Ganzheit* des Jahres will ein *außerzeitliches Wesen* als innere Sonne auf Erden aufgehen. Das ist Christus der Auferstandene.

Als *Heiliges Jahr* sind die großen christlichen Feste in die Hauptstationen des Naturjahres eingefügt. Aber im Laufe der 2000 Jahre ist das Wissen um diese Einordnung weitgehend verloren gegangen. Es ist heute einer der zentralen Aufträge, welche die Christengemeinschaft als Bewegung für religiöse Erneuerung übernommen hat, die christlichen Hauptfeste durch den Einbezug der geistigen Qualitäten aller vier Jahreszeiten wieder zu Stationen von Christus-Begegnungen zu machen. Dazu ist sie vierfach ausgerüstet worden: Durch die festeszeitlich wechselnden *Farben* der kultischen Gewänder, durch die neuen *Zeitengebete* in der Menschenweihehandlung, durch die Einrichtung der *vierwöchentlichen Festeszeiten* gemäß dem Rhythmus des Lebens und durch die ergänzenden Festeszeiten von *Johanni* und *Michaeli*, die Weihnachten und Ostern polar gegenüberliegen. Dem Naturjahr mit seinem Doppelgleichgewicht von Sommer und Winter, Frühling und Herbst wird das wieder harmonisch gewordene christliche Festjahr einverwoben. Damit kommt zu jeder der vier Jahreszeiten je eine Festzeit hinzu. Sie ist im Kultus jeweils durch eine eigene Farbe der Altarbekleidung und durch ein besonderes Zeitengebet hervorgehoben. Diese Festeszeiten bilden zusammen ein Kreuz im Jahreskreis, das dem Kreuz der Jahreszeiten entspricht. Dazwischen liegt das Kreuz der vier trinitarischen Zeiten mit dem trinitarischen Zeitengebet wie ein tragendes Fundament des christlichen Daseins (Fig. 12).

Der vorher unausgeglichene Gegensatz einer festlichen Jahreshälfte von Advent bis Pfingsten und einer »festlosen Zeit« ist so durch das

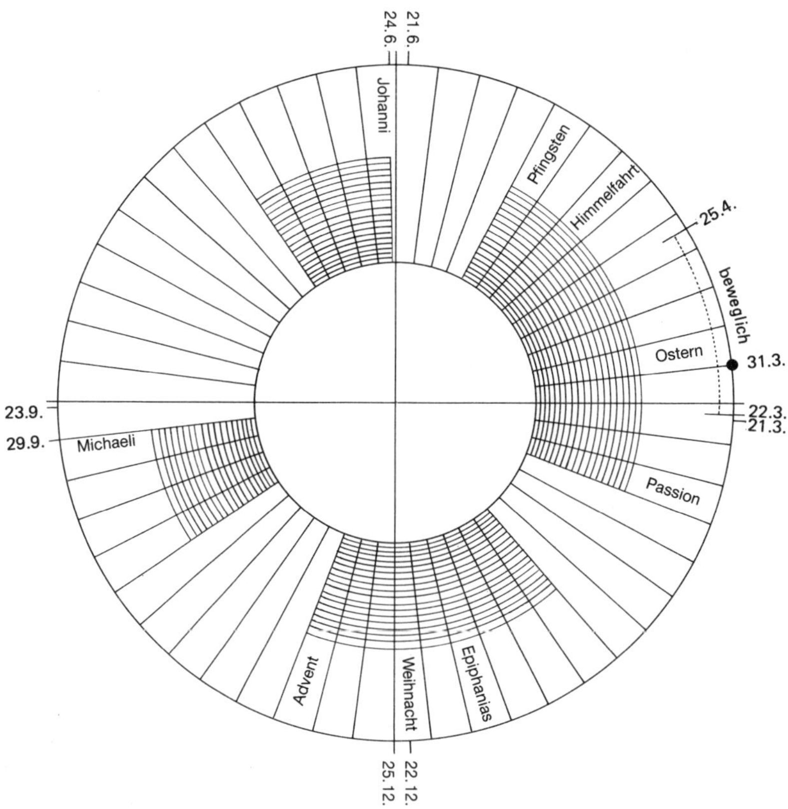

Figur 12 Das Jahreskreuz der Festeszeiten. Die Radien (Strahlen) sind die 52 Sonntage des Jahres. Die Sektoren konzentrischer Kreise zeigen die vier Festeszeiten, die mit den freien Feldern zwei ineinanderliegende Kreuze bilden. Die Zeit der Osterbeweglichkeit ist durch die punktierte Linie markiert. Für das abgebildete Jahr fällt Ostern auf den 31. März. Es ist ein Gemeinjahr, in welchem der 24. Juni ein Montag, der 29. September ein Sonntag und der 25. Dezember ein Mittwoch ist. 1907, 1918, 1929, 1991, 2002 sind solche Jahre.

ebenfalls doppelte Gleichgewicht zwischen Johanni und Weihnachten, Ostern und Michaeli harmonisiert. Dies ist aber kein äußerer Schematismus. Denn die Geburt des Vorverkünders Johannes an Sommer-Johanni und die Geburt Jesu mit der Christustaufe im Jordan am 6. Januar ergeben sich als das eine polare Spannungsfeld im Jahr der Seele. Tod und Auferstehung des Gottes zur Osterzeit und innere Auferwekkung und Auferstehung des Menschen zur Michaeliszeit sind das andere. Die so zu erlebenden Festeszeiten nötigen jeweils zum Blick auf das gegenüberliegende Fest. Auf diese Weise werden wir geübt, bei jedem einzelnen Fest zugleich auch das organische Ganze des heiligen Jahres in das Erleben mit einzubeziehen und sind aktiv daran beteiligt. Wir erheben uns aus dem jahreszeitlichen Gebundensein ins *Überzeitliche* des *Ganzen*. Dadurch wird ein Schritt in der Richtung auf die Freiheit gemacht. Die Erlösung vom nur Materiellen und Zeitlichen wird durch die Pflege der Christusfeste empfangen *und* zugleich erübt. Die Jahreszeiten sind wie das *Leibeskleid*, die inneren Stimmungen und Festeszeiten wie die *Seelenhülle* des Christus-Wesens. Christus wirkt *durch* die Jahreszeiten. Aber sein Wesen ist *über* allen Jahreszeiten. Er will sich *in dem Ganzen* des Zeitorganismus Jahr offenbaren. Der Segen des Christus ist das Leben des ganzen Jahres.[63]

27. Der Rhythmus des Leibes

In dem Satz des Vaterunsers: »Dein Wille geschehe, wie oben in den Himmeln also auch auf Erden...« ist das Grundgesetz – nicht nur der babylonischen – sondern der gesamten alten Sternenweisheit enthalten. Dieses lautet: Was oben ist, ist unten. Damit ist in erster Linie der Gürtel von Sternen gemeint, in dessen Bereich Sonne, Mond und Planeten ihre Bahnen ziehen. Man erlebte ihn als gewaltiges Rund, in dem die verschiedenen göttlichen Wesen gegliedert und geordnet zusammenwirkten. Darin sah man ein Urbild für die Ordnung im menschlichen Zusammenleben auf der Erde. Jedes Land ist ein geschlossenes Ganzes, das sein Urbild in der *Himmelsgeographie* des Kosmos hat. Dem Dodekaoros, dem Zwölf-Doppelstundenkreis entspricht im alten Babylonien ein Zwölfländerkreis. Die Überlieferung berichtet auch von zwölf Perserstämmen, von zwölf Etruskerstädten und von zwölf Stämmen der Araber. Die Bibel kennt im 1. Mos. 25, 12 zwölf Stämme Ismaels und vor allem die zwölf Söhne Jakob-Israels, die dann zu den Vätern der zwölf Stämme wurden. Die zwölf Segenssprüche Jakobs (1. Mos. 49) entsprechen nach Inhalt und Ordnung wohl ebenfalls dem himmlischen Urbild. Die jüdische Deutung im Midrasch sagt selbst: »Die Zwölfzahl der Stämme ist in der Weltordnung begründet...; der Tierkreis hat zwölf Sternbilder... Die zwölf Stämme entsprechen den zwölf Häusern des Tierkreises« (83, S. 214).

Die Menschen der Vor- und Frühzeit haben ein seelenbewegendes, inneres Berührtwerden erlebt, wenn sie zum Sternenhimmel aufblickten. Sie schauten Wesen in ständiger Bewegung, deren »Weltseelenelement« sie zutiefst erregte. Der Himmel über ihnen war ein Buch mit *flutenden Bildern*, die seelenmächtiger waren als das Licht der einzelnen Sterne. Erst allmählich erwachte der Sinnesblick für die Sterne zu den geschauten Bildern hinzu. Und im gleichen Maße, wie man die Sterne mit den Augen des Leibes zu sehen begann, verdämmerten langsam die geschauten Seelenbilder zu den Gruppen der einzelnen Sternbilder. Unter ihnen hoben sich jene besonders hervor, an denen Sonne, Mond und Planeten vorüberziehen. Sie bilden zusammen den Gürtel der Tierkreisbilder, den Zodiakus. Das Grundprinzip jenes hohen Weltbereiches ist *innere Bewegung*. Im irdisch-sinnlichen Bereich ist die Eigenbewegung das Hauptcharakteristikum des Tieres. Aus diesem Grund haben die alten Völker jenen Urbilderbereich als verwandt mit der Seelenhaftigkeit einzelner Tiergruppen erlebt und das Ganze *Tierkreis* genannt. Das Weltseelenelement ist im Tierkreis gegliedert, zu Polaritäten geordnet und zu einem harmonisch zusammenwirkenden Ganzen verbunden. Es durchwirkt von hier aus den sichtbaren und unsichtbaren Kosmos. Damit ist der Weltenbereich gekennzeichnet, der im Werk RUDOLF STEINERS die *Astralwelt* genannt wird.

Diese gesamte seelische Welt hat, vergleichsweise gesprochen, verschiedene Schichten. Die unterste Sphäre, die durch die Sinnesqualitäten und die Rhythmen fortwährend die lebenzeugende Verbindung zur physischen Welt bildet und umbildet, wird die *Ätherwelt* genannt. In diesem Bereich vollzieht sich vornehmlich der jährliche Ein- und Ausatmungsprozeß kosmischer Kräfte, der Sonnenatem der Erde. Er zeigt sich im tropischen Jahr, d. h. dem Jahresgang der Sonne zwischen zwei Sonnenwenden. Dabei wird jedes Viertel des Jahres, gemäß dem Zeitenschritt von Anfang, Mitte und Ende, in drei, das ganze Jahr in zwölf gleiche Teile geteilt. Diese Teilung erfolgt ohne Rücksicht auf die verschieden großen Sternbilder am Himmel in Abschnitten von je 30 Bogengraden. Die Namen für diese Abschnitte sind von denjenigen Sternbildern entlehnt, die zur Zeitenwende hinter diesen *gleichlangen Bahnabschnitten* der Sonne lagen (s. S. 173 und 288). Im Unterschied zu den *Sternbildern* werden diese Bahnabschnitte *Zeichen* genannt. Man hat also Tierkreis-Sternbild und Tierkreis-Zeichen in jedem einzelnen Fall wohl zu unterscheiden. Dabei ist noch zu beachten, daß die hier »Signum« genannten graphischen Zeichen für beide Tierkreise in gleicher Weise gebraucht werden. Der Kreis der *Zeichen* meint die *ätherisch-kosmische Gliederung der Sonnenbahn*. Ihr jahreszeitlicher Lebensrhythmus verläuft im Ätherischen. Der *Bildertierkreis* am Sternenhimmel bildet aber den *kosmischen Weltseelenbereich im Astralischen* ab. In ihm liegen die an aller irdisch-organischen Formenbildung beteiligten *Urbilder* der Gestaltung und Bewegung. Durch die *Präzession*, die langsame Kreiselbewegung der Erdachse und damit des Himmelsäquators, verschieben sich die Stellungen der Zeichen gegenüber dem ruhenden Hintergrund der Tierkreisbilder (vgl. S. 288). Im griechischen Zeitalter hat man zur Zeit des Erdenlebens Christi die Namen der Sternbilder auf die vor ihnen stehenden Zeichen übertragen. Diese historische Tatsache hat ihren geistigen Grund im Erdenleben des Christus. Er trägt die Schöpferkräfte des Weltenwortes zur Erde und prägt sie ihr ein. Mit anderen Worten: Die geistig-seelischen Kräfte der Fixsternwelt wirken so stark und zugleich harmonisch im ätherisch-lebendigen, jahreszeitlichen Miteinander von Sonne und Erde, wie niemals zu anderen Zeiten. Das um den Frühlingsbeginn vor dem Sternbild Widder stehende Zeichen erhielt den gleichen Namen: Widder. Wir sagen, Bild und Zeichen fielen damals zusammen. Figur 30, S. 288

zeigt den damaligen Stand der Präzession. Heute steht das Widderzeichen, also der an die Frühlings-Tag- und Nachtgleiche anschließende Bahnabschnitt der Sonne infolge der Präzession, mit der auch die 360°-Einteilung wandert, vor dem Sternbild der Fische. Die Übertragung der Namen der Tierkreisbilder auf die zwölf Abschnitte der Sonnenbahn ist nicht nur ein Anzeichen dafür, daß der Himmel vorher als *Bilderbuch* und dann als *Rechenbuch* betrachtet wurde. Denn der Christus hat durch Erdenleben, Tod und Auferstehung sein kosmisches *Wesen* dem großen Rhythmus des jährlichen Sonnenatems auf Erden für alle Zeiten *einverwoben*. Die Kräftezwölfheit des Sonnenweges zeugt davon. In ihrer Mitte waltet harmonisierend der Dreizehnte als die Lebenseinheit des ganzen Jahres.

Name	Signum	Bild		Zeichen	
		Anfang	Sonnengang	Anfang	Sonnengang
Widder	♈	29°	19. 4.–13. 5.	0°	21. 3.–21. 4.
Stier	♉	53°	14. 5.–20. 6.	30°	21. 4.–21. 5.
Zwillinge	♊	89°	21. 6.–19. 7.	60°	21. 5.–21. 6.
Krebs	♋	117°	20. 7.–10. 8.	90°	21. 6.–22. 7.
Löwe	♌	138°	11. 8.–15. 9.	120°	22. 7.–23. 8.
Jungfrau	♍	173°	16. 9.– 1. 11.	150°	23. 8.–23. 9.
Waage	♎	219°	2. 11.–19. 11.	180°	23. 9.–23. 10.
Skorpion	♏	237°	20. 11.–19. 12.	210°	23. 10.–22. 11.
Schütze	♐	268°	20. 12.–18. 1.	240°	22. 11.–21. 12.
Steinbock	♑	298°	19. 1.–14. 2.	270°	21. 12.–20. 1.
Wassermann	♒	326°	15. 2.–11. 3.	300°	20. 1.–20. 2.
Fische	♓	351°	12. 3.–18. 4.	330°	20. 2.–21. 3.

»Die *Sternbilder* bedecken verschieden lange Himmelsfelder und verschieben sich im Platonischen Weltenjahr gegen den Frühlingspunkt, dessen Sternbildhintergrund in der Gegenwart die Fische bilden. Gegenüber der Zeit vor 2000 Jahren, wo Zeichen und Sternbild sich nahezu deckten, besteht heute eine Verschiebung um fast ein Sternbild.« Diese Angaben sind dem durch SUSO VETTER herausgegebenen Sternkalender entnommen (202). »Die *Zeichen* bilden eine gleichmäßige Teilung der Sonnenbahn in Abschnitte zu 30°, beginnend mit dem Zeichen ›Widder‹ am Frühlingspunkt.« Die Übergänge der Zeichen liegen mit dem 21.3. beginnend um den 20.–23. eines jeden Monats (208, S. 21).

Aus der Tabelle ist abzulesen, daß der Anfang der Zeichen heute nach dem 20. eines Monats liegt, so daß das gleiche Zeichen auch noch in den folgenden Monat weit hineinreicht. Die zwölf Monate des Jahres kann man in den Kreis der Sonnenbahn mit der senkrechten Achse der Polarisierung durch die Sonnenwenden und die waagrechte Achse der Harmonisierung durch die Tagundnachtgleichen auch derart eintragen, daß man von den Daten der vier Himmelsstationen der Sonne ausgeht. Die sich gegenüberliegenden Monate können auf der Zeichnung abgelesen werden. Nun kann man die darin enthaltenen jahreszeitlichen Polaritäten sich aus der Erinnerung bis in alle Einzelheiten vergegenwärtigen. Dabei sollten aber zunächst die Phänomene in der Natur und die Stimmungen der Seele auseinandergehalten werden. Man wird bemerken, wie jede einzelne Polarität in ihrer speziellen Weise ergänzt wird. Zum Beispiel Mai durch November ganz anders als Juni durch Dezember. Man kann dann auch die feineren Unterschiede suchen, etwa zwischen November und Januar oder Februar, zwischen Februar und April. Wie unterscheiden sich Juni und Juli usw.? Man kann diese Übungen durch Malen verstärken. Das gegliederte Sonnenjahr erscheint auf diese Weise vor dem inneren Blick. Der *Organismus der Monate* wird anschaubar (Fig. 13).

Innerhalb des Zeitorganismus eines Jahres zeitigt sich im Laufe von 10 Lunationen (280 Tagen) der Organismus des menschlichen Leibes im Mutterschoß. Da eine Lunation 4 Wochen umfaßt, beträgt diese Werdezeit des Menschenleibes 40 Wochen. Aus der astralischen Welt der Urbilder, die im Tierkreis wirksam sind, empfängt der Keim seine gestaltbildenden Kräfte. Die runde Form des Embryo ist dabei die mikrokosmische Entsprechung der makrokosmischen Tierkreisganzheit. Beim aufrechtstehenden Menschen geht diese Aufteilung vom Haupt mit dem Widder beginnend bis zu den Füßen mit den Fischen. Ein sol-

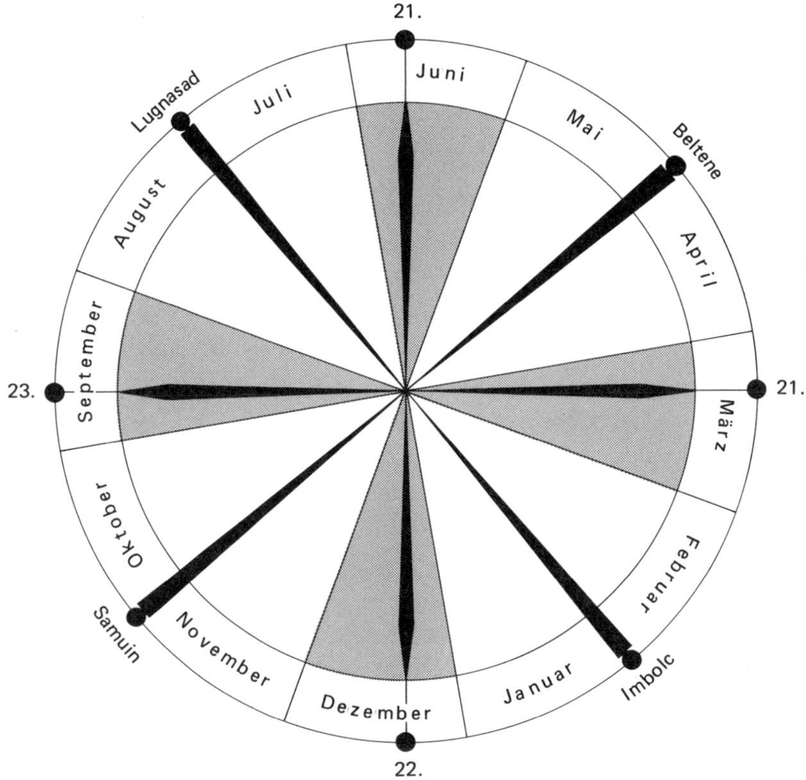

Figur 13 Die 12 Monate des Jahres und die Kreuze der keltischen und der astronomischen (heutigen) Jahreszeiten-Beginne.

cher *Tierkreisbildermann* (223) gehörte zum Grundbestand der alten Kalender. Das bis in das 18. Jahrhundert allgemein verbreitete und anerkannte Wissen, daß jede Zone des menschlichen Leibes in einem der Tierkreisbereiche ihr Urbild hat, ist von Rudolf Steiner erneuert und umfassend ergänzt worden.

Die Ganzheit des zwölfgegliederten Himmelskreises kann so als das göttliche Urbild des Menschen empfunden und erkannt werden. Dabei wird man sich vor der Verwechslung von *Urbild* und *Ursache* zu hüten haben. Die Edda meint mit dem Riesen Ymir das beschriebene Urbild, das die jüdische Mystik Adam Kadmon nennt. Dieses göttliche Menschenurbild – der »große Mensch«, der Makroanthropos – ist im Mittelalter als Bild für die Weisheit und Allmacht Gottes erlebt worden. Deshalb sind die Tierkreisbilder an den Portalbögen und in den Bogenfeldern und Fassaden vieler Kirchen zu sehen. Ein Musterbeispiel ist das große Westportal von St. Madeleine in Vézelay (Frankreich). Dort wechseln die Sternbilder mit den in gleichgroßen Medaillonformen dargestellten *Monatsarbeiten* in der Landwirtschaft ab. In Miniaturmalereien in Kalendarien, Gebet-, Andachts- und Stundenbüchern, sowie in vielen anderen Kunstwerken sind sie gleicherweise anzutreffen. Wie sich dieses göttlich-große Menschenurbild in viele Bereiche des Mikrokosmos Mensch hineinmetamorphosiert, das wird in der anthroposophischen Geisteswissenschaft RUDOLF STEINERS ausführlich dargestellt. Als Beispiele seien nur die zwölf Sinne und die zwölf möglichen Weltanschauungen erwähnt. Aus dieser letztgenannten Tatsache ergibt sich auch für gewisse Aufgaben in der Erdenwelt die Notwendigkeit, einen Kreis von zwölf Menschen mit einem dreizehnten in ihrer Mitte zu bilden (38). Auf diese Weise hat Christus in der *Zwölfheit* der Jünger das geeignete *Organ* für das *Weltenwort* geschaffen. Die Tafelrunde des Königs ARTUS und die von GOETHE in dem Gedicht »Die Geheimnisse« geschilderte Rosenkreuzer-Bruderschaft haben den Kreis der zwölf Apostel zu ihrem Vorbild. Schließlich sei noch daran erinnert, daß Johannes in der Apokalypse, dem Buch der Zukunftsbilder, die zukünftige Erdenmetamorphose als die ewige Stadt schildert, die auf zwölf Edelsteine gegründet und mit zwölf Toren geschmückt ist. In ihr wächst im ewigen Christus-Sonnen-Licht der Baum des Lebens, der in allen zwölf Monaten Früchte trägt. Er ist ein Bild des »außerzeitlichen Weltenseins«.

Damit ist ein geistiges Leibesgeheimnis der Zukunft in Bildern angedeutet, zu denen auch die zwölf Monate mit ihren inneren Früchten gehören. Auch unser heutiger physischer Leib ist nach Gestalt und innerer Bewegung aus der Zwölfheit der Tierkreiskräfte gebildet, die nicht nur gemeinsam, sondern im Laufe des Jahres auch einzeln durch die vor ihnen stehende Sonne verstärkt hereinwirken. Der über die

Rhythmen von Tag, Woche und Monat hinausgehende und sie zusammenfassende größere Rhythmus des Jahres ist hier beteiligt.[64] RUDOLF STEINER beschreibt dies so: »Wenn der physische Leib ganz sich selbst überlassen wäre, so würde dieser Rhythmus in zehn mal sieben mal vier Tagen beim Weibe und in zwölf mal sieben mal vier Tagen beim Manne sich abspielen. ... Sie haben ... sehen können, daß es sich hier bei dem Rhythmus des physischen Leibes um den ungefähren Jahreslauf handelt« (174, 21. 12. 08). Das sind mit 280 Tagen $^3/_4$ bzw. mit 336 Tagen $^9/_{10}$ des Jahres. Nach PLUTARCH (1. Jahrh. n. Chr.) hat HESIOD (um 700 v. Chr.) das volle Menschenleben mit 96 Jahren angegeben. Dabei sind siderische Mondjahre zu $10 \times 27\,^1/_3 = 273$ Tagen gemeint. Ein solches »Menschenjahr« umfaßt also nur $^3/_4$ des Sonnenjahres. Hieraus ergeben sich für ein *Menschenleben*: $96 \times 273{,}2166 : 365{,}2422 =$ *71,812 Jahre*. In der nur näherungsweisen Gleichheit dieser Perioden mit dem Jahr darf man wie bei den Mondenrhythmen eine Veranlagung zur Befreiung des Menschen von der völligen Naturgebundenheit sehen. Mit den genannten Einschränkungen kann aber trotzdem gesagt werden: *Das Jahr ist der Rhythmus des Leibes*.

28. DAS BEWEGLICHE OSTERFEST

Indem die alten Völker den umfassenden Zeitorganismus des Jahres als den Rhythmus des Leibes erlebten, waren sie bestrebt, sich ganz in den Dienst der Jahreszeiten zu stellen. Die Jahreszeiten waren die großen *Festordner* der frühen Menschheit. So war auch das Passah zuerst ein Frühlingsfest der Hirten. Aus Freude über die Befreiung von der Macht des Winters wurde das einjährige, männliche Erstlingstier der Herde am Abend vor dem Frühlingsvollmond geopfert. Das anschließende Mahl war ein Friedensmahl innerhalb der Sippe. Dieses Naturfest wird von Moses aufgegriffen und zu einem Fest der Erinnerung an das einmalige Ereignis des Auszuges aus Ägypten gemacht. Der Schritt vom *Naturfest* zum *Geschichtsfest* wirkte entscheidend an der Bildung des Volkes mit. Man feiert die Entfesselung aus der Sklaverei. In

2. Mos. 12 sind deutlich zwei Feste beschrieben: Das Passah-Essen im engeren Sinn am Abend des 14. Nisan zur Erinnerung an das pesach = »schonende Vorübergehen« der strafenden Gottheit an den mit dem Blut des Opferlammes bestrichenen Türschwellen der Israeliten und an deren anschließenden Auszug aus Ägypten. An das Passah schloß sich das »Fest der ungesäuerten Brote« vom Vollmondstage des ersten Monates, dem 15. bis zum 21., unmittelbar an. Im Volksbewußtsein verschmolzen beide Feste zu einem, wobei die Erinnerung an den Auszug bestimmend war. In der Eile des Auszuges – so sagte man – habe man »das Brot des Elends« nicht mehr mit Sauerteig backen können. Als Geschichtsfest vergegenwärtigt Passah die Vergangenheit. Der Zukunftsaspekt ist nur ganz zart angedeutet in der Formel: *»Dies ist das Brot* des Elends, das unsere Väter / im Lande Ägypten gegessen haben. / Wer hungert, der komme und speise, / wer Not hat, der komme und feiere Pesach, / dieses Jahr hier, künftiges im Lande Israel, / dieses Jahr unfrei, künftiges frei« (210, S. 88). Bei dem Mahl ohne Lamm im Hause der Essäer am Gründonnerstag-Abend wendet Christus diese Worte aus der Vergangenheit noch stärker in die vergegenwärtigte Zukunft als die Worte der Einsetzung. Von den anschließend im Wechsel gesungenen Psalmen 113–118 enthält der letzte die Worte: »Dies ist der Tag, den der Herr macht; laßt uns freuen und fröhlich an ihm sein. O Herr hilf! O Herr laß wohl gelingen! Gelobt sei, der da kommt im Namen des Herrn.« Damit und mit den folgenden Gesprächen wird ebenfalls die *Zukunft* zitiert. Das ist der eine Berührungspunkt zwischen Passah und Ostern. Der andere ist der Karfreitag, der Rüsttag, an dem die Lämmer für das Passah der Juden, wie Johannes sagt, geschlachtet wurden, während zur gleichen Stunde Christus am Kreuze starb. Damit wird aber diese Form einer uralten Opfertradition endgültig abgeschlossen. Der erste Tag des achttägigen Passah-Festes wird bei Vollmond gefeiert. Deshalb ist Passah zwar immer am 15. Nisan, aber hinsichtlich der Wochentage ein *gleitendes* Fest. Der im Jahre 33 auf den Rüsttag folgende erste Passah-Tag war ein Samstag. Es fielen also im Jahre 33 Passah-Beginn *und* Sabbat zusammen. Die Auferstehung am ersten nach dem Sabbat-Tage (Markus 16) geschieht dann an dem Tage,

an dem die erste Gerstengarbe der neuen Ernte am Fest der ungesäuerten Brote dargebracht wurde.

Der Grund für den Unterschied zwischen der synoptischen und der johanneischen Schilderung der Passionswoche sind die verschiedenen Festkalender der Juden (vgl. S. 139). Das wirkt sich auch auf die Feiertage der ersten Christen aus. Zu einem Teil waren die ersten Christen der *pharisäischen*, zum anderen Teil der *essäischen* Tradition verpflichtet. Im Anfang hatten sie noch keine eigenen Feste. »Der Tag des Herrn« (Apok. 1), der Tag der Auferstehung, den man sich an jedem Sonntag vergegenwärtigte, war der erste und zunächst einzige Feiertag über das Judentum hinaus. Als man den Auferstehungstag auch im Zeitorganismus des Jahres zu feiern begann, ergaben sich sogleich zu den schon im Judentum bestehenden Passah-Kalender-Differenzen neue hinzu. Sie bestanden darin, daß man die Frage, wie eng oder wie lose das Fest der Auferstehung mit dem Passah-Fest verbunden bleiben sollte, sehr verschieden beantwortete. Die Kleinasiaten feierten den 14. Nisan, also den Karfreitag mit Beendigung des Fastens und dem anschließenden Abendmahl analog dem jüdischen Passah-Mahl. Abgeleitet aus dem lateinischen Wort für die Zahl vierzehn wurden sie »Quartodecimaner« genannt. Bei den Heidenchristen im Abendland und in manchen Kirchen des Ostens feierte man, ohne Rücksicht auf das Datum, den nach dem 14. Nisan fallenden Herren-Tag (Sonntag) als Auferstehungstag und beging an diesem das Abendmahl, wobei manche eine Woche vergehen ließen, wenn dieser Sonntag auf den Passah-Vollmond fiel.[65] Diesem zeitweise mit Schärfe geführten Passah-Streit wollte Kaiser KONSTANTIN auf dem *Konzil zu Nicäa* im Jahre 325 ein Ende setzen. Nicäa lag etwa in der Mitte des orientalischen Teiles des Reiches. Die Eröffnungssitzung der etwa 250 Teilnehmer an der ersten ökumenischen Synode war am 20. Mai 325 im Palast des Kaisers und unter dessen Vorsitz. Er wolle, so sagte er in der Eröffnungsrede, als ein »Mitknecht« seiner »geliebten Diener Gottes ... die ganze Kette von Streitigkeiten durch Gesetze des Friedens« auflösen. Für das allmählich auseinanderfallende Römische Reich war die größtmögliche Einheitlichkeit des jungen Christentums aus politischen Gründen lebenswichtig. Neben anderen wichtigen Fragen wurde für das Osterfest festgesetzt, daß es »nicht mit den Juden« zu feiern und sein Zeitpunkt auch nicht nach der jüdischen Art zu berechnen sei. Unter den im Konzil von Nicäa versammelten Bischöfen waren wirkliche Gelehrte, Theologen, Heilige, Asketen, Märtyrer und Bekenner. Man darf deshalb mit gutem Grund annehmen, daß der für das gemeinsam zu feiernde Osterfest ermittelte *Sonntag nach Frühlingsvollmond* aus spirituellen, kosmologischen und theologischen Einsichten gefunden worden ist (117, S. 52 f.). Die astronomische Berechnung des Zeitpunktes wurde dem Bischof von Alexandrien anvertraut, der ihn dem Bischof von Rom mitteilte. Dieser sollte ihn an alle Kirchen weitergeben, damit er am Dreikönigstag den Gemeinden verkündet würde. Rom aber machte eigene, von Alexandrien verschiedene Berechnungen, bis im Jahre 525 der römische Abt Dionysius Exiguus die römische Osterberechnung an die alexandrinische anschloß. Er hat auch eine langzeitliche Periode von 19 × 28 = 532 Jahren gefunden, mit deren Hilfe man die Vollmonde des gleichen Monats- und Wochentages und damit die Osterdaten ohne weitere Himmelsbeobachtung vorausberechnen kann (vgl. S. 209, 232 u. Anm. 88). Diese Periode hat man wie das platonische Weltenjahr auch *annus magnus* genannt. Aber diese *zyklische* oder *ecclesiastische* Rechnung ist gegenüber den wahren Vollmonden manchmal um mehr als 24 Stunden verschieden, weil sie nur mit ganzen Tagen rechnen kann. Außerdem stimmen zusätzlich die an sich schon verschiedenen Traditionen der zyklischen Berechnung auch noch infolge mehrer Kalenderdifferenzen zwischen Ost- und Westkirchen nicht überein. »Fast jede der einzelnen autokephalen orientalischen Nationalkirchen hat für Ostern eine besondere Berechnungsmethode« (219). Daraus ergeben sich bis zu vier Tagen voneinander abweichende Daten des Frühlingsvollmondes (siehe nebenstehende Tabelle).

Diese Unstimmigkeiten bleiben weiter bestehen, weil man aus Gründen der Unantastbarkeit der kirchlichen Tradition in Ost und West nichts zu unternehmen wagt. Die früher aus der Beobachtung abgeleitete Rechenregel wird heute *über* die weitere astronomische Be-

Tabelle der für 1962 errechneten Werte (bezogen auf den Gregorianischen Kalender)

	Frühlingsvollmond	Ostern
1. Alexandrinische Regel	23.4.	29.4.
2. Russische Regel	23.4.	29.4.
3. Griechische Regel	21.4.	29.4.
4. Ungarisch-rumänische Regel	20.4.	29.4.
5. Gregorianische Regel	18.4.	22.4.
6. Jüdische Regel	19.4.	19.4. (15. Nisan)
7. Astronomischer Vollmond	20.4., 1^h34^m MEZ	
8. Mittlerer Vollmond	19.4., 15^h14^m MEZ	

obachtung gestellt, und diese verliert damit die Möglichkeit zur Korrektur. Das ist eine Folge der hier nicht weiter zu besprechenden einseitigen Verinnerlichungstendenz des Christentums und seiner Abkehr von der als heidnisch verschrienen Naturbeobachtung und Naturverehrung. Die heute vielfach geforderte Fixierung des Osterfestes auf ein festes Datum in einem womöglich ebenfalls fixierten Kalender, ohne Rücksicht auf den bisher wenigstens gemäß der zyklischen Berechnung beachteten Stand von Sonne und Mond, ist nur die letzte Konsequenz dieses *Verlustes* der kosmischen Dimension des Christentums. Die bewußte *Wiedergewinnung* der vom wahren Christentum seit je miterfaßten kosmischen Dimension ist aber *eine der Bedingungen* für seine Zukunft.

Wir haben deshalb die Aufgabe, zu untersuchen, worin sich »der Sonntag nach Frühlingsvollmond« von anderen Sonntagen unterscheidet. Außer jedem Zweifel sind es zwei Bedingungen, welche die Väter von Nicäa für die Feier des Osterfestes für unerläßlich hielten. Die erste ist die *Verbindung mit dem Makrokosmos* durch den Einbezug der Stellungen von Sonne, Mond und Erde, und die zweite ist die *Verbindung mit der Auferstehung* durch die Feier am Sonntag, unter Vermeidung des Passah-Tages. Betrachten wir zuerst die besondere Stellung des Sonntages innerhalb der Woche.

Die Herkunft der besonderen Reihenfolge der Wochentagsplaneten ist bereits beschrieben worden (vgl. S. 94). Die fünf Wandelsterne ziehen zusammen mit Erde und Mond ihre harmonischen Bahnen um die Sonne als ihre Mitte.[66] In der Reihenfolge ihrer Umlaufszeiten ergibt sich die Ordnung: Saturn fast 29 1/2 Jahre, Jupiter 12 Jahre, Mars 2 Jahre, Erde-Sonne 1 Jahr, Venus 225 Tage, Merkur 88 Tage, Mond 27,3 Tage. Schreiben wir nun, wie in Fig. 14 unter die Sonne den Sonn-

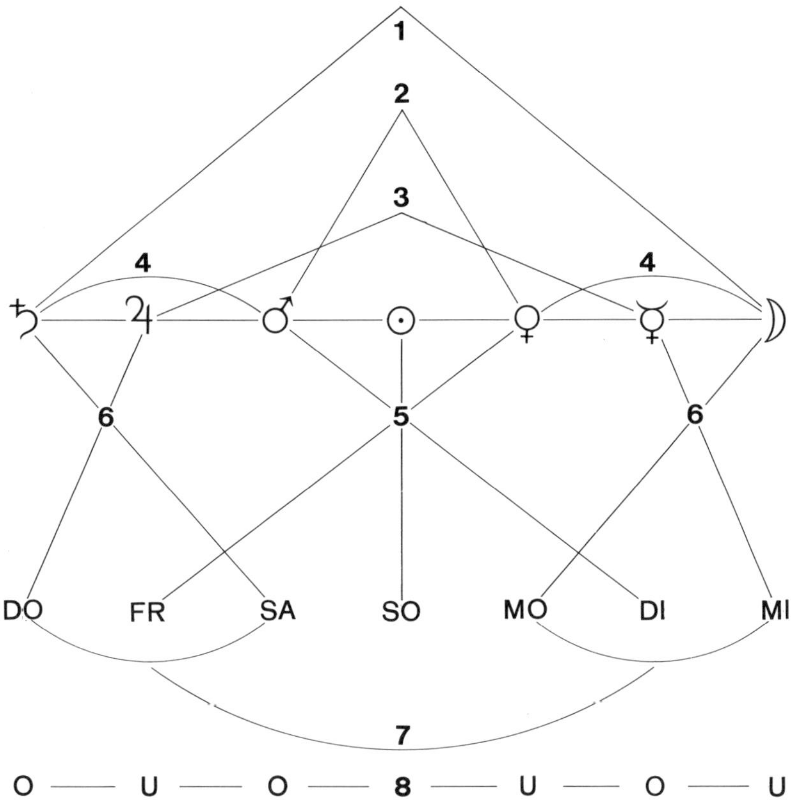

Figur 14 Das achtfache Gleichgewicht in der Wochentagsfolge.

tag, den Samstag und Montag links und rechts davon, dann ergeben die weiteren Tage der zweiten und ersten Wochenhälfte links und rechts die gewohnte Wochentagsfolge mit dem Sonntag in ihrer Mitte. Hier bildet der Sonntag die *kosmologische Mitte* der Woche in Ergänzung zu der bereits beschriebenen, rein *chronologischen Mitte* im Mittwoch. Die einzelnen Wochentage in der unteren Reihe sind mit dem Zeichen der ihnen zugehörigen Planeten in der oberen Reihe durch Linien verbunden. Dadurch wird die weisheitsvolle Ordnung der Wochentage anschaubar. Es ergeben sich zunächst die mit 1, 2 und 3 bezeichneten Paare von Polaritäten. Die in jedem Paar wirksamen Himmelskräfte bilden einen *Ausgleich* ihrer extremen Polaritäten in bezug auf ihre Umlaufszeiten und auf ihre Bahn jenseits der Sonne – obersonnig – oder zwischen Sonne und Erde – untersonnig. Zur Geburt führend und »Schicksal bestimmend« wirken der Mond und die unteren Planeten. »Menschenbefreiend« von den Gebundenheiten der Erde wirkt Saturn und mit ihm die obersonnigen Planeten (192, 25.1.24). So bilden Saturn und Mond nicht nur im Blick auf ihre Umlaufszeiten einen sich ausgleichenden Gegensatz. Liebe und Sprachkraft, Weisheit und Beweglichkeit stehen sich bei den anderen Paaren von Planeten und Wochentagen ausgleichend gegenüber. Jedes der drei Gegensatzpaare wird über die Sonnen-Mitte im Gleichgewicht gehalten. Wie der Unterstützungspunkt eines Waagebalkens, das Hypomochlion, bildet die Sonne mit dem Sonntag Halt und ruhende Mitte der sechs paarweise gegensätzlichen Wochentagscharaktere. Zu diesen *drei* Gleichgewichten kommt ein *vierter* Ausgleich hinzu. Er kommt dadurch zustande, daß auf den schnellsten und langsamsten Wandler, deren zugehörige Wochentage dem Sonntag am nächsten stehen, nicht wie man annehmen möchte die in der Schnelligkeit nächsten Planeten mit ihren Tagen folgen, sondern, daß mit Überspringung des Jupiter und Merkur die sonnennächsten, Mars und Venus, mit Dienstag und Freitag das zweite Paar um den Sonntag bilden. Durch ihre Überkreuzung entsteht eine *fünfte* Gleichgewichtswirkung, indem zwischen die Tage der ersten Wochenhälfte mit den Charakteren der schnellsten Planeten einer der obersonnigen, langsameren tritt, der Mars mit seinem Dienstag. Und umgekehrt, in die zweite, langsamere Wochenhälfte die Venus mit dem Freitag. Der Donnerstag und der Mittwoch rücken ebenfalls durch je eine Gleichgewicht bildende Überkreuzung in ihre Ordnung ein. Das gibt einen *sechsten* Ausgleich. Auf diese Weise wird das links stehende Wochenende von den langsamen, der rechtsstehende Wochenanfang von den schnelleren Planeten geprägt. Beide Seiten als Wochenende mit Wochenanfang bilden schließlich ein *siebentes* Gleichgewicht zueinander. Dabei wechseln in der durchgehenden Reihenfolge der Wochentage die langsamen, obersonnigen mit den schnelleren, untersonnigen Planeten und deren Wirkungen regelmäßig ab. Dieses Gesamtresultat ist das *achte* Gleichgewicht.

Mit dieser Darstellung ist keine Erklärung der von der Planetenfolge abweichenden Wochentagsfolge gegeben. Es ist ein genaueres Anschauen der vorhandenen Tatsachen angestrebt. Man kann auch alles Gesagte beiseite lassen und die Darstellung in Fig. 14 wie ein ruhigbewegtes, ausbalanciertes Gebilde im Sinne eines »Mobile« betrachen. Auch auf diese Weise läßt sich die hohe Weisheit ahnen, die in der Siebentagewoche wirksam ist. Derartige Phänomene können nicht im üblichen Sinne erklärt, wohl aber von möglichst verschiedenen Blickpunkten aus betrachtet werden. Dabei erkennt man, »daß in der Reihenfolge der Wochentage eine göttliche Konsequenz liegt« (30, S. 24). Die göttlich-menschliche Herkunft der Woche offen lassend, sagt MARTIN BUBER in einem Brief:[67] »Ich halte die Woche für eine grundlegende Institution des Menschentums, die um dieses selber willen in ihrer Reinheit und Ausschließlichkeit bewahrt werden muß.« In der Wochentagsfolge ist himmlische und irdische Weisheit zum Lebensgeheimnis der Zeiten und Rhythmen miteinander verwoben, das GOETHE im Faust »der Gottheit lebendiges Kleid« genannt hat (vgl. S. 236).

In dem Phänomen *Frühlingsvollmond* sind zusätzlich zu den acht Gleichgewichten der Woche weitere acht Gleichgewichtslagen enthalten, die der Reihe nach aufgezeigt werden sollen.[68] Jeder Vollmond ist im Lichtwechsel der sichtbare Augenblick, in dem die Wirkungen des zunehmenden Mondes mit denen des abnehmenden Mondes *im Gleichgewicht* sind – das *neunte* in unserer Aufzählung. Dazu halten der Frühlings- und der Herbstvollmond mit dem Ausmaß ihrer Erhebung über dem Horizont sich das Gleichgewicht zwischen dem höchsten Winterbogen und dem niedersten Sommerbogen[69], es ist das *zehnte* (20, S. 97). Ebenso ist es mit den Bahnen der Sonne über den Himmel. Sie sind in der Nähe der Frühlings- und Herbsttagundnachtgleiche ebenfalls im Gleichgewicht zwischen Sommerhöhe und Wintertiefe, das *elfte* der Aufzählung. Dadurch entsteht noch ein *zwölftes* Gleichgewicht zwischen der Frühlingshöhe des Sonnenbogens und der des Mondbogens. In ihrem Mit- und Gegeneinander stehen sich Vollmond und Sonne mit gleichgroßer Scheibe als Tag- und Nachtgestirn genau gegenüber. Sie halten sich gegenseitig im (*dreizehnten*) Gleichgewicht. Was aus unserer geistigen und leiblichen Vergangenheit (Vererbung) stammt, wird durch das Geburtsgeschehen, das mit dem Mond in der geschilderten Weise verbunden ist, in unser Leben hereingetragen. So ist der Mond mit seinen Wirkungen wie ein Tor zur Vergangenheit (192, 25. 1. 24). Im Gegensatz dazu ist die Sonne in ihrer Wirkungsweise das Tor zur Zukunft. Zwischen Vergangenheit und Zukunft, zwischen Sonne und Mond wird das menschliche Leben gelebt.

Was ist nun aber das Besondere des Frühlingsvollmonds, wenn die genannten Polaritäten in ähnlicher Weise auch beim Herbstvollmond auftreten? Der Frühlingsvollmond ist abhängig vom Äquatordurchgang der *aufsteigenden* Sonne. Zur Beantwortung dieser Frage wird also auf die Sonne verwiesen. Sie regt nicht nur die Rhythmen der Wachstumskräfte im einzelnen Menschen an, sondern auch die großen Epochen der Menschheitsentwicklung, wie es in Kapitel VI als Menschheits-Atem beschrieben wird. Dabei ist die griechisch-lateinische Epoche, in die das Mysterium von Golgatha fällt, die Zeit eines Gleichgewichtes zwischen Außenwelt und Innenwelt, zwischen Wahrnehmung und Idee oder, wenn man so will, zwischen *Natur* und *Geist* im Menschenwesen. Das Hereinwirken der Sternbildkräfte Widder durch das damals vor ihm stehende gleichnamige Zeichen ist die kosmische Gegebenheit für dieses Gleichgewicht zwischen Geistig-Wesenhaftem und Leiblich-Hüllenhaftem im Menschenleben. Es ist bereits geschildert worden (S. 172), wie durch das Mysterium von Golgatha dieser einzigartige Stand des großen Weltenjahres dem irdischen Jahreslauf eingeschrieben und in den Erdenumkreis für alle Zeiten eingesiegelt wurde. Davon wußte auch JOHANNES KEPLER zu berichten, wenn er sagte: »Ein gewisses Bild des Tierkreises und des ganzen Firmaments ist von Gott in die Seele der Erde gedrückt.« Es gilt, daran den Anschluß zu finden, wenn alljährlich nach dem 21. März das Licht der Sonne aus derjenigen Region des Erdenumkreises hereinscheint, in welche die Möglichkeit zu jenem tätigen Gleichgewichthalten eingeprägt ist, obgleich der Frühlingsaufgangspunkt heute in der Richtung eines anderen Tierkreisbildes liegt. Dann ist mit diesem *vierzehnten* Gleichgewicht des Sonnen-Erden-Wirkens der entscheidende Augenblick für das Osterfest herangekommen. Darin liegt eine höhere geschichtliche, weil geistesgeschichtliche Genauigkeit für die Bestimmung dieses Termins. Es darf nicht unerwähnt bleiben, daß der Frühlingsvollmond, der Sonne genau gegenüberstehend, aus jener Richtung des Erdenumkreises hereinleuchtet, in welche die Wirkungen des Sternbildwesens Waage eingeschrieben sind. Das Seelengleichgewicht des erkennenden Menschen kann besonders unter dem Geistesblick dieses Wesens errungen werden. Das ist ein *fünfzehntes* Gleichgewicht. Widder und Waage stehen einander gegenüber. Dem Gleichgewicht von Geist und Natur im geschichtlichen Menschenwerden steht das Seelengleichgewicht des erkennenden Menschen gegenüber. Damit ist ein *sechzehntes* Gleichgewicht gefunden.

Es erhebt sich die Frage, warum diese *Gleichgewichtslagen* so betont herausgearbeitet wurden. Die geschilderten Polaritäten und beweglichen Gleichgewichte sind Erscheinungen im Bereich der Natur und ihrer Gesetzlichkeit. Die Tatsache, daß es im Bereich der Naturgesetze polare Spannungsfelder und deren Ausgleich gibt, ist die Voraussetzung und die Außenseite jenes Zustandes, der im menschlich-seelischen Bereich die *Möglichkeit* zur Freiheit bietet. Freiheit ist kein Dauerzustand. Sie ist der Augenblick des Seelengleichgewichtes als Ausgangssituation für ein menschenwürdiges Handeln. Die Kardinalfrage, wie freies, d.h. moralisches Handeln innerhalb der Naturgesetzlichkeit, der auch unser Leib unterworfen ist, möglich sein könne, wird über die vielerlei Gleichgewichtssituationen im biologischen Bereich einer Lösung näher gebracht. Zur »Philosophie der Freiheit« hinzu wird in Zukunft immer mehr eine *Physiologie der Freiheit* erarbeitet werden müssen.

Die genannten zweimal acht Gleichgewichte erreichen nur *einmal* im Jahr am Sonntag nach Frühlingsvollmond eine größtmögliche Nähe zueinander, so daß sie sich gegenseitig verstärken, wobei die Sonne im Aufsteigen ist. Dieses Zusammenspiel hat die Gottheit zum umhüllenden Zeitenkleid für die Selbsthingabe auf Golgatha ausersehen. Alljährlich, wenn der Sonntag nach Frühlingsvollmond gekommen ist, wird dieses Zeitenkleid in rhythmischer Erneuerung erfüllt und durchströmt von der Opfertat Christi, die er selber dem lebendigen Atmungsvorgang des irdischen Jahreslaufes auf die geschilderte Weise einverwoben hat. Der mit dem Jahreslauf verbundene Mensch wird um die Osterzeit jener Gleichgewichtswirkungen teilhaftig, damit er sich mit der freien Tat des Gottes in Freiheit verbinden kann.

Wenn sich der Mensch in freiwilligem Bemühen mit dem Erdensinn der Auferstehung zu verbinden sucht, dann wird er in seiner Seele tätig und tritt damit aus dem naturgegebenen Gleichgewicht heraus. Ein andauernd bleibendes Gleichgewicht wäre lähmend. Es kann immer nur der *Durchgangsaugenblick* für neues Werden sein. Jede Jahreszeit ist ein Durchgang. Der Name Ostern, den das Passah-Fest im keltisch-germanischen Mitteleuropa erhalten hat, geht auf den Namen einer Frühlingsgöttin zurück, altengl. »Eostrae«, der mit altind. »usra«, griech. »eos«, lat. »aurora« = Morgenröte in Zusammenhang gebracht wird. Die Morgenröte ist die Zeit des Gleichgewichtes zwischen Nacht und Tag, aus der die aufsteigende Sonne hervorgeht. Der Sonntag nach Frühlingsvollmond ist der Tag, an dem ein Teil der geschilderten Gleichgewichtslagen bereits überschritten ist. Das von der Sonne geförderte äußere Wachsen und innere Werden zur Zukunft hin hat gesiegt. Diesen *mehrfachen Sonnensieg* hat WALTHER BÜHLER in seiner Schrift über das bewegliche Osterfest besonders herausgearbeitet (20). In unserer Betrachtung ist der Schwerpunkt auf die sechzehn verschiedenen Erscheinungsformen des *Gleichgewichtes* als *Keimpunkt und Möglichkeit zur Freiheit* gelegt worden. Diese einzelnen Gleichgewichte sind wie Laute einer neuen Sprache zur Darstellung einer *Kosmologie der Freiheit*. Im beweglichen Ostertermin ist mit den beschriebenen Gleichgewichten des Frühlingsvollmondes die gesetzmäßige und von der Natur aus größtmögliche Voraussetzung für die Entfaltung menschlicher Freiheit gegeben. Darin liegt das Einzigartige, die *astronomische Singularität* dieses Tages.[70] Sie zeigt sich auch darin, daß es der einzige Tag ist, an dem nie eine Sonnen- oder Mondfinsternis eintreten kann. Greift der Mensch diese Möglichkeit zur Freiheitsentfaltung auf, dann wird er zum Brückenbauer zwischen Naturordnung und moralischer Ordnung, und es kann sich auch in seinem Herzen die Auferstehung ereignen. Indem die Christenheit die Sonntage und mit ihnen die Wochentage vom beweglichen Osterfest an zählt, wird sie von seinem Segen begleitet durch das Leben des ganzen Jahres.

Man könnte nun der Meinung sein, daß es genüge, die Regel für den Ostertermin als Sonntag nach dem Frühlingsvollmond im Sinne der Väter von Nicäa zu beachten und sie auf der Basis der wahren, astronomischen Daten statt der *zyklischen* Rechnung anzuwenden (vgl. S. 180). Aber auch dieses Verfahren ist nicht ohne Probleme. Wenn man auf die *astronomische* Berechnung übergeht, vergrößert sich die bisherige Beweglichkeit des Osterfestes über die Grenzen zwischen 22. März und 25. April hinaus um einige Tage. Des weiteren wird ein Zusammenfallen von Ostern und Passah möglich, weil die Juden zyklisch rechnen. Und drittens kann das Phänomen der *paradoxen* Osterdaten auch durch die astronomische Bestimmung nicht vollständig beseitigt werden. Jedes zyklisch errechnete Osterdatum, welches gegenüber der astronomischen Auffassung von Äquinoktium und Vollmond eine Ausnahme von der Regel von Nicäa macht, d. h. nicht mit dem astronomischen Termin zusammenfällt, hat Ludwig Lange (104) ein paradoxes Osterdatum beziehungsweise eine Oster*paradoxie* genannt. Solche Paradoxien können um eine oder um vier, ja sogar um fünf Wochen früher oder später als der astronomische Termin liegen. Durch die astronomische Bestimmung können die *Aequinoktial*-Paradoxien ausgeschaltet werden.[71] Andere bleiben wenigstens für einen bestimmten Teil der Erde bestehen. Sie können dann eintreten, wenn der wahre Vollmond sehr nahe an die Mitternachtsstunde von Karsamstag auf Ostersonntag herankommt. Infolge des um die Erde wandernden Datumswechsels fällt ein solcher Vollmond in einem Teil der Erde auf den Samstag, im andern auf den Sonntag. Der Meridian des Datumswechsels wird damit zur *Paradoxiegrenze*. Im letzteren Falle müßte, entsprechend der Regel, Ostern erst am Sonntag nach Vollmond, also acht Tage später sein. Eine solche *Wochen*paradoxie bleibt demnach abhängig vom Erdenort. Für diesen Fall ist eine Einigung auf einen bestimmten Meridian, etwa den von Jerusalem, erforderlich. Aber auch dabei bleibt für einen anderen Teil der Erde die Paradoxie bestehen. Diese Art von Wochenparadoxie ist nicht auszuräumen. Man muß mit ihr leben.[72]

Dadurch kann etwas sehr Gewichtiges deutlich werden. RUDOLF STEINER schildert (167, Nr. 112–114) das Verhältnis des Menschen zur Welt so, daß es gleich der Erde eine vierstufige Entwicklung durchgemacht hat. Im Anfang »war die dem Menschen zugehörige Welt göttlich-geistiger *Wesenheit*. In einer folgenden Entwicklungsetappe war sie es nicht mehr. Da war sie kosmische *Offenbarung* des Göttlich-Geistigen und dessen Wesenheit schwebte hinter dieser Offenbarung«. Auf einer dritten Stufe lebt das Göttlich-Geistige »im Kosmos nicht mehr als Offenbarung, sondern nur noch als *Wirksamkeit*. Es war eine deutliche Zweiheit zwischen dem Göttlich-Geistigen und dem Kosmischen aufgetreten«. Auf der heutigen vierten Stufe wird der Mensch »von einer Welt umgeben, die unmittelbar auch nicht mehr die Wirksamkeit des Göttlich-Geistigen zeigt, sondern nur etwas, das von dieser Wirksamkeit geblieben ist; man kann sagen: nur noch das *Werk* des Göttlich-Geistigen«. Die nach Weltzeit gestochenen Zeitpunkte eines Ortes gehören dieser *Werkwelt* an. Das zeigt sich daran, daß sie zu gleicher Zeit an jedem anderen Orte der Erde ein je anderes Verhältnis zum Kosmos haben. Wenn es in Greenwich mittags 12 Uhr ist, ist es in New Orleans am Mississippi morgens 3 Uhr, an der Ganges-Mündung nachmittags 15 Uhr und auf der Datumsgrenze im Stillen Ozean

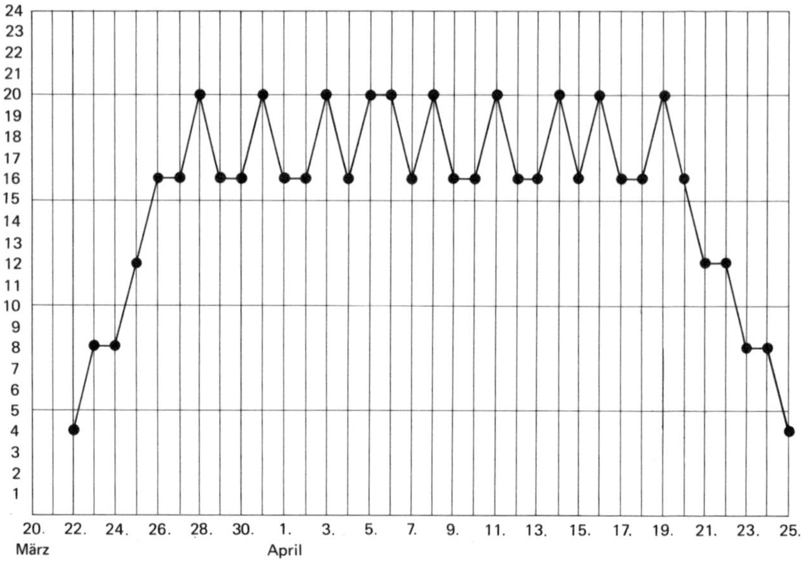

Figur 15 Die Häufigkeit der Osterdaten in der Periode von 532 Jahren im Julianischen Kalender.

Mitternacht. In dieser Gleichzeitigkeit der verschiedenen Tageszeiten wird die *Wirksamkeit* der Zeitenrhythmen anschaubar. Das geschieht aber nicht mehr in der Werkwelt, sondern auf der übergeordneten Ebene der Wirksamkeiten des Lebendigen. Mit dieser Wirksamkeit im kosmischen Geschehen soll Ostern verbunden bleiben. Die an die Monatsdaten gebundenen Feste wie Weihnachten sind lockerer und allein durch den Sonnengang mit dem Kosmos verbunden. Ostern ist das einzige christliche Fest, das durch Sonne *und* Mond im Einklang mit dem Kosmos steht. Denn der Mond ist über die geschilderten Wirksamkeiten im Lebendigen hinaus für die Erde wie eine Antenne, welche auch die Kräfte der anderen Planeten aufnimmt und der Erde zusendet (190, 21. u. 22.4.24). Es geht also bei dieser Betrachtung des Mondes gar nicht um diese allein, sondern um einen Organismus von Wirksamkeiten des ganzen Planetensystems einschließlich der Erde.[73]

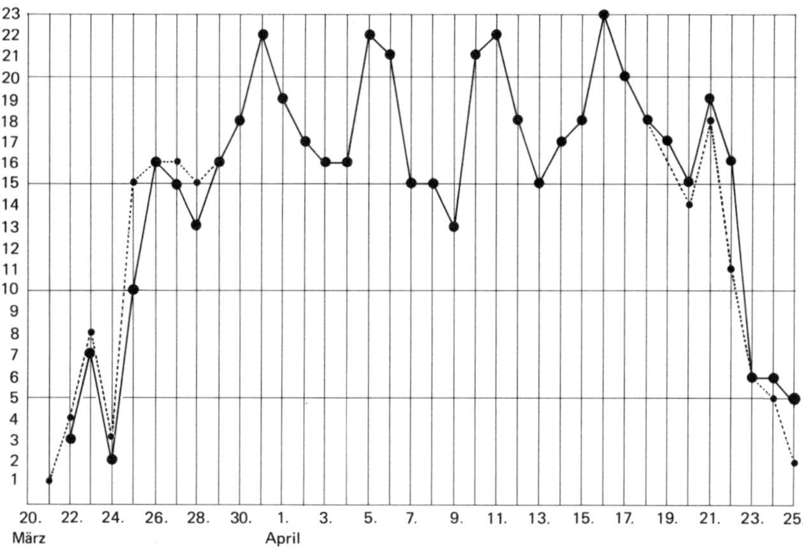

Figur 16 Die Häufigkeit der Osterdaten im Gregorianischen Kalender für die Jahre 1582–2114. (Da im Gregorianischen Kalender keine Periode der Osterdaten besteht, würde die Kurve für einen anderen Zeitabschnitt geringfügig verändert.)

Jede Festlegung des Osterfestes etwa auf ein historisches Datum oder einen bestimmten Sonntag im April würde diese kosmische Komponente ausschalten und das Christentum in diesem Bereich von seiner kosmischen Dimension lösen und zu einem Menschenmachwerk degradieren.

Die Beweglichkeit des Osterfestes kann auch graphisch anschaubar gemacht werden. Dies ist in nebenstehender Figur 15 für den *Julianischen* Osterzyklus von 532 Jahren dargestellt. Die Daten der Osterfeste stehen innerhalb dieser Zeit in einer Reihenfolge, die sich erst nach Ablauf der ganzen Periode in der gleichen Weise wiederholt. Aus der Figur ist nicht die Reihenfolge der Daten, sondern ihre Häufigkeit an den 35 möglichen Osterterminen ablesbar. Diese Häufigkeit in der Reihe der Monatsdaten ergibt beim Julianischen Osterzyklus eine ganz gleichmäßige, auf das Künstliche dieses Zyklus weisende Kurve. Für

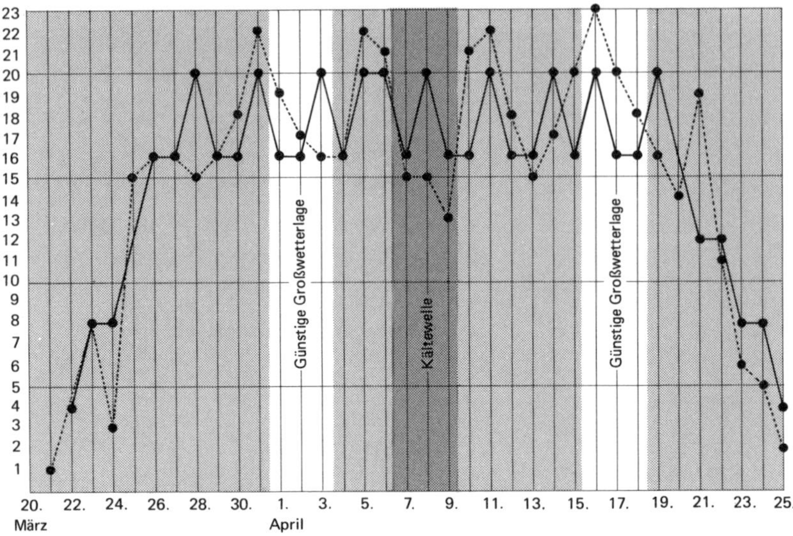

Figur 17 Die Häufigkeit der Ostertermine beider Kalender und die Großwetterlagen in Europa.

den *Gregorianischen* Kalender hätte man eine ganz neue Ostertafel schaffen und sie für jedes Jahrhundert neu aufstellen müssen, weil durch die notwendigen Jahres- und Jahrhundertkorrekturen der Julianische Osterzyklus seine uneingeschränkte Gültigkeit verloren hatte. Um bei der Einführung des neuen Kalenders noch größere Schwierigkeiten zu vermeiden, entschied man sich jedoch für die Beibehaltung des Julianischen Osterzyklus unter Hinzunahme der notwendigen Jahrhundertkorrekturen zur Übereinstimmung mit dem Sonnenlauf (13, S. 40). Durch diese Korrekturen wurde die bisherige Periodizität des Zyklus aufgehoben (vgl. S. 232). Aber durch die nunmehr größtmögliche Übereinstimmung mit dem tropischen Sonnenjahr zeigt die in Fig. 16 dargestellte Kurve der Häufigkeit der Ostertermine im Gregorianischen Kalender nicht mehr die Starrheit des Julianischen Zyklus, sondern jene Elastizität, die allen natürlichen Rhythmen eigen ist. Die Figur 17 zeigt die Häufigkeitskurven des Julianischen und des Gregorianischen Kalenders im Vergleich. Außerdem sind die Großwetterlagen eingezeichnet, deren Studium im Zusammenhang mit den Maxima und Minima der Osterhäufigkeit interessant ist. Der 8. April liegt in der Zone eines alljährlichen Kälteeinbruchs, der auffälligerweise ein Minimum von Osterdaten zeigt. In dem vorgeschlagenen fixierten Kalender soll dieser Tag für alle Zeiten der Ostertermin werden. Dieser starre Kalender enthielte dann diese sprechende Kurve der Verteilung der beweglichen Osterfeste nicht mehr. Die Tabelle IV der Anmerkung 89 enthält die beweglichen Osterdaten von 1580–3000, die Tabelle V die Osterparadoxien zwischen 1590 und 2500 und ihre astronomischen Korrekturen.

Die Frühlingstagundnachtgleiche und der folgende Vollmond gehören zur Schöpfungswelt. Diese ist für den Menschen vorgegeben. Sie ist zu einem großen Teil eine Welt des *Berechenbaren*, in die der Mensch durch sein spontanes geistiges Leben ein Element des *Unberechenbaren* hineinträgt. »Der Mensch vollbringt sein Leben zwischen Geburt und Tod so, daß ihm im Berechenbaren die leibliche Grundlage zur Entfaltung des innerlichen geistig-seelischen freien Unberechenbaren geschaffen wird. ... In der ›Geschichte‹ lebt sich auf Erden das Unberechenbare aus. ...« (167, Nr. 140–143). Das zentrale geschichtliche Ereignis ist das Mysterium von Golgatha. Die dadurch eingeleitete »Erlösung« des Menschen läßt die vorgegebene Möglichkeit der Freiheit zur Wirklichkeit werden. Mit Christus ist »das freie Gottes-Element in das berechenbare Erd-Element« eingetreten, »Christus wirkt in völliger Freiheit in dem Berechenbaren« (s. o.). Dadurch, daß der Ostervollmond an 35 verschiedenen Tagen eintreten kann, kommt in die Berechenbarkeit der Natur zugleich eine Beweglichkeit. Hinzu kommt, daß sich keine Konstellation genau in der gleichen Stellung wiederholt. Auch der Tag, die Woche und der Monat sind nicht ganzzahlig in der Jahreslänge enthalten. Man muß mit irrationalen Zahlen rechnen. Das sind Zahlen, die nicht ganz genau *aus*gerechnet werden können. In dieser Tatsache und der erwähnten beweglichen Verschiedenheit der Konstellation von Sonne und Mond kann man ganz allgemein und von der Natur her ebenfalls die Möglichkeit zur Freiheit veranlagt sehen. Mit dem Sonntag des weisheitsvollen Wochenrhythmus kommt ein Element hinzu, das von der Natur nicht vorgegeben ist, sondern vom Menschen in freier Tat hinzugefügt wird. Denn »das Ereignis von Golgatha ist die freie kosmische Tat der Liebe innerhalb der Erdengeschichte; sie ist auch nur erfaßbar für die Liebe, die der Mensch zu diesem Erfassen aufbringt« (s. o.).

Dadurch wird die erste Schöpfung hinübergeführt in die zweite Schöpfung, die mit Christus begonnen hat. Diese wird durch die Menschen, die Christus »in sich beleben« aus der Möglichkeit in die Wirklichkeit erhoben. Zur göttlichen Schöpfung als »Werk« und »Wirksamkeit«, wie sie bereits beschrieben wurden (vgl. S. 189), dürfen *Offenbarung* und göttliches *Wesen* vom durchchristeten Menschen hinzugewonnen werden. Das ist der Weg vom *Naturgesetz* zur *Freiheit*, den Paulus im Römerbrief beschreibt. Das meint auch JOHANNES KEPLER, wenn er den unparteiischen Mathematicus in seinem Dialog über den Kalender (104, S. 69) unvergleichlich kurz und bündig sagen läßt: »Ostern ist ein Fest und kein Stern.« Es wird deshalb das Osterfest in Zukunft die Gemeinschaftstat derer sein müssen, die den Christus als den Helfer und Führer zur Freiheit erkennen und anerkennen wollen.

V. Lebens-Atem
Das Menschenleben

Es fragen die Menschen
Nach des Welträtsels Lösung
Und versäumen darob
Zu schauen, wie das Leben
In seinem Folge-Rhythmus
Dieses Rätsels
Wahre Lösung ist.
Rudolf Steiner (172)

29. Lebens-Zeit

Bisher sind die von der Natur vorgegebenen Zeiten im wesentlichen in ihrem Zusammenspiel mit den Wesensgliedern des Menschen betrachtet worden. Es zeigten sich

der Tag als Rhythmus des Ich
die Woche als Rhythmus der Seele
der Monat als Rhythmus des Lebens
das Jahr als Rhythmus des Leibes.

Im Folgenden soll nun der Blick über das einzelne Jahr hinaus auf diejenigen Zeitenrhythmen gelenkt werden, die eine kleinere oder größere Reihe von Jahren umfassen. In der Natur gibt es neben der großen Zahl der *ein*jährigen Pflanzen und Tiere die *zwei*jährigen und die vielen *mehr*jährigen bis hin zu den tausendjährigen Ölbäumen, Rosenstöcken, Linden, Eichen und Mammutbäumen. Das Menschenleben ist zwischen die Einjährigkeit und die Vieljährigkeit der Natur mit einem *mittleren* Zeitenrhythmus eingefügt. Trotz der in vergangenen Zeiten und bei Naturvölkern auch jetzt noch geringeren Lebensdauer und der heute durchschnittlich meist höheren »Lebenserwartung«, gilt für den Menschen das »Biblische Alter« auch heute noch. In Psalm 90 wird es genannt: »Unser Leben währet siebzig Jahre und wenn's hoch kommt, so sind's achtzig Jahre und wenn es köstlich gewesen ist, dann ist es Mühe und Arbeit gewesen.« Gemeint ist, daß ein Leben voll Mühe und Arbeit »aus der Freude am Schaffen und aus der Hingabe an ein größeres Ganzes« (107, S. 34) durchaus nicht mißlungen, sondern ein gelungenes Leben ist. Und dabei ist kein Jahr dem anderen gleich. Jeder, der die Natur beobachtet, bemerkt, wie verschieden die Jahre zum Beispiel im Pflanzenreich hinsichtlich des Keimens, des Wachsens, der Blüten- und Fruchtbildung sind. RUDOLF STEINER hat auf den Zusammenhang dieser Tatsachen mit der jährlich wechselnden Oster-Konstellation hingewiesen (157, S. 276). An dieser Konstellation wirken alle bisher aufgezeigten Rhythmen mit. Es sollen zunächst die kleineren Folgen von Jahren betrachtet werden. Das Menschenleben als ein einziger großer Atemzug innerhalb noch umfassenderer Zeitenkreise ist Gegenstand des folgenden Kapitels. Eine Reihe von kleineren Jahresfolgen wird schon in dem Weisheitsbuch des Alten Testamentes, dem Prediger Salomonis (Kapitel 3), in vierzehn aufsteigenden und vierzehn abschließenden Stufen mit den Worten aufgezählt: »Jedes Ding hat seine Zeit«. »Alles hat seine bestimmte Stunde, jedes Ding unter dem Himmel hat seine Zeit. / Geboren werden hat seine Zeit, und Sterben hat seine Zeit./ Pflanzen hat seine Zeit, und Ausreißen hat seine Zeit./ Töten hat seine Zeit, und Heilen hat seine Zeit./ Einreißen hat seine Zeit, und Bauen hat seine Zeit./ Weinen hat seine Zeit, und Lachen hat seine Zeit./ Klagen hat seine Zeit, und Tanzen hat seine Zeit./ Steine wegwerfen hat seine Zeit, und Steine sammeln hat seine Zeit./ Umarmen hat seine Zeit, und Sichmeiden hat seine Zeit./ Suchen hat seine Zeit, und Verlieren hat seine Zeit./ Behalten hat seine Zeit und Wegwerfen hat seine Zeit./ Zerreißen hat seine Zeit, und Nähen hat seine Zeit./ Schweigen hat seine Zeit, und Reden hat seine Zeit./ Lieben hat seine Zeit, und Hassen hat seine Zeit./ Der Krieg hat seine Zeit, und der Friede hat seine Zeit.«

Die vorgeburtliche Werdezeit des Menschen zählt man auch heute noch nach dem Rhythmus des Lebens, nach Monaten zu 28 Tagen. Sie beträgt rund 10 mal 28 Tage, das sind *40 Wochen.* Der erste größere Inkarnationsrhythmus nach der Geburt umfaßt dann die ersten *drei*

Lebensjahre. In dieser Zeit erringt sich das Kind die Grundlagen für die drei wichtigen Fähigkeiten Gehen, Sprechen und Denken. Damit hat das Ich eine erste entscheidende Stufe seines allmählichen Erscheinens erreicht (165). Es hat sich innerhalb von drei Sonnenjahren »gezeitigt«. Drei Sonnenjahre sind um die kleine Differenz von drei Tagen mehr als 1092 Tage, die 40 siderischen Monaten entsprechen. Nun sind aber 40 siderische Monate genau 37 synodische Monate. Es ergibt sich also:

37 synodische Monate	=	1.092,63 Tage
40 siderische Monate	=	1.092,87 Tage
3 Sonnenjahre	=	1.095,73 Tage

Hier leuchtet im Bereich der kosmischen Rhythmen etwas von der göttlichen Weisheit auf, die man als »Schöpfungswunder« in Ehrfurcht anerkennen darf (145, S. 110).

In der ganzzahligen Rechnung des babylonischen Rundjahres, die auch dem platonischen Weltenjahr (vgl. S. 284) zugrunde liegt, ergeben 36 Monate zu je 30 Tagen = 1080 Tage = 3 Jahre zu 360 Tagen. Die Differenz zum Sonnenjahr beträgt mit 5,24 Tagen nur 1,4%. Im Weltenjahr sind 3 Jahre eine Weltenstunde. – Die alten Babylonier haben jedoch mehrere Rechenmethoden gekannt und nebeneinander angewendet. So kannte man neben dem Rhythmus der drei Rundjahre auch den von 40 synodischen Monaten, nach babylonischer Rechnung eine Zeit von 1 183 Tagen, (nach heutiger 1181,2 Tage). Das sind 3 Jahre, 3 Monate, 1 Tag und 10 Stunden. So lange soll nach einem babylonischen Mythos, der in der berühmten Bibliothek des Königs Assurbanipal auf Tontafeln niedergeschrieben war, der Kampf eines Lichtgottes gegen ein Ungeheuer gedauert haben. Emil Funk erwähnt diesen Mythos in seinen Studien über die drei Jahre des Christuswirkens (47, S. 14). Er hat für die Zeit von der Jordantaufe am 6. Jan. 30 bis zur Kreuzigung am 3. April 33 vierzig synodische Monate mit 1 183 Tagen errechnet. Da sich in den drei Jahren des Christuslebens bis in Einzelheiten hinein kosmische Ereignisse im Erdengeschehen zeigen, darf mit gutem Grund vermutet werden, daß auch dieser Rhythmus von 40 synodischen Monaten gerade durch den Unterschied zu den 40 siderischen Monaten von genau drei Jahren seine besondere Bedeutung hat.

Die Frage nach dem Ausgleich des siderischen und synodischen Mondumlaufes wird von THOMAS MICHAEL SCHMIDT weiter verfolgt (145, S. 81). Es ergibt sich eine Reihe von Ausgleichsjahren, bei der die Differenzen der beiden Rhythmen nur rund einen halben Tag betragen. Dieser *Ausgleich* zwischen synodischem und siderischem Mondumlauf tritt dem Erdenjahr gegenüber durchschnittlich um sechs Tage verfrüht oder verspätet auf. Es ergibt sich die folgende Reihe:

1 Jahr	=	12 synod. Monate	=	12	+	1 sider. Monat
2 Jahre	=	25 synod. Monate	=	25	+	2 sider. Monate
3 Jahre	=	37 synod. Monate	=	37	+	3 sider. Monate
5 Jahre	=	62 synod. Monate	=	62	+	5 sider. Monate
8 Jahre	=	99 synod. Monate	=	99	+	8 sider. Monate
13 Jahre	=	161 synod. Monate	=	161	+	13 sider. Monate
21 Jahre	=	260 synod. Monate	=	260	+	21 sider. Monate
34 Jahre	=	420 synod. Monate	=	420	+	34 sider. Monate
55 Jahre	=	680 synod. Monate	=	680	+	55 sider. Monate
89 Jahre	=	1101 synod. Monate	=	1101	+	89 sider. Monate
144 Jahre	=	1781 synod. Monate	=	1781	+	144 sider. Monate

usw.

Jede einzelne Zahl dieser Reihe ist die Summe der beiden vorangehenden. Diese Zahlenreihe der Jahre führt überraschenderweise auf den *Goldenen Schnitt*, die stetige Teilung. Wenn man sein Verhältnis durch den unendlichen Dezimalbruch 1,618 ... ausdrückt, kann man daraus umgekehrt durch Multiplikation die zunächst aufgerundete, dann aber immer genauer werdende ganzzahlige Reihe 1, 2, 3, 5, 8, 13 ... hervorgehen lassen. Für das Menschenleben sind die Jahre des wundervoll gesetzmäßigen Ausgleiches zwischen diesen beiden Rhythmen wichtig. Denn der Rhythmus *des Lebens* hat seine kosmische Entsprechung im siderischen Monat, während der Rhythmus *der Seele* mit den Mondphasen, also dem synodischen Mondumlauf verwandt ist (vgl. S. 105). Der gegenseitige Ausgleich beider Rhythmen untereinander und zugleich mit dem vollen Jahresgang der Sonne gibt den in dieser Reihe stehenden Lebensjahren ihren besonderen Charakter. Das gilt auch für die Vielfachen dieser Zahlen. Dadurch ergibt sich ein vielschichtiges *Rhythmengefüge*, bei dem für das Menschenleben die Perioden von 1, 2, 3, 5 Jahren sehr oft, die von 8, 13, 21, 34 seltener und die von 55 und 89 Jahren nur einmal wiederkehren. Dieses beständig wechselnde *Ineinanderwirken* von Seele und Leben wird die Eigenart jedes einzelnen Jahres deutlicher zeigen, wenn einmal mehr auf die feineren Abstufungen dieser Zeiten und Rhythmen im Menschenleben geachtet wird.

50 synodische Monate sind um 15,5 Tage mehr als genaue *vier Jahre*. Diese Periode war die Grundlage der griechischen Zeitrechnung nach Olympiaden. Das Wort olympias meint zunächst den Zeitraum von vier Jahren von einem olympischen Fest zum anderen. Dieses Fest war in alten Zeiten rein kultischer Natur mit gymnastischen, musischen und religiösen Übungen. »Alle Gymnastik der Jünglinge war eine Geburtshilfe für das Geistig-Seelische im Leibe. Sie brachte zur Vollendung dasjenige Werden, das nach der Zeugung im Mutterleibe begonnen und in der zarten Kindheit sich fortgesetzt hatte« (53, S. 310). Das ausgewogene Gleichgewicht zwischen Leib und Geist, zwischen göttlicher Natur und göttlichem Geist im Menschen war das Ziel griechischer Menschenbildung. Deshalb konnte Olympia, das keine Stadt sondern nur eine von Priestern bewohnte Kultstätte war, zum Nationalheiligtum aller Griechen werden. Obwohl die Spiele viel älter sind, zählte man in Griechenland ab 776 v. Chr. nach Vierjahresperioden, eben nach den Einheiten von je 50 Monden. Weil im Jahre 776 erstmalig der Name des Siegers Koröbos aufgezeichnet wurde, zählt man von hier ab die Olympiaden. Koröbos war Sieger im Schnellauf. Er soll Koch gewesen sein. – Das altrömische Lustrum ist ein Jahrfünft, dessen Herkunft noch beschrieben werden soll (S. 275).

Auch in den *Umlaufzeiten der Planeten* zeigt sich die göttliche Harmonie unseres Planetensystems in erstaunlichen Gleichungen. Wir entnehmen der Arbeit von Th. M. Schmidt die folgenden Zahlen der synodischen Umlaufszeiten:

Mond	+	Venus	+	Merkur	=	2	Sonnenjahre
29,5		583,9		115,9	=	729,3	Tage

Für die Obersonnigen gilt:

Mars	+	Jupiter	+	Saturn	=	2	Marsjahre
779,84		398,88		378,09	=	1556,81	Tage

Es besteht also eine Symmetrie zwischen den unter- und obersonnigen Planetengruppen. »Die Summe der Umlaufszeiten der drei obersonnigen Planeten verhält sich zur Summe der Umlaufszeiten der drei untersonnigen Himmelskörper wie die Umlaufszeit des Mars zu der der Sonne. In diesem Grundverhältnis – dessen mathematische Werte sehr genau bis auf Tausendstel übereinstimmen – haben wir eine erste Gesamtgleichung des engeren synodischen Planetensystems« (145, S. 21 f.). Auch für das Planetensystem als Ganzes ergibt sich eine wunderbare Gleichung:

Mond +	Venus +	Merkur +	Sonne +	Mars +	Jupiter +	Saturn	=	7 Saturn
29,5	583,9	115,9	365,24	779,84	398,88	378,09	=	2651 Tage

Sieben Saturnumläufe sind 2647 Tage. »Saturn als der äußerste der sieben Himmelskörper harmonisiert damit die Bewegungen der übrigen Planeten und faßt diese sozusagen zusammen.« Noch erstaunlicher tut dies der Mond:

Mondjahr +		Saturn	=	2 Sonnenjahre	(2,0054)
Mondjahr +		Jupiter	=	2 Saturnumläufe	(1,9923)
Mondjahr +		Mars	=	3 Saturnumläufe	(2,9999)
Mondjahr +	2	Merkur	=	1 Venusumlauf	(1,0039)

Die hier beigefügten mathematischen Werte zeigen die Rhythmuseigenschaften der *Periodizität* in der hohen Genauigkeit und der *Elastizität* in der, wenn auch kleinsten, Differenz der Umlaufzeiten gegenüber ihren ganzzahligen Werten. »Alle sieben Umlaufszeiten lassen sich als Summen oder Differenzen zweier anderer Umlaufszeiten darstellen, von denen eine das Mondjahr ist. Damit ist das Mondjahr das wichtigste Verbindungsglied und Bauelement des Planetensystems... Das Mondjahr aber bezieht sich auf Sonne und Mond zugleich.« Schmidt bringt eine Fülle solcher Gleichungen, die in immer neuer Weise den weisheitsvollen Zusammenklang unseres Planetensystems mathematisch aufzeigen. – Albrecht Haushofer hat in seinem 42. Lebensjahr in der Gefängniszelle angesichts des Todes seine Lebensrückschau in die strenge Form der 80 »Moabiter Sonette« gebracht. Eines davon beschreibt das Wunder der Keplerschen Gesetze, die Harmonie der Zahl als Weltenton:

Kosmos

Ob sich in Klängen wie zu freier Wahl,
im Keplerschen Gesetz ihr Sinn enthüllt,
es muß wohl sein, daß diese Welt erfüllt
geheimnisvolle Harmonie der Zahl.

In Strahl und Schwingung zu gemessnem Spiel
umwebt sich aller Stoff und löst sich wieder,
und alle Formen sind gewollte Glieder
in einem Weltgesetz, vor einem Ziel. –

Wer je den großen Bau der Welt bedacht,
und fühlte nicht, wie Gottes hoher Geist
noch über den Gesetzen wacht und kreist –

wie blind erscheint, wer Schöpfertum verlacht!
Wir kennen kaum den kleinsten Teil davon:
Gesetz ist Wunder, Zahl ist Weltenton.

30. Jahrsiebente

Eine besondere Bedeutung im Menschenleben hat die Periode von *sieben* Jahren. Sie war schon im Altertum bekannt, zum Beispiel bei den Juden. Bei ihnen war das siebente Jahr nach sechs Arbeitsjahren ein *Sabbat-* oder *Erlaßjahr*. Es war gleich dem Wochensabbat weitgehend der Ruhe gewidmet. Da sollten die Äcker nicht bestellt, und es sollte auch nicht geerntet werden, was von selber wuchs. Das Land sollte ruhen, die Schuldner nicht zur Zahlung gedrängt werden. Zeitweise wurden den Israeliten im Sabbatjahr sogar von fremden Herrschern die Steuern erlassen.

Auch die Römer kannten diese Periode und hatten das Wort septennium dafür. Die Steuerfestsetzungen waren meist nach Septennien eingerichtet. – Auf einen inneren siebenjährigen Entwicklungsweg der Seele im Zusammenhang mit einer Einweihung weist der Mythos von Odysseus. Nach dem Schiffbruch, bei dem alle Gefährten ums Leben kamen, rettet er sich zur Nymphe Kalypso, die ihn sieben Jahre pflegt.

Im Kapitel der Siebentagewoche ist die Benennung und die Reihenfolge der Wochentage beschrieben worden (vgl. S. 92 ff). Die Wochentage und auch die einzelnen Stunden des Tages erlebte man von den Planeten-Intelligenzen durchwirkt. Der Einfluß der einzelnen Planeten-Götter in der Reihe eines Jahrsiebents ist ebenfalls eine Jahrtausende alte Anschauung. Dabei »regiert« je ein Planet die Zeit vom 21. März eines Jahres bis zum 20. März des folgenden Jahres. Im Anschluß an die Überlieferung zeigt die Tabelle die Regenten für 7×7 Jahre unseres und des folgenden Jahrhunderts:

Saturn	1965	1972	1979	1986	1993	2000	2007
Jupiter	1966	1973	1980	1987	1994	2001	2008
Mars	1967	1974	1981	1988	1995	2002	2009
Sonne	1968	1975	1982	1989	1996	2003	2010
Venus	1969	1976	1983	1990	1997	2004	2011
Merkur	1970	1977	1984	1991	1998	2005	2012
Mond	1971	1978	1985	1992	1999	2006	2013

An der Schwelle der Neuzeit versuchte man, solche letztendlich aus den Mysterien des Alterstums stammenden Überlieferungen durch die äußere Naturbeobachtung zu erhärten. Wo dies nicht gelang, glaubte man, sich davon lösen zu müssen, um nicht in die Haltlosigkeit eines Aberglaubens abzugleiten. Die Menschen an dieser Zeitenschwelle hatten schwer zu ringen zwischen dem alten und dem heraufkommenden neuen Erleben. J. KEPLER gehört zu ihnen. In seiner Seele leben noch die Offenbarungen des alten Wissens, und zugleich ist er der Entdecker der grundlegenden mathematisch-physikalischen Gesetze der Planetenbewegungen. Ein jüngerer Zeitgenosse Keplers ist der gelehrte Abt des Zisterzienserklosters Langheim bei Lichtenfels in Oberfranken, MAURITIUS KNAUER (Abb. 16). Er ist am 14. März 1613 in Weismain bei Lichtenfels geboren und am 9. Nov. 1664 gestorben. Knauer wird an seinem 18. Geburtstag Mönch und in seinem 37. Lebensjahr Abt. Er ist Theologe, Astronom, Landwirt, Weinbauer, Gärtner und Arzt. Seiner Zeit gemäß greift er die überlieferte Planetenlehre auf. In der Methode seiner Naturbeobachtung jedoch hilft er einer neuen Zeit zum Durchbruch. Er richtet sich ein *Wetter-Observatorium* ein und zeichnet über sieben Jahre – von 1652 bis Ende 1658 – das Wetter eines jeden Tages genaustens auf. Nun hat er sieben verschiedene Jahre, die er für sieben planetarisch bedingte Witterungsklassen hält, die einander für alle Zeiten unerschütterlich ablösen, so wie Frühling, Sommer, Herbst und Winter. Hier wird erschütternd deutlich, daß zwar eine exakte Naturbeobachtung einsetzt, die aber durch eine viel zu kurze Dauer, verbunden mit alten Vorurteilen, zu schiefen Folgerungen führt. Denn die Vermutung, daß auch das Wetter Gesetze und Perioden hat, ist richtig. Aber auch die heutigen meteorologischen Beobachtungen sind noch nicht umfassend und fein genug, um die Gesetze und Perioden des Wetters vollgültig formulieren zu können. Aus seinen Beobachtungen und der vermuteten Periodizität stellt nun Knauer ein »Calendarium Oeconomicum Practicum Perpetuum. Daß ist Bestendiger Hauß Calender«, auf. Das vollständige Titelblatt der ältesten Handschrift, die den Verfasser nennt, hat den wichtigen, später weggelassenen Zusatz: »Auff daß Franckhenlandt und sonderlich auff das Stifft Bamberg gerichtet.« Der Plan der Beobachtungen verzeichnet: Den Planeten – Jahr insgesamt – Frühling – Sommer – Herbst – Winter – Sommerbau – Winterbau – Herbstsaat – Obst – Hopfen – Weinbau – allgemeine Regel für alle Jahre – Wind, Güsse und Ungewitter – Ungeziefer – Fische – Krankheiten – Partikularwitterung des Planeten – die Monate des Planeten. In seiner Vorrede teilt Knauer sprichwortartige »allgemeine und grundlegende Erfahrungssätze« mit. Darin heißt es: »Der Wein gerät nicht sieben Jahr nacheinander und schlägt auch nicht sieben Jahr um« oder »der Wein gerät mindestens in sieben Jahren einmal. Wenn der Wein in sieben Jahren einmal gerät, so bezahlt er seinen Bau, was dann wahr ist, wenn der Wein erst nach drei, vier oder fünf Jahren verkauft wird. Man soll die Weinberge um eines Jahres Willen siebenmal bebauen.« In der gleichen Weise äußern sich die Westfalen: »Das Getreide wird mindestens alle sieben Jahre einmal teuer.« Dieses Überschauen des Landbaues in Septennien, in Siebenjahres-Perioden scheint allerdings den Zeiten und Rhythmen des Lebens angemessener als das bloße Vergleichen der einzelnen Jahresbilanzen eines Bauernhofes. Die Grundlage dessen, was später zum *Hundertjährigen Kalender* geworden ist, gehört zur Beschreibung der Jahrsiebente in der Natur. Die späteren Mißverständnisse und Entstellungen dieser Grundlagen sind unter den Spezial-Kalendern (vgl. Anm. 56) schon erwähnt worden.

Die Siebenjahres-Perioden im geistigen und sozialen Leben sowie im Naturgeschehen entsprechen den Siebenjahres-Rhythmen des einzelnen Menschenlebens. Dabei darf jedoch die jeweilige *Reihenfolge* nicht übersehen werden. Die Tagesstunden (vgl. S. 95) und die Jahre werden durch die Planeten in der Reihenfolge vom Saturn zum Mond »regiert«. Dabei wird ein Weg gegangen, der von außen nach innen, von den Grenzen unseres Planetensystems zur Erde hinführt. Geistig Wesenhaftes wird von der Erde gleichsam *eingeatmet*. In den Siebenjahresrhythmen der menschlichen Entwicklung ist aber die Reihenfolge der zu durchlebenden inneren Planetenbereiche gerade umgekehrt. Mit der Geburt setzt mitten im Werden des Erdenmenschen bereits dessen *Ausweitung* ins Kosmische wieder ein. Sie geht von der Monden-Verbundenheit im Kindesalter des ersten Jahrsiebents bis zur Ausweitung des Bewußtseins in jene Erlebnisse, die der Mensch durch das Wesenhafte des Saturns in der Zeit zwischen seinem 56. und 63. Lebensjahr haben kann. Eine Art *Ausatmen* und sich-Verbinden mit immer umfassenderen Bereichen des geistigen Daseins findet statt. Ein drittes ist die besondere Reihenfolge der Wochentage und ihrer

Planetenbezüge. Sie entspricht den bereits beschriebenen (vgl. S. 94) großen Werderunden der Erde und bewirkt in ihrer Wechselfolge ein *Gleichgewicht* zwischen der Einatmung der Welt, dem damit verbundenen Einzug in Erde und Menschheit durch die Stunden- und Jahresfolge und der wie in einer *Ausatmung* sich vollziehenden Verbindung des Menschen mit der Welt in den Runden von der Geburt bis zum Tod und darüber hinaus.

Mit dem *siebenten* Jahre ist der vererbte Leib durch die eigene Lebenstätigkeit, die sich auch der Kinderkrankheiten zum Umbau bedient, weitgehend umgestaltet. Diese erste Arbeit des Menschenwesens findet durch das Hervorbringen der zweiten Zähne einen gewissen Abschluß. Die große Monden-Mutter hilft dem Menschen beim Aufbau dieses eigenen Leibes. Ein Teil der nun freigewordenen Lebenskräfte steht erst jetzt für das schulische Lernen voll zur Verfügung. Man kann sagen: Erst jetzt wird der Lebensleib geboren. Er wird im zweiten Jahrsiebent vornehmlich durch alles rhythmische Geschehen ernährt. Denn »Rhythmus trägt Leben« (69, S. 55). Die Entfaltung des Menschenlebens in Siebenjahres-Stufen ist altes Erfahrungswissen. Im Hinblick auf seinen Sohn Hans sagte MARTIN LUTHER: »... das siebente Jahr wandelt allzeit den Menschen. So ist das siebente Jahr eines jeden Menschen ein Stufenjahr, welches ein neues Leben, einen neuen Charakter und einen anderen Zustand herbeiführt« (218). Im zweiten Jahrsiebent tragen noch »Merkurs gliedbewegende Schwingen« (190, 22.4.24) das kindliche Leben. Die um das 14. Lebensjahr eintretende Erdenreife beruht auf tiefgehenden seelischen Veränderungen. Da will die Seele geboren werden. Die Konfirmation, die in der Christengemeinschaft nicht während der Passionszeit sondern in der Osterzeit nach dem vollendeten 14. Lebensjahr vollzogen wird, ist die intim wirksame sakramentale Hilfe für dieses Geschehen. In der Sonntagsfeier für die Kinder und in den Religionsstunden wird das Kind im zweiten Jahrsiebent auf die Konfirmation vorbereitet. Dabei ist es ein offenbares, rhythmisches Geheimnis, daß sieben Jahre 365 Sonntage haben, so viel als ein Jahr Tage hat. Man darf also in sieben Jahren ein ganzes Jahr Sonntag feiern. Da die vorangehende Zeit der Kindheit bis zur Konfirmation sich auch durch ihre immer noch wirksame »Himmelsnähe« stark von dem dritten Jahrsiebent unterscheidet, hat die Christengemeinschaft für Kinder, die vor dem 14. Lebensjahr sterben, ein eigenes Bestattungsritual, das sich von dem für Erwachsene wesentlich unterscheidet. – Im Einklang mit den wahren Lebensrhythmen führt das 21. Lebensjahr zum allmählichen Freiwerden des Ich. Deshalb war es bis in die Gegenwart das Jahr der Volljährigkeit oder Mündigkeit. Das dritte Jahrsiebent ist die Zeit, in der die ganze Seelenschönheit des werdenden Menschen aufleuchten kann. »Der Venus liebetragende Schönheit« ist vor allem Seelenschönheit. Im Volksmund spricht man von dieser Zeit als von »tausend Wochen«, das sind 19,17 Jahre oder von 3 × 360 Wochen, das sind 1080 Wochen.[74] Diese Zahl ist der 24. Teil von 25 920, oder die Hälfte von 2160. Das sind 20,7 Jahre, also nahe dem 21., wie die 1000 Wochen = 19,17 Jahre dem Mondknoten mit 18,6 Jahren nahe sind. Die Siebener-Perioden zeigen sich von jetzt an nicht mehr so sinnenfällig in den leiblichen Veränderungen, aber umso deutlicher im seelisch-geistigen Bereich. Das 28., 35., 42., 49., 56., und 63. Lebensjahr sind gleicherweise wichtige Stufenjahre. Dabei werden drei mittlere Siebenheiten vom 21. über das 28. und 35. bis zum 42. Lebensjahr vorwiegend aus der Wesensüberfülle des Weltenherzens, »von der Sonne erkraftet«. In entsprechender Weise gilt dies für das siebente, achte und neunte Jahrsiebent von Mars, Jupiter und Saturn. Für neun Jahrsiebente ergibt sich das folgende Bild:

Mond Merkur Venus Sonne Mars Jupit. Saturn

1 7 14 21 28 35 42 49 56 63

Die Regenten der Jahrsiebente im Lebenslauf folgen der Planetenordnung im Raum. Das innere Leben wächst gleichsam sphärisch und erreicht immer größere Dimensionen (193, 18. u. 29. 5. 24). Es ist wie ein großes Ausatmen. Die Reihenfolge der einzelnen Jahresregenten (vgl. S. 202) ist ebenfalls die der Planetenordnung, aber von außen nach innen, vom Saturn bis zur Mondensphäre auf die Erde zu und ist so wie ein gewaltiges Einatmen. Während diese beiden Jahrsiebent-Perioden mehr den Erdenraum des Menschenlebens berühren, sind die Septennate der Wochentagsfolge und die Folge der regierenden Zeitgeister (vgl. S. 258) mit den großen Zeiten-Werderunden von Erde und Menschheit im Einklang. Dabei entspricht die Wochentagsfolge (vgl. S. 94) dem *Erden-Werdegang*, während die Reihenfolge der Zeitgeister (vgl. S. 259ff.) die Evolution im *Spiegelbild* zeigt. Es folgen sich

Gabriel	Michael	Oriphiel
Mond	Sonne	Saturn

Beide Gruppen dieser Septennate sind im Werk RUDOLF STEINERS in ihren verschiedenen Zusammenhängen mit dem Werden von Erde und

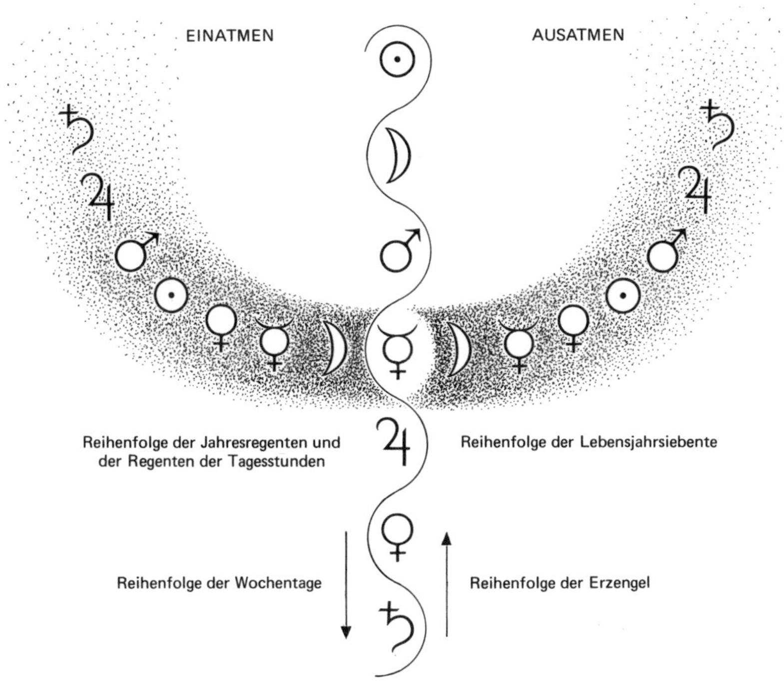

Figur 18 Die Reihenfolge der Planeten: Als Regenten des Jahres und der Tagesstunden, der Jahrsiebente des Menschenlebens, der Wochentage und der Erzengelepoche.

Menschheit dargestellt. Bei der Schilderung der Ephesischen Logos-Geheimnisse in den letzten Ostervorgängen (190) hat R. Steiner einen diesbezüglichen zusammenfassenden Spruch geprägt, der in der Wochentagsfolge mit dem *Sonntag* beginnt:[75]

Weltentsprossenes Wesen, du in Lichtgestalt,
Von der Sonne erkraftet in der Mondgewalt,

Dich beschenket des Mars erschaffendes Klingen
Und Merkurs gliedbewegende Schwingen,

Dich erleuchtet Jupiters erstrahlende Weisheit
Und der Venus liebetragende Schönheit –

Daß Saturns weltenalte Geist-Innigkeit
Dich dem Raumessein und Zeitenwerden weihe!

Durch diese Ergebnisse anthroposophischer Geistesforschung wird heute eine geistgemäße *Biographik* möglich. Rhythmen und Zuordnungen werden anschaubar. Im Anschluß daran und ergänzt durch eigenes Studium wird »Der Lebenslauf und seine Gesetze« konzentriert und treffend von DIETHER LAUENSTEIN beschrieben (107, siehe auch 234).

Darüber hinaus sind dem Lebensgang des Menschen noch viele andere einfache und zusammengesetzte Rhythmen einverwoben. Einige davon sind durch die siderischen Umlaufszeiten der Planeten und deren Vielfache markiert. Die Tabelle zeigt die *siderischen* Umlaufszeiten der Planeten nach Jahren und Tagen:

	Merkur	Venus	Erde	Mars	Jupiter	Saturn
Sider. Umlauf in Jahren	0,24	0,62	1,00	1,88	11,86	29,46
Sider. Umlauf in Tagen	87,969			686,98	4333	10759

Viele Ereignisse unseres Lebens zeigen sich bei genauerem Studium durch Zeiten verbunden, welche diesen Sternenrunden entsprechen. Ihre Vielfachen kommen hinzu. Der Rhythmenbereich der *synodi-*

schen Umläufe, deren Vielfache und Summen untereinander ist schon am Beginn dieses Kapitels erwähnt worden. Aus beiden ergibt sich eine große Vielfalt von Zeiten und Rhythmen. Die Zeiten*verhältnisse*, deren Zahlen keine zeitliche Benennung haben, kommen hinzu. In einem solchen Verhältnis wie es zum Beispiel für den Goldenen Schnitt zur Kreiszahl beschrieben ist (vgl. S. 140), schmilzt die ausgedehnte Zeit in eine Formel oder Zahl zusammen, die uns in eine noch größere *Wesens*nähe führen kann als der zeitliche Ablauf selber. Derartige Zahlen von Zeitverhältnissen sind ebenfalls im Lebenslauf verborgen.

31. Die Mondknoten

Der Mond zeitigt in seinem Zusammenspiel mit Sonne und Erde drei größere Rhythmen zwischen 18 und 19 Jahren. Schon im 12. Jahrhundert v. Chr. haben die Chinesen, deren genaue Mondbeobachtungen und Rechnungen schon im III. Kapitel erwähnt wurden, bemerkt, daß nach 235 synodischen Monaten Sonne und Mond wieder gleichzeitig durch den Meridian gehen. D. h. 235 synodische Monate sind 19 Sonnenjahre. Viel später, um 450 v. Chr., errechnete der Athener Meton, daß sowohl 235 synodische Monate als auch 254 siderische Monate 6939,7 Tage ergeben. Das sind mit der geringen Differenz von zwei Stunden und 4 ½ Minuten 19 Jahre.[76] Dieser Zyklus wurde mit goldenen Zahlen in den Kalender eingetragen. Bis zum heutigen Tag wird die dem jeweiligen Jahr im Zyklus zufallende Zahl die *Goldene Zahl* genannt. Sie wird bei der auch für den Ostertermin wichtigen zyklischen Vollmondberechnung verwendet, weil sich nach dem *Metonischen* Zyklus die gleiche Lichtphase des Mondes am gleichen Ort im Tierkreis und am gleichen Monatsdatum wiederholt (vgl. S. 252). »Alle durch 19 ohne Rest teilbaren Jahre unserer Zeitrechnung haben die goldene Zahl 1. Gegenwärtig und mit einer kleinen Abweichung seit Einführung des Gregorianischen Kalenders, fällt der erste Neumond jedes dieser ersten Zyklusjahre auf den 1. Januar«, so zuletzt im Jahre 1976 (13, S. 12). Diodorus von Sizilien (1. Jahrh. v. Chr.) schreibt in seiner »Bibliothek« genannten Weltgeschichte: »Apoll kommt je nach

19 Jahren auf die Insel (der Hyperboräer), also zu der Zeit, da die Gestirne in dieselbe Stellung zurückkehren; und darum heißt ein Zeitraum von 19 Jahren bei den Griechen das große Jahr! Diese Erscheinung des Gottes dauert von der Frühlings-Tagundnachtgleiche bis zum Aufgang der Plejaden (mit der Sonne). Er bringt während dieser Zeit die ganze Nacht mit Zitherspiel und Reigen zu und besingt seine eigenen Siege.« Hierzu sagt RUDOLF STEINER: »Der Priesterorden der Hyperboräer war die *gemeinsame* Inspirationsquelle sowohl für den griechischen Apollo-Sonnen-Dienst wie für die keltisch-germanische Verehrung des Bel oder Sonnengottes. Darum finden wir bei den Barden die hymnischen Kulte der Hyperboräer wieder« (53, S. 299).

Für die beiden anderen Zyklen ist eine kurze Vorbetrachtung nötig. Die Mondbahn ist gegenüber der Sonnenbahn um maximal fünf Grad geneigt. Die Schnittpunkte der beiden Bahnen sind die *Mondknoten.* Diese beiden Punkte bleiben nicht fest an ihrem Ort im Tierkreis, sondern sie *wandern* ostwestlich, also rückläufig, in der Ekliptik. Im Jahr wandern die Mondknoten um 19 Grad, so daß ein drakonitischer Sonnenumlauf von Knoten zu Knoten um drei Wochen kürzer als ein tropisches Sonnenjahr ist. Wenn Sonne und Mond auf ihren Bahnen zu gleicher Zeit einen oder beide Kreuzungspunkte passieren, sind die Voraussetzungen für eine Sonnen- und Mondfinsternis gegeben, weil dann Sonne, Mond und Erde auf einer Geraden liegen. Im Zusammenhang mit dem Metonischen Zyklus ergibt sich, daß eine bestimmte Finsternis nach einer Zeit von 18 Jahren, 10 Tagen und 8 Stunden wiederkehrt. Auch dies haben die alten Chinesen und Chaldäer schon gewußt. Sie haben diese Periode die *Saros-Periode* genannt (s. Anm. 24).

Das wunderbare Rhythmengefüge dieser Erscheinung zeigt sich mathematisch in folgenden Zahlen, wobei die kleinen Differenzen im 18-jährigen Rhythmus das langzeitige Werden und Vergehen der einzelnen Finsternisse bewirken. Es sind nach J. SCHULTZ (149, S. 93)

19	drakonitische Sonnenumläufe	= 6585,780 Tage
242	drakonitische Mondumläufe	= 6585,357 Tage
239	anomalistische Mondumläufe	= 6585,540 Tage
223	synodische Mondumläufe	= 6585,321 Tage = 1 Sarosperiode.

Das langsame Wandern der Mondknoten im Tierkreis zeitigt einen vollen Umlauf durch die Ekliptik in 18 Jahren, 7 Monaten, 9 Tagen. Nach 18,6 Lebensjahren sind für den Menschen die *Mondknoten* wieder am gleichen Himmelsort wie zur Zeit der Geburt. Sie markieren durch ihren jeweiligen Ort in den Sternbildern den stetigen Wandel im Zusammenwirken von Sonne, Mond und Erde. Das zeigt sich nach 18,6 Jahren in einem mehrfachen Gleichklang mit dem Rhythmengefüge der Geburtsstunde.

1.) Alle Orte der Sonnenbahn und mit ihnen die Mondknoten haben innerhalb des Tierkreises die gleiche Lage wie bei der Geburt.

2.) Die Mondknoten sind zugleich der Ort, in dem die Mondbahn genau in der Mitte steht zwischen ihrer höchsten Erhebung über und ihrer tiefsten Senkung unter die Sonnenbahn. Es besteht in diesem Ort ein Gleichgewicht zwischen den Bahnen von Sonne und Mond.

3.) In bezug auf die Erde haben die Mondknoten wieder die gleichen Auf- und Untergangsorte am Horizont und dementsprechend auch die Bahnbögen von Sonne und Mond die gleiche Mittagshöhe wie vor 18,6 Jahren.

Welche Bedeutung haben diese Vorgänge für den Lebensgang des Menschen? Zur Beantwortung dieser Frage kann der Blick auf die geistig-physische Tatsache der Geburt weiterhelfen. Wenn die Menschenseele sich mit dem Keim eines neuen Erdenleibes verbindet, löst sie sich gleichzeitig immer mehr aus dem rein geistigen Sein. Man kann im übertragenen Sinne sagen: Sie stirbt für die geistige Welt, wenn sie zur Erde geboren wird. Die physische Geburt als *Ausstoßung* aus dem bisher bergenden Mutterleib ist mehr als nur ein Bild für diesen Vorgang. Danach beginnt die eigene Auseinandersetzung mit der Welt und die Eingliederung in ein vielfältiges Rhythmengefüge. Der Menschenatem und viele andere Rhythmen des Lebens und der Seele beginnen mitzuschwingen im Erdenatem des Tages, im Mondenatem von Woche und Monat und im Sonnenatem des Jahres. Diese Vorgänge sind aber mit den physikalischen Begriffen von Ursache und Wirkung nicht angemessen zu erfassen. Außerdem haben die menschlichen Rhythmen des Leibes und der Seele zugleich auch eine deutliche Tendenz zur

Emanzipation vom Kosmos. Dadurch wird die spätere Entfaltung der Freiheit möglich. Manche Rhythmen haben zwar die gleiche Länge, sind aber mit den kosmischen nicht gleichzeitig (synchron), weil sie allmählich zu individualisierten menschlichen Eigenrhythmen geworden sind. Dieses Geschehen kann nicht als Ursache und Wirkung erklärt, sondern besser als *Gleichklang* oder *Koinzidenz* beschrieben werden. Die Stunde der Geburt ist die erste Begegnung mit diesem umfassenden Rhythmengefüge. Für das Neugeborene ist dieser »erste Eindruck« der Welt bestimmend für das Ineinander und Miteinander von *Leben und Seele*.

18,6 Jahre nach der Geburt klingen die gleichen Rhythmen des Lebensbeginnes wieder auf. Die Situation einer *zweiten Ausstoßung* ist gegeben. Eine Lösung von der Familie und die Frage nach dem Beruf als »Freiwerden wozu« sind Zeichen für eine förderliche Lockerung allzu starker leiblicher Gebundenheiten. Eine neue Phase in der Auseinandersetzung zwischen Synchronik, Koinzidenz und Eigenrhythmik beginnt. Tagebücher und Schicksalsereignisse markieren diesen Augenblick im Lebensgang manchmal sogar auf den Tag genau. Wahrscheinlich ist die Zeitangabe bei der Heilung einer 18 Jahre lang kranken Frau durch Christus in diesem Zusammenhang zu sehen (Luk. 13,10). – Mit 37 Jahren, 2 Monaten und 20 Tagen erneuert sich der Mondknotenstand der Geburt zum zweitenmal. Jetzt erfolgt eine *Ausstoßung* aus der menschlichen Umwelt. Verzichte und Opfer werden manchmal vom Schicksal abverlangt, zumal, wenn sie vorher nicht als mögliche Lebenshaltung in der Seele lebten. Zuweilen wird in dieser Zeit eine feste Lebensstellung ohne äußeren Grund aufgegeben und ein ganz anderer, völlig neuer Versuch im sozialen und wirtschaftlichen mitmenschlichen Bereich gemacht. Er gelingt aber nur, wenn diese soziale Ausstoßung um die Zeit des zweiten Mondknotens als die Aufforderung zu noch stärkerer Eigenständigkeit und Gründung im Ich-Kern des eigenen Wesens verstanden und ergriffen wird. In diesem Sinne ist die Frage des Christus an den im 38. Lebensjahr Kranken am Teich Bethesda gemeint: »Willst Du gesund werden?« (Joh. 5). Die eigene Aktivität wird damit aufgerufen. – Spätestens von da ab sollte erkannt und praktiziert werden, daß das menschliche Zusammenleben nur dort gedeihen kann, wo Geben seliger ist als Nehmen. – Die dritte Mondknotenerneuerung findet nach 55 Jahren und 10 Monaten statt. Da ist die Möglichkeit der *totalen Ausstoßung aus der Erdenwelt* überhaupt, also der *Tod* ins *Bewußtsein* aufzunehmen. D.h. aber zugleich in Wahrheit, die *geistige Welt* noch bewußter in das Leben auf der Erde einzubeziehen, was in dieser Zeit meist durch Erlebnisse im Schlaf angebahnt wird, die RUDOLF STEINER wie folgt beschreibt: »Die Nächte, die der Mensch zu diesen Zeitpunkten durchlebt, sie sind die wichtigsten Nächte des menschlichen Lebens. Da ist es, wo der Makrokosmos seine achtzehn Atemzüge vollendet, eine Minute vollendet, und da ist es, wo der Mensch gewissermaßen ein Fenster geöffnet hat gegenüber einer ganz anderen Welt... da öffnet sich unsere Welt der astralischen Welt neu. Astralische Ströme fließen ein und aus« (184, 16.4.20).

Durch diese Mondbewegungen drückt sich ein Atmen aus, »wir werden da ... durch die Weltenuhr aufmerksam gemacht auf das Atmen des Makrokosmos, in das wir eingefügt sind«. Astralisches wird ein- und ausgeatmet in dem großen Rhythmus von 18,6 Jahren. Das kündigt sich in dem Umlauf der Mondknoten an (vgl. S. 211). Auch die Unterteilungen in 9,3 und 4,6 Jahre markieren wichtige Knotenpunkte im Leben. Auf die einschneidende Wende um das 9. Lebensjahr des Kindes hat R. Steiner die Pädagogen wiederholt aufmerksam gemacht. Ebenso auf die Dreiteilung der sieben Jahre in je 2,33 Jahre = 28 Kalendermonate. – Faßt man den Mondknotenumlauf entsprechend den 18 menschlichen Atemzügen in der Minute als ein 18-faches Atmen in einer Himmelsminute auf, dann hat der dazugehörige große Himmelstag 18 × 60 × 24 = 25 920 solcher Atemzüge. Es gilt:

18 Atemzüge in 1 Minute	= 25 920 Atemzüge in 1 Tag
18 Jahre als 1 Minute	= 25 920 Jahre als 1 Himmelstag.

Mit anderen Worten: einer Sarosperiode als einer Himmelsminute, die sich im Mondenbereich offenbart, entsprechen 18 Atemzüge der Sonne. So erscheinen höhere Mondenrhythmen auf mehrfache Weise:

1. Als Sarosperiode von 18,03 Jahren = 18 Jahre, 10 Tage, 8 Stunden = 19 drakonitische Sonnenumläufe (Sonne und Mond in Mondknotennähe, daher Finsternisperiode).
2. Als Mondknotenumlauf von 18,6 Jahren = 18 Jahre, 7 Monate, 9 Tage.
3. Als Metonischer Zyklus = 19 Jahre (gemeinsames Vielfaches von siderischem und synodischem Monat am gleichen Tag des Jahres).

32. Der Atem des Lebens

Das Menschenleben wird oft mit dem Jahreslauf verglichen. Man spricht vom Frühling und vom Sommer des Lebens, vom Nachsommer und vom Herbst und Winter. Dabei bleibt der Blick meist an den äußeren, mehr biologischen und vitalen Erscheinungen hängen. Viele Menschen wollen für jünger gehalten werden als sie tatsächlich sind. Dabei wird gern übersehen, daß der Herbst nicht nur die Jahreszeit des Welkens und Blätterfallens ist, sondern auch die Zeit des stillen Reifens. Auf den Menschen angewandt, kann das nicht mehr im vitalen Bereich, sondern nur im seelisch-geistigen verstanden werden. So gesehen, bekommt der Vergleich des Menschenlebens mit den Jahreszeiten seinen tieferen Sinn. Das ganze Leben wird als ein einziger großer Atemzug entsprechend dem Sonnen-Atem des Jahres erfaßt.

Ebenso geläufig ist die Betrachtung des Lebens als eines einzigen lebenslangen Tages. Die Kindheit ist dann der Lebensmorgen, der sich über den hohen Lebensmittag zum Lebensabend hin verwandelt. Dieser aus dem täglichen Leben entnommene Vergleich hat aber auch eine tiefere Schicht im Bereich der kosmischen Zeiten und Rhythmen.

Die Sonne rückt auf ihrer Jahresbahn täglich um rund einen Grad weiter (genauer: 360 Grad : 365 = 0,99 Grad = 59 Bogenminuten). Wie bereits dargestellt wurde (vgl. S. 131), haben wir das siderische Jahr, den Jahresgang der Sonne von einer Fixsternkonjunktion zur andern, von dem tropischen Jahr, dem Umlauf der Sonnwendpunkte, zu unterscheiden. Beim letzteren wandert der Frühlingspunkt (wie die

Sonnwendpunkte) dem Vorrücken der Sonne auf ihrer Jahresbahn entgegen. Diese *Präzession* ist rückläufig, also von Ost nach West dem Sonnengang gegenüber. Die jährliche Differenz zwischen siderischem und tropischem Sonnenjahr beträgt 20 Zeitminuten und 23 Sekunden, was rund 50 Bogensekunden entspricht. Um einen Bogengrad zu durchwandern, braucht der Frühlingspunkt um so viel Jahre mehr als 50 Sek. in 3600 Sek. (1°) enthalten sind. Der Frühlingspunkt braucht somit rund 72 Jahre für die gleiche Strecke von rund einem Bogengrad, um welche die Sonne auf ihrer täglichen Bahn vorangeht. Damit zeitigt sich ein Rhythmus, der einer durchschnittlichen Lebenszeit des Menschen entspricht. 360 solcher Menschenleben sind ein voller Umlauf des Frühlingspunktes im Tierkreis und runden das Weltenjahr von 25 920 Jahren. Dabei ist das Jahr entsprechend den 360° des Kreises zu ebenso vielen Tagen gerechnet. Es ergeben sich nach den jeweiligen Jahrformen:

25920 : 360 (babyl. Rundjahr)	= 72	Jahre;		
25920 : 365 (Kalenderjahr)	= 71,014	Jahre =	71 J.	5 Tage;
25920 : 365,2422 (trop. Jahr)	= 70,967	Jahre =	70 J.	353 Tage;
96 × 273,216 (vgl. S. 177)	= 71,812	Jahre =	71 J.	297 Tage.

Diese platonische *Lebenszeit* von 72 Jahren hat ihre *Lebensmitte* mit dem vollendeten 36. Lebensjahr. Das ist zwischen 5 × 7 = 35 und 2 × 18,6 = 37,2 Jahren, die wir bereits als wichtige Lebensknotenpunkte beschrieben haben. RUDOLF STEINER weist im XXII. Kapitel seines Lebensganges ausführlich und urbildlich auf diese Lebensmitte hin. Im Anschluß daran führt KLAUS DUMKE in einem Aufsatz über die »Irdische und kosmische Lebensmitte« (217) aus: »Das Hineinstellen des Ich in den Doppelstrom von Vorstellung und Wille, Vergangenheit und Zukunft, das Erfühlen der eigenen Mitte zwischen diesen Weltenströmen kann in jeder Phase bewußt gewordenen Lebens vollzogen werden. Existentielle Bedeutung aber hat es in der *Lebensmitte.* Die Bemühungen um eine abwägende Selbsterkenntnis fallen hier mit der okkulten biographischen Situation zusammen. Denn in ihr steht das Ich genau in der Mitte zwischen einem aufsteigenden und einem absteigenden Strom, die Vergangenheitsbedingungen und die Zukunftsausblicke des Lebens halten sich die Waage.« Von dieser *irdischen* Lebensmitte im rhythmischen Zusammenhang mit dem platonischen Weltenjahr ist die *erreichte* Lebensmitte zu unterscheiden, die sich als die Hälfte der wirklich erreichten Lebensjahre ergibt. Für Lebensbeschreibungen ist es wichtig zu beachten, wie die irdische und die erreichte Lebensmitte zueinander liegen. Für die Hinzunahme desjenigen Werdeganges, der vom Ich allein durch die geistige Welt zwischen Tod und neuer Geburt gegangen wird, ist das Erleben in der *kosmischen* Lebensmitte in der »Weltenmitternacht«, wie es in der anthroposophischen Geisteswissenschaft RUDOLF STEINERS beschrieben wird, ebenfalls wichtig. Denn kosmische und irdische Lebensmitte sind die wahren Pole und Umkehrpunkte im Spannungsfeld unseres ganzen Daseins. Zwischen ihnen verläuft alles weitere Leben in rhythmischem Ausgleich, sich stetig erneuernd und dadurch vorwärtsbringend. Wenn die Sonne am Tage der Geburt eines Menschen einen Stern zu bedecken beginnt, dann bleibt er an jedem der kommenden gleichen Jahrestage bedeckt, bis 36 Jahre vergangen sind. Dann wird er wieder freigegeben, denn in 36 Jahren hat die Sonne im Gange der Präzession einmal ihren Durchmesser von 0,5 Winkelgraden zurückgelegt. Auf diese Weise ist die irdische Lebensmitte auch als Mitte und Umkehrpunkt des ganzen Lebens-Atemzuges von 72 Jahren durch den Sonnengang im platonischen Jahr markiert.[77]

Nach der allgemeinen Sterbetafel für Baden-Württemberg 1970/72 beträgt die *Lebenserwartung* beim männlichen Geschlecht 68,49 Jahre und beim weiblichen 74,50 Jahre. Das ergibt für beide zusammen eine Lebenserwartung von 71,5 Jahren. Sie liegt dem Mittel der Lebensjahre, das sich aus den beiden Rechnungen oben mit 71,3 Jahren ergeben hat, sehr nahe. Ein Menschenleben von 72 Jahren entspricht auf diese Weise einem Tag im Weltenjahr, und solch ein Tag im Weltenjahr von 25 920 Jahren umfaßt selbst wieder 25 920 Erdentage. Daraus ergeben sich 25 920 × 25 920 Atemzüge für das ganze menschliche Leben in 72 Jahren. In dieser einzigartigen Weise sind der Makrokosmos und der Mikrokosmos Mensch rhythmisch miteinander verbunden. Die

Einheit eines Tages im Weltenjahr, das ist der *Lebensatem des Menschen.*

Im Kapitel I ist die Zeitmessung als ein vergleichendes Denken beschrieben worden. Es geht bei jeder Zeitangabe um einen *Vergleich* zwischen zwei Geschwindigkeiten. Die Stunden werden im Vergleich mit dem ganzen Tag gemessen. Auf der Uhr wird das an der Differenz zwischen dem kleinen Zwölfstundenzeiger und dem zwölf mal schnelleren großen Minutenzeiger abgelesen. Dem Zusammenwirken vieler solcher Geschwindigkeits*unterschiede* verdankt der Mensch sein Dasein als Zeitenwesen. Der große, 72jährige Lebensatem des Menschen ist ebenso das Erscheinen einer solchen Geschwindigkeitsdifferenz zwischen Sternengang und Sonnengang im Weltenjahr. – In den 72 Jahren ist aber gleichzeitig die Einheit der Sarosperiode viermal enthalten. Diese andersartige Differenz besteht zwischen Mondengang und Sonnengang. Das Verhältnis dieser Differenz entspricht dem durchschnittlichen Verhältnis zwischen der Anzahl der menschlichen Atemzüge und der Anzahl der Pulsschläge: 18 : 72 = 1 : 4. Atem und Blut offenbaren sich als Träger von Mond- und Sonnenrhythmen. Die Osterkonstellation enthält – wie beschrieben – ein optimales Gleichgewicht zwischen Mond und Sonne im Jahr. In der Passions- und Osterzeit wird in den Zeitengebeten an den Altären der Christengemeinschaft wiederholt von Atem und Blut gesprochen. Hier ist in zeitgemäßer Weise ein wesentliches Stück der kosmischen Dimension des Christentums wiedergewonnen. Sie lebte schon im frühen Christentum dort, wo man das Kreuz auf Golgatha zwischen Sonne und Mond und getragen von dem Erdenwesen »terra« darstellte.[78]

Das Kreuzabnahme-Relief an den Externsteinen bei Detmold zeigt den gleichen kosmischen Bezug. Namhafte Forscher datieren es ins Ende des ersten christlichen Jahrtausends. Sonne und Mond sind als Wesen dargestellt, die Tücher halten für die Tränen ihres Schmerzes. – Eine späte und symbolkräftig einfache Darstellung dieser kosmischen Dimension zeigt ein kleines Relief im Chorbereich der Klosterkirche in Reinacker südlich von Saverne im Elsaß. In diesem Relief (Abb. 17) ist zwischen den einfachen Gesichtern von Sonne und Mond das Kreuz zum lilienförmigen Lebensbaum geworden. So bildet das ganze eine einprägsame Dreiheit. Die Vorbilder solcher Darstellungen finden sich in der Buchmalerei des ersten Jahrtausends.

Ein charakteristisches Beispiel hierfür ist unser Frontispiz. Es ist ein Kanonbild aus dem Mindener Sakramentar des 12. Jahrhunderts (Deutsche Staatsbibliothek Berlin). Der Kanon ist der zentrale Teil der Messe und beginnt mit den Worten: Te igitur clementissime pater... Dich also, gütiger Vater, bitten wir... Vom 8. Jahrhundert an wird der erste Buchstabe dieses Satzes in den Meßbüchern als gemalte T-Initiale ausgeführt. Im 10. Jahrhundert wird er zum Bild des Gekreuzigten umgestaltet, das dann als eigenes *Kanon-Bild* vom Text losgelöst wird. In großer Strenge und Einfachheit sind auf dem Goldgrund unseres Bildes um den königlichen Kruzifixus am T-Kreuz Sonne und Mond, Maria und Johannes in deutlicher Vierheit geordnet. Es folgen einander im Wechsel und Ausgleich der Polaritäten: der Sol – die Luna – der Johannes – die Maria. Der Zusammenklang des Weltenlogos mit den Zeiten und Rhythmen der Gestirne und des Menschen eröffnet mit diesem Bilde im Gange der Messe die beginnende Wandlung.

Die allmähliche Entwicklung des Menschen nach Leib, Seele und Geist birgt viele rhythmische Entsprechungen zwischen Makrokosmos und Mikrokosmos. Unser Erdendasein ist ein harmonisches Rhythmengefüge, das als »Zeitenleib« immer differenzierter und bewußter erfaßt werden kann. In früheren Zeiten wurden diese Entsprechungen instinktiv beachtet, soweit sie nicht schon als kultisch-religiöse Ordnungsmacht das ganze Leben durchwirkten. Diese alte Form des Eingebundenseins in die kosmischen Rhythmen ist heute dahingeschwunden. Das liegt im Zuge der Emanzipation, der Befreiung der Individualität aus vielerlei äußeren Zwängen. Es ist aber nur ein erster Schritt. Würde der Mensch darüber nicht hinauskommen, dann müßten Tumult und Chaos in den Seelen den früheren Wirkungen der äußeren Ordnungsmächte folgen. Unsere Gegenwart zeigt diesen erschreckenden Vorgang im Einzelleben und in der Menschheit deutlich genug.[79] Aber wenn der Mensch auf dem Wege zur Verinnerlichung vorankommen möchte, dann wird er jenen alten äußeren Kalender mehr und mehr durch einen *inneren Kalender* ersetzen müssen. Nur auf diese Weise kann die völlige Chaotisierung der Menschenseele verhindert werden. Es wird eine selbstverständliche Pflicht werden, Verständnis dafür zu erringen, daß der Geist durch die *aus freiem Willen* beachteten Zeiten und Rhythmen *ordnend* in der Menschenseele wirken möchte.[80] In dieser Schrift werden Bausteine zu einem solchen Verständnis zusammengetragen. Unser Herz kann sich an der Mensch und Welt durchklingenden und verbindenden Rhythmenharmonie derart erfreuen und erwärmen, daß wir immer bewußter auch aus uns selber die Zeiten *erschaffen* und *frei werden* können. Das ist das Hochziel des Menschen im Blick auf den einen großen Atemzug seines jeweiligen ganzen Erdenlebens.

33. Sonnenrhythmen

Nach den beschriebenen mehrjährigen Sonnen-, Monden- und Planetenrhythmen wenden wir uns jetzt einem wichtigen Rhythmenverhältnis im Sonnenbereich zu. Wie wir gesehen haben, ist das Aufstellen eines Kalenders deshalb so schwierig, weil das Sonnenjahr keine ganze Zahl von Tagen enthält. Das ganztägige Erdenjahr (Kalenderjahr) hat 365 Tage. Das tropische Sonnenjahr dauert 365 Tage, 5 Stunden, 49 Minuten. D.h., daß die Sonne nach einem Jahr erst um die genannte Differenz später an dem gleichen Bahnpunkt ankommt als im Vorjahr. Wenn man diese Tatsache kalendarisch nicht berücksichtigte, würden sich der Frühlingspunkt und damit alle Jahreszeiten langsam durch das ganze Kalenderjahr hindurch verschieben. Das wird durch die Schaltmethoden verhindert (vgl. S. 145 f.). Dadurch bleiben die Verschiebungen der vier Jahreszeitenpunkte auf drei Tage, also im wesentlichen auf eine bestimmte Monatszeit beschränkt (Frühlingspunkt: 19., 20. oder 21. März). Trotz dieses groben Ausgleiches durch die Schaltjahre variieren die exakten Frühlingspunkt-Stellungen der Sonne weiter. Erst *nach 33 Jahren* erreichen diese Variationen wieder nahezu gleiche Verhältnisse. Es gibt also eine Summe von Jahren, die zugleich auch eine ganze Zahl von Tagen hat. 33 tropische Sonnenjahre sind

12 052,992534 Tage, d.h. nach 33 Jahren fällt der astronomische Jahreszeitenbeginn wieder auf den gleichen Tag und fast die gleiche Uhrzeit. *Tierkreisort, Sonne* und *Erdenort* bilden dabei miteinander einen Dreiklang, der nach 33 Jahren in gleicher Weise wieder aufklingt. »Wiederholt sich im Laufe eines Lebens jener Dreiklang der Sphärenharmonie jemals wieder, der im Augenblick unserer Geburt zwischen Erde, Sonne und Fixsternhimmel konstellativ ertönte? Dies ist... erstmalig am 33. Geburtstag jedes Menschen der Fall, dem deshalb offensichtlich eine besondere Bedeutung zukommt« (215).

Es gibt also zunächst keinen einfachen 33jährigen Bewegungsrhythmus eines einzelnen Gestirnes, dafür aber diesen 33jährigen Ausgleich zwischen Tag, Jahr und Kosmos. Aus den Umlaufszeiten von Sonne und Mond ergibt sich in bezug auf die Erde aber ebenfalls ein Verhältnis, das durch die Zahl 33 charakterisiert ist. Zwischen Sonnenjahr und Mondjahr besteht eine Differenz:

1 Sonnenjahr (tropisch)	$= 365^d\ 5^h\ 48^m\ 46^s$	$= 365{,}24220^d$
1 Mondjahr (12 Lunationen)	$= 354^d\ 8^h\ 48^m\ 36^s$	$= 354{,}36705^d$
Differenz	$= 10^d\ 21^h\ 0^m\ 10^s$	$= 10{,}87515^d$

Die Kalendermacher (Chronologen) früherer Zeiten hatten die Aufgabe, diese Differenz durch die verschiedenen Schaltmethoden auszugleichen. Es gibt aber auch einen natürlichen Ausgleich zwischen Sonnen- und Mondjahr. Die erwähnte Differenz von elf Tagen zwischen beiden ist sehr nahe gleich $1/33$ Sonnenjahr.

$1/33$ tropisches Sonnenjahr = 11,068 Tage
Die Differenz Sonnenjahr-Mondjahr 10,875 Tage

In 33 Jahren ist also der zurückbleibende Anfang des Mondjahres einmal ganz durch das Sonnenjahr hindurchgelaufen. Es ergibt sich die angenäherte Gleichung:

33 Sonnenjahre = 34 Mondjahre

33 Sonnenjahre = 12053 Tage – 34 Mondjahre = 12048,5 Tage haben nur 4,5 Tage Differenz.

Damit sind 33 Sonnenjahre auch die natürliche *Ausgleichsperiode* zwischen Sonne, Mond und Erde. Dieser Ausgleich zweier Perioden ist ein Rhythmus *höherer* Art, der nicht direkt, sondern erst durch Vergleich aufscheint.

Außer den beiden geschilderten Rhythmen höherer Art zeigt die Sonne selbst verschiedene Phänomene einer lebendigen Rhythmik, die mit den Lebensvorgängen eines Organismus wie Atmung, Zirkulation oder Stoffwechsel verglichen werden können. Perioden der *Ausstrahlung* wechseln mit solchen der *Konzentration* rhythmisch ab. Sie werden vom Erscheinen, der Häufigkeit und dem Verschwinden der *Sonnenflecken* gleichlaufend begleitet. Zur Entdeckung dieses eine Reihe von Jahren umfassenden höheren Sonnen-Atems haben mehrere Forscher über Jahrhunderte hin ihren Beitrag geleistet. Die Erforschung der Sonnenflecken und besonders ihrer Auswirkungen auf die Erde ist auch heute noch längst nicht abgeschlossen. Im Altertum und auch noch für ARISTOTELES strahlte die Sonne in makelloser Schönheit. Als Hülle eines göttlichen Wesens konnte sie nur in strahlender Reinheit gesehen und gedacht werden. Erst im Mittelalter sind die Sonnenflekken in chinesischen, armenischen, arabischen und europäischen Jahrbüchern vermerkt und von Geschichtsschreibern beschrieben worden. GALILEI (1564–1642) hat die Sonnenflecken wahrscheinlich schon Mitte 1610 beobachtet. Er zeigte sie im April 1611 mit seinem Teleskop seinen Freunden in Rom. Im März des gleichen Jahres beobachtete der Jesuitenpater CHRISTOPH SCHEINER (1575–1650) erstmalig die Sonnenflecken und zeigte sie seinen Astronomieschülern. Das Besondere dieser Schicksalsstunde wird zum drittenmal darin deutlich, daß ebenfalls im Jahre 1611 das erste Buch über Sonnenflecken erscheint. Der Verfasser, der Holländer JOHANN FABRIZIUS, beschreibt darin seine Entdeckung der Sonnenflecken im Dezember 1610. Er beobachtete bereits das Entstehen neuer und die Formveränderungen alter Flecken sowie deren Wanderung zum westlichen Sonnenrand, ihr Verschwinden und Wiederauftauchen nach zwei Wochen am östlichen Rand. Damit war zugleich auch die *Drehung* des Sonnenballs in etwa 27 Tagen entdeckt. Seit dem 17. Jahrhundert kennt man das Wort

»Sonnenflecken«. Die ersten Entdecker haben bereits umfangreiche Aufzeichnungen ihrer Beobachtungen über viele Jahre gemacht. Diese Untersuchungen wurden durch fast zwei Jahrhunderte fortgesetzt. Der Amateur-Astronom HEINRICH SCHWABE (1789–1875), ein Apotheker in Dessau, entdeckte den Rhythmus der Sonnenflecken-Häufigkeit. Die erste Veröffentlichung darüber aus dem Jahre 1843 wurde erst acht Jahre später durch ALEXANDER v. HUMBOLDTS Werk »Kosmos« weiteren Kreisen bekannt. Der Schweizer Astronom RUDOLF WOLF (1816–1893) sammelte alle bisherigen und die eigenen Beobachtungen der Sonnenflecken, organisierte ihre fortlaufende und systematische Beobachtung und konnte so über einen großen Zeitraum die Abstände der Sonnenflecken-*Maxima* und -*Minima* bestimmen. Die zwar selten zwischen den äußersten Grenzen von neun und dreizehn Jahren schwankende Periode zeigt damit auch die Elastizität dieses kosmischen Rhythmus an. Neuere Beobachtungen der Sonnenfleckenhäufigkeit bestätigen *11,1 Jahre* als den Mittelwert der Periode. Der Astronom GUSTAV FRIEDRICH WILHELM SPOERER (1822–1895) erkannte, daß nach einer Zeit, in der oft über Tage kein einziger Fleck zu sehen ist, eine neue Periode der Sonnenaktivität so entsteht, daß die ersten Flecken in Polnähe auftreten und mit den Jahren zunehmender Häufigkeit immer näher am Sonnenäquator entstehen und vergehen. Dieses Werden und Entstehen einzelner Flecken dauert meist zwei bis drei Wochen, seltener und bei großen Fleckengruppen mehrere Monate. Eine weitere Besonderheit ist die, daß die Flecken immer paarweise in gleichen Abständen nördlich und südlich des Sonnenäquators entstehen. G. E. HALE (1868–1938) konnte nachweisen, daß die Sonnenflecken der Sitz starker Magnetfelder sind. Dabei haben die Zwillingsflecke verschiedene magnetische Polarität, die für die Dauer einer Aktivitätsperiode beibehalten wird. Die einzelnen Fleckengruppen einer Halbkugel sind verschieden-polig gegeneinander und größere Fleckengruppen sogar in sich selbst doppelpolig (bipolar). Wenn nach 11,1 Jahren der laufende Zyklus beendet ist, wechselt beim neuen Zyklus die Polarität aller Flecken auf beiden Sonnenhalbkugeln. Dadurch hat man erst nach 22,2 Jahren hinsichtlich der magnetischen Pole wieder gleiche Verhältnisse. Deshalb kann man hier auch von einem 22-Jahres-Rhythmus sprechen. Trägt man in ein Achsenkreuz, dessen Waagrechte (Abszisse) die Jahre und dessen Senkrechte (Ordinate) die nördlichen und südlichen Entfernungen vom Sonnenäquator zeigt, alle Sonnenflecken über mehrere Jahrzehnte ein, dann ergibt sich ein Bild, das infolge der geschilderten Flecken*verteilung* in seiner Symmetrie und seiner Periodik dem Umriß von Schmetterlingen mit ausgebreiteten Flügeln ähnlich ist. Man hat es deshalb *Schmetterlings-Diagramm* genannt (Fig. 19).

Wenige Jahre nach der Entdeckung des elfjährigen Fleckenzyklus bemerkten die drei Forscher WOLF, SABINE und GAUTIER unabhängig voneinander einen ähnlichen Zyklus in den Schwankungen des *Erdmagnetismus*. Das Miteinander der wechselnden Feldstärke des irdischen Magnetfeldes und der Sonnenfleckenaktivität zeigt die Fig. 20 deutlich genug.

Wenn die Störungen des irdischen Magnetfeldes besonders groß sind, spricht man von einem magnetischen Sturm oder sogar Gewitter. Sowohl diese Störungen als auch die gewöhnliche magnetische Aktivität zeigen eine ausgeprägte 27tägige Wiederholungstendenz und zugleich die elfjährige Periode. Es ist seit langem bekannt, daß magnetische Stürme von glänzenden *Polarlichtern* begleitet werden. Ebenso ist erwiesen, daß die Häufigkeit dieser gewaltigen Leuchterscheinungen des nördlichen (Nordlicht) und des südlichen (Südlicht) Nachthimmels von den Sonnenflecken beeinflußt wird. Auch die Ausbreitung elektro-magnetischer Wellen, die von der Ionosphäre[81] reflektiert werden, zeigt neben der deutlichen tages- und jahreszeitlichen Schwankung außerdem noch den elfjährigen Sonnenfleckenzyklus. Durch diese sonnenverbundenen elektronischen Schwankungen werden empfindliche Funkstörungen bewirkt, die zugleich ein gutes Maß für die Sonnenaktivität sind.

Auch die *Großwetterlage* zeigt einen Bezug zu den Sonnenflecken. Die Fleckenperiode ist in mittleren Breiten allerdings häufig durch vielerlei andere Wetterfaktoren überlagert. Viele Einzelheiten sind heute noch nicht geklärt, aber die Tatsache ist gesichert, daß sowohl die Erd-

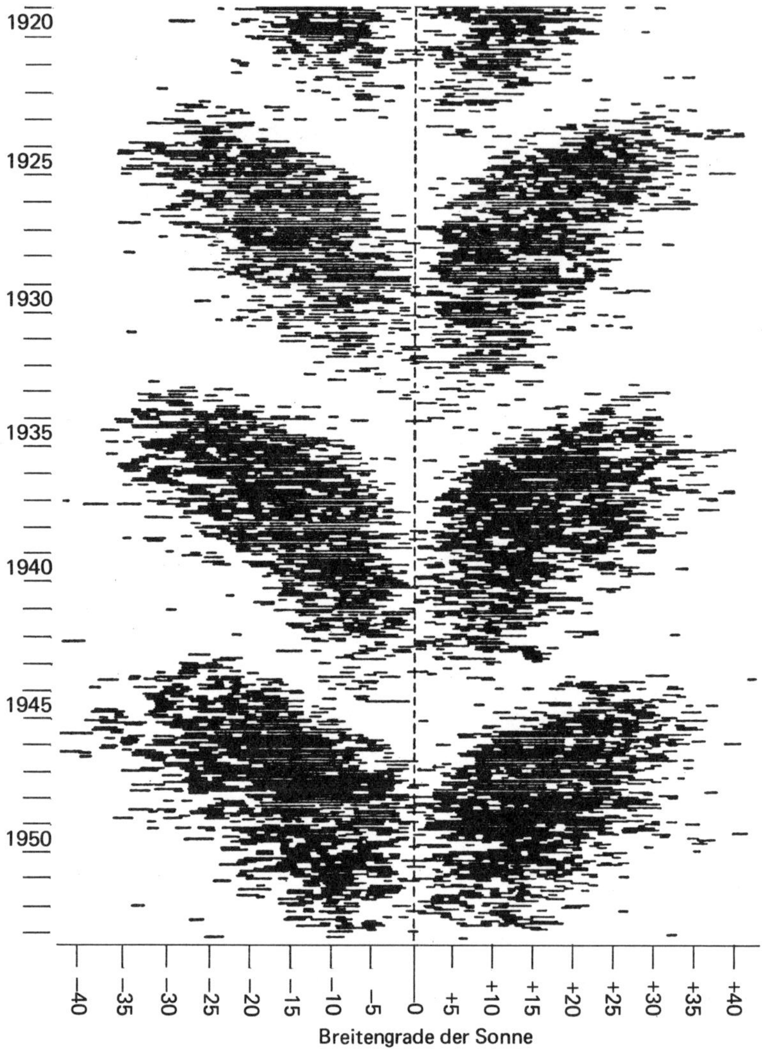

Figur 19 *Das Schmetterlings-Diagramm der Sonnenflecken (nach Doebel, 29).*

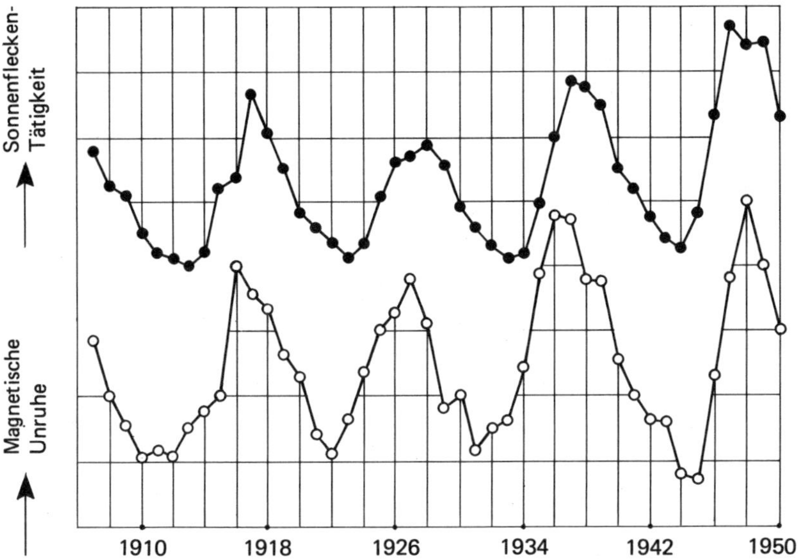

Figur 20 Die Sonnenfleckentätigkeit und der Erdmagnetismus (nach Müller, 125).

atmosphäre im ganzen als auch ihr spezieller Wetterbereich, die Troposphäre, in Zeiten erhöhter Sonnenaktivität stark aus dem Gleichgewicht gebracht ist. Ein 11-Jahreszyklus wird in der Häufigkeit einer Reihe von Wettererscheinungen ablesbar: Höfe und Ringe um Sonne und Mond, Federwolken, Gewitter, Stürme, Orkane und Windhosen, Luftdruck sowie Luft- und Wassertemperaturen an der Erdoberfläche, Gletscherbewegungen und Niederschläge (153, S. 76). Die tropischen *Binnenseen* dienen dabei als riesige Regenmesser. Fig. 21 zeigt, daß der Victoria-See in Afrika von 1899–1922 Pegelschwankungen von einem Meter Höhe hatte, die zur Sonnenfleckenhäufigkeit völlig parallel verlaufen.[82]

Dieser Parallelismus zwischen der Sonnenflecken-Häufigkeit und Vorgängen in der Troposphäre zeigt sich deutlich im Pflanzenwachstum. Der Astronom FRIEDRICH WILHELM HERSCHEL (1738–1822) sammelte die Beobachtungen über die Fleckenhäufigkeit auf der Sonne und verglich sie mit dem *Marktpreis* des Weizens. In Zeiten der höchsten Fleckenhäufigkeit war der Weizen am billigsten und umgekehrt. Jahre mit hoher Sonnenaktivität sind Jahre reichlicher Niederschläge. Die Weizenernte wird gut, der Marktpreis fällt. Ebenso war es im Weinbau, der 1878 von SARTORIUS daraufhin untersucht wurde.

Die Lebensgeschichte der Bäume bleibt anschaubar, weil sie in den Jahresringen aufgezeichnet ist. Die aus dem hellen, mächtigeren Früh(jahrs)holz und dem dunkleren, dichteren Spätholz (des Sommers) bestehenden Jahresringe geben in der Wissenschaft vom Alter und Wachstum der Bäume, in der *Dendrochronologie,* Aufschluß über den meteorologischen Charakter der einzelnen Jahre. Auf diese Weise konnte A. E. DOUGLAS aus den Mammutbäumen (Sequoia gigantea) in Kalifornien die Klimaschwankungen der letzten 3 250 Jahre an den Baumringen ablesen. Das Abzählen der Ringe zeigt in durchschnittlichen Abständen von elf Jahren besonders breite Ringe. Der Zusammenhang mit der Sonnenaktivität ist in Fig. 22 anschaubar. Aus vielen

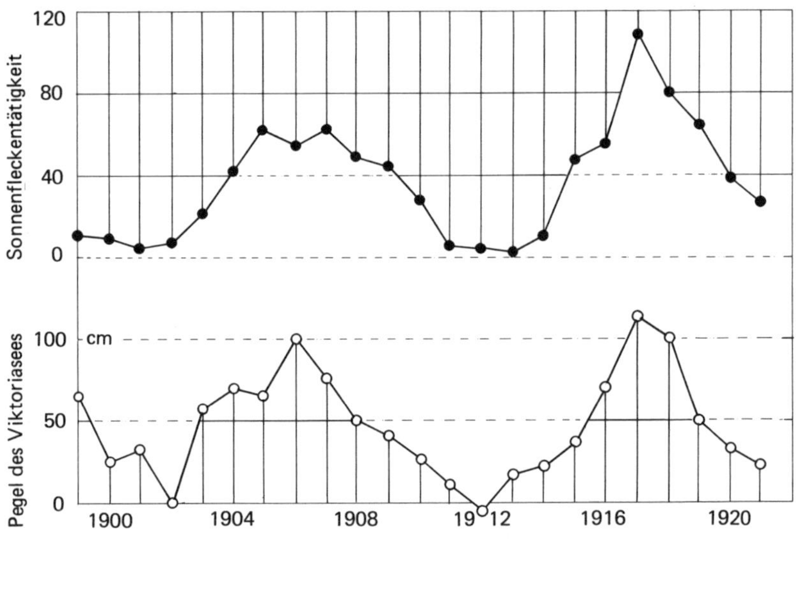

Figur 21 Die Sonnenfleckentätigkeit und der Pegel des Viktoria-Sees (nach Müller, 125).

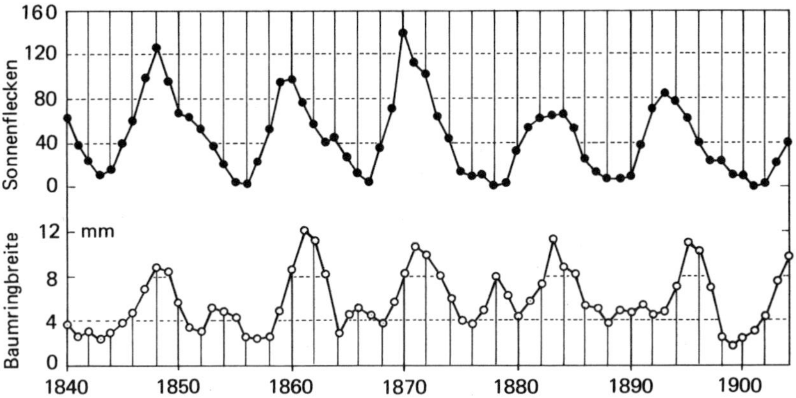

Figur 22 Die Sonnenfleckentätigkeit und die Breite der Jahresringe der Bäume (nach Müller, 125).

verschiedenen Holzresten aus vorgeschichtlicher Zeit haben die Dendrologen einen Baumringkalender zusammengetragen, in dem die Sonnen- und Wettereinwirkungen wie in einem offenen Buch bis in die Zeit vor 8000 Jahren vor uns liegen (29, S. 100).

Ganz ähnlich zeigen manche Bodenablagerungsschichten in Lehm und Kalk eine zyklische Reihenfolge. Nach Felix Sigel (153, S. 82) erscheint in diesen *geologischen* Ablagerungen ein Zyklus von 33–35 Jahren besonders deutlich. Diese Periode hatte der russische Klimatologe Eduard Alexandrowitsch Brikner an »Klimaschwankungen nach dem Jahre 1700« gefunden. Nach Brikner wechseln im Durchschnitt alle 33–35 Jahre trockene mit feuchten Perioden ab. Dieser Zyklus zeigt sich auch an den Jahresringen der Bäume. Hierher gehört auch die Tatsache, daß die Andentanne (Araucaria araucana), eine südamerikanische Koniferenart, nicht jährlich, sondern nur alle 33 Jahre ihre dachziegelartig anliegenden, schuppenförmigen »Blätter« erneuert. In der geologischen Erdgeschichte zeigen sich noch mancherlei andere Rhythmen, so zum Beispiel einer von 80–100 Jahren und ein langzeitlicher von 1800 Jahren. Der Nachweis des Miteinander solcher Rhythmen mit der Sonnenaktivität wird allerdings durch die übliche Kausal-Verbindung (Ursache – Wirkung) nicht so leicht zu erbringen sein. Denn die geschilderten parallelen Phänomene an der Sonne und auf der Erde gehören zu dem *einen* großen Organismus des ganzen Planetensystems, dessen rhythmische Lebenserscheinungen alle seine einzelnen Organe durchschwingen.

Das hat GEORG BLATTMANN in seinem Buch »Die Sonne – Gestirn und Gottheit« 1972 einprägsam dargestellt: »... wir leben und bewegen uns *im Innern des Sonnensterns!*« (11, S. 57). Mit diesen Worten wird die weitreichende, umfassende Erscheinung der Sonnenkorona beschrieben.[83] F. SIGEL führt 1975 zu dem gleichen Phänomen aus: »Die oft wiederholten Berechnungen führen zu der paradoxen Schlußfolgerung, daß wir innerhalb der Sonne leben. Wenn auch extrem verdünnt, so dehnt sich doch die Sonnenkorona bis zur Erdoberfläche und sogar noch weiter aus. Führt man diesen Gedanken weiter, so ergibt sich, daß wir in gewissem Sinne nicht nur auf der Erde leben, sondern auch noch Bewohner des Sonnenraumes sind. Dies weist darauf hin, daß sich der Verlauf der Sonnentätigkeit deutlich in den auf der Erde ablaufenden Prozessen und sogar in uns selbst widerspiegeln muß« (153, S. 55). Nach den beschriebenen Phänomenen wird es auch verständlich, daß der menschliche Organismus in vielfacher Weise mit diesem Sonnengeschehen verbunden ist. Sigel (153, S. 154) berichtet über den Zusammenhang einer Reihe von epidemischen *Krankheiten* wie Cholera, Pest, Grippe, Rückfalltyphus, Diphtherie und Kinderlähmung mit der Sonnenaktivität und beschließt den Abschnitt über den Einfluß auf das menschliche Blut mit dem Satz: »... das Blut reagiert sehr sensibel auf Veränderungen der Sonnenaktivität.«[84]

J. SCHULTZ erwähnt die Forscher, welche die elfjährigen Sonnenfleckenperioden zu einer dreifachen von 33 3/8 Jahren zusammenfassen (47, S. 73). RUDOLF STEINER weist wiederholt auf einen 33jährigen Rhythmus hin (181, 24. u. 26. 12. 17). Dieser Rhythmus wirkt vom einzelnen Menschen in den sozialen Zusammenhang hinüber. Was man jetzt tut – dazu gehören auch Gedanken, die zunächst nur gedacht werden –, wirkt sich nach 33 Jahren im zwischenmenschlichen Verhalten aus. »Der Rhythmus des Christuslebens mit der 33jährigen Folge von Inkarnationsjahr zu Auferstehungsjahr ist als Urbild und Vorbild der Erdenaura eingeprägt und zum sozialen Geschehensrhythmus geworden« (47, S. 69). Solche Intervalle von 33 zu 33 Jahren gliedern und verbinden den Strom des geschichtlichen Werdens. Geschichtliche Impulse können meist nicht auf den Tag genau und mit Daten errechnet und abgegrenzt werden. Wer sich aber durch das Licht dieses geisteswissenschaftlichen Forschungsergebnisses die geschichtlichen Vorgänge und deren Rückwirkungen auf das eigene Leben erhellen läßt, wird darin staunend und dankbar diesen Grundrhythmus bestätigt finden.[85]

»*Das Christentum hat die Weltgeheimnisse in Zusammenhang gebracht mit dem Jahreslauf*« (181, 23. 12. 17). Über ihre Lichterscheinungen hinaus werden Jahr und Tag wechselweise zum Bild füreinander. Dies gilt auch für geschichtlich-übergeschichtliche Verhältnisse. Die 33 Jahre des Jesus Christus-Lebens werden im Jahresgang zwischen Weihnachten und Ostern erlebbar. Ostern ist zwischen 22. März und 25. April beweglich. Die Geistesforschung und die Chronologie geben übereinstimmend den 3. April 33 als den historischen Todestag Jesu Christi an.[86] Zwischen dem 25. Dezember als dem ersten und dem 3. April als dem hundertsten Tage liegen nach dem Julianischen und dem Gregorianischen Kalender genau 99 = 3 × 33 Tage. Diese ganze Zeit von 3 × 33 Tagen ist Bild für die *33 Jahre* des Jesus-Christus-Lebens. Entsprechend sind auch die vielfachen der 33jährigen Umlaufszeit im sozialen Zusammenhang in diese Betrachtung einzubeziehen. »Und dann, wenn gewissermaßen ein solcher Keim, der gelegt worden ist, ausgereift ist, dann wirkt er weiter. Eine Menschengeneration von 33 Jahren reift einen Gedankenkeim, einen Tatenkeim aus. Ist er dann ausgereift, so wirkt er durch 66 Jahre weiter noch im geschichtlichen Werden. Man erkennt die Intensität eines Impulses, den der Mensch ins geschichtliche Werden hineinlegt, auch in seiner Wirksamkeit durch drei Generationen hindurch, ein ganzes Jahrhundert hindurch« (181, 26. 12. 17). Über eine Menschengeneration von 33 Jahren hinaus ist auch das Jahrhundert als eine Dreiheit von Generationen eine geistige Realität.[87]

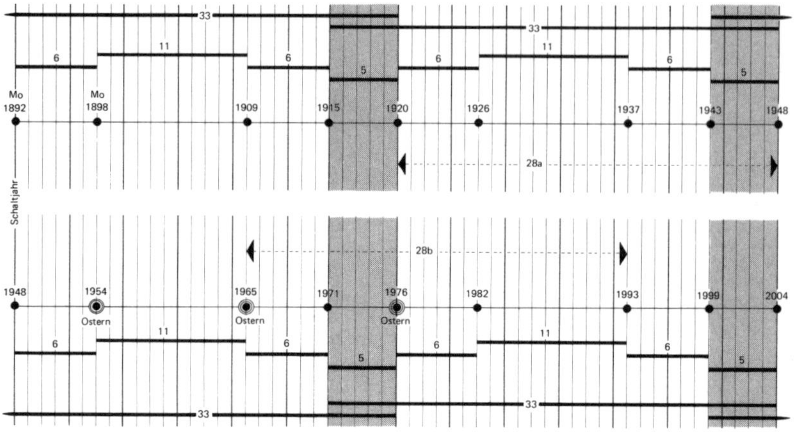

Figur 23 Das Rhythmengefüge des Kalenders, dargestellt am 20. Jahrhundert. Der untere Streifen ist die Verlängerung des oberen. Die senkrechten Linien sind die Jahre, die verstärkten die Schaltjahre. Die waagrechte Linie zeigt die Jahre, in welchen der 18. April ein Sonntag ist. Die so entstehenden Abschnitte haben die Reihe 6 – 11 – 6 – 5 – 6 – 11 – 6 – 5. Die Abschnitte der zweiten Jahrhunderthälfte sind unterhalb der waagrechten Jahrhundertlinie und die entstehenden Abschnitte von 33 Jahren spiegelbildlich am oberen und unteren Rand dargestellt.

Die Reihenfolge der Jahre, in denen die einzelnen *Wochentage* das *gleiche Datum* haben, birgt ebenfalls den Sonnenrhythmus der Elf in sich. In der Anmerkung 49 sind die Abstände der entsprechenden Jahre bereits aufgeführt. Die Reihe dieser kleinen Wiederholungsperioden lautet: 5 – 6 – 11 – 6 / 5 – 6 – 11 – 6. In Fig. 23 sind diejenigen Jahre des 20. Jahrhunderts hervorgehoben, in denen der 18. April ein Sonntag ist. Dadurch wird die genannte Reihe in ihrer Zusammensetzung und in ihrem Bezug zu den ebenfalls markierten Schaltjahren deutlich. Mit Rücksicht auf die Sonnengleichung (vgl. S. 145) ist das Jahr 1900 kein Schaltjahr. Deshalb ist in unserer Reihe der 18. April vor 1900 ein Montag. Der Übergang ins 21. Jahrhundert ist regelmäßig, weil das Jahr 2000 ein Schaltjahr ist. Die ganze Periode 5 + 6 + 11 + 6 = 28 Jahre hat die gleiche Zahl von Jahren wie die siebenfache Schaltjahr-Periode: 7 × 4 = 28, die mit ihren Vielfachen 56 und 84 zu den mittleren Wiederholungsperioden gehört.[88] (Siehe 28a in Fig. 23). Es ist bemerkenswert, daß in dieser Periode, die auch »Sonnenzirkel« genannt wird, für die Anzahl der Jahre die 28 aufscheint, die mit 28 Tagen dem Mondumlauf verbunden ist. Sie gehört also beiden großen Himmelsregenten gleichzeitig an. Wählt man den Periodenbeginn am Ende eines elfjährigen Abschnittes, dann gruppieren sich die Abschnitte 6 – 5 – 6 zu einem zusammenhängenden 17jährigen und dem folgenden elfjährigen Abschnitt: 17 + 11 = 28 (28b in der Zeichnung). Diese Unterteilung wechselt regelmäßig. Da es vier verschiedene Anfangsmöglichkeiten für die ganze Periode gibt und jede von ihnen wechselweise für jeden der sieben Wochentage gelten kann, gibt es 28 Variationen dieses Rhythmus. Bei der Gruppierung der Periode in 28a ist der geschlossene Elferabschnitt in der Mitte und ihm rechts folgend ein gleicher Abschnitt von elf Jahren, der aber aus 6 + 5 zusammengesetzt ist. Nimmt man zu dem links vorangehenden Sechserabschnitt dieser 28-Jahre-Periode den zu fünf Jahren der vorangehenden Periode noch hinzu, dann folgen sich drei Elfjahresrhythmen, deren äußere spiegelbildlich gleich unterteilt sind und die zusammen 33 Jahre ergeben. Diese *33-Jahre-Periode* überlappt sich gegenseitig in dem jeweils beiden Wellen angehörenden fünfjährigen Abschnitt. Im Ganzen dieser Folge von Jahren, in denen ein bestimmter Wochentag auf das gleiche Datum fällt, haben wir ein Musterbeispiel für ein kompliziertes Rhythmen*gefüge*. In den Organismus dieser Zeitgestalt sind die Zahlen 3, 4, 5, 6, 7, 11, 17, 28, 365 und 366 derart verflochten, daß mit der beschriebenen übergreifenden Verbindung ein 3 × 11 = 33-Jahre-Rhythmus entsteht. Es ist also ein 33-Jahre-Rhythmus, der durch den *Zeitenkosmos* unseres Kalenders hindurch*atmet*. In die kosmische Harmonie dieses Wundergebildes von elf zusammenklingenden und im Wechsel erscheinenden und verschwindenden Rhythmen hat sich der Geist, die Seele und der Leib des Menschen eingefügt. Es erhält den Menschen gesund, auch wenn er sich diese Tatsachen nicht immer bewußt machen kann. Eine Festlegung der Wochentage auf bestimmte Daten, wie sie in verantwortungsloser Weise von Kalenderreformern heute angestrebt wird, würde diese sozial-hygienisch heilsame Harmonie brutal zerstören. Um ein derartiges Menschheitsunglück zu verhüten, ist es nötig, die Gestalt des Zeitenkosmos zu erkennen und ihre Erhaltung als freiwillige Aufgabe zu übernehmen.

Auch das *bewegliche Osterfest* ist unter Hinzunahme zweier weiterer kosmischer Rhythmen, dem des Frühlingspunktes und dem des synodischen Mondmonats, diesem Rhythmenorganismus einverwoben. Dabei zeigen sich die Sonnenzahlen 11, 22 und 33 mit noch größerer Deutlichkeit. Die abgebildete Tabelle I der 99 Osterfeste in unserem Jahrhundert hat GREGG C. BREWER aufgestellt.[89] Sie ist so angeordnet, daß in neun senkrechten Reihen die fortlaufenden Jahre zu je elf untereinanderstehen. In der waagrechten Reihe zeigen sich dadurch die Osterfeste, die in elfjährigem Abstand voneinander stehen, zugleich mit ihren jeweiligen Daten. Diese haben Reihenfolgen von 4, 3 und 2 Osterfesten an den gleichen Daten. Es scheinen Zusammenhänge von 11, 22 und 33 Jahren auf. Die Tabelle I zeigt die zyklischen Osterdaten (vgl. S. 180). Darin sind alle elf Paradoxien unseres Jahrhunderts enthalten (vgl. S. 188). In der Tabelle II sind die bei astronomischer Rechnung vermeidbaren Äquinoktialparadoxien 1924, 1943 und 1962 vom Verfasser korrigiert. Die unvermeidbaren Wochenparadoxien sind nicht in der Tabelle, aber in der vergleichenden Zusammenstellung für Europa korrigiert und unter II mit erfaßt.

Osterfest-Reihen		Tab. I. zyklisch		Tab. II. astronomisch		Tab. III. astr. mit Wochenparadox.	
Feste	in Jahren	Reihen	Feste	Reihen	Feste	Reihen	Feste
4	3 × 11	4	16	1	4	4	16
3	2 × 11	11	33	12	36	10	30
2	1 × 11	15	30	18	36	18	36
Einzelfeste			(20)		(23)		(17)
insgesamt			99		99		99
Feste in Reihen			79		76		82

In der zweiten Tabelle und in III der Zusammenstellung sind nur die vermeidbaren Äquinoktialparadoxien korrigiert, aber die unvermeidbaren Wochenparadoxien enthalten. Die Zusammenstellung zeigt, daß die astronomische Bestimmung des Ostertermins unter Einbezug der für Europa vermeidbaren Wochenparadoxien die geringste Zahl von Elferreihen erscheinen läßt. Korrigiert man bei astronomischer Bestimmung nur die mehrwöchentlichen, die ganze Erde betreffenden, aber vermeidbaren *Äquinoktialparadoxien*, dann zeigt sich ein Maximum mit 82 Osterfesten in Elferreihen. In der Anmerkung 71 ist auf die Zahl 19 verwiesen, die in der Reihenfolge der Äquinoktialparadoxien enthalten ist. Man kann diese Zahl eine Mondenzahl nennen. Die Vermeidung der Äquinoktialparadoxien bringt durch die 82 in Reihen stehenden Osterfeste die Sonnenzahl elf zur größtmöglichen Wirksamkeit. Das mit Abstand häufigste Intervall zwischen Osterfesten gleichen Datums beträgt elf Jahre.

Die Sonne trägt, wie ein *zeitliches Rückgrat*, diesen Organismus der Rhythmen. Ihr Miteinander kann an jene komplizierte Verflechtung der Linien und Bänder von keltisch-irischen Buchmalereien erinnern. Im Verschwinden und Wiederauftauchen der Linien und Rhythmen ist sowohl ein polares Spannungsfeld als auch die stetige Erneuerung zu erleben. Und auch das dritte Merkmal des Rhythmus, die Elastizität, kann bei diesem Zeitenkosmos in den Ausnahmen beim Jahrhundertwechsel und in den Überschneidungen der 33er Rhythmen gesehen werden.

Zum Abschluß dieses Teiles soll noch einmal auf die 33 Jahre des Jesus Christus-Lebens hingeschaut werden. Ein Teil des darin verborgenen Rhythmengefüges kann aus den wenigen bekannten und den sich ergebenden unbekannten Daten aufgezeigt werden.[90] Es ist in Fig. 24 dargestellt. Es zeigen sich zunächst die 5 × 6 Jahre bis zur Jordantaufe im 30. Jahre des Jesus. Diese ereignet sich 3 × 6 = 18 Jahre nach dem Erleben des 2 × 6 = 12jährigen Jesus im Tempel. Dieser zweite Abschnitt wird in seinen ersten 6 Jahren, von 12–18 von einem ersten 18-Jahre-Rhythmus überschnitten. Dabei sind 6 Jahre rund 1/3 des 18,6jährigen Mondknotenzyklus.[91] Diesen mondverwandten Zahlen 6, 18, 30 entsprechen die sonnenverwandten Zahlen 3, 4, 7, 11 und 33, die im oberen Teil der Zeichnung eingetragen sind. Die 4 × 7 führt von der Geburt her auf das Jahr 28, das 5 Jahre vor dem Tode liegt. Die

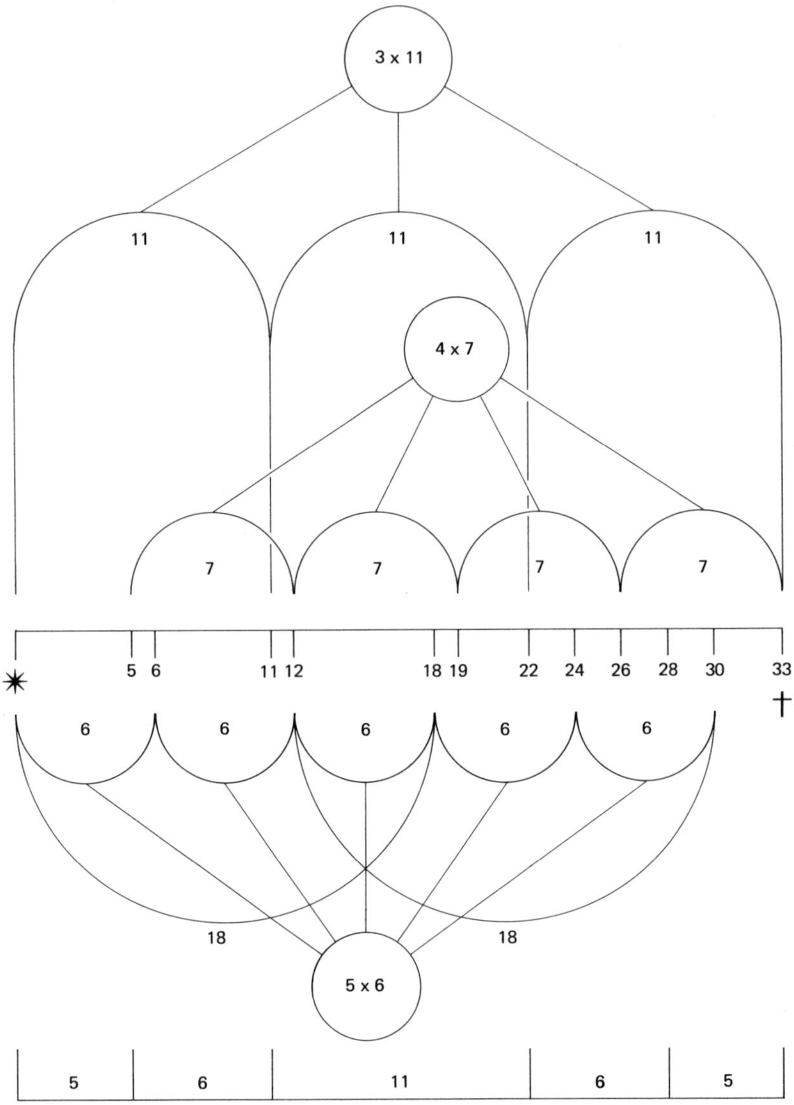

Figur 24 Das Jesus Christus-Leben und das Rhythmengefüge des Kalenders.

Sieben wirkt aber auch vom Mysterium von Golgatha, also vom Lebensende her, gliedernd in das Leben hinein. Es ergeben sich die Stationen: 26 (= 52/2), 19, 12 und 5. In ihnen kann ein Zusammenklingen von Mond- und Sonnenrhythmen gesehen werden. Das Ganze dieses *einzigartigen Zeitenleibes* des Jesus Christus ist in die 3 × 11, in die Sonnenzahl 33 eingebunden. Dabei erscheint diese 3 × 11 in der gleichen Gliederung im Jesus Christus-Leben *und* im Kalender. Die Jahresabstände, in denen der Sonntag das gleiche Monatsdatum hat, sind in der Zeichnung angegeben. Der Kalender ist das *Abbild* des *Zeitenkleides* dessen, der das Leben der Welt durch alle Zeitenkreise trägt und ordnet.

Die Sonnen- und Christus-Zahl 33 ist auch in der Kultur- und Kunstgeschichte der Menschheit zu finden. Ein Musterbeispiel dafür ist das Apsis-Mosaik von St. Apollinare in Classe in Ravenna. Dieses Mosaik aus dem 6. Jahrhundert zeigt die Verklärung Christi. Zwischen Moses und Elias ist aber nicht die Christusgestalt dargestellt. An ihrer Stelle befindet sich ein großes, mit zwölf und acht Edelsteinen besetztes Kreuz in einem mächtigen sonnenartigen Rund, das von 42 gedoppelten Edelsteinen eingefaßt ist. Diese »Aura« zeigt auf blauem Grund 3 × 33 = 99 sechsstrahlige goldene Sterne. Das Evangelium sagt von dem Christus: »Sein Antlitz erstrahlte wie die Sonne und seine Gewänder wurden weißleuchtend wie das Licht selbst« (Matth. 17,2). Sonne, Christus und die Zahl 33 sind hier zu einer symbolisch-realen Einheit von offenbarender Aussagekraft verschmolzen. Ganz ähnlich wie im Rhythmus (vgl. S. 26) erscheint das »göttliche Bewegen« auch in der Zahl 33 auf dreifaltige Weise: An der Sonne als *Schöpfungswunder*, im Kalender und im Christus-Leben als den Bereichen des zeitlichen Zusammenklingens von Natur und *Menschenwelt* und drittens im erwachenden Menschheitsbewußtsein als das Gewahrwerden der »Umlaufszeiten *geschichtlicher* Ereignisse«. Diese drei Bereiche durchdringen sich gegenseitig. Von dieser Art Dreieinigkeit hatte Goethe ein ahnendes Wissen. In der Osternacht sucht Faust sich diesem Geheimnis zu nahen. Auf sein fragendes Sinnen antwortet der Erdgeist. Seine Offenbarung zusammenfassend läßt dieser sich also vernehmen:

»So schaff ich am sausenden Webstuhl der Zeit
und wirke der Gottheit lebendiges Kleid.«

34. Lebensgemeinschaft

Während heute die Periode von 33 Jahren von vielen Menschen zweimal erlebt wird, sind es nicht sehr viele, welche die nächstgrößere Ganzheit, die von *40 Jahren*, zweimal erleben. Moses gehört zu ihnen. Er hat sie sogar dreimal erlebt. Mit 40 Jahren flieht er aus Ägypten, nachdem er den Fronvogt erschlagen hatte. Er wird von dem Mysterienlehrer Jethro aufgenommen und bleibt 40 Jahre bei ihm. »Wie durch die *ägyptische* Einweihung des Moses eine Zurückholung Josefs vollzogen worden war, so erfolgte jetzt durch seine *arabische* Einweihung eine Zurückholung Ismaels« (14, II, S. 73). Erst mit 80 Jahren führt Moses die Israeliten aus Ägypten. Dabei wird das Passah-Opfer eingerichtet. Das alte Naturfest der Hirten wird dadurch in ein historisches Erinnerungsfest umgewandelt. Die Wanderung durch die Wüste bis zum Einzug in das »gelobte Land« dauert weitere 40 Jahre, mit deren Abschluß auch das Leben des Moses auf dem Berge Nebo mit 120 Jahren sein Erdenende erreicht.[92] Hans Mändl berichtet, daß 120 Jahre bei vielen Völkern als das ideale Lebensalter angesehen und stets in drei Perioden von 40 Jahren eingeteilt wurden. In der mosaischen Tradition werden u. a. Jochanan ben Sacchai, Rabbi Akiba, Esra und Hillel als Beispiele angeführt (226).

Die 40 Wochen des vorgeburtlichen Menschenwerdens (vgl. S. 196) und die Zeit der 40 Monate als die »drei Jahre« im Menschenleben und im Leben des Jesus Christus (vgl. S. 197) sind bereits beschrieben worden. Sie alle sind Werdezeiten, Zeiten, in denen ein Geistiges sich in das Erdensein hereinlebt. Auch die 40 Jahre sind ein langzeitiger *Inkarnationsrhythmus*. Nach einem ungeschriebenen Gesetz soll jeder, der okkulte Wahrheiten aus eigener Forschung auszusprechen hat, damit erst nach dem 40. Lebensjahr beginnen. Entsprechendes meint wohl auch jene Volksweisheit, die sagt, daß man erst mit 40 »gescheit« werde im Sinne von lebensklug. Ein allerletzter Niederschlag dieser Lebensweisheit findet sich im »Grundgesetz für die Bundesrepublik Deutschland« im Abschnitt V »Der Bundespräsident.« Der Artikel 54/1 lautet: »Der Bundespräsident wird ohne Aussprache von der Bundesversammlung gewählt. Wählbar ist jeder Deutsche, der das Wahlrecht zum Bundestage besitzt und das vierzigste Lebensjahr vollendet hat.« 40 Jahre alt waren Isaak und auch sein Sohn Esau, als sie heirateten, und Josef in Ägypten, als sein Vater Jakob zu ihm kam. Mit 40 wurde Josua als Kundschafter ins Land Kanaan gesandt, und ebenso alt war Salomo, als er König wurde. Auch Mohammed wurde in seinem 40. Lebensjahr zum Propheten berufen. Ein koptischer Bischof muß 40 Jahre erreicht haben, bevor er dieses Amt annehmen darf. – Wenn man Biographien unter dem Aspekt von Zeiten und Rhythmen betrachtet, wird man sehr häufig bemerken, daß um das 40. Lebensjahr ein innerer Schritt getan wird, der sich oft auch im äußeren Lebensgang abzeichnet. Aber auch im Leben von Menschengruppen und Völkern werden, besonders im Alten Testament, immer wieder Perioden von 40 Jahren genannt. So im Leben des Moses. 40 Jahre war Eli Richter, und unter Otniel, Barak – Deborah und Gideon genoß das Land 40 Jahre lang Frieden. Ebenso lange haben die großen Könige Saul, David, Salomo und Joas regiert. 40 Jahre hatte Hillel den Vorsitz im Synedrium. Nach islamischer Tradition wurde der babylonische Turm in 40 Jahren errichtet und in ebenso langer Zeit wurde im Tempel zu Jerusalem der würfelförmige schwarze Meteorstein, die heilige Kaaba geschaffen.[93] – Nach alter Lehre der Edda wird der Weltuntergang daran erkannt, daß vorher Bifröst, die Himmelsbrücke des Regenbogens, bricht. Im Mittelalter wird gesagt, daß man den Regenbogen, über den die Seelen der Gerechten von ihren Schutzengeln in den Himmel geführt werden, vor dem Jüngsten Gericht 40 Jahre lang nicht mehr sehen werde.

»Die geistigen Grundlagen der Zahlen« sind nicht Gegenstand dieser Schrift. Sie sind von Ernst Bindel ausführlich dargestellt worden (10). Für die Zahl 40 soll hier nur angedeutet werden, daß sie die Vier als die Zahl der Erde und die Zehn (= 2 × 5) als die Zahl des Menschen enthält.[94] Da die Erde nach einem Wort Goethes zu Eckermann »eine

Pflanzschule für eine Welt von Geistern« ist und die Zahl 40 Mensch und Erde durch verschiedene Inkarnationsrhythmen verbindet, werden nicht nur die Rhythmen des Leibes, des Lebens und der Seele, sondern auch der Rhythmus des Ich von der 40 durchwirkt. Zu den 40 Jahren, Monaten, Wochen hinzu sind nun die *40 Tage* zu betrachten. Nach jeder Geburt warten die Eltern auf den Augenblick, in dem das Kind lächelnd sein Inneres der Außenwelt mitzuteilen beginnt. Man sagt, das geschehe um den 40. Tag seines Erdenlebens. Im siebenten Kapitel der Genesis wird dreimal betont, daß der Regen bei der Sintflut 40 Tage und 40 Nächte lang niederging. Nachdem die Arche des Noah beim Sinken der Wasser auf dem Berg Ararat aufgesetzt hatte, bleibt Noah noch einmal vierzig Tage lang ruhig darin. Die Katakomben-Kunst zeigt diese Bilder deutlich im Zusammenhang mit Einweihungsvorgängen, in denen krisenreiche Werdezeiten durchlebt werden. Solchen Erlebnissen entsprechen die vierzigtägige Fastenzeit, die Moses am Sinai verweilte (2. Mos. 24,18) und zum andernmale, als er die steinernen Gesetzestafeln empfing (2. Mos. 34,28). Die Kundschafter ins gelobte Land kehren nach 40 Tagen zurück. Elias begibt sich fastend auf eine 40tägige Geisteswanderung zum gleichen Berge Horeb in die »Grotte«. Das Neue Testament spricht im Leben des Christus Jesus bedeutsam davon, daß er sich unmittelbar nach der Taufe im Jordan vierzig Tage und Nächte fastend auf den Berg in der Wüste zurückzieht. Dort erlebt er die dreifache Versuchung durch die Widersachermächte. Die Einkörperung des göttlichen Menschen-Urbildes in den Leib des Jesus von Nazareth ruft diejenigen Mächte auf den Plan, die den Menschen nicht wollen. Nach vierzig Tagen hat das innere Ringen durch das Abweisen der Versuchungen einen vorläufigen Abschluß gefunden. Als dann mit der Auferstehung der völlige Sieg über die leibzerstörendenden Todeskräfte errungen ist, vergehen wiederum vierzig Tage, in denen sich dieses Geschehen in den Kosmos hinein auswirkt. Der Zeit von Ostern bis Himmelfahrt entspricht spiegelbildlich eine 40tägige Fastenzeit vor Ostern (Quadragesima). Weil aber an den Sonntagen nicht gefastet, aber die 40 Tage eingehalten werden sollten, legte man den Beginn der Quadragesimalzeit auf den Aschermittwoch. Den Abschluß dieser 40tägigen Zeit des Leidensweges bilden die sieben Tage der »großen Woche« vom Palmsonntag bis Karsamstag. Mit Ostern wird das Mysterium von Golgatha in den 40tägigen Auferstehungssieg hinübergeführt. Es ergibt sich eine *Zeitgestalt*, die in Zahlen darstellbar ist:

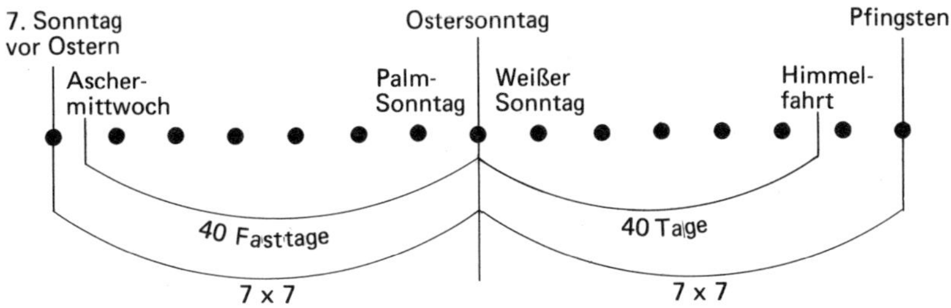

Figur 25 Die Zeitgestalt vor und nach Ostern.

Dieser einzigartigen Zeitgestalt geht eine ähnliche in der Mittwinterzeit voraus. Am 27. November kann frühestens der 1. Advent sein. Von hier bis zum 5. Januar sind es ebenfalls vierzig Tage. Diese Zeit umfaßt also die vier Wochen der Adventszeit und die zwölf Heiligen Nächte. Letztere sind zugleich der Beginn einer anderen Periode von vierzig Tagen, die vom 25. Dezember bis zum 2. Februar geht. Das ist der Tag von Mariä Reinigung und der Begegnung mit dem greisen Simeon (Lukas 2). Hier enden die vierzig Tage (7 + 33) der Reinigungszeit, die das Gesetz des Moses (3. Mos. 15) vorschreibt. Es ergibt sich wieder eine Zeitgestalt, bei der aber die mittleren zwölf Heiligen Tage und Nächte zu jeder der beiden symmetrischen vierzig Tage gehören.

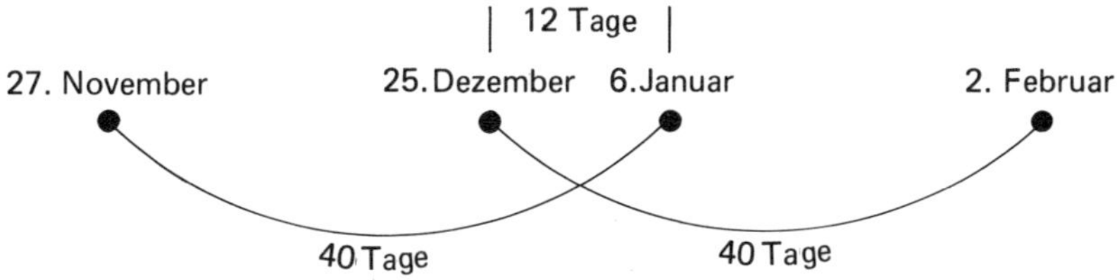

Figur 26 Die Zeitgestalt vor und nach Weihnachten.

Auf diese Weise hat der christliche Kalender vier vierzigtägige Zeiten, von denen jeweils zwei miteinander verbunden sind. Zunächst Advent als Klärung und Reinigung der Erdatmosphäre, damit verbunden die *Reinigung des Leibes.* Danach die *Läuterung der Seele* in der Fastenzeit, der alten Quadragesimalzeit, und die *Durchgeistigung* durch den Auferstandenen zwischen Ostern und Himmelfahrt. Die zwölf Heiligen Tage und Nächte und die sieben Tage der Großen Woche sind durch ihren Stellenwert zwischen je vierzig Tagen ganz besondere Zeiten im Jahreslauf. Sie können zu Festzeiten des *inneren* Kalenders gemacht werden. – Es soll nicht unerwähnt bleiben, daß am 23. Februar, vierzig Tage vor dem Kreuzestod Jesu Christi am 3. April, der Erinnerungstag für den von Christus erweckten Lazarus ist. In solchen Reinigungs-, Prüfungs- und Weihevorgängen haben die meisten im Brauchtum noch beachteten Vierzigtagezeiten ihr Urbild. Hier ist auch die für das Abklingen von Krankheiten als nötig erachtete Zeit der *Quarantäne* (von französisch quarante = 40) zu erwähnen. Für etwa vierzig Tage wird ein Stern, an dem die Sonne vorüberzieht, von ihrem Lichte so überstrahlt, daß er nicht mehr gesehen werden kann. Sein Wiedererscheinen wird sein heliakischer (von helios = Sonne) Aufgang genannt. Es gibt auch eine Zeit von *vierzig Stunden.* Diese entspricht der Zeit vom Kreuzestod am 3. April, 15.00 Uhr bis zur Auferstehung am 5. April, 7.00 Uhr. Obwohl dies nur ein Tag und 16 Stunden ist, spricht man von drei Tagen, weil alle beteiligten Tage mitgezählt werden.

40 Stunden	Zeit zwischen Tod und Auferstehung Jesu Christi
40 Tage	Zeit der Versuchung
40 Wochen	Embryonalzeit (280 Tage)
40 Monate	3 1/3 Jahre von der Jordantaufe bis zur Auferstehung
40 Jahre	Lebensperioden im Leben des Moses.

Auf Himmelfahrt, das Fest der 40 Tage, folgt Pfingsten, das seinen Namen von der Zahl der Tage nach Ostern hat (griech. pentekoste hemera = der *50. Tag,* ital.: pentecosta, franz.: pente-côte). Der 50. Tag nach Ostern ist die siebente Erneuerung des Auferstehungstages.

Wenn sich der siebentägige Rhythmus der Seele siebenmal gezeitigt hat, ist eine umfassende *Vertiefung* und lebensmäßige *Einverleibung* eines Erlebnisses erfolgt. MARGARITA WOLOSCHIN berichtet in ihren Tagebuchaufzeichnungen aus dem Jahre 1912 eine für das Wesen der Rhythmen und Feste als Glieder eines Zeitorganismus erhellende Äußerung RUDOLF STEINERS über die Feiertage: »Wichtig sind ihre Abstände und die Aufeinanderfolge, nicht das genaue Datum« (237). Es ist anzunehmen, daß dies auch im Hinblick auf den Osterfestkreis gesagt ist.

Indem man in Tibet 49 Tage lang nach dem Tode das Totenbuch liest, verlängert man diese Periode über den Tod hinaus. Im Judentum ist »das Fest der Wochen« das »Fest der Ernte oder der Erstlinge«. Es beendete die 49tägige Erntezeit. Diese begann am ersten Tag nach dem Passah-Sabbat, dem Ostersonntag im christlichen Sinne, mit dem Darbringen der Erstlingsgarbe als Opfer von der neuen Ernte, als deren erste Frucht die Gerste reif war. Vorher durften weder Brot noch geröstete oder gestoßene Körner von der neuen Ernte gegessen werden (3. Mos. 23). Die Erntezeit endete mit dem 50. Tag, dem Fest der Wochen, mit dem Opfer von zwei gesäuerten Weizenbroten. 50 Tage nach dem Wochenfest war ein Weinfest und weitere 50 Tage danach ein Ölfest. Dem Wochenfest entspricht das Jobeljahr im Großen, wie die 49tägigen Erntezeiten einer Jobeljahrsperiode im Kleinen. Darin zeigt sich die gegenseitige *Entsprechung* von Jahr und Tag. Der Tag wird als Kleinjahr erlebt, das entsprechend dem Naturjahr eine helle und eine dunkle Hälfte hat.

Das alle sieben Jahre gefeierte altjüdische Sabbat-Jahr ist bereits beschrieben worden (vgl. S. 201). Es kann als eine Prophetie auf das Freiwerden der Kreatur vom Dienste des vergänglichen Wesens aufgefaßt werden (Röm. 8). Nach sieben mal sieben Jahren, also im Anschluß an ein zu Ende gehendes Sabbat-Jahr, sollte das *Jobeljahr* gefeiert werden. Jōbēl ist der Widder, bedeutet aber auch das Widderhorn und dessen Ton, mit dem das große Jahr des Herrn im ganzen Lande ausgerufen wurde. Von diesem »Hall« hat Luther das Jobeljahr auch »Halljahr« genannt. Von jobel (spät-lat. jubilaeus annus) leitet sich Jubeljahr, *Ju-*

biläum, Jubilar ab. Aber auch ein Zusammenhang mit dem mittel-lat. jubilus, jubilare – das Frohlocken, jubilieren wird vermutet. Für das Jobel-Jahr gelten nach 3. Mos. 25 die gleichen Vorschriften, wie für das Sabbat-Jahr, wobei aber das Gewicht auf dem Freiwerden der Menschen liegt, die in gegenseitige Abhängigkeit gekommen waren. Das Jobel-Jahr diente letzten Endes den höchsten Zielen eines Gottesstaates. Die sozialen Zustände wurden wieder in Einklang gebracht mit dem Urverhältnis des Menschen zu Gott. In fünfzigjährigen Rhythmen wurden die Verfestigungen im Bereiche des irdischen Besitzes und der unsozial gewordenen menschlichen Verhältnisse aufgebrochen und heilsam neu geordnet. Nach diesem Vorbild wurde im Jahre 1300 durch die katholische Kirche jedes 100. Jahr, später das 50. und dann sogar jedes 25. Jahr als Heiliges Jahr bestimmt, in dem durch Wallfahrten nach Rom ein vollkommener Ablaß gewonnen werden konnte. Aufgrund der relativen Seltenheit dieser Zeiten wurde das Wort: »Alle Jubeljahr einmal« geprägt. Die 25, 50, 75 und 100jährigen Jubiläen haben somit letzten Endes ihr Urbild im althebräischen Jobel-Jahr.

Die letztgenannten größeren Rhythmen von 33, 40 und 50 Jahren mit ihren Unterteilungen und ihren Vielfachen sind durch die Verbindung des einzelnen Menschenlebens mit dem Leben der *Gemeinschaft* charakterisiert. Die kleineren Rhythmen der ersten Lebenshälfte wirken sich hauptsächlich in der *individuellen* Entwicklung aus. Die genannten größeren Rhythmen des weiteren Lebens sind mehr gemeinschaftsbildend.

Wenn man die beschriebenen Hauptrhythmen, ihre Bruchteile und Vielfachen in eine Tabelle eintragen und die einfachen Rhythmen der Planeten mit ihren Bruchteilen und Vielfachen sowie die charakteristischen Konstellationsrhythmen hinzunehmen würde, dann entstünde die nahezu lückenlose natürliche Reihe der Zahlen. Das besagt, daß *jedes* Jahr des Lebens mindestens *einen* Schwingungsknoten enthält. Das Studium dieses reichhaltigen Rhythmengewebes im einzelnen ist aber nicht Gegenstand dieser Untersuchung. Mit den beschriebenen Hauptrhythmen sollten zunächst nur die *Grundlagen einer Rhythmenkunde* gegeben werden. Durch das Zusammenleben von Menschen jeden Alters, vom Kind über den Mann bis zum Greis, entsteht ein noch vielfältigeres Rhythmengewebe. Die Menschen einer Familie, eines Dorfes, einer Stadt, eines Landes, eines Volkes und zuletzt die ganze Menschheit zeitigen in einer umfassenden Verflechtung von Rhythmen ihre je eigene Lebensgemeinschaft als *Zeitgestalt höherer Art.*

35. Erdenleben

Die Geschichtsschreibung wird in Zukunft noch viel mehr als bisher in den geschichtlichen Ereignissen die Offenbarung der die Welt in Zeiten und Rhythmen durchwirkenden Wesen erkennen und darstellen lernen. Die grundlegende Vorübung dazu ist die Beschreibung des einzelnen Menschenlebens. Denn jedes Menschenleben ist ein Rhythmengefüge von ganz eigener und einmaliger Struktur. Zugleich wird es aber von den beschriebenen Grundrhythmen urbildhaft ordnend durchwirkt. Diese Ordnung setzt nicht immer von der Geburt her an. Sie kann sich von einem entscheidenden Ereignis her in der Richtung des Lebensbeginnes oder zum Lebensende hin auswirken. Oft ist das Leben vom Todestage her rückwärts deutlich gegliedert. Deshalb ergibt sich die volle Überschau über ein Leben oft erst mit seinem Erdenende. Diese Rhythmen des Lebens entsprechen Bewegungsgeheimnissen der Sternenwelt. Sie sind Hülle und Kleid für die Schicksalsabsichten, die wir vor der Geburt unseren Wesensgliedern eingeprägt haben. »Das Erdenleben des Menschen ist also ein Wundergewebe, in das die geistgegebenen Notwendigkeiten sich von der einen Seite, die irdischen Naturgesetze von der anderen Seite her verschlingen« (133, S. 37). Im Spannungsfeld »polarer Kräfte, himmlischen und irdischen Ursprungs, ähnlich dem Regenbogen« (228) zeitigt sich das Menschenleben. Gegenüber der Zweiheit von *Natur* und *Geist*, die zunächst alles Erdenleben beherrscht, entsteht ein Drittes: die aus der Polarität erwachsende *Steigerung*, das vom Menschen bewußt gelebte Leben, die *Biographie*. Sogar das Wort Biographie enthält die beiden Pole: bios = Leben und graphe = starre Linie. Aber »geronnene Form und webendes Leben schließen sich zusammen in der Begriffsbildung Biographie«

(s.o.). Im Ich des Menschen begegnen sich ununterbrochen zwei gewaltige Ströme. Der eine fließt aus der Form ins Leben, aus der Vergangenheit in die Zukunft. Es ist der Strom der Prädestination. Der andere führt aus dem Leben in die Form, aus der Zukunft in die Vergangenheit. Er kann vom Menschen als Schicksal erkannt und zur Biographie verwirklicht werden. Beide Ströme treffen sich und bilden im Ich einen *Wirbel*, der wandert und wandelt, ein wandernd wandelnder Wirbel. Die beiden polaren Zeitbegriffe Vergangenheit und Zukunft werden jedoch in der Geistesgegenwart des Augenblickes vernichtet und eingeschmolzen in das Feuer des *zeitlosen Seins.* Die Geistesgegenwart des »höheren Ich« enthält auch dessen vorgeburtliches und nachtodliches Sein: *Präexistenz* und *Postexistenz.* Sie verbinden das einzelne Menschenwesen mit den großen Rhythmen des Menschheitsatems im Weltenatem der Jahrtausende.

Eine Biographik der Zukunft wird den Lebensgang eines Menschen als ein Gewebe von Rhythmen auf deren Knoten- und Höhepunkte hin untersuchen und beschreiben. Dabei ist der Gefahr zu begegnen, das große Ganze eines Menschenlebens in Teile zu zerstückeln. Im Bilde eines einzigen geistigen Festes sieht ORIGENES das Erdenleben des Menschen, der sich im göttlichen Logos geborgen weiß. Im Anschluß an Paulus (Kolosser 2,16) sagt Origenes, daß das »immerwährende Leben aus dem göttlichen Logos nicht im Teil eines Festes sondern in einem unversehrten und ununterbrochenen Fest besteht«.[95] Dieses Lebensgefühl kann aus der Frohbotschaft des Evangeliums erblühen, denn: »Erst seit Jesu Zeit erwachte der Sinn für den einzelnen menschlichen Lebenslauf, und erst von AUGUSTINUS wurde dessen strenge Zeitordnung wahrgenommen. Augustinus fühlte und verstand auch als erster voll das geistige Ich und das übermenschliche Element in seinem Leben, das er die Vorausbestimmung Gottes nannte. Die Biographie, das Ich und die Prädestination wurden da, wo sie noch nicht zur überlieferten Lehre gehörten, gleichzeitig miteinander wahrgenommen. Sie gehören auch wesentlich zusammen.[96] In der Biographie erscheinen die beiden anderen geistigen Größen, und nur durch diese beiden empfängt jene das ihr eigene Wesen« (105, S. 365).

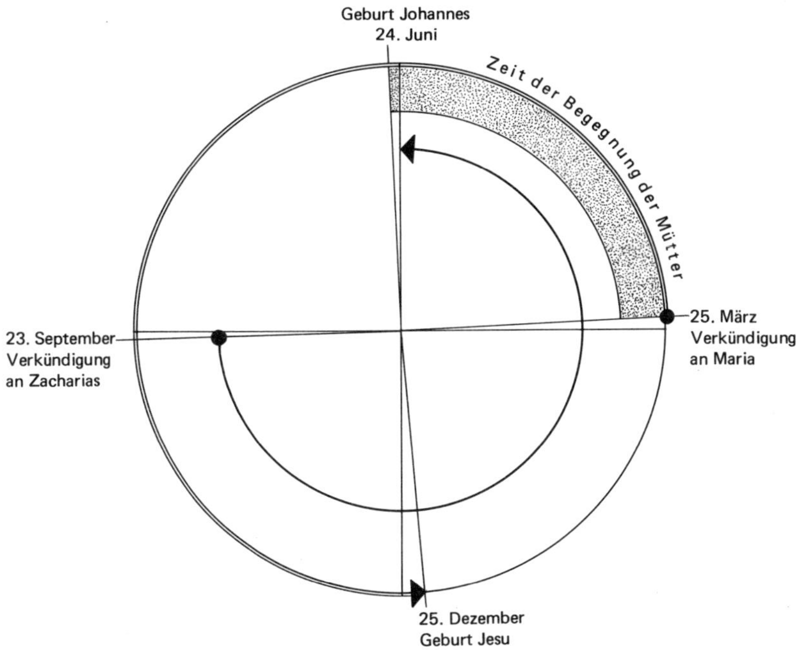

Figur 27 Die Verkündigungen und Geburten von Jesus und Johannes im Jahreslauf.

Das Geheimnis der Geburt ist die ihr vorausgehende übersinnliche Präexistenz des Menschen. Die Geburten von Jesus und Johannes am 25. Dezember und am 24. Juni sind mit den polaren Jahreszeiten verbunden (Fig. 27). Weihnachten und Johanni sind in der Christengemeinschaft längere Festes-Zeiten: Der dreifache Festkreis von Advent, Weihnachten und Epiphanias im Winter und vier Wochen Johanni-Festzeit im Sommer (vgl. S. 169). Das Geheimnis des Todes, d. h. die dem Erdenleben folgende übersinnliche Postexistenz des Menschen ist im Frühling und Herbst mit dem Jahreslauf verbunden. Der Festkreis von Passion, Ostern, Himmelfahrt und Pfingsten führt durch Leiden und Tod zur Auferstehung des Christus. Die vier Wochen der Michaeli-Festzeit wollen dazu beitragen, daß auch die inneren Erfahrungen von Leiden und Tod vom Menschen gemacht werden und zu dessen Auferstehung führen. Ein erneuertes Christentum hat die Aufgabe, die Mysterien der *Geburt* und die Mysterien des *Todes* zum Heile des Menschen wieder miteinander zu verbinden.

VI. Menschheits-Atem
Kulturepochen

Wer nicht von dreitausend Jahren
sich weiß Rechenschaft zu geben,
bleib' im Dunkeln, unerfahren,
mag von Tag zu Tage leben.

GOETHE

36. WERDEGANG

Das Zauberwort der Naturwissenschaft heißt *Entwicklung.* Es ist seit dem 16. Jahrhundert von der Biologie ausgehend in fast alle Bereiche des Daseins eingedrungen. Das Geheimnis des Werdens und *Ent*werdens ist mit diesem Wort kaum berührt worden. Der übertriebene und allzu schnelle Gebrauch des Wortes hat meist nur die sinnlich-sichtbaren Phasen der Vorgänge zum Gegenstand der Forschung werden lassen. Die übersinnlichen Quellen von Leben, Bewegung und Bewußtsein blieben unbeachtet. Der Wickel aus Flachs oder Wolle ist ja auch schon als Ganzes da. Zur weiteren Verarbeitung braucht er nur noch *ent*wickelt zu werden. Die Frage nach dem Woher drängt sich bei dem übertragenen Gebrauch des Wortes Entwicklung heute jedoch nicht mehr auf. Sie bleibt im Hintergrund.

Im Bereich der Technik und der Wirtschaft gibt es seit etwa 1750 das Wort *»Fortschritt«*. Es ist damit ein Schritt im Materiellen gemeint, der bei einer Verringerung des Arbeitsaufwandes zu einer Steigerung der Produktion führt. Das ist der ursprüngliche Sinn des Wortes. Fragt man dabei, wer fortschreitet, dann lautet die Antwort meistens: der Mensch. Da der genannte Fortschritt aber auf den materiellen Bereich beschränkt bleibt, ist damit dem Menschen nur halb gedient, weil sein Wesen in Wahrheit viel umfassender ist. Ja es ist bereits offenkundig, daß der Fortschritt in materieller Hinsicht sehr oft durch einen *Rückschritt* auf seelischem und geistigem Gebiet erkauft ist. Über diesen Preis des Fortschrittes muß man sich im klaren sein. Ein chinesisches

Sprichwort sagt: *Der Weise kennt den Preis der Dinge.* Der blinde Fortschrittsglaube allein ist in Wirklichkeit gegen das wahre Wesen des Menschen gerichtet. Er muß in seinen Wirkungen durchschaut, auf sein Gebiet beschränkt und nach den wahren Bedürfnissen des Menschen in den Bereichen des Lebens, der Seele und des Geistes ergänzt werden.

Jedes Lebewesen, sei es Pflanze, Tier oder Mensch, zeitigt sich in einem Werdegang, der in einer *ununterbrochenen Wandlung,* in einer kontinuierlichen Metamorphose verläuft. Jedes Stadium dieser Metamorphose im raumzeitlichen Dasein ist einverwoben in das Ganze einer Zeit*gestalt,* die nur vom menschlichen Bewußtsein vergegenwärtigt werden kann. Sie läßt den Anfang des äußeren Werdens und den Aufbau der sichtbaren Gestalt aus sich hervorgehen. Aber auch das *Ent*werden der ganzen Erscheinung mit Abbau, Auflösung und zeitlichem Ende gehören dazu. In dem Fragment »Die Natur« sagt GOETHE: »Der Tod ist ihr Kunstgriff, viel Leben zu haben.« Die Erscheinung in der Sinneswelt geht aus der Wirksamkeit sich offenbarender geistiger Wesen hervor. Auch die Erde als Ganzes und ebenso die Menschheit machen keine Ausnahmen in diesem Werdegang.

37. GESCHICHTSBEWUSSTSEIN

Die Worte Entwicklung, Fortschritt, Werdegang dienen in gleicher Weise zur Benennung von Vorgängen im Bereich des Naturgeschehens wie für solche innerhalb des menschlichen Bewußtseins. Es ist nicht möglich, ihren wechselweisen Gebrauch zu verhindern. Dabei darf aber nicht übersehen werden, wie das raum-zeitliche Nacheinander der Erscheinungswelt im menschlichen Bewußtsein zu einer überzeitlichen *Gleichzeitigkeit* verschmilzt, in deren *Dauer* das Ich des Menschen lebt. Die Erinnerungskraft erzeugt aus dieser Gleichzeitigkeit des Vergangenen mit dem Gegenwärtigen ihre Vorstellungen. Diese Fähigkeit der freien, bewußten Erinnerung ist auf Erden nur dem Menschen möglich. Das heutige Bewußtsein hat sich im Werdegang der

Menschheit aus früheren Formen weitergebildet. Das *mythische* Bewußtsein ging dem Geschichtsbewußtsein voraus. Dieser Begriff soll hier zunächst ganz allgemein gebraucht werden. Das *Geschichts*bewußtsein kann das Geschehene im eigenen Leben, im Leben der Natur und im Leben der Menschheit mehr oder weniger deutlich »erinnern«. Dadurch sind Leben, Wachstum und Zeiterscheinung unauflösbar miteinander verbunden. Nur im menschlichen Bewußtsein kann ihr überzeitliches *Wesen* aufscheinen. Damit ist die Brücke zwischen Natur und Geschichte gebaut.

Ein echtes Geschichtsbewußtsein wird das Werden des Menschen und der Menschheit nicht als eine zufällige und beliebige Summe von Ereignissen ansehen können. Etwas Derartiges gibt es für den tiefer dringenden Blick weder in der Natur noch im Menschenwerden.[97] Geschichte ist die *Wirksamkeit* und *Offenbarung* von *Wesen* im sinnvollen Nacheinander der Erscheinungswelt. Auch der Mensch ist ein geistiges Wesen, das zwischen Geburt und Tod in einem raumzeitlichen Dasein erscheint. Er ist sowohl einzelner als auch Glied der ganzen Menschheit. Gotthold Ephraim Lessing (1729–1781) sieht die gesamte Menschheitsgeschichte als »Erziehung des Menschengeschlechtes«. Bei der Frage nach der Beteiligung des einzelnen Menschen an dem ganzen Geschehen leuchtet ihm die Erkenntnis der *wiederholten Erdenleben* auf. Mit diesem Gedanken kann das Rätsel des gesamtgeschichtlichen Menschheitswerdens einer sinnvollen Lösung näher gebracht werden. Die für unsere Betrachtung wichtigen drei letzten Paragraphen der Schrift Lessings lauten:

»§ 98. Warum sollte ich nicht so oft wiederkommen, als ich neue Kenntnisse, neue Fertigkeiten zu erlangen geschickt bin? Bringe ich auf einmal so viel weg, daß es der Mühe wiederzukommen etwa nicht lohnet?

§ 99. Darum nicht? – Oder weil ich es vergesse, daß ich schon dagewesen? Wohl mir, daß ich es vergesse. Die Erinnerung meiner vorigen Zustände würde mir nur einen schlechten Gebrauch des gegenwärtigen zu machen erlauben. Und was ich auf jetzt vergessen *muß*, habe ich denn das auf ewig vergessen?

§ 100. Oder, weil so zuviel Zeit für mich verloren gehen würde? Verloren? Und was habe ich denn zu versäumen? Ist nicht die ganze Ewigkeit mein?«

Für diese Betrachtung ist das Vergangene wie eine verblaßte Erinnerung, die bis zu den Zeiten, da sie einmal wieder frei wird erfaßt werden können, als Geschichte der Menschheit aufgenommen werden darf. So wird *Geschichte* zur erweiterten *Selbsterkenntnis*. Nur eine echte Geschichtskunde bannt die Gefahr einer Abspaltung der Vergangenheit von der Zukunft und die damit verbundene Chaotisierung aller menschlichen Verhältnisse. Ein Geschichtsbewußtsein, wie es in LESSING gegen Ende seines Lebens aufleuchtete, ist ein tragfähiges Fundament für die Zukunft der Menschheit.

38. ZEITPERIODEN

Wie alles Lebendige wächst auch die Geschichte der Menschheit in Zeiten und Rhythmen. Hier erhebt sich die Frage nach deren Herkunft. Bisher wurden die vorgegebenen Umlaufszeiten von Sternen, Sonne, Mond und Erde beschrieben. Auch Rhythmen höherer Ordnung, die sich aus dem Zusammenwirken von zwei oder mehreren Gestirnen im Vergleich ergeben, haben wir kennengelernt. Die Umlaufszeiten geschichtlicher Ereignisse sind mit dem 33-Jahre-Rhythmus verbunden (vgl. S. 228). Alle derartigen *Perioden* haben diesen Namen zu Recht, denn griech. perihodos bedeutet ursprünglich den Umlauf der Planeten, also den sich erneuernden Zeitabschnitt. Ein vom Planetenumlauf unabhängiger, aber sich wiederholender Zeitabschnitt ist das *Jahrhundert,* dessen Wortgebrauch im 17. Jahrh. für das lateinische saeculum aufgekommen ist. Saeculum ist verwandt mit secus = sexus, bedeutet aber ursprünglich die Zeit der Aussaat, dann das Geschlecht, die Generation als Zeit eines Menschengeschlechtes zu 33 1/3 Jahren, Zeitalter, Regierungszeit, übertragen: Jahrhundert, dann lange Reihe von Jahren und erst im Mittelalter Welt, Zeitlichkeit im Gegensatz zu Kirche und Ewigkeit. Säkularfeier ist die Jahrhundertfeier; säkularisieren = weltlichmachen, verstaatlichen. Trotzdem wird das Wort auch im Kultus der römisch-katholischen Kirche für den Begriff »lange Zeiten« gebraucht: in saecula saeculorum. Das Wort *Jahrtausend* als Zeitperiode ist von LESSING empfohlen worden, *Jahrzehnt* findet sich zuerst bei WIELAND (gest. 1813). Heute wird Periode, unscharf in der Bedeutung, auch für einmalige Zeitabschnitte verschiedener Länge gebraucht.

Bevor wir auf diesen Bedeutungswandel näher eingehen, sollen noch einige von Gestirnumlaufszeiten abgeleitete, also echte Zeitperioden erwähnt werden. Eine solche ist die *Sothis*-Periode im alten Ägypten. Dort hatte man Jahrtausende lang einen Kalender, der das Jahr mit 365 Tagen zu $12 \times 30 + 5$ Zusatztagen (Epagomenen) ansetzte. Das war der klarste und übersichtlichste Kalender des Altertums. Er hatte aber den einen Fehler, daß er mit der Differenz von rund 1/4 Tag jährlich nicht mit dem wahren Sonnengang übereinstimmte. Die Differenz summierte sich. Die Verspätung des Kalenders gegenüber dem Jahr betrug

nach	4 Jahren	1 Tag	(genau 0,9688 Tage)
nach	128 Jahren	31 Tage	(31,0016 Tage)
nach	1 460 Jahren	rund 1 Mondjahr	(353,612 Tage)
nach	1 508 Jahren	365 Tage	(365,238 Tage)

In Ägypten rechnete man mit der Zahl 1460, weil sie 4 mal 365 ist. Die damals in der zweiten Hälfte des Juli einsetzende alljährliche Überschwemmung durch den Nil war in 1461 ägyptischen Kalenderjahren nur 1460 mal eingetreten. Hinter ihrem Beginn zurückbleibend, war das kalendarische Neujahr selbst in 1460 Jahren einmal durch das Naturjahr gewandert. Dadurch ergaben sich für diese Zeit 1461 Kalenderjahre. Die Priester und die Regierung des Landes konnten den Beginn der den Kalender langsam durchlaufenden drei ägyptischen Jahreszeiten bestimmen und bekanntgeben. Aber auch der einfache Bauer wußte ohne Kalender den Beginn der Überschwemmung aus dem Stand der Sterne. Er beobachtete das Verschwinden und Wiederauftauchen eines Sternes in dem an ihm vorüberziehenden Sonnenlicht. Durch jahrelange Beobachtung kannten die alten Ägypter den heliakischen Untergang und Aufgang eines Sternes. Wenn der hellste Stern am Himmel, der Sothis, im Sternbild des großen Hundes wieder vor Sonnenaufgang sichtbar wird, dann wird bald der Nil steigen. Danach konnte man den Feldbau einrichten. Heute ist der heliakische Aufgang des Sothis-Sirius bei uns im August. Die heißen Tage im August hat man Hundstage genannt, weil Sothis Hund bedeutet. Der Hunds-Stern heißt lat. canicula. Die Hitzeferien im August nannte man früher Canicular-Ferien. Sirius ist vermutlich ein griechisches Wort mit der Bedeutung »brennend«. Siriasis nannte man den Sonnenstich, die Hundstagskrankheit. Die Zeitperiode von 1460 Jahren umfaßt rund einen Umlauf des heliakischen Aufgangs des Sirius im altägyptischen 365-Tage-Kalender. Das war die für die Langzeitrechnung wichtige Sothis- oder Sirius- oder Canicular-Periode.

In der frühchristlichen Zeit wurden für die Osterberechnung im Westen des Römischen Reiches Perioden von 8, 16, 84 und 112 Jahren benützt. Diese waren aber hinsichtlich des Mondes ungenau. Von den Alexandrinern wurde der beschriebene *Metonische* Zyklus von 19 Jahren verwendet und zu einer Periode von $4 \times 19 = 76$ Jahren verbessert. Anfang des 6. Jahrhunderts führte der gelehrte Abt DIONYSIUS EXIGUUS, ein Skythe, den schon ein Jahrhundert vorher bei den Alexandrinern und Byzantinern bekannten 532jährigen Zyklus von 19×28 Jahren ein (vgl. S. 190). Der angelsächsische Mönch BEDA VENERABILIS (663–735) ergänzte und verbreitete die *Ostertafeln* des DIONYSIUS, die dann bis zur Gregorianischen Kalenderreform 1582 in Geltung blieben.

In manchen Kalendern gibt es Zeitperioden, die von astronomischen Umlaufszeiten frei zu sein scheinen. Ein besonders charakteristisches Beispiel dafür ist der Kalender der Maya. Der auf Seite 132 beschriebene Tzolkin war ein kultisches Jahr mit 13 Zahlen und 20 Zeichen und $13 \times 20 = 260$ Tagen. Daneben gab es das normale Sonnenjahr, den Haab, mit genau 365 Tagen. Es wurde in 18 Monate zu 20 Tagen und einen fünftägigen Zusatzmonat eingeteilt. Die Jahre werden nun nicht einzeln oder in Perioden zusammengefaßt gezählt, sondern als eine lange Zählung von Tagen, die als Tage in Perioden zusammengefaßt werden. Diese Einrichtung ist einzigartig unter allen Kalendersystemen:

1 Kin		=	1 Tag	
1 Uinal	= 20 Kin	=	20 Tage	
1 Tun	= 18 Uinal	=	360 Tage	= ca. 1 Jahr
1 Katun	= 20 Tun	=	7200 Tage	= ca. 20 Jahre
1 Baktun	= 20 Katun	=	144.000 Tage	= ca. 400 Jahre
				= 20 × 20 Jahre

Der Ausgangspunkt ihrer Rechnung soll gleichbedeutend mit dem 8. September 3114 v. Chr. sein. Ein Datum der heutigen Zeit hat nach der langen Zählung der Maya eine Zahl von nahezu 1,8 Millionen Tagen.

Sowohl die astronomisch vorgegebenen als auch die freien Zeitperioden der Kalendersysteme sind Zeitenrhythmen, die sich *zyklisch erneuern.* An sie wird in erster Linie zu denken sein, wenn zum Beispiel im Kultus der Christengemeinschaft von »Zeitenkreisen« gesprochen wird.

39. Der Atem der Menschheit

Bisher sind die Zeiten und Rhythmen als kosmische Tatsachen beschrieben worden. Diese Tatsachen sind zwar Gegenstand der Naturwissenschaft, aber wir haben sie zugleich auch in ihrem Zusammenhang mit dem Menschen betrachtet. In der Biographie des einzelnen Menschen werden diese Rhythmen weitgehend individualisiert zu einem vielschichtigen Zeitorganismus, den wir Lebensatem genannt haben. Eine echte *Biographik der Zukunft* wird den Blick auf das Werden dieser Zeitgestalt als Schlüssel für die sich offenbarende Entelechie richten müssen. Darüber hinaus erhebt sich aber die große Frage, ob auch in der Geschichte der Menschheit Perioden vorhanden sind, die mit kosmischen Rhythmen gleiche Länge haben. Dabei wird als erstes deutlich, daß der Anfang oder der Gipfel der meisten geschichtlichen Zeitabschnitte für unsere derzeitige Erkenntnis nicht direkt mit einem kosmischen Rhythmus korrespondiert. Bedeutende Menschen, umwälzende Ereignisse, voranführende Ideen sind meist wie ein *Einschlag* aus einem anderen Daseinsbereich in den Gang der kosmischen Zeiten und Rhythmen. Man hat solch einen Einschlag oft als einen Haltepunkt erlebt, von welchem an man eine Reihe von Jahren zu zählen beginnen kann. Der Anhalt, der Haltepunkt heißt griechisch epochē, woraus über das Französische im 18. Jahrhundert das Wort *Epoche* für einen Zeitabschnitt wurde. Bei den Skeptikern zur Zeit des Aristoteles im 4. und 3. Jahrhundert war die »Epoche« der Grundsatz des An-sich-Haltens, des Zurückhaltens eines vorschnellen Urteils. Der heutige Gebrauch des Wortes Epoche als Zeitabschnitt ist nicht mehr deutlich an einen »epochemachenden Einschlag« gebunden, so wie auch Periode nicht mehr exakt einen Sternenumlauf meint. Ja, noch mehr, Periode und Epoche werden wechselweise gebraucht. Wer die verschiedene Herkunft der Wörter aus dem Bereich des *Kosmischen* und des *Philosophisch-Geschichtlichen* beachtet, wird die beiden Wendungen auch *sinngemäß* und nicht gleichbedeutend gebrauchen wollen.

Epoche in dem abgeleiteten Sinne ist im Wesentlichen gleichbedeutend für die »Regierungszeit« eines einzelnen Herrschers, eines Geschlechtes oder für eine Regierungsform. Auch Zeiten der Kunstgeschichte können als die romanische, die gotische Epoche bezeichnet werden, weil das deutliche, je besondere Einschläge im ganzen Kunstschaffen und Kunsterleben sind. Man kann dabei auch von einem *Zeitalter* in kleinerem Umfang sprechen. Das Wort *Ära* ist für solche Zeitabschnitte ebenfalls in Gebrauch. Die Herkunft dieses Wortes hat einen starken Bedeutungswandel durchgemacht. Es bedeutet ursprünglich Bronzemünzen (von aes, aera), dann Geldsummen, Posten, dann überhaupt Zahl. Als Zeitabschnitt im heutigen Sinne tritt es erst im späten Altertum und da selten auf. Die Ära als Beginn von Jahreszählungen wird auf S. 274 beschrieben.

Die Frage der historischen Periodisierung im allgemeinen hat vielfältige Bejahung und ebenso entschiedene Verneinung gefunden. Darauf soll hier im einzelnen nicht eingegangen werden (58). RUDOLF STEINER beschreibt in seinem Buch »Die Geheimwissenschaft im Umriß« in dem großen Abschnitt »Die Weltentwickelung und der Mensch« das Werden beider in äonengroßen Werderhythmen. In ihnen zeitigen sich die geistigen Wesensglieder von Mensch und Erde in großen und kleineren *Siebenerstufen* im Übergang aus reingeistigen Zuständen bis in die heutigen materiellen Formen. Diese Urgeschichte von Mensch und Erde erreicht in der zweiten Hälfte der »Atlantischen Zeit« solche Verhältnisse zwischen Sonne, Mond und Erde, daß sich *zählbare* Zeitenrhythmen im heutigen Sinne herausbilden. Der Beginn der nachatlantischen Zeit im 8. Jahrtausend v. Chr. markiert zugleich das Ende der Eiszeiten. Es beginnt die eigentliche *Vor*geschichte, die in verschiedenen Erdgegenden zu *verschiedenen* Zeiten durch erste *schriftliche* Dokumente in die allmählich genauer faßbare *Historie* übergeht. Die nachatlantische Zeit wird von Rudolf Steiner so dargestellt, daß sie sich in sieben Kulturepochen entfaltet, in deren fünfter wir heute leben. Vor der Beschreibung der einzelnen Kulturepochen soll die Frage der kosmischen Rhythmen noch einmal aufgegriffen werden.

Eine durchschnittliche Lebenszeit von 72 Jahren ergibt sich als Lebensatem des Menschen aus der Zeit, in welcher der Frühlingspunkt um rund einen Bogengrad weiterwandert. Diese *Präzession* wird als das große Weltenjahr beschrieben (vgl. S. 287). Der zwölfte Teil dieser größten Periode umfaßt 25 920 : 12 = 2 160 Jahre. Man kann diese Periode als *Weltenmonat* bezeichnen. Sie umfaßt 25 920 Erdenmonate. Im Laufe des Sonnenjahres werden von Monat zu Monat andere Kräfte und Wirkungen aus den zwölf verschiedenen Regionen des Tierkreises auf die Erde hereingestrahlt. In der Entfaltung des Menschenwesens nach Leib, Seele und Geist lassen sich große *neue* Werdeantriebe aufzeigen, deren zeitliche Abstände angenähert jenen Weltenmonaten von 2160 Jahren entsprechen. Hier muß aber unmißverständlich darauf hingewiesen werden, daß es sich dabei um Zeitperioden handelt, deren Anfang oder Ende nicht durch besondere Konstellationen am Himmel zu beobachten ist. Der Frühlingspunkt, d. h. der Himmelsort, an dem die Sonnenbahn den Himmelsäquator schneidet, konnte auch schon in alten Zeiten durch langjährige Beobachtung der Sterne in seiner Nähe gepeilt, d. h. anvisiert werden. Durch die langsame Veränderung der gegenseitigen Entfernungen bemerkte man das Wandern des Frühlingspunktes, konnte es messen und dann berechnen. So wandert dieser Sonnenort der Frühlingstagundnachtgleiche in 2160 Jahren durch ein Zwölftel der ganzen Ekliptik, das ist die durchschnittliche Ausdehnung eines Tierkreissternbildes. Rudolf Steiner beschreibt diese Zeiten als Kulturepochen, deren Wesen und Dauer mit dem Wandern des Frühlingspunktes durch die einzelnen Tierkreisregionen korrespondiert. Dabei fällt der Beginn einer solchen Kulturepoche zeitlich aber nicht mit dem Eintritt des Frühlingspunktes in das entsprechende Tierkreisbild zusammen. Der Eintritt in das für eine Kulturepoche bestimmende Tierkreisbild ist schon lange vor deren Beginn erfolgt. Er markiert einen Höhepunkt in der vorhergehenden Epoche. Die beim Übergang des Frühlingspunktes verlassene Tierkreisregion bleibt mit ihren Impulsen für die laufende Kulturepoche noch länger nachklingend, während schon die nächstfolgende vorbereitet wird. Diese Verschiebung kann im einzelnen aus der nachstehenden Zeichnung abgelesen werden (Fig. 28), (vgl. S. 266).

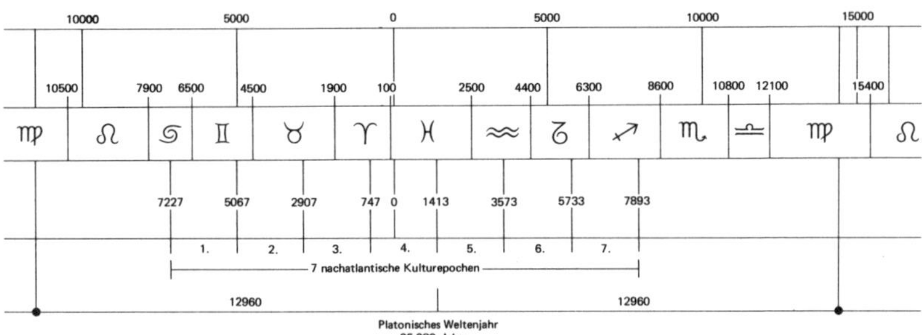

Figur 28 (vgl. S. 266) Der Frühlingspunkt und die Kulturepochen in der Zeitrechnung.

Auch hier zeigt sich wieder, daß die kosmischen Rhythmen nicht starr und gleichsam mechanisch die Veränderungen im Menschheitswerden auslösen, sondern daß im menschlichen Bereich sowohl eine langzeitliche Zuordnung als auch eine Tendenz zur Lösung aus einer starren Gleichzeitigkeit mit kosmischen Vorgängen wirksam ist. Darin ist die Möglichkeit zur Freiheit veranlagt. Weil diese Kulturepochen Stationen der Menschheit auf ihrem Wege zur Freiheit sind, kann ihr Rhythmus auch als *Menschheits-Atem* bezeichnet werden.

Dieser große Menschheits-Atem von 2160 Jahren wird in der Geschichte von seinen Teil-Rhythmen und anderen kleineren Perioden durchwirkt. Ein Viertel dieser Zeit sind 540 Jahre. RUDOLF GROSSE (60) weist darauf hin, daß zwischen den Jahren 869 – 1413 – 1957 je 544 Jahre liegen. Das Jahr 1413 als Beginn der germanisch-angelsächsischen Kulturepoche ist die Mitte zwischen dem Konzil von 869 und dem Jahr 1957. Auf dem Konzil wurde bestimmt, daß der Mensch nur Leib und Seele sei, wobei ihm der freie Geist abgesprochen wurde. Das Jahr 1957 wird als eine Auswirkung dieses »geistlosen« Bildes vom Menschen charakterisiert. Mit dem Abschuß der ersten Raumkapsel 1957 beginnt eine einseitig materialistische Methode der Weltraumforschung. Die vor und nach 1413 gespiegelten Zeiten von 544 Jahren sind dadurch noch besonders eindrucksvoll, daß sie sowohl den Sonnenrhythmus von 11,1 Jahren als auch die Zahl 7 als die Zahl der Zeitenerscheinung enthalten: $11{,}1 \times 7 \times 7 = 544$ (vgl. S. 222).

An der mittleren Epoche der nachatlantischen Zeit zeigt RUDOLF STEINER (182, 23.7.18) eine Dreiteilung zu je 720 Jahren auf.[98]

Ein weiterer Rhythmus von *354 Jahren, 4 Monaten* durchläuft diese Kulturepochen und verbindet sie miteinander. Seine Periode ist 6 mal in 2160 Jahren enthalten und führt mit der siebenten in die folgende Epoche hinüber. JOHANNES TRITHEMIUS (1462–1516), zuletzt Abt in Würzburg, hat ein Büchlein über die himmlischen Intelligenzen geschrieben, dessen Einleitung lautet: »Nach der allgemeinen Anschauung der Antike lenkt Gott, die höchste Intelligenz, die untere Welt durch die Vermittlung nachgeordneter Intelligenzen, die Geister der sieben Planeten, die schon am Beginn der Schöpfung eine hohe Stufe der Vollkommenheit erreicht haben. Diese Geister oder Erzengel der Planeten regeln den Lauf der Welt der Reihe nach in Perioden von 354 Jahren und 4 Monaten. Diese Anschauung, die auch in der Gegenwart von vielen Eingeweihten geteilt wird, soll hier vorgetragen werden« (225). Dann werden 20 Perioden und ihre *Planetenintelligen-*

zen mit ihren hebräischen Namen und ihren Zeiten von der Weltschöpfung 5201 v. Chr. an aufgeführt und kurz beschrieben. Zur Erleichterung des Vergleichens werden die 20 Perioden hier in drei Spalten und nach der heutigen Jahreszählung aufgeführt.

Oriphiel Mein Nacken (ist) Gott	Saturn	1. 5201– 4847	8. 2723– 2369	15. 245 v. Chr.– 109 n. Chr.
Anael Gott antwortet	Venus	2. 4847– 4493	9. 2369– 2015	16. 109– 463
Zachariel Gott gedenkt meiner	Jupiter	3. 4493– 4139	10. 2015– 1661	17. 463– 817
Raphael Gott heilt	Merkur	4. 4139– 3785	11. 1661– 1307	18. 817– 1171
Samael Gewürz (Gift) Gottes	Mars	5. 3785– 3431	12. 1307– 953	19. 1171– 1525
Gabriel Meine Stärke (ist) Gott	Mond	6. 3431– 3077	13. 953– 599	20. 1525– 1879
Michael Wer (ist) wie Gott	Sonne	7. 3077– 2723	14. 599– 245	21. 1879– 2233

In der Tabelle ist nur mit 354 ganzen Jahren gerechnet. Die restlichen 4 Monate = 120 Tage nach Trithems Angabe oder nach anderen 3 × 30 + 14 Tage = 104 Tage sind nicht berücksichtigt. Wenn man sie vom 1. 11. 1879 an berücksichtigt, ergibt sich erst ab 817 eine Verschiebung in der Jahreszahl nach rückwärts von zunächst einem Jahr. Das ist weniger als 3/10 % und kann unberücksichtigt bleiben, da solche Geschichtsepochen nicht durchgehend auf Zeitpunkte fixiert werden dürfen.[99]

Von Karl Heyer sind »Beiträge zur Geschichte des Abendlandes« im Blick auf die sich ablösenden *Regentschaften der Erzengel* und deren Auswirkungen geschrieben worden (76). Die jeweils führenden *Zeitgeister* der Erzengelepochen wirken gleichzeitig zusammen mit den Wesen, die einer ganzen Kulturepoche von 2160 Jahren ihre Prägung geben. Die Frage nach deren hierarchischem Ort ist vielschichtig. Schon die vorchristliche Zeit, besonders das Judentum und später das Urchristentum, kannten die neun Engelordnungen, die Hierarchien. Ihre Namen sind in der Bibel enthalten, aber nirgends in einer lückenlosen Aufzählung. Sie lauten dort: Angeloi (Engel), Archangeloi (Erzengel), Archai (Zeitgeister), Exusiai (Geister der Form), Dynamis (Geister der Bewegung), Kyriotetes (Geister der Weisheit), Throne (Geister des Willens), Cherubim (Geister der Harmonie), Seraphim (Geister der Liebe).[100] RUDOLF STEINER sagt, daß der Volksgeist des indischen Volkes zur Führung der ganzen ersten nachatlantischen Kulturepoche in die Hierarchie der Archai aufgestiegen ist. Diese sind als die »Geister der Persönlichkeit« die eigentlichen Zeitgeister. Ihr lateinischer Name ist Principatus, den LUTHER mit Fürstentümer übersetzt hat und der im weihnachtlichen Engelgebet der Christengemeinschaft mit *Urkräfte* wiedergegeben ist. In der Genesis werden diejenigen Geister der Persönlichkeit, die als Zeitgeister wirken, mit *jom,* Tag, bezeichnet. Es ist deutlich, daß Tag hier eine große Werderunde bedeutet. Auch die Volksgeister der Perser, der Ägypter und der Griechen sind zur Führung der jeweiligen Kulturepochen über ihr Erzengeldasein hinaus in die Ordnung der Archai, der eigentlichen Zeitgeister, aufgestiegen. Diesen Aufstieg macht auch der Zeitgeist, »der im engeren Sinne waltet seit dem Jahre 1879, im weiteren Sinne seit der Mitte des 15. Jahrhunderts« (180, 22. 12. 17). Hier wird der Zusammenhang zwischen der gegenwärtigen Erzengelherrschaft und der ganzen fünften Kulturepoche, der germanisch-anglikanischen Kultur, angedeutet. Die jetzige *Michaelszeit* ist gleichsam der *Sonntag* dieser ganzen Epoche, der berufen ist, »den eigentlichen, vorwärtsführenden spirituellen Impulsen des ganzen fünften Zeitalters überhaupt zum Durchbruch zu verhelfen« (76, III, S. 52). Das Überschreiten der Schwelle zur geistigen Welt ist der Sinn und der Ernst der heutigen Michaelszeit innerhalb der ganzen Kulturepoche. Nachdem die Menschheit einst den Schritt aus dem Schauen der Geistwelt in die Sinneswelt getan hat, muß sie jetzt die Schwelle von der Sinneswelt zur Geisteswelt wieder überschreiten. Davon läßt Franz Grillparzer (1791–1872) in seinem Schauspiel »Libussa« die Heldin sprechen. Ihr Gemahl gründet in sagenumwobener Zeit die Stadt Prag, deren Name »Schwelle« bedeutet. Libussa aber schaut bei ihrem Tod eine ferne Zukunft, die heute Gegenwart zu werden beginnt:

»Dann kommt die Zeit, die jetzt vorübergeht,
die Zeit der Seher wieder und Begabten.«

40. Kulturepochen

Die atlantische Zeit und ihre sieben Unterepochen sind in Ausführung der Anthroposophie mehrfach beschrieben worden (55, 207 u. a.). Deshalb beschränken wir uns hier auf die nachatlantische Zeit. Sie beginnt im achten Jahrtausend und ihre erste Kulturepoche von 2160 Jahren ist astronomisch dadurch gekennzeichnet, daß in ihrer ersten Hälfte die Sonne zum Frühlingsbeginn im Sternbild des *Krebses* stand. Die Kräfte dieser Region wirken bis zum Ende der Epoche weiter, auch wenn dann die Sonne bei Frühlingsbeginn schon in dem nächsten Sternbild steht (vgl. S. 256). Eine Grundstimmung der Menschenseelen in dieser ersten *Altindischen* Epoche war die Sehnsucht nach der übersinnlichen Welt. »Die übersinnliche Welt fühlte man als die *wahre* und die sinnliche als eine Täuschung der menschlichen Wahrnehmung, eine Illusion (Maja). Mit allen Mitteln strebte man danach, sich den Einblick in die wahre Welt zu eröffnen« (163, Die Weltentwicklung und der Mensch). Die Erde wurde noch nicht bearbeitet. Man lebte als Jäger und Sammler alles dessen, was die Natur an Eßbarem und Verwertbarem bot. Es wäre aber falsch, sich die Geisteskultur dieser frühen Menschen nur als eine »primitive« zu denken. Ihre Sehnsucht und Nähe zum Geiste wurde genährt und erhalten durch das Eingebundensein des täglichen und jährlichen Lebens in eine Religionsübung, die den Zusammenklang mit jenen Wesen pflegt, die in den Zeiten und Rhythmen wirksam sind. So war diese erste nachatlantische Kultur im Grunde noch nicht der Erde zugewandt. Laurens van der Post hat das Leben des frühen, von Natur religiösen Menschen an den Buschmännern Afrikas erforscht. Was »Das Herz des kleinen Jägers« (Buchtitel) bewegt, wird im »Tanz des großen Hungers« (Berlin 1975) zur Sinndeutung der ersten und damit aller Epochen: »Überall in der Bilderwelt des Menschen vertritt der Jäger jenen Teil unserer Persönlichkeit, der ständig, bewußt oder nicht, auf der Suche nach einem neuen und höheren Sinn ist.«

Ein neuer Einschlag setzte um 5000 v. Chr. ein. Der Frühlingspunkt der Sonne war schon vorher in das Sternbild der *Zwillinge* gewandert. Nun war der beginnende Kultureinschlag nicht mehr nur dem Himmel, sondern auch der Erde zugewandt. Das war neu. Der ältere *Zarathustra* war der Bringer dieser Kulturepoche.[101] Er ist der erste große Menschheits-Eingeweihte, der den Sinn des Erdendaseins und die Bebauung der Erde lehrt. Zum alten Indien, nach dem der erste Kulturzeitraum benannt ist, lagen die Gegenden, von denen diese zweite Epoche ihren Ausgang nahm, weiter im Nordwesten, im späteren *Persien.* Dort wurde die Hinwendung zur Erde derart eingeübt, daß die Künste des Ackerbaus und der Viehzucht durch die Mysterienstätten geistig erkannt und folgerichtig gelehrt wurden. In der Welt – so wurde gelehrt – wirken gute und böse Mächte. Um dem Guten zum Sieg zu verhelfen, muß das Böse, Entwicklungshemmende, bekämpft werden. Das ist möglich durch das »Einheitliche«, das hinter beiden steht. Es hat ein Erscheinungsfeld im Tierkreis, durch den die Sonne ihre Bahn zieht, die helle und die dunkle Seite des Tages und des Jahres ineinander überführend. Dieses einheitliche Prinzip umfaßt die polare Spannung zwischen der Welt des Lichtes, Ormuzd, und der finsteren Welt Ahrimans. Es wurde zarvana akarana, die »ungeborene Zeit, die *unerschaffene* Zeit« genannt. HERMANN BECKH (4, S. 94) hat das mit »unendliche Zeit, – die in sich ruhende Urewigkeit« wiedergegeben. Dabei »liegt für eine die Unendlichkeit ergreifende Vorstellung eine Linie zugrunde, die nach beiden Seiten ins Unendliche verläuft, die aber eigentlich eine Kreislinie ist... Alles ist einverwoben dem sich selbst findenden, unendlichen Strome der Zeit zarvana akarana«. Die alt-persische Kulturepoche bringt den *großen* Zug in alles Zeitendenken und macht dadurch die Menschheit fähig, zur Kultivierung der Erde. Die Tatsache, daß zwei Worte im Awesta (altpers. = Grundtext, Überlieferung) noch heute im gleichen Sinne gebraucht werden, ist dafür charakteristisch. Das Wort für Stern heißt dort *star* wie im Englischen und das Wort *Yār* ist mit dem deutschen Wort Jahr in Bedeutung und Aussprache völlig gleich. Diese Wörter berühren die Weisheit von Raum und Zeit.

Im Anfang des dritten Jahrtausends wanderte der Schwerpunkt menschheitlicher Kulturentfaltung noch weiter westlich in die Siedlungsbereiche der *Chaldäer, Assyrer, Babylonier* und in einer besonderen Ausprägung bis nach *Ägypten.* Die Frühlingssonne stand im Sternbild des *Stieres.* Der neue Einschlag dieser dritten, ägyptisch-babylonischen Kulturepoche bestand darin, daß die Errungenschaften der beiden ersten Zeiten allmählich miteinander in Einklang kamen. Die Geistverbundenheit der altindischen Zeit wurde mit der Erdentüchtigkeit der persischen Epoche zu Erkenntnissen und praktischer Beherrschung der Erde verschmolzen. »So wie droben, ist es auch auf der Erde; denn das Abbild dessen, was in dem Firmament ist, ist hier auf Erden.«[102] Das war der Grundsatz dieser Epoche, die ihre Prinzipien zur Gestaltung ihres Erdendaseins aus den räumlichen und zeitlichen Ordnungen des Himmels holte. Hier entfalten sich erstmalig die *Wissenschaften.* Die Gesetze des hinter den Sternen stehenden Geistigen werden erforscht in einer noch geistigen Astronomie. Die Geheimnisse der Zahlen führen zur Arithmetik und die Künste des Feldmessens bringen die Geometrie hervor. Da aber gleichzeitig die Fähigkeit des Einblickes in die geistige Welt weitgehend aus den Seelen schwand, entstand »ein Gegensatz zwischen den Erkenntnissen der Eingeweihten und dem verirrten Glauben des Volkes« (163, s.o.). Dieser Zeitraum sollte die Menschenseelen stärker als vorher den Eindrücken der Sinneswelt aussetzen, die aber immer weniger als durchgeistigt erlebt werden konnten. Die Menschenseele lernte in differenzierten Empfindungen und Tätigkeiten nach allen Seiten hin auf diese Eindrücke zu antworten. Der Quell dieser Tätigkeit ist die »Empfindungsseele«. Sie konnte während der ägyptisch-babylonischen Kulturepoche in der

Menschheit besonders herausgebildet werden. Dadurch wurde eine Grundlage für die später auszubildende Möglichkeit zur Freiheit geschaffen. Neben vielen bleibenden Errungenschaften dieses dritten Zeitraumes lernte man damals den rechnerischen Umgang mit Zeiten und Rhythmen. Die Einteilung des Kreises als Grundlage für das spätere *Zifferblatt* der Uhr und der *Kalender* sind bis in unsere Gegenwart das Erbe jener Zeit.

In den noch weiter westlich gelegenen Gegenden von Kleinasien und Südeuropa blühte vom zweiten Viertel des letzten vorchristlichen Jahrtausends an die vierte nachatlantische Kulturepoche auf. Während dieser *griechisch-lateinischen* Kulturepoche stand die Frühlingssonne im *Widder.* Die Wandlung aller menschlichen Verhältnisse ist jetzt auch historisch immer deutlicher abzulesen. In seinen »Studien zur Entstehung des europäischen Denkens bei den Griechen« hat BRUNO SNELL (150) das erste Drittel dieser Zeit als »Die Entdeckung des Geistes« beschrieben. Die auf die Eindrücke der Außenwelt antwortende Empfindungsseele lernt immer mehr die Welt verstandesmäßig aufzufassen und mit logischem Nachdenken begrifflich zu ordnen. »Das ist gerade das Wesentliche des vierten Zeitraumes, daß durch das Abgeschlossensein der Seele von einem unmittelbaren Verkehr mit der seelisch-geistigen Welt der Mensch gestärkt und gekräftigt wurde in den Verstandes- und Gefühlskräften.« Mit ihnen erstrebte man, »innerhalb der sinnlichen Welt ein Gebiet zu schaffen, welches in dem Physischen das Geistige in vollkommener Form ausdrückt« (163, s. o.). Die Philosophie, die bildende *Kunst,* das Drama, das Epos, die Lyrik und die Musik sind die Früchte dieses Strebens der »Verstandes- und Gemütsseele«. Auch die rechtlichen und wirtschaftlichen Neuordnungen jener Zeit haben die gleiche Quelle. Das Christus-Ereignis zu Beginn des zweiten Drittels der griechisch-lateinischen Kulturepoche wird als die *Zeitenwende* gesondert beschrieben.

Dem im 15. nachchristlichen Jahrhundert zu Ende gehenden vierten Zeitraum folgt die »germanisch-anglikanische Kulturepoche«. Die Frühlingssonne steht im Sternbild der Fische. Diese unsere Zeit ist charakterisiert durch einen Seelenzwiespalt, den Goethe von Faust aussprechen läßt: »Zwei Seelen wohnen ach! in meiner Brust«. Der Gegensatz von Wissen und Glauben, von Naturwissenschaft und geistiger Erkenntnis zeigt sich heute zerstörend auf vielen Lebensgebieten. Aber wie in der geistigen Erkenntnis wird auch in der Naturwissenschaft das erkennende Bewußtsein selber als Ewiges in der Seele aufzuleuchten beginnen. »Der Kern des menschlichen Bewußtseins, also die *Seele in der Seele* ist hier mit *Bewußtseinsseele* gemeint« (161, IV). Zu ihrer Ausbildung und durch ihre Entfaltung fließt das verborgene Wissen immer stärker auch in unser 20. Jahrhundert heilsam ein.

»Gegenwart und Zukunft der Welt- und Menschheitsentwicklung« durch die fünfte, sechste und siebente Kulturepoche hindurch sind von Rudolf Steiner in der »Geheimwissenschaft« im Blick auf ihre gegenbildlichen Wiederholungen der ersten drei Epochen beschrieben worden. Dabei wiederholt und ergänzt sich in einer gewissen Art der dritte Zeitraum im fünften, der zweite im sechsten und der erste im siebenten Zeitraum.

Die Zeitdauer von 2160 Jahren ist ein Zwölftel der großen Periode eines Weltenjahres. Für die geschilderten Kulturepochen erhebt sich die Frage nach ihren historischen Grenzen. Wenn diese auch immer nur näherungsweise angegeben werden können, so ergibt sich doch ein mittleres Jahr dieses Grenzbereiches. Als solches gilt das Jahr 747 v. Chr. In diesem Jahre führte der babylonische König Nabonassar bei seiner Thronbesteigung am Tage des Frühlingsäquinoktiums im Zusammenhang mit einer markanten Planetenkonstellation (fast alle Planeten im Widder beziehungsweise im Kreuz Widder-Waage und Steinbock) eine neue Zählung der Jahre und damit eine neue Ära ein. »Dabei darf man jedoch nicht an eine äußerliche Reform des profanen bürgerlichen Kalenders denken, sondern an die Begründung einer neuen, zunächst mehr esoterischen Tradition für die damaligen Himmelskundigen, die dann auch tatsächlich 900 Jahre lang bis zu Ptolemäus fortwirkte« (J. Schulz in 202, 1963/64). Das gleiche Jahr 747 ist nach dem Hinweis Rudolf Steiners als das Jahr der Gründung Roms anzusehen (182, 30.7.18 und 183, 1.12.18). Von hier aus ergibt sich für die sieben nachatlantischen Kulturepochen folgende Übersicht:

Nachatlantische Kulturepochen.

7227
1. Indische Kulturepoche
5067
2. Persische Kulturepoche
2907
3. Ägyptisch-babylonische Kulturepoche
747
4. Griechisch-lateinische Kulturepoche
1413
5. Germanisch-angelsächsische Kulturepoche
3573
6. Slawische Kulturepoche
5733
7. Amerikanische Kulturepoche
7893

Zur Addition von Daten vor und nach Christi Geburt siehe S. 276.

41. Zeitenwende

Die griechisch-lateinische Kulturepoche steht als die mittlere für sich allein. Sie hat *keine* gegenbildliche Wiederholung und Ergänzung. Die drei ersten Epochen sind durch ein zunehmendes Verdämmern und letztendliches Verschwinden der alten Hellsichtigkeit charakterisiert. Parallel dazu geht ein immer wacheres und bewußteres Ergreifen der Erdentatsachen. Dieses geht auch durch die vierte bis siebente Epoche immer noch weiter. Aber von der fünften, der gegenwärtigen Kulturepoche an, die Rudolf Steiner die germanisch-anglikanische genannt hat, wird die Frage nach einer wiederbeginnenden Bewußtseinserweiterung in die übersinnliche Bereiche hinein immer unausweichlicher. Diese Tatsache macht die Mittellage der vierten Epoche noch deutlicher. Die geistige Realität der *im Innern* erlebten Gedanken hielt sich in den Menschenseelen *die Waage* mit der irdischen Realität der durch die Sinne erfahrenen *äußeren* Welt. Vereinfacht ausgesprochen kann man sagen: Denken und Wahrnehmen, Geist und Natur standen in einem echten *Gleichgewicht*. Kein Bereich stellt den anderen in Frage oder überwältigt ihn gar. Ein derart erlebender Mensch müßte in seiner Seele sowohl die Denkweise eines PLATO als auch die eines ARISTOTELES bewegen können. Für Plato war der Gedanke eine gegebene Erinnerung an einen vorirdischen, rein geistigen Zustand. Für Aristoteles war der Gedanke mehr ein Ergebnis des eigenen Denkens. Plato erlebt in den Ideen noch das Hereinleuchten der alten Geistverbundenheit. Aristoteles erforscht die Gesetze der äußeren Welt als Physik und die des Gedankenlebens als Logik. In dem philosophischen Doppelgestirn von Plato und Aristoteles begegnen sich das Ende der alten Mysterienweisheit und der Beginn der aus dem Denken zu entfaltenden Wissenschaften. Durch diese Doppelheit ist die »Verstandes- und Gemütsseele« charakterisiert und damit auch das Widderzeitalter, in dem sie ausgebildet wurde.

Im Übergang vom ersten zum zweiten Drittel dieser griechisch-lateinischen Kulturepoche ereignet sich das *Mysterium von Golgatha*. Damit geschieht ein *Einschlag* in die Kulturepochen, mit dem ein neuer, ein zweiter Strom zu dem ersten hinzukommt. Der Lauf der Kulturepochen entspricht in seinen großen und wesentlichen Wellen dem Gang des Frühlingspunktes durch den Tierkreis. Dabei sind aber die Phasen um einen halben Weltenmonat gegeneinander verschoben. Das zeigt die Fig. 28, S. 256. Kosmos und Menschengeschichte wirken auf diese Weise gemeinsam am Gang der Menschheitsentwicklung.

Der entscheidende Einschlag des Mysteriums von Golgatha kommt jedoch nicht aus diesen Bereichen. Dieses Ereignis *wirkt* in Kosmos, Geschichte und Einzelleben. Zu seiner Erkenntnis werden sich Naturwissenschaften und Christologie gegenseitig ergänzen müssen. Makrokosmos und Mikrokosmos, Welt und Mensch sind zwar aufeinander zugeordnet, aber sie müssen sich getrennt entwickeln. Dabei besteht die Gefahr des totalen Auseinandergeratens. Dieses Auseinanderstreben wurde jedoch aufgehalten und durch das Mysterium von Golgatha umgewandelt. Die beiden Ströme des Welten- und Menschenwerdens, die vorher getrennt waren, haben sich gefunden und gehen seitdem einen gemeinsamen Weg. Dadurch wird die Erde zum

Ausgleichsort dieses größten polaren Spannungsfeldes. Im Mysterium von Golgatha beginnt der allmähliche Wiederaufstieg der Menschheit, die zur Erlangung der Freiheit aus geistigen Höhen herabgestiegen war. Das Leiden, der Tod und die Auferstehung des Christus sind die zentralen Ereignisse des gesamten Erden-Menschen-Daseins. Es ist der Einmaligkeit dieses höchsten Ereignisses nur angemessen, die Erdenjahre vor und nach Christi Geburt zu zählen. Alle diejenigen, welche dabei den Namen des Menschengottes vermeiden wollten und heute noch vermeiden wollen, stellen die Bedeutsamkeit des Geschehens nur noch mehr heraus, wenn sie, die Jahre zählend, »vor und nach der *Zeitenwende*« sagen. Die Aufstellung dieser *»christlichen Ära«* durch Dionysius Exiguus wird im folgenden noch beschrieben (vgl. S. 275).

Die Zeitenwende war die Hoffnung und das *Ziel* der Menschheit in der ersten Hälfte ihrer Geschichte, wie sie im Alten Testament und in vielen Mythen der Völker geschildert wird. Auf jeder Stufe des Menschheitsabstieges erheben sich Gottesmänner und Propheten, die den Erlöser, den Gottdurchdrungenen, den Messias verkünden. Durch ihn wird der Umschwung des Werdens vom Abstieg zum Wiederaufstieg vollbracht. Damit gliedert sich das gesamte Menschenwerden, die gesamte Geschichte des Menschen und der Erde in die *zwei* großen Hälften vor und nach der vollberechtigt so benannten Zeitenwende.

In ähnlicher Weise, wie sich die Kulturepochen vor und nach der vierten »spiegeln«, gibt es Ereignisse der Menschheitsgeschichte, deren zeitlicher Abstand vor und nach dem Mysterium von Golgatha sich entspricht. Im 20. Jahrhundert v. Chr. lebte Abraham. Er begann das Göttliche nicht mehr im Mythos, sondern im Denken zu erfassen. Im Denken kann aber auch die außerzeitliche Dauer erfahren werden. NELLY SACHS (144) hat dies treffend in die Worte gefaßt:

»O Abraham,
die Uhren aller Zeiten,
die sonnen- und monddurchleuchteten
hast du auf Ewigkeit gestellt –«

Heute im 20. Jahrhundert n. Chr. geht es darum, das Denken so zu verwandeln, daß es wieder geistige Bilder, Imaginationen bilden kann.

Eine andere spiegelbildliche Entsprechung zeigt sich in den urgriechischen Städtegründungen im 13.–10. Jahrhundert vor der Zeitenwende. Ihnen stehen die Burgen- und Städtegründungen des Mittelalters gegenüber, die ebensoviele Jahre nach der Zeitenwende vorgenommen wurden. So zeigt sich eine deutliche Mittelstellung des Mysteriums von Golgatha, die auch im Gottesdienst der Christengemeinschaft betont wird. Zu Johanni ist dort vom Reifen der Christus-Sonne »in der *Weltenmitte*« die Rede.

Die Bedeutung des Erdenlebens Jesu Christi für den Kulturprozess und die eigene Mitarbeit an diesem Prozess der Durchchristung der Seele als notwendige Ergänzung der reinen Mystik hat MICHAEL BAUER erkannt: »... das Wachstum in das gesteigerte Erlebnis Christi ist an eine Teilnahme am Kulturgang der Menschheit durch die Zeit gebunden ...« und weiter sagt er: »daß man dem Sohn-Gott nur in der Zeit nahe zu kommen vermag, und daß also die Sehnsucht nach Christus durch das Tun allein gestillt werden kann ... Christi Eintritt in die Zeit ist von den wenigsten genug gewürdigt« (vgl. S. 372).

42. WERDE-FEST

Viele Menschen bezweifeln die Möglichkeit tatsächlicher *Wendepunkte im Geistesleben* und damit im ganzen übrigen Leben. So gelingt es ihnen auch nicht, die größte Zeitenwende, die mit der Inkarnation, dem Tod und der Auferstehung Christi begonnen hat, in ihr Denken aufzunehmen. Sie können die zarten, aber eindeutigen Wandlungen im Menschenbewußtsein in der Flut der Niedergangserscheinungen noch nicht bemerken. Das ist zunächst auch gar nicht anders möglich, weil die Widersachermächte mit allen Mitteln die Wendepunkte im Menschenwerden zu verschleiern suchen. Es gibt eine Betrachtungsweise, für die alle Ereignisse gleichbedeutend, d. h. gleichmäßig bedeutungslos sind. Man nennt dies eine »wertfreie« Betrachtung. Leugnet man aus dieser Einstellung heraus den Christus in dem Jesus von Nazareth, dann gleicht man denen, deren Leben im günstigsten Fall zu einem dauernden Advent ohne Weihnachten wird.

Indem wir die Jahre der christlichen Ära zählen, verbinden wir die Christustat der Zeitenwende mit den kosmischen Perioden und den Kulturepochen zu dem, was RUDOLF STEINER »die geistige Führung des Menschen und der Menschheit« genannt hat. Das Erscheinen der »Magier« vor dem neugeborenen Jesuskind, wie es Matthäus schildert, kann im Zusammenhang mit den drei voraufgegangenen Kulturepochen gesehen werden. Die Gaben der »Drei Könige« repräsentieren die Früchte der *indischen, persischen* und *ägyptisch-babylonischen* Menschheitswerdestufen. Die kosmischen Zeiten und Rhythmen werden dadurch überhöht zu den einzelnen Stationen eines umfassenden *Werde-Festes.* Der Mensch ist in dieses Werdefest aufgenommen, indem er rund alle tausend Jahre in ein Erdenleben eintauchen darf. Vor dem Herrn dieses Werdens sind tausend Jahre »wie der Tag, der gestern vergangen ist, und wie eine Nachtwache« (Psalm 90). Petrus sagt im dritten Kapitel seines zweiten Briefes: »Dieses eine, meine Lieben, darf euch nicht verborgen bleiben: Für den Herrn des Lebens ist *ein* Tag wie tausend Jahre und tausend Jahre wie *ein* Tag.«

Es kann für den modernen Menschen gegenüber den nicht mehr vorstellbaren Milliarden von Jahren, mit denen die Naturwissenschaft rechnet, eine entscheidende Lebenshilfe sein, solche wahrhaft *menschlichen* Zeiten und Rhythmen in sein Bewußtsein aufzunehmen. Er kann dadurch aus der Angst seiner derzeitigen Enge herauswachsen und lernt seinen eigenen *Lebensatem* in der heilsamen, schöpferischen Bewegung des großen *Menschheitsatems* mitschwingen zu lassen.

VII. Welten-Atem
Zeitgewissen

Im Ewigen lernt leben,
wer sein Verhältnis zur Zeit
zu lösen versteht.

Rudolf Steiner (172)

43. Schöpfungsmythen

Alle Wesen, die in die Erscheinungswelt eintreten, bilden damit zugleich ihre eigenen raumzeitlichen Lebenswelten aus. In diesem Sinne hat Plato (427–347 v. Chr.) das Werden der Welt beschrieben. Er sagt im Timaios: »So entstand denn also die Zeit zugleich mit der Welt, damit beide, zugleich ins Leben gerufen, auch zugleich wieder aufgelöst würden, wenn je einmal ihre Auflösung eintreten sollte, und nach dem Urbilde der schlechthin ewigen Natur, damit die Welt ihr so ähnlich als möglich werde. Denn das Urbild ist ein durch alle Ewigkeit Seiendes, sie aber immerfort durch alle Zeiten geworden, seiend und sein werdend. Zufolge solcher Betrachtung und vernünftiger Überlegung Gottes in bezug auf die Zeit entstanden, damit diese hervorgebracht werde, Sonne, Mond und die fünf anderen Sterne, welche die Namen der Planeten tragen, zur Unterscheidung und Bewahrung der Zeitmaße« (132, S. 284). Die anthroposophische Geisteswissenschaft Rudolf Steiners beschreibt Wesen, die nicht unmittelbar in die Sinneswelt eintreten, aber mit deren Werden und Bestehen geistig verbunden sind. Eine einfache Übertragung unserer heutigen menschlichen Raum-Zeit-Verhältnisse in diese anderen Welten ist deshalb unangemessen. Im Hinblick auf das *Wesen* der Zeit und sein zeitliches und rhythmisches *Erscheinen* im Werden der Erdenwelt sollten vier verschiedene Bereiche unterschieden werden:

1. Die »vorirdischen« Werdestufen der Erde
2. Die außerirdischen Planeten und Fixsternwelten

3. Die ersten Zeiträume des Erdenwerdens bis zur Mitte der Atlantis[103]
4. Die *berechenbaren* Zeiten seit der Mitte der Atlantis und die verschiedenen menschlichen Bewußtseinsstufen.

Die vorirdischen Werdestufen sind nach heutigen Zeitmaßstäben nicht berechenbar. Sie sind in der »Geheimwissenschaft« (163) als Saturn, Sonne und Mond beschrieben. Die Bezeichnungen dieser frühen Erdenzustände sind von den gleichnamigen Himmelskörpern zu unterscheiden. Es geht dabei um »die Äonen des Feuers, der Luft und des Wassers, in denen unser planetarisches Dasein stufenweise aus überphysischen Daseinsregionen auf der Leiter der Elemente herunterstieg« (14, I, S. 17). Aus der inneren Bewegung, aus dem *Opfer* erhabener hierarchischer Wesen geht die Wärme des Saturn hervor. Wärme ist immer zugleich zeitschaffend, *zeitigend*. Sie ist das Zeitigende schlechthin. Dabei kann von »Zeit« nur in vergleichendem Sinne gesprochen werden. Entsprechendes gilt weitgehend auch für das Werden der außerirdischen Planeten und Fixsterne. Ihre Lichter, Bildgruppen und Rhythmen sind ihre Erscheinungsweisen in der Sinneswelt. In den ersten Zeiträumen des Erdenwerdens bilden sich allmählich diejenigen Verhältnisse heraus, die zu den heutigen hinführen. Von berechenbaren Zeiten und Rhythmen im heutigen Sinne kann erst von dem Zeitpunkt an gesprochen werden, da die eigentliche Erdenstufe erreicht, Sonne, Mond und Erde auseinandergegliedert und in ein *konstantes* Verhältnis ihrer Umlaufszeiten gekommen waren. Dies wird von der Geistesforschung für die Mitte der atlantischen Zeit angegeben.

Dieser Welten-Werdegang spiegelt sich in vielen einzelnen Zügen der Schöpfungsmythen der Völker. Sie werden erst auf dem Hintergrunde der Geistesforschung voll verständlich. Das Verständnis wächst, wenn wir uns bemühen, die mythischen Bilder in ihrem seelischen Erlebnisfeld zu belassen und ihre Verschiedenheiten nicht vorschnell als entwertende Widersprüche abzutun. Die Schöpfungsgeschichte der Bibel will nicht einen abstrakten, absoluten Anfang alles Werdens schildern, sondern sie setzt erst *nach* den drei vorangegangenen mit der vierten, der eigentlichen Erdenentwicklung im engeren Sinne ein. Die vorangegangenen Epochen werden auf der neuen Stufe in Kürze wiederholt. Davon spricht die Siebentageschöpfung der Genesis in ihren gewaltigen, mythischen Bildern. Schon ORIGENES (185–254 n.Chr.) hat bemerkt, daß diese »Schöpfungstage« andere Zeitenrunden sein müssen. Denn erst mit der Erschaffung von Sonne, Mond und Sternen am *vierten* Schöpfungstag können Tage und Jahre in ihrer heutigen Bedeutung entstanden sein. Dieser Hinweis auf Zeiten *vor* der zählbaren Zeit ist sehr wichtig. Er wird ergänzt durch das Wort, das die Gottheit betont nach der Sintflut als Antwort auf Noahs Opfer über »die Ordnungen des Himmels und der Erde« (Jeremia 33,25) spricht: »So lange die Erde steht, soll nicht aufhören Saat und Ernte, Frost und Hitze, Sommer und Winter, Tag und Nacht« (1.Mose 8,22).

Entsprechend den *»Zeiten vor«* der zählbaren Zeit müssen wir auch ein andersartiges Bewußtsein vor dem heutigen Menschenbewußtsein anerkennen. Wie der Geburt des Menschen sein Werden und Sein in der übersinnlichen, vorgeburtlichen Welt vorangeht, so geht der Erdenmenschheit ein Werden in den vorirdischen, geistigen Werdestufen der Erde voran. Im Blick auf die Äonen und die ersten Runden des Erdenseins kann von einem *kosmischen* Bewußtsein des Menschen gesprochen werden. Die verblassenden Erinnerungen daran bilden das *mythische* Bewußtsein aus. Im biblischen Sinne kann man es von Adam über Abraham hinaus bis zu Moses hin ansetzen. Obwohl mit Abraham eine selbstbewußtere Form des *Denkens* einsetzt, kann man doch erst bei Moses und allgemeiner erst bei den nachhomerischen Griechen von der beginnenden Ausbildung eines echten *Geschichts*bewußtseins sprechen, das dann erst in der *Neuzeit* zur vollen Entfaltung kommt. Ähnlich wie das Kind, erwacht auch die Menschheit aus der lichten Dauer ihres Erdenanfangs in einem kosmischen Bewußtsein über das mythische zum Geschichtsbewußtsein. Das zeigt sich an der immer differenzierter werdenden Fähigkeit, zugleich mit der Verwirklichung des eigenen Wesens das Erscheinen der Zeit zu erleben. Diese Stufen werden nicht von allen Menschengruppen gleichzeitig erreicht. Aber überall wächst das Bewußtsein für die kleinen und großen Zeiten und Rhythmen, durch welche das Leben auf Erden wie am Himmel als geordnet erfahren und erlebt wird.

44. Ära, Zeitalter, Weltalter

Sowohl die vorgegebenen *Perioden* der Umlaufszeiten der Gestirne als auch die *Epochen* des Erden- und Menschheitslebens können erst dadurch als Zeitenordnungen wirksam werden, daß ihre Rhythmen von einem *Anfangs*ereignis her gezählt werden. Wir sehen, daß die meisten dieser Zeitrechnungen und Jahreszählungen aus geschichtlicher Zeit stammen, oder von da zurückgerechnet sind. Aber das schließt nicht aus, daß in ihren Ansätzen auch Mysterienweisheiten aus vorgeschichtlicher Zeit enthalten sind. Im späten Altertum hat sich für diese »Zeitrechnung« (temporum oder annorum ratio) das Wort aera gebildet, das unverändert als *Ära* ins Deutsche überging. Das Stammwort heißt aes = Erz, Kupfer, Bronze, dann das aus Erz Bereitete: Gefäße, Waffen, Statuen, Geld, dann Löhnung, Zahlung, dann im Plural aera = die Rechenpfennige, die einzelnen Posten. Davon bildete sich als fem. sing. gleichlautend aera = Zahl und schließlich *Jahreszählung*. Ein derartiger Bedeutungswandel enthält immer ein deutliches Stück Kultur- und Bewußtseinsgeschichte. Es hat lange gedauert, bis man lernte, Ausgangspunkte zum Vor- und Rückwärtszählen der Jahre einzurichten und zu handhaben. In Argos zählte man nach den Dienstjahren der Herapriesterinnen, in Athen nach dem Namen des ersten der neun jährlich neu gewählten Archonten, in Rom nach den Konsulen. Man mußte also lange Beamtenlisten auswendig lernen, oder in Büchern nachschlagen. Das war zum Teil noch um Christi Geburt so. Der Geburtsbericht Jesu im Lukas-Evangelium (Kap. 2) ist das bekannteste Zeugnis dafür. Nur sehr zögernd bürgerte sich die Jahreszählung nach Olympiaden ein, die Zählung nach der Gründung Roms fast gar nicht. Es soll an die 200 verschiedene Ären geben. Die wichtigsten Ären sind in der Tabelle zusammengestellt:

1.	9.	5509	Weltschöpfung nach der Byzantinischen Ära
1.	1.	4713	Beginn der Universal-Ära
7.	10.	3761	Weltschöpfung nach der Jüdischen Ära
18.	2.	3101	Beginn des Kalijuga (Indien)
		3000	60jährige Ära in China
23.	7.	776	Beginn der vierjährigen Ära der Olympiaden
21.	4.	753	Gründung Roms, Ära »ab urbe condita«
26.	2.	747	Ägyptische oder Ptolemäische Ära (Nabonassar)
		559	Krönung von Cyrus dem Älteren; ab 1976 = 2535 von Mohammed Reza Schah Pahlevi in Persien eingeführt. Nach dieser Ära ist das Jahr 1976 = 2535
		543	Buddhistische Ära, angenommener Tod Buddhas
		509	Consular-Ära Rom
27.	6.	432	Metonische Ära, erster Tag des ersten Meton-Zyklus
1.	10.	312	Ära der Seleukiden, Syrien
		46	Julianische Kalenderreform, Cäsarianische Ära
1.	1.	38	ab 5. Jahrhundert n. Chr. Spanische Ära

25.	12.	1	Jesu Geburt, Christliche Ära, ab incarnatione domini

---

29.	8.	284	Diokletianische Ära, Märtyrer Ära. Noch in Gebrauch im abessinischen und koptischen Christentum
		297	15jährige Ära der Indictio = Ansage der »Römer Zinszahl«. Noch bis in die Neuzeit im Gebrauch neben anderen
15./16.7.		622	Flucht Mohammeds von Mekka nach Medina, Mohammedanische Ära[104]
(15.	10.	1582	Gregorianische Kalenderreform)
22.	9.	1792	Ära der französischen Republik bis 31.12.1805

Die *Universal*-Ära ist 1583 von JUSTUS SCALIGER, der bedeutende chronologische Bücher schrieb, aufgestellt worden. Er suchte nach einer Zeitrechnung, welche die ganze bekannte Geschichte umfassen und die verschiedenen anderen Zeitrechnungen ablösen sollte. Seine *Julianische Periode* genannte Zeitrechnung ist durch Multiplikation der Zahlen des Sonnenzyklus, 28, des Mondenzyklus, 19, und des Indiktionszyklus, 15, gebildet. Sie umfaßt 7980 Jahre, die ab 1.1.4713 v. Chr. und über Christi Geburt hinweg gezählt werden (vgl. S. 276). Die *Indiktions*-Ära hat ihren Anfang nicht vor Konstantin und ist bis in die neuere Zeit hinein neben anderen Zeitrechnungen immer noch gebraucht worden. Sie umfaßt eine Periode von 15 Jahren, für die eine Steuerfestsetzung Geltung hatte. Dabei wird die Anzahl der verflossenen Perioden meist nicht angegeben. Die Römerzinszahl ist die Zahl des Jahres im Zyklus. Im alten Rom wurde diese Steuereinschätzung alle 5 Jahre vorgenommen. Am Schluß dieses Zensus war die öffentliche Entsühnungsfeier lustratio (von lustrare = hell machen, sühnen). Das dazugehörige Opfer eines Schweines, eines Schafes und eines Stieres hieß Suovetaurilia. Das Wort lustrum bedeutet ein Jahrfünft (vgl. S. 199). Bei den 60-, 15- und 4jährigen Zählungen werden die Jahre innerhalb der Periode angegeben. Die Periode selbst muß dann noch zusätzlich durch Zählung oder Namengebung bezeichnet werden. – Die drei Ären des achten vorchristlichen Jahrhunderts sind deshalb so besonders auffallend, weil in jener Zeit die vierte nachatlantische Kulturepoche anhebt. Die Bedeutung des Jahres 747 als Verknüpfungsjahr der Kulturepochen mit der Zeitrechnung ist bereits beschrieben worden (S. 264).

Der römische Abt DIONYSIUS EXIGUUS, der an der Bestimmung des Ostertermins arbeitete (vgl. S. 180 und 252) fand es unwürdig, die Jahre nach der *Diokletianischen* Ära und damit nach einem Kaiser zu zählen, der die Christen hart verfolgt hatte. Diese Ära hieß deshalb auch Märtyrer-Ära. In seinem Buch über das Osterfest (liber de paschate) schlug er vor, die Jahreszählung nach der *Menschwerdung Christi* zu benennen. Nach schwierigen Vorarbeiten setzte er das Jahr 248 nach DIOKLETIAN mit dem Jahre 532 n. Chr. Geburt gleich. Er nannte die neugezählten Jahre »anni domini nostri Jesu Christi«, die Jahre unseres Herrn Jesu Christi.[105] Diese »Dionysische Zeitrechnung« setzte sich nur langsam durch. Sie wurde durch die Schriften des BEDA, genannt VENERABILIS, »der Ehrwürdige« (663–735) bekannt und von KARL DEM GROSSEN (742–814) in seiner Kanzlei und in seinen Ländern eingeführt. Die Päpste rechneten allerdings noch nach ihren Pontifikaljahren weiter und gebrauchten die christliche Ära offiziell erst ab 1431. In Rußland wurde die Zählung nach Christi Geburt erst durch PETER DEN GROSSEN (1672–1725) eingeführt. Bis dahin galt dort die Byzantinische Ära. Für das politische und wirtschaftliche Leben der Völker untereinander gilt heute auf der ganzen Erde, auch bei den Nichtchristen, die Jahreszählung der *Christlichen Ära*. – Bei der Zusammenzählung vor- und nachchristlicher Jahre muß ein Rechenfehler beachtet und ausgeschaltet werden. Im Dezimalsystem steht zwischen jeder Zehnergruppe die mitgezählte Null. Zur Zeit des Dionysius Exiguus galt aber die Null noch nicht als Zahl. Er hat es deshalb unterlassen, sie zwischen 1 vor und 1 nach Christi einzuschalten. Bei der Addition von Zeiten vor und nach Christi Geburt muß vom Ergebnis immer 1 abgezogen werden. Die Astronomen haben für ihre Zählung ein Jahr Null vor den Beginn der Ära eingeschoben. Die astronomischen Jahre vor Christus sind also bereits um 1 niederer als die bürgerlichen.

Das Wort Ära wird aber nicht nur im Sinne von Jahreszählung, sondern auch gleichbedeutend mit *Zeitalter* gebraucht. Damit ist ein kleinerer oder größerer Zeitabschnitt im Sinne des lateinischen Wortes aetas = Lebenszeit, Menschenalter, Zeitalter, Zeitabschnitt, Zeit gemeint. In jedem Fall entstammt die Benennung einem bedeutenden, umfassenden und verändernden Geschehen oder dem Urheber desselben. So ist das ganze umgebende Geistesleben mitgemeint, wenn man vom Zeitalter GOETHES spricht, wie auch die jeweilige politische Szene mit angesprochen ist durch das Zeitalter KARLS DES GROSSEN oder FRIEDRICHS II. Auch das Wort Ära wird in diesem engeren Sinne gebraucht. TH. LOEBSACK spricht im Hinblick auf unsere gegenwärtige lebensfeindliche Umwelt von einer »Antibiotischen Ära« und im Gegensatz dazu von einer »Vor-Antibiotischen Ära«. Andere Formulierungen sind: das Zeitalter der Chemie, der Technik, der Weltraumforschung. Für das Atomzeitalter wird sogar eine neue Jahreszählung nach dem Abwurf der ersten Atombombe auf Hiroshima im Jahre 1945 vorgeschlagen. 1945 soll als Jahr 0 gelten und die neue Ära der möglichen Vernichtung der Species Mensch einleiten. Gleichzeitig verkünden schwärmerische Gruppen östlicher Herkunft das »Zeitalter der Freude«. In diesem Gegensatz zeigt sich die ganze Spannweite der inneren Unsicherheit gegenüber dem heutigen Zeitgeschehen.

Die beschriebenen Zeitalter sind kleine Abschnitte im Vergleich zu den *Riesenperioden*, mit denen die altorientalischen Völker, ganz besonders die Inder, im Blick auf das Welten- und Menschwerden rechnen (63). Wenn wir aber festhalten, daß erst seit der Mitte der Atlantis, also seit rund 16.000 Jahren, von Sonne- und Mondperioden im heutigen Sinne gesprochen werden kann, dann wird deutlich, daß Zeiten, wie die indischen Kalpas mit 15stelligen Zahlen nicht mehr quantitativ aufzufassen sind. – Auch die alte mittelamerikanische Kultur kennt vier große Werderunden, die unserer Zeit vorangegangen sind. Der zuvor erwähnte Kalenderstein der Azteken zeigt in der Mitte das Antlitz des Sonnengottes und in vier daran anschließenden Rechtecken diese vier Weltalter (vgl. S. 278). Jaguar, Windsonne, Regen und Wassersonne sind ihre Namen, die man mit den bereits geschilderten (vgl. S. 94) vorirdischen Werdestufen oder mit deren Wiederholungen am Beginn unserer heutigen Erde vergleichen kann. Alle diese Werderunden liegen weit vor jener »Zeitenschwelle« in der Mitte der Atlantis. Die im Vergleich dazu »kleine« Zeitrechnung der Inder greift mit ihrem Beginn ebenfalls über jene Zeitenschwelle zurück. Sie beschreibt den Abstieg der Menschheit bis zur Gegenwart deutlich in vier Stufen. Diese vier indischen *Yugas* oder Weltalter sind nach den vier Würfen des indischen Würfelspiels benannt: Krita = vollbracht, vollendet; Treta = das Drittel; Dvapara = zwei (Viertel); Kali = Streit, Spaltung, der Verliererwurf. Die moderne anthroposophische Geisteswissenschaft Rudolf Steiners beschreibt diese vier Stufen des menschlichen Abstiegs aus der anfänglichen Verbundenheit mit den Göttern bis zum *Ende* des »finsteren Zeitalters« 1899. Mit dem 20. Jahrhundert beginnt, trotz der schweren Ereignisse, wiederum eine geistig lichter werdende Zeit.

Dieser Werdegang spiegelt sich auch im Tonerleben des Menschen zu den verschiedenen Zeiten. So entspricht dem dritten großen indischen Yuga ein spezifisches Erleben der Oktave, Septime und Sexte, dem Kaliyuga ein solches der Quinte, Quarte und Terz. Mit dem Jahre 1900 beginnt ein Musikzeitalter, das erst in Zukunft sein besonderes Tonempfinden für die Sekunde und die Prim entfalten wird (230). Diese besondere *Schwelle* vom 19. zum 20. Jahrhundert ist mehrfach beschrieben worden. Dabei ist auch Ernst Haeckel zu nennen. Wir meinen dabei aber nicht seine zur Jahrhundertwende erschienenen »Welträtsel«, sondern ein schlichtes Aquarellbild, das er beim Besteigen des Adams-Pik auf Ceylon am Abend des 31. 12. 1899 gemalt hat. Es trägt die Notiz: »Der letzte Sonnenstrahl des 19. Jahrhunderts.« Damit klingt aus dem Hintergrund jener Weltalter-Schwelle ein tiefernster Ton auf. Die Künstlerseele Ernst Haeckels hat diesem Ton in einem weltgeschichtlichen Augenblick – wohl nur halb bewußt –, Ausdruck verleihen dürfen.

Auch in Griechenland kannte man durch Hesiod (um 700 v. Chr.) eine Lehre von vier *Weltaltern.* [106] Man nannte sie das goldene, das silberne, das eherne und das eiserne Zeitalter. Die Menschheit geht in ihnen ihren Weg aus der göttlichen durch die magische, mythische, über die heroische zur geschichtlichen Zeit. Auch die Kelten sollen eine ähnliche Lehre von (sieben) Zeitaltern gehabt haben.

Indien	Dauer	Abendland	Bewußtsein	Daten nach Vreede (203, S. 381)
Krita-Yuga	20 000	Goldenes Zeitalter	göttlich	Lemurische Zeit
Treta-Yuga	15 000	Silbernes Zeitalter	magisch	6000 J. Lem. Zeit 9000 J. Atlant. Zeit
Dvapara-Yuga	10 000	Ehernes Zeitalter	mythisch	6000 J. Atlant. Zeit 4000 J. Nachatl. Zeit
Kali-Yuga	5 000	Eisernes Zeitalter Finsteres Zeitalter	geschichtl.	3101 v. Chr. bis 1899 n. Chr.
ab 1900	2 500	Lichtes Zeitalter	nachgeschichtl.	1900 bis 4400 n. Chr.

Im christlichen Mittelalter war es JOACHIM VON FLORIS (gest. 1201), der Stifter und erste Abt des Zisterzienserklosters Floris in Kalabrien, der wie das Urchristentum mit »Paradies, Fall und Erlösung« eine Folge von Zeitaltern lehrte. Entsprechend der Trinität beschrieb er das Weltalter des Vaters, das vor allem durch das Alte Testament umrissen ist und das Weltalter des Sohnes, das mit der Inkarnation Christi beginnt. Es wird im Neuen Testament beschrieben und reicht bis in das 13. Jahrhundert. In den Joachimitischen Schriften wurde für diese Zeit der mönchischen Reform der Beginn des Weltalters des Heiligen Geistes als die glückliche, friedliche Johanneische Zeit verkündet. Dieses Weltzeitalter sollte die verweltlichte Kirche zu urchristlichen Zielen zurückführen. Das wollte auch die Reformation. Aus diesem Grunde wurden damals die Joachimitischen Prophezeiungen neu und im Druck herausgegeben. Die Lehre von den *drei Weltaltern* wurde in den folgenden Jahrhunderten immer wieder von geschichtsphilosophischen Denkern in ihrer Tiefe ergriffen und bewegt, so zum Beispiel von G. E. LESSING in § 86–89 seiner »Erziehung des Menschengeschlechtes«.

Dieser »Dreischlag des Weltenwirkens« (188, 2.4.23) ist auch das geheime Gesetz im Leben und Schaffen von F. W. J. VON SCHELLING (1775–1854). Weil er diesen »Dreischlag des Weltenwirkens ... in der Tiefe durchschaut«, kann er auch vom Werden des Christentums durch die Zeiten »reinliche Ideen« haben. ROBERT GOEBEL hat in seiner Schrift: »Schelling, Künder einer neuen Epoche des Christentums« (57) die Frucht einer Lebensarbeit vorgelegt, durch welche die trinitarische Entfaltung des Christentums, wie sie Schelling beschreibt, weiteren Kreisen zugänglich gemacht worden ist. Danach verläuft der Prozeß der durch Christus als Träger des »Sohnes-Prinzips« eingeleiteten Wiederherstellung des reinen, göttlich-menschlichen Verhältnisses zunächst im rein ideellen Bereich in den drei Perioden: *Mythologie, Offenbarung, Philosophische Religion.* Wie und wann die einzelnen Stufen im äußeren Felde des Menschenwerdens geschichtlich erscheinen, bedarf je besonderer Untersuchungen. Für unsere Betrachtung ist die gewaltige Idee der trinitarischen Übergeschichte wichtig. Die drei geschichtlichen Phasen des Christentums beschreibt SCHELLING in der 36. und 37. Vorlesung der »Philosophie der Offenbarung« als die sich ablösenden Zeiten und Prinzipien des Petrus, des Paulus und des Johannes. »Es ist ganz dem geschichtlichen Gang der Offenbarung, wie er auch anderwärts sich erkennen läßt, gemäß, diese drei *Namen* als Repräsentanten von drei Zeiten der christlichen Kirche zu denken« (57, S. 90). In mehreren Entwürfen hat Schelling an einem Werk über »Die Weltalter« gearbeitet. Es ist Fragment geblieben. Aber bereits die ersten Sätze der Weltalter lassen die tiefe Ehrfurcht, mit der sein überragender Geist in die Zeiten schaut, deutlich verspüren: »Fürsichtig hüllt, wie der kommenden Zeiten Ausgang, der vergangenen Anfang Gott in dunkele Nacht. Nicht jedwedem ist gegeben, das Ende zu wissen, wenigen die Uranfänge des Lebens zu sehen, noch wenigeren, das Ganze vom Ersten bis zum Letzten der Dinge zu durchdenken.«

Bei der Betrachtung der Weltalter ist uns hier nicht ihre Fünf-, Vier- oder Dreizahl das Wichtigste, sondern die *Idee* und der Sinn einer *Gliederung* des Welten- und Menschenwerdens überhaupt. »Die Weltgeschichte in anthroposophischer Beleuchtung« (190) beschreibt dieses Geschehen im Hinblick auf die Entwicklung der Erinnerung in drei großen Stufen. Im Anfang des Erdenmenschen-Daseins errichtete man ein Zeichen, ein Mal, das von außen her den Menschen an das Erlebte erinnerte, wenn er wieder dorthin kam. Das ist die *lokale* Erinnerung. In der zweiten Stufe lernte man sich auch an dasjenige zu erinnern, was man in rhythmischen Wiederholungen erlebt und sich dadurch eingeprägt hatte. So wie das Kind in einem bestimmten Lebensalter das Gesprochene gerne rhythmisiert und wiederholt, so bildet sich auf dieser Stufe der Bewußtseinsentwicklung mit der gesamten älteren Verskunst eine *rhythmisierte* Erinnerung heraus. Es war die Zeit, »wo der Mensch als Rhythmus-Erleber in einem Kosmos als Rhythmus-Erzeuger lebte« (190, 24. 12. 23). Das war in den alten, vorderasiatischen Kulturen so. Die dritte Stufe wurde im späteren Griechentum um die Zeitenwende allmählich ausgebildet. Erst hier kam es zu der frei betätigten, abstrakten *zeitlichen* Erinnerung. Die drei Stufen:

lokale Erinnerung
rhythmisierte Erinnerung
zeitliche Erinnerung

sind Werdeschritte und zugleich geistmächtige Urbilder für die Ordnung der Zeiten in der Menschheits-Entwicklung.

45. Zeitverwirrung

Dieser erhabene Gedanke der Weltalter ist nicht so leicht zu fassen, wie die Gedanken an alltägliche Dinge. Denn es geht dabei, wie Schelling sagt, um »das Ganze vom Ersten bis zum Letzten der Dinge«. Gleichwohl weht uns daraus jener Welten-Atem an, der uns Kraft gibt, weil er Mensch und Welt in gesunder Wechselwirkung hält. Gesund heißt hier: überschaubar. Wenn wir heute das Erdenwerden mit Milliarden von Jahren »berechnen« und die Entfernungsangaben in der Astronomie mit Milliarden von Lichtjahren, so sind das zwar wissenschaftlich unentbehrliche Rechengrößen, aber eine wirklichkeitsgemäße Vorstellung der Welt kann dadurch nicht angeregt werden. So bleiben diese Zahlen reine Abstraktionen, deren Überfülle schließlich den Menschen aushöhlt und krank macht, weil ihnen keine erlebbare Realität mehr entspricht. Mit der Verknüpfung von Entfernung und Zeit durch unvorstellbare »astronomische Zahlen« ergibt sich in diesem Bereich eine Art *lähmende* Zeit*verwirrung*. Die Idee der Weltalter hat demgegenüber eine aufbauende Kraft, durch deren heilenden Rhythmus der Mensch vom *lebendigen Atem der Welt angeweht* wird.

Auch der historisch überschaubare Teil der Menschheitsgeschichte zeigt nur dann jene sinnhaltige Gliederung, die als die nachatlantische Kulturepoche geschildert worden ist, wenn er als Geistes- und Bewußtseinsgeschichte betrachtet wird. Die nur äußerliche Beschreibung der einzelnen Fakten und Funde in der Sinneswelt führt meist zu dem resignierenden Schluß, daß der Mensch zu allen Zeiten gleich und schlecht gewesen sei. Solche Gedanken sind von jener Wesensmacht inspiriert, die alles daran setzt, Höhepunkte und Wendezeiten im

Menschenwerden zu verdunkeln, vergessen zu lassen oder durch das kalte Licht moderner technischer Leistungen wegzublenden. Dieses Einebnen und gleichmäßige Unterbewerten aller Ereignisse vergangener Zeiten ist auch als eine Folge moderner Zeitverwirrung anzusehen.

Als Christus in seinen Jüngern die Sphäre des Überzeitlichen im Ich erwecken und stärken wollte, hat er ihnen in intimer Unterweisung auf dem Ölberg die *Apokalypse* gegeben. In der Apokalypse des Johannes hat er sie weitergeführt als der, »der im Seienden ist und der schon immer war und der im Kommen ist« (Apok. 1,8). Die aus dem Geiste geoffenbarten apokalyptischen Zeiten und Rhythmen wurden im Anfang des Christentums unter der Wirkung ihrer Geistrealität oft als unmittelbar bevorstehend und noch zu Lebzeiten eintreffend erlebt. Die Theologie hat diese Haltung die Nah-Erwartung genannt. »Der Verlauf der Weltgeschichte hat inzwischen die *Kurzschlüsse* korrigiert, die damals in der Urchristenheit in verständlicher Weise eintreten konnten« (44, S. 103). Aber es ist eine unsachliche Übertragung heutigen Denkens in die Seele des Christus, wenn Rudolf Bultmann behauptet: »Es bedarf keines Wortes, daß *sich Jesus in der Erwartung des nahen Weltendes getäuscht hat* – ebenso wie einst die Propheten, die Gottes Gerichts- oder Heilstat als unmittelbar bevorstehend ... verkündigten« (23, S. 88). Er sagt auch, daß »apokalyptische Zukunftsbilder vom Neuen Testament noch mitgeschleppt werden« (s. o., S. 195). Dies ist ebenso ein zeitverwirrendes Mißverständnis wie die Erwartung des Weltuntergangs am Ende des ersten christlichen Jahrtausends. Damals hatte man das »tausendjährige Reich« (Apok. 20), mit dem ein *innerer*, rhythmisch wiederkehrender, friedevoller Seelenzustand gemeint ist, in *äußerlicher* Weise als Weltende mißverstanden. Derartige falsche Auslegungen begleiten das offenbare Geheimnis der Zeiten und Rhythmen bis in die Gegenwart, wo die Errichtung des Staates Israel von manchen christlichen Gruppen als Zeichen des bevorstehenden Weltendes und der Vorbereitung der Wiederkunft Christi gedeutet wird.

Der innere Zusammenhang eines Menschenlebens mit den Weltenrhythmen ist in Kap. VI beschrieben worden. Hinsichtlich dieser Tatsache ist es ein schlimmes Zeichen von Zeitverwirrung, wenn man glaubt, tote Menschenleiber so lange unterkühlt erhalten zu können, bis die Medizin der Zukunft imstande ist, eine vorliegende Krankheit zu beseitigen und so das Leben beliebig zu verlängern.[107]

Es gibt heute viele Betriebe und Wohnräume, die *vollklimatisiert* sind. Dabei werden die Wärme, die Luftbewegung, die Feuchtigkeit und unter Umständen auch der Luftdruck dem natürlichen Wechsel im Lauf des Tages und des Jahres und damit dem Kosmos weitgehend entzogen und künstlich konstant gehalten. Ebenso können durch entsprechende Klima- und Beleuchtungsanlagen Blumen, Gemüse und Früchte aus ihrem Jahresrhythmus isoliert und zu jeder beliebigen Jahreszeit zum Blühen und zur Ernte *manipuliert* werden. Dies sind nur zwei Beispiele für die im Grunde viel weitergehende Zerstörung des Tages- und Jahreszeitenerlebens. Die Bestrebungen zur Fixierung des Kalenders und des Osterfestes, die schon erwähnt wurden, sind ebenfalls ein massiver Angriff auf die Ordnungen der Zeit.

Mit der Einstufung des Sonntags als siebenten Tag der Woche und seiner Eingliederung in das »Wochenende« ist bereits der erste Schritt zu einer »unauffälligen Kalenderreform« getan worden.[108] Die Auslöschung des Sonntagsinhaltes durch »weekend-Planung« ist ein Symptom für das Wirken der Gegenmächte. Sie führen ihren Kampf gegen das Christentum, indem sie auch durch »Normierung« an der Verwirrung der Zeiten arbeiten.

Der Tag ist der Atem der Erde. Der Mensch ist mit Wachen und Schlafen, mit Bewußtsein und Leben in den Wechsel von Tag und Nacht heilsam eingefügt. Es ist aber heute unvermeidbar, daß es Bereiche des sozialen und technischen Lebens gibt, die, wie man sagt, rund um die Uhr besetzt sein müssen. Davon ist hier nicht die Rede. Aber eine Zeitverwirrung mit krankmachenden Auswirkungen geschieht überall dort, wo man gedankenlos und genußsüchtig im breiten Strom des »Zeit*vertreibens*« mitschwimmt. »Wunderliches Wort: die Zeit vertreiben! Sie zu halten, wäre das Problem...« (141, II 153). Mit diesem Gedichtanfang hat RAINER MARIA RILKE eine der tiefsten Fragen unserer Zeit berührt. Denn ohne Rücksicht auf die Zeiten und Rhythmen, in die das Leben des einzelnen wie das der Gemeinschaft eingebettet ist, können beide nicht gesund erhalten werden. Viel Heilsames und Ausgleichendes kann gegen die krankmachenden Einwirkungen des täglichen Lebens dadurch getan werden, daß man aus freiem Antrieb die Zeiten und Tätigkeiten des Tages, die man selber ordnen kann, auch in der Tat mit einem eigenen Ordnungsgefüge sinnvoller Handlungen durchwirkt. Wenn diese Tätigkeiten dann auch einen echten Bezug zu den Tages-, Wochen- und Jahreszeiten haben, dann aufersteht aus dem Grabe der Zeitverwirrung der *heilsame* Rhythmus einer *bewußten* Lebensführung. So arbeiten wir mit am Erschaffen unserer Zeit im Sinne des Wortes von ANGELUS SILESIUS: »Du selber machst die Zeit...« Denn die Schöpfer-Kraft des Menschenwesens will *Zeit erschaffen* und *frei werden.* [109]

46. DER ATEM DER WELT, WELTENJAHR

Die bisher beschriebenen Zeiten und Rhythmen sind als Einzelwellen und als Gliederungen eines umfassenderen Zeitorganismus dargestellt worden. Der größte, alle anderen in sich bergende Zeitorganismus wird als *Welten-Jahr* bezeichnet. Es war vielen frühen Völkern bekannt. Schon in vorgeschichtlichen Zeiten hat man beobachtet, daß die Sterne des nördlichen Himmels einen vollen Kreis um einen ruhend erscheinenden Ort am Himmel beschreiben. Der diesem Ort nächste Stern wurde später Polarstern genannt. Das Wort Pol ist erst im 18. Jahrhundert von griech. polos = Erdpol, Himmelspol, der um diesen Pol sich drehende Himmel, die Sonnenuhr, gebildet worden. Das zugehörige Zeitwort pelesthai heißt: in Bewegung sein. Bei der Beobachtung des Polarsterns über längere Zeiten bemerkte man, daß er seine Stellung zum Pol zwar sehr langsam, aber doch stetig verändert. Mit ihm verschiebt sich der gesamte Fixsternhimmel derart, daß die Auf- und Untergänge bestimmter Sterne und Sternbilder an den gleichen Tagen im Laufe der Jahre nicht genau zur selben Zeit erfolgen. Dies ist besonders in Äquatornähe zu beobachten. Bei gleichbleibender, gegenseitiger Stellung der Fixsterne zueinander dreht sich der ganze Fixsternhimmel außer dem täglichen Umschwung von Ost nach West und zum jährlichen, einmaligen Sichtbarwerden des ganzen Sternenhimmels von West nach Ost hinzu noch ganz langsam zusätzlich in west-östlicher Richtung. Die tägliche Drehung, der jährliche Umschwung und die sehr langsame Verschiebung der Sternbilder, das waren die Phänomene, welche auf den Stern- und Sonnenwarten der Vorzeit beobachtet wurden.[110] In ihnen sah man die Lebenserscheinungen hoher *geistiger Wesen,* deren Offenbarungen auch auf den Wegen der Einweihung erfahren wurden.

Erst sehr viel später konnte der Fixsternhimmel entgegen der täglichen Beobachtung als ganz und gar ruhend gedacht werden. Denn die Drehung der Erde um ihre Achse (Rotation) und das Wandern der Erde um die Sonne (Revolution) können nicht unmittelbar beobachtet werden. Sie sind Vorstellungen, zu denen man durch Schlußfolgerungen kommt. Deshalb erhielten die drei beschriebenen Bewegungen den Beinamen »scheinbar«. Sie können jetzt als Widerspiegelung der Drehung der Erde um ihre Achse und der gleichzeitigen Bewegung der Erde um die Sonne beschrieben werden. Die dritte Bewegung, welche sich als ganz langsame Drehung des Fixsternhimmels zeigt, beschreibt man als eine *Kreiselbewegung* der Erdachse zu ihrer täglichen und jährlichen Bewegung hinzu. Dabei zieht die verlängerte Erdachse als Himmelspol einen Kreis um den Pol der Ekliptikachse. Diese Bewegung wird darin anschaubar, daß im Laufe der Jahrtausende immer wieder andere Sterne Polarstern werden. Die Verbindungslinie dieser Sterne deutet den Kreis an, den der Himmelspol um den Ekliptikpol beschreibt. Ein solcher Umschwung dauert 25920 Jahre.[111] Von dem damit verbundenen Wandern des Frühlingspunktes im Tierkreis wird dieser große Umgang *Präzession* genannt. Ihre Periode steckt in den Rechnungen mancher alten Völker. Sie sprachen dabei vom »großen Jahr« oder vom »Weltenjahr«.

Die Kreiselbewegung der Erdachse wird aus Einwirkungen von Sonne und Mond erklärt. Der Winkel zwischen Ekliptikachse und Erdachse ist mit 23 1/2 Grad der gleiche, um den sich der Tierkreis über den Himmelsäquator erhebt und sich auf der Gegenseite unter ihn senkt. Durch diese »Schiefe der Ekliptik« entstehen, zusammen mit den anderen Bewegungen der Erde, die Jahreszeiten. Aber außer dieser groben Kreiselbewegung zeigt die Erdachse noch eine deutliche, zusätzliche Welle. Diese wird dadurch hervorgerufen, daß die Mondbahn nicht in der Ekliptik, sondern in einem Winkel von 5 Grad zu ihr verläuft. Die doppelte Öffnung zwischen der Mondbahnebene und der Ekliptikebene sowie die Schnittlinie der beiden Ebenen laufen ebenfalls in der Ekliptik in westöstlicher Richtung, d.h. rückläufig im Vergleich zur Tagesbewegung der Sonne in 18,6 Jahren einmal herum. Die Mondbahnebene macht auf diese Weise eine Art Taumelbewegung ge-

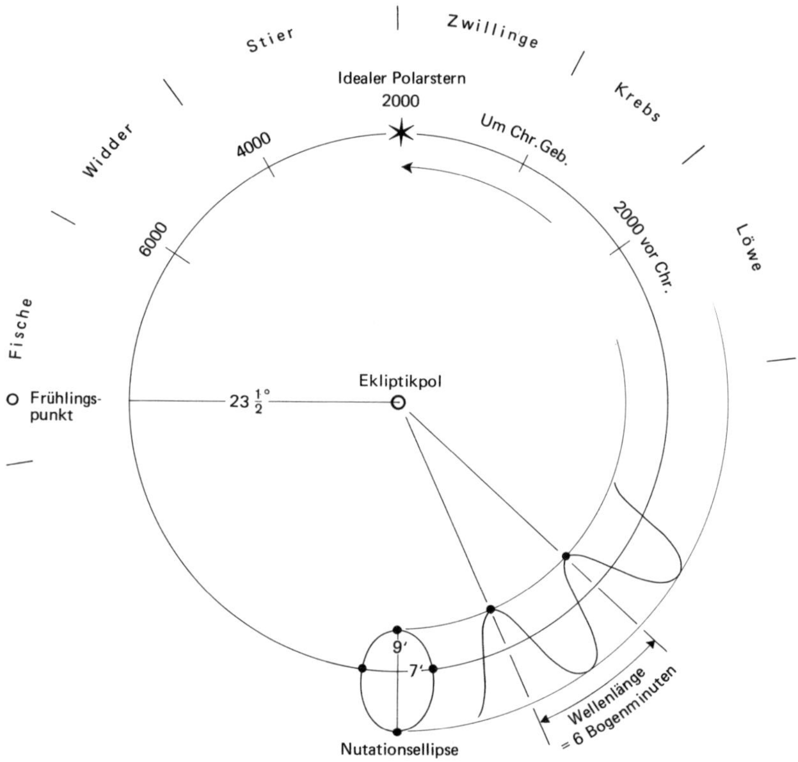

Figur 29 Die Nutationswelle und das Wandern des Himmelspols im Weltenjahr (nach O. Thomas, 197).

genüber der Sonnenbahn. Ihre Polachse beschreibt dabei einen Kreis um den Ekliptikpol. Das bewirkt, durch den Äquatorwulst der Erde vermittelt, eine leichte *Kräuselung* der kegelförmigen Kreiselbewegung der Erdachse. Eine solche Kräuselwelle hat die Periode von 18,6 Jahren. Ein Weltenjahr hat 25920 : 18,6 = 1393,5 also rund 1 400 solcher Wellen (Differenz 1/2 %). Dieses Phänomen ist als Umlauf der Mondknoten beschrieben worden (vgl. S. 211). Betrachtet man den von der Erdachse beschriebenen Kegel unter der Berücksichtigung dieser 18,6jährigen Mondwelle, so hat dieser eine gewellte Kegelfläche. Die Linie, die der Himmelspol in Verbindung beider Bewegungen dann um die Ekliptikmitte beschreibt, ist eine Wellenlinie, die in Fig. 29 überhöht dargestellt ist.

Diese Welle hat man »das Nicken« der Erdachse, die *Nutation*, genannt. Hierbei sollte nicht vergessen werden, daß mit derartigen Bewegungen »astrale Ströme ein- und ausfließen« (vgl. S. 213). Wir werden auf das *differenzierte Atmen* des Makrokosmos aufmerksam gemacht. Diese Nutations-Welle hat aber noch viele Unterwellen, die beinahe unmeßbar klein sind, aber doch von der Rechnung erfaßt werden. Dabei sind am wichtigsten: die Sonne, der Mond, die Entfernungsänderung Erde – Sonne, die Entfernungsänderung Erde – Mond. Dadurch werden alle Konstanten fortwährend geändert. Der Astronom kennt außer der »Allgemeinen Präzessions-Konstanten« von 50 Bogensekunden im Jahr noch eine lunisolare und eine planetare Präzession, die neben anderen Einwirkungen auch von der wechselnden Schiefe der Ekliptik herrühren. Die lunisolare Präzession wächst im Resultat aus mehreren Faktoren um 1/20000 Bogensekunden im Jahr. »Die Winzigkeit dieser Beträge erlaubt es, bei allgemeinen Betrachtungen die Unterscheidung zwischen der allgemeinen und der lunisolaren Präzession wegzulassen« (197, S. 102). Sie ist hier trotzdem erwähnt worden, weil auch diese winzigen Änderungen in den kosmischen Perioden nicht unregelmäßig, sondern alle rhythmisch erfolgen.

Die Präzession ist das langsame Entgegenrücken des Frühlingspunktes gegen den Jahresgang der Sonne. Sie wirkt sich hauptsächlich in zweifacher Weise aus. Zunächst wird dadurch das siderische Jahr zum tropischen Jahr verkürzt. Der Frühlingspunkt und mit ihm alle anderen Sonnenstationen des Jahres, die durch die 12 gleichgroßen Tierkreiszeichen markiert sind (vgl. S. 172), verschieben sich vor ihrem Hintergrund der Tierkreis-Sternbilder von Ost nach West. Wenn man das nicht berücksichtigt, dann spricht man heute noch von dem sommerlichen Sonnen-Wendekreis des Krebses, obwohl die Sonnenwende heute vor dem Sternbild der Zwillinge eintritt. Die alte Bezeichnung ist allein im Blick auf die Zeichen berechtigt, die als eine Einsiegelung der kosmischen Ordnung zur Zeit des Mysteriums von Golgatha in die Ätherhülle der Erde betrachtet werden können. Das ist in der Figur 30

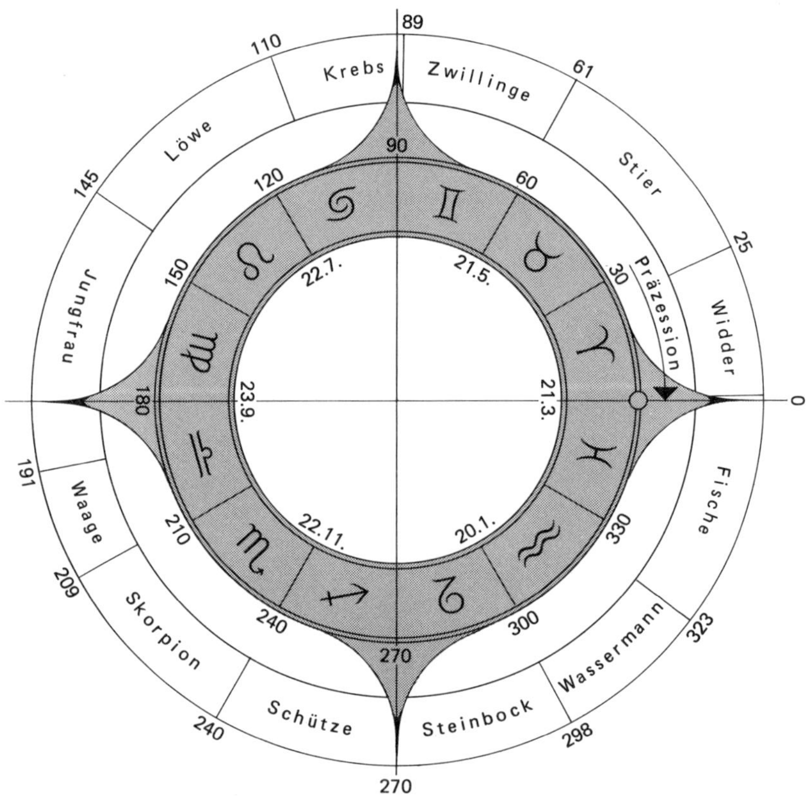

Figur 30 Der Stand der Präzession zur Zeit Christi.

abgebildet und bereits Seite 172 beschrieben worden. Demgegenüber zeigt die Figur 31 den heutigen Stand der Präzession.

Der Frühlingspunkt und mit ihm das Jahreskreuz wandern im Laufe von 25920 Jahren einmal an dem Hintergrund des ganzen Sternbilder-Tierkreises vorüber (Fig. 32). Dadurch wirken die jahreszeitlichen Sonnenorte der Sonnenwenden und Tagundnachtgleichen aus immer anderen Regionen des Tierkreises. Mit der beschriebenen Verschiebung (S. 256) entspricht die Folge der Kulturepochen auf Erden dieser Präzession. In den Kulturepochen wirken die hohen Wesenheiten, deren Erscheinungsfeld der zwölfgeteilte Tierkreis ist, mit ande-

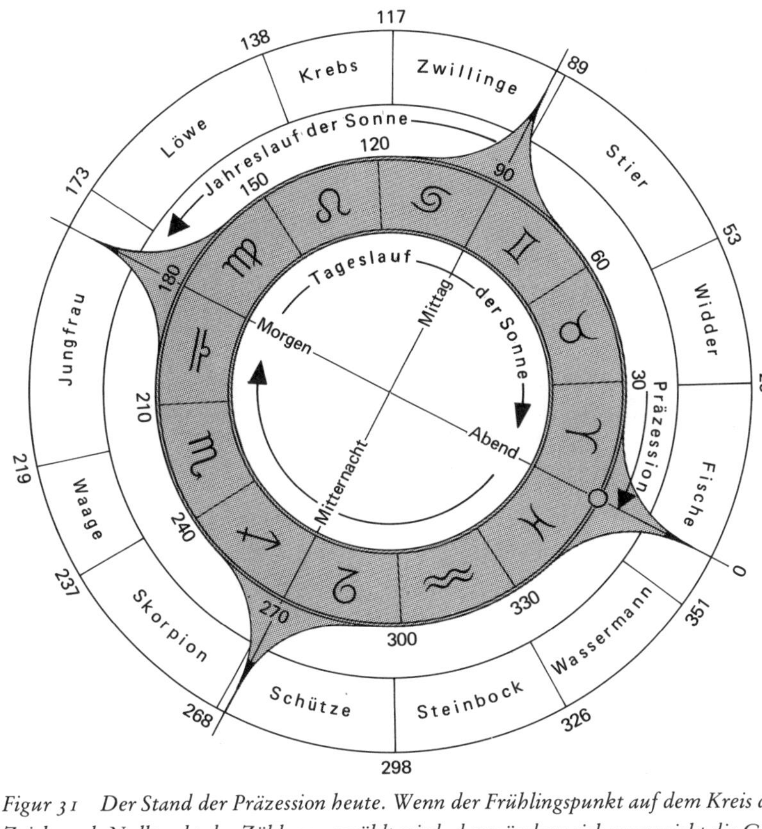

Figur 31 *Der Stand der Präzession heute. Wenn der Frühlingspunkt auf dem Kreis der Zeichen als Nullpunkt der Zählung gewählt wird, dann ändern sich zwar nicht die Größen der Sternbilder, aber die Zahlen ihrer Grenzen.*

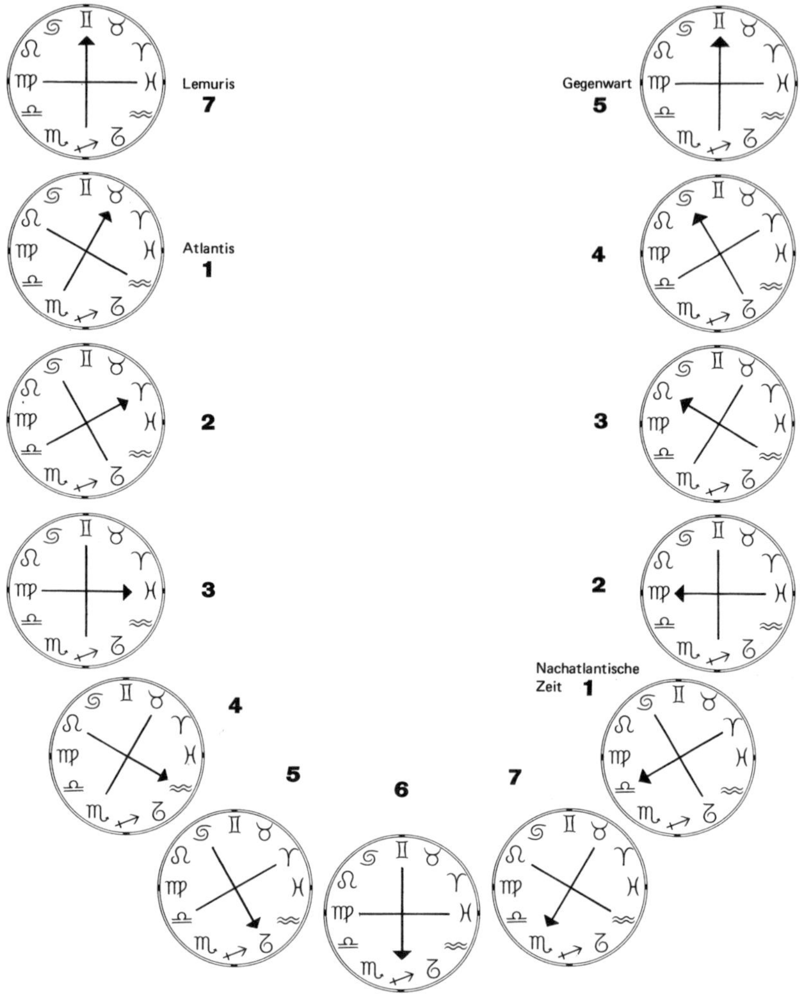

Figur 32 Die einmalige Umdrehung des Jahreszeitenkreuzes (Präzession) durch den Tierkreis im Platonischen Weltenjahr. Die Pfeilspitze zeigt jeweils auf das Sternbild, vor dem die Sommersonnenwende, das Linienende rechts der Spitze zeigt auf das Sternbild, vor dem die Frühlingstagundnachtgleiche der Epoche liegt. Es sind die letzte der lemurischen Zeit, die sieben atlantischen und die ersten fünf nachatlantischen Epochen dargestellt.

ren Wesen zusammen, welche über den einzelnen Volksgeistern stehen. Über die Völker hinweg leiten und inspirieren diese *Zeitgeister* größere Zeiträume kultureller Entwicklung. Das Welten-Jahr ist das umfassende Rhythmengefüge, in welchem die *Geister der Umlaufszeiten* »harmonisch all das All durchklingen«. Es ist ein »System differenzierter Harmonien« (97, S. 31), in dem der kleine Rhythmus des Menschenatems mit dem größten Rhythmus des Weltenatems harmonisch verbunden ist. Die Brücke dieser Verbindung ist nicht das physikalische Gesetz von Ursache und Wirkung, sondern das *geistige Band* des Rhythmus, das in der Übereinstimmung der Zahlen in der Welt der Erscheinungen ablesbar ist. Wie man im Kalender nur mit ganzen Tagen rechnen kann, so werden auch beim Welten-Jahr nur ganze Zahlen angewandt. Die Realität der im einzelnen zwar *irrationalen* und damit *inkommensurablen* Zahlen der kosmischen Rhythmen wird aber dadurch nicht in Frage gestellt. Ein Zwölftel des Jahres sind 30,43685 Tage. Die 0,43685 Tage mal 12 sind die 5,2422 Tage, die wie die alten Völker sagten den »Göttern gehören«. Man rechnet also den Monat zu 30 und das Jahr zu 360 Tagen.[112]

25 920 Atemzüge des Menschen				= 1 Erden-Tag
25 920 Stunden	= 1 080 Tage	=	3 Jahre	= 1 Welten-Stunde
25 920 Tage	= 24 × 3 Jahre	=	72 Jahre	= 1 Welten-Tag
25 920 Monate	= 30 × 72 Jahre	=	2 160 Jahre	= 1 Welten-Monat
25 920 Jahre	= 12 × 2160 Jahre	=	25 920 Jahre	= 1 Welten-Jahr

Es beträgt also die Zahl der Atemzüge eines Menschenlebens von 72 Jahren 25 920 mal 25 920. In den Rahmen dieses erstaunlichen Rhythmengefüges sind die meisten Lebensrhythmen harmonisch eingefügt. Andere sind derart mit ihnen verflochten, daß ihre Wellen in höheren Perioden (vgl. S. 208) dieses Grundrhythmen-Gefüge in ihrer eigenen Weise zusätzlich gliedern. Aber in dem Grundrhythmen-Organismus des Welten-Jahres wogt in gewaltigem Gang der *Atem der Welt* (Fig. 33).

In unserem Erdenleben dürfen wir Tage und Jahre *vielmal* erleben. *Mehrmals* darf der Mensch die Erdenfahrt beginnen, um immer kräftiger im Bereich der äußeren Bewegung die innere Wandlung durch die Kraft Christi bewirken zu können.[113] *Einmal* während der Entwicklung der Menschheit ist der Christus Mensch geworden, damit der Mensch sein gottgewolltes Ziel erreichen kann. Vielmals, mehrmals, einmal sind sehr verschiedene Zeitqualitäten, die im Leben des einzelnen Menschen und in dem der Menschheit ihr je eigenes inneres Gewicht haben. Wir müssen sie beachten, wenn wir nach Leib, Seele und Geist gesund bleiben wollen. Zu dieser Gesundheit trägt der Wille bei, nicht nur Jahre, sondern auch äonengroße Werderhythmen wenigstens denken zu wollen. »Und das ist das Geheimnis überhaupt alles Seins, daß sich Zyklen *durchdringen,* und dann wiederum getrennt weiterentwickeln, dann wiederum durchdringen... Und das Kleine, das Jahresläufige verstehen wir nur, wenn es uns Symbol ist für das große Welten-Geschehen, für das Jahrtausendläufige. Das Jahr ist das Bild der Äonen. Und die Äonen sind die Wirklichkeit für jene Sinnbilder, die uns im Jahreslauf entgegentreten« (179, 31.12.15).

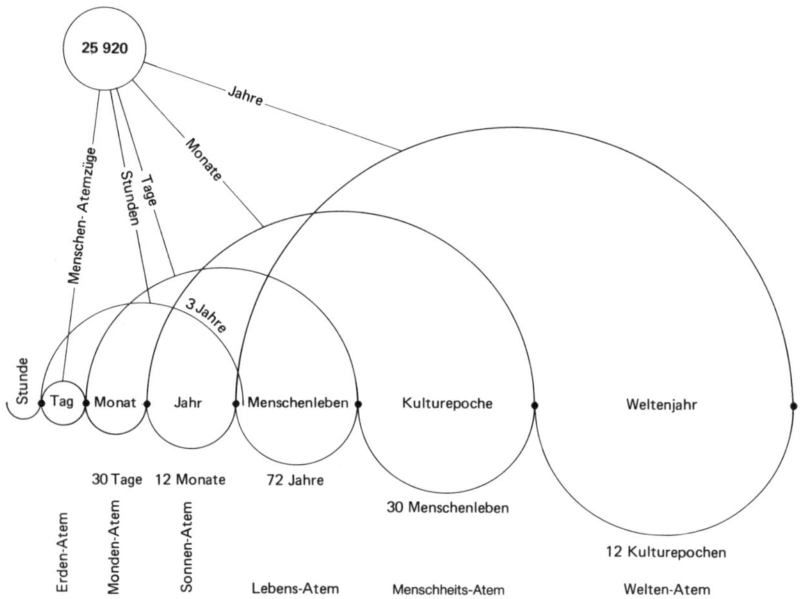

Figur 33 Die Harmonie der Weltenrhythmen.

47. Weltbewusstsein – Zeitbewusstsein

Es ist heute an der Zeit, daß ein wahres Weltbewußtsein weit mehr als nur Tatsachenwissen der sichtbaren Welt umfaßt. Deshalb haben diese Bausteine zu einer Rhythmenkunde das doppelte Fundament der rhythmischen Erscheinungen und der modernen Geisteswissenschaft. *Leben, Rhythmen und Zeiten* sind unlösbar miteinander verbunden. Sie sind das Werk, die Wirksamkeit und die Offenbarung geistiger Wesen. »Der Rhythmus ist der Materie eingepflanzt durch den Geist; der Mensch trägt den Rhythmus als Erbschaft seiner geistigen Abstammung in sich. Allerdings kann man diesen Rhythmus nur einsehen, wenn man auf diese ursprünglichen Verhältnisse zurückgeht« (174, 21.12.08). Davon kündeten die alten Mysterien. Deren allerletzte Reste versuchte man noch eine zeitlang weiterzupflegen. Die geistigen Wesen, welche die Brücke zwischen den höchsten göttlichen Wesen und der Sinneswelt bilden, wurden von Valentinus (um 150 n. Chr.) Äonen genannt. »Ein ›Äon‹ ist ebenso ein Wesen wie eine Welt, ein Ewigkeitswesen, das sich in einem Weltenzeitenkreis offenbaren kann. Von Äonen als geistgetragenen Welt-Perioden spricht auch das Neue Testament. Der Hebräer-Brief sagt, daß Gott durch den Sohn die Äonen erschuf (Hebr. 1,2 und 11,3)« (209, S. 94). Die Luther-Übersetzung des Wortes Äon mit Welt ist hier irreführend. Das Eigenschaftswort aionios wird in Johannes 6,54 mit »ewiges Leben« wiedergegeben. Dabei wird man den abstrakten Ewigkeitsbegriff ebenfalls überwinden und zu einem »todüberdauernden Leben« erweitern müssen. In dem griechischen Wort aion, aivon = äon steckt die Wortwurzel aiu. Sie ist ebenso in lat. aevum = Zeitalter, got. aiws = Ewigkeit, Zeitenlauf enthalten und führt letztlich auch zu den Worten *Ewigkeit* und *Ehe*. Daraus geht hervor, daß das Wort Äon in angemessener Weise für einen neuen, großen, geistigen Werde-Zyklus gebraucht wird. Deshalb kann das Wort Äonen auch mit *Weltenkreise* wiedergegeben werden.

Im Werden von Welt, Erde und Mensch gibt es große Runden, in denen Klimawechsel und selbst die Veränderungen ganzer Kontinente eintreten. Der Untergang der alten Lemuris zwischen Ostafrika und

Indien und die Abtrift Mittelamerikas aus dem Bereich, der heute vom Atlantischen Ozean bedeckt ist, sind solche gewaltigen Veränderungen der Kontinente. Diese Vorgänge können mit den heutigen Zeitmaßen nicht mehr genau erfaßt werden, weil die Zeiten und Rhythmen der Erde, wie sie heute ist, erst seit der Mitte der Atlantis bestehen. Wenn im Vorangegangenen (S. 290) und an dieser Stelle dennoch die sieben Perioden im Werden der Erde und die Weltalter mit »Jahren« angegeben werden, so ist damit nicht eine eigentliche Chronologie, sondern viel mehr das Aufzeigen der Rhythmen als astralisch-ätherischer Vorgang beabsichtigt. Die Entsprechungen der Erdperioden und der Weltalter werden auch über annähernde Zahlen deutlicher. Fast alle Himmelserscheinungen verlaufen rhythmisch. Aber die großen Rhythmen können nicht unmittelbar beobachtet, sondern müssen errechnet werden. Ein solcher Riesenrhythmus, der noch viermal größer ist als das Weltenjahr, zeigt sich in der *Apsidenbewegung*. Die Apsiden sind die beiden Kehr- oder Wendepunkte in der elliptisch vorgestellten Bahn der Erde um die Sonne. Die Apsidenlinie ist die große Achse dieser Ellipse, in der Kepler die Erde sich um die Sonne bewegen läßt, wobei die Sonne in dem einen Brennpunkt der Ellipse, also *exzentrisch* steht. Die auf dieser Linie liegenden Schnittpunkte mit der Erdbahn heißen Sonnen*nähe* = Perihel und Sonnen*ferne* = Aphel. (Ptolemäisch kann auch von der Erdnähe = Perigäum und von der Erdferne = Apogäum der Sonne gesprochen werden.) Wegen dieser, wenn auch geringen Exzentrizität braucht die Erde im Sommerhalbjahr mit 186 1/2 Tagen heute rund acht Tage mehr Zeit als für das Durchlaufen der winterlichen Bahnhälfte mit nur 178 3/4 Tagen (vgl. S. 53). Dies gilt für die Gegenwart. Die Differenz kann aber bis zu einem Maximum von 36 Tagen anwachsen. Dann ändern sich alle Jahreszeitenverhältnisse grundlegend. Diese allmähliche Veränderung ist fortwährend wirksam, weil die Orte der Sonnennähe und Sonnenferne nicht an der gleichen Stelle stehen bleiben, sondern in bezug auf den Tierkreis sich langsam herumbewegen. Mit ihnen bewegt sich die Apsidenlinie, die große und mit ihr die kleine Achse der Erdbahn-Ellipse. Die »Zeit« eines solchen Apsiden*umlaufes* beträgt etwa 110000 Jahre. Diese Zahl

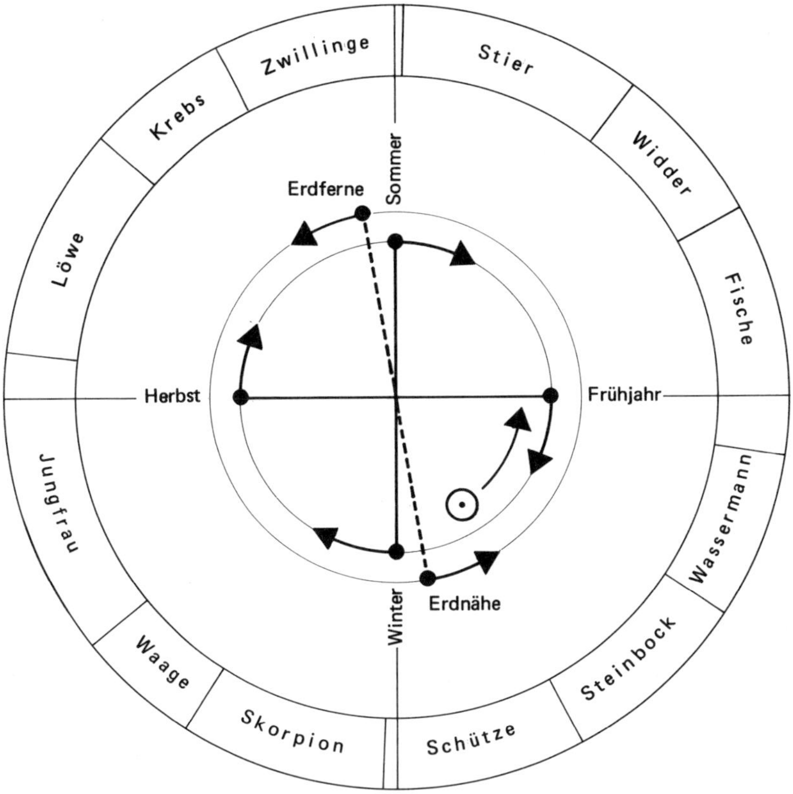

Figur 34 Die entgegengesetzten Bewegungen von Jahreskreuz (Präzession) und Apsidenlinie.

ist über das Verhältnis 4 : 1 mit dem Weltenjahr verbunden.[114] Die Präzession bewegt sich mit dem Jahreskreuz rückläufig durch den Tierkreis. Das Achsenkreuz der Apsiden bewegt sich viermal langsamer in rechtläufiger Richtung. Von einer Begegnung der Sonnennähe der Erde mit dem Frühlingspunkt bis zur nächsten vergehen 21 000 Jahre. Dies ist ein tropischer Umlauf der Apsidenlinie im Gegensatz zu dem siderischen von 110000 Jahren. Der halbe tropische Umlauf umfaßt 10 500 Jahre, die vier möglichen Begegnungen des Jahreskreuzes mit dem Perihel erfolgen im Abstand von 5 250 Jahren (Fig. 34).

Um die Mitte des 19. Jahrhunderts bemerkten einige Geologen, daß man für geologische Epochen wie die *Eiszeiten* Entsprechungen in kosmischen Rhythmen findet. In diesem Zusammenhang wurden besonders die vier kosmischen Rhythmen

Präzession
Apsidenbewegung
Veränderung der Erdbahn-Exzentrizität
Veränderung der Schiefe der Ekliptik

untersucht. Man fand eine Eiszeit-Periode von rund 10500 Jahren in Übereinstimmung mit dem halben tropischen Umlauf der Apsidenlinie. Dieses wissenschaftliche Ergebnis hat Rudolf Steiner mehrfach bestätigt. »Wir haben also, wenn wir so die Entwicklung dieses Gebietes von Europa überblicken, im 10. Jahrtausend vor der christlichen Zeitrechnung eine eiszeitliche Verödung in der Kultur, und werden sie wieder haben etwa 10000 Jahre nach diesem Zeitpunkte« (196, 6. 1. 21). Auch diese Riesenrhythmen gehören noch zum Werden des Menschen und der Menschheit. Aber diese Entwicklung der Menschheit »ist nur *ein* Glied in einem gigantischen Weltenrhythmus, indem die Menschheit vor ihrem Mensch-Sein etwas ganz anderes als Menschheit war, und nach demselben etwas ganz anderes sein wird« (167, Nr. 137–139). Damit sind wir auf die Grenze dessen verwiesen, was für uns als Menschen zunächst wichtig sein kann.[115]

Es ist kennzeichnend für das aufgehende, neue Welt- und Zeitbewußtsein, daß im Blick auf den Menschen heute wieder in *Äonen* im Sinne von Bewußtseinsstufen und ihren Folgen gedacht wird. Die *mythische* Urzeit umfaßt einen solchen Weltenkreis. Er wird langsam abgelöst von dem Äon der *geschichtlichen* Zeit. In ihm werden die Urprinzipien der Welt- und Menschengeschichte immer deutlicher. Heute ist die Menschheit jedoch an einer Schwelle, die über alles, was bisher Geschichte war, schon hinausführt. Was bisher Geschichte war, hatte das Werden der Völker und der Menschheit zum Inhalt. Heute kann aber sowohl die aktive Vernichtung der Menschheit durch nukleare und andere Erfindungen als auch die passive durch Erschöpfung der Nahrungs- und Rohstoffquellen im voraus berechnet und programmiert werden. Das ist ein Schritt, der bereits jenseits einer Geschichte im herkömmlichen Sinne liegt. Man spricht dabei vom Anbruch des *metahistorischen* oder *apokalyptischen* Äons (84). Man braucht kein Prophet zu sein, um zu wissen, daß hier nur eine völlige Neugründung des Denkens und Handelns die Möglichkeit für den Fortgang des Menschheitswerdens in sich birgt.

48. Menschen-Werden

Die andere Seite dieses veränderten und noch weiter zu verändernden Welt- und Zeitbewußtseins ist der *Sinn* des Menschenwerdens selber. Die Bibel zeigt ihn als einen Weg, dessen Anfang und Ende in ihrem ersten und letzten Bild anschaubar wird. Das Paradies der Schöpfungsgeschichte ist der umhegte *Garten* der Ordnung der Natur. Das himmlische Jerusalem, das in den beiden Schlußkapiteln der Offenbarung des Johannes beschrieben wird, ist die zwölftorige, himmlische *Stadt,* in der »die Vermählung der Jahreszeiten« und Rhythmen im zeitlosen Lichte der Dauer Geistes-Gegenwart geworden ist. Der Werdeweg des Menschen kommt aus der lichten Dauer der geistigen Welt, die noch in die Kindheit hinein nachleuchtet. Er geht dann durch die Zeit und mündet wieder in das Zeitlose des äonischen Lebens. Dabei werden die verschiedenen Stufen des Zeiterlebens errungen. Unser Verhältnis zur Zeit wird nicht durch die Uhr gelöst. *Die Vertiefung des eigenen inneren Wesens,* die durch ein Beweglichmachen des Denkens gefördert werden kann, ist unsere Aufgabe. Dazu wollen die wechselnden Formen in der Welt des Lebendigen anregen. Wenn wir zum Beispiel die Blätterfolge eines Wiesenschaumkrautes vom untersten Grundblatt bis zum letzten Hochblättchen sorgfältig betrachten, dann wird dadurch die Beweglichkeit des Denkens gefördert. Dies kann gesteigert werden, indem wir den gleitenden Übergang aller Stufen zwischen der einen und der nächsten in der Natur vorhandenen Blattform selbst denkend vollziehen. Im Selbstdenken dieser *Fließgestalt* sind wir zeitschöpferisch tätig. Diese Denktätigkeit selbst ist aber außerräumlich und überzeitlich, sie ist *raum-zeit-frei* und lebt in der Dauer. In dieser Dauer verschmilzt Vergangenes und Zukünftiges zur Geistesgegenwart. Das Menschenwerden auf Erden ist ein innerer Weg, der mit wachsender Kraft Zeit und Ewigkeit umfassen läßt.[116] »Im Ewigen lernt leben, wer sein Verhältnis zur Zeit zu lösen versteht.«

49. Zeitgewissen

Beim Lösen ihres Verhältnisses zur Zeit – gleichgültig ob dieses als Bindung an die Zeit oder als Frage aufgefaßt wird – hat die Menschheit verschiedene Stationen zu durchschreiten. Zunächst wurden alle Zeiten als *Rhythmen* erlebt. Dabei war die *stetige Erneuerung* das Element, das die Dauer und das Werden in sich schloß. Diese beiden Wirklichkeiten erfuhren und erfahren immer noch eine schwerwiegende Veränderung durch das menschliche Denken, das – in Grenzen durchaus berechtigt und notwendig – auch auf Vereinfachung angelegt ist. Auf einer ersten Stufe der Ich-Werdung ist diese sogar unumgänglich. Viele Phänomene des Lebens können aber durch dieses vereinfachende Denken nicht mehr genau genug und damit nicht mehr angemessen erfaßt werden. Ein solches Phänomen ist die stetige Erneuerung des Rhythmus. Man hat die ewige Wiederholung des Gleichen daraus gemacht. So wird gern das *zyklische* Zeiterleben der alten Völker gedeutet, um es den späteren christlichen Lehren gegenüber als naturgebunden und damit sinnlos und eitel abtun zu können. Schon lange vor der Zeitenwende wurde, vor allem vom Judentum, das hierin eine bahnbrechende Menschheitsaufgabe hatte, ein neues Denken ausgebildet. Es brachte im Hinblick auf das Zeiterleben die Vorstellung einer *geraden Linie* mit Weltenanfang und Weltenende zu dem bisherigen Denken in Zeitenkreisen hinzu. Zum Erleben der Rhythmen und zur Vorstellung vom *Kreis* der Zeiten trat die Vorstellung vom *Pfeil* der Zeit hinzu. Eine Studie über das Miteinander-Ringen dieser beiden Zeitvorstellungen, über ihre jeweilige Bedeutung und Berechtigung und ihre gegenseitige Ergänzung als ein Stück Bewußtseinsgeschichte der

Menschheit – historisch und geisteswissenschaftlich dargestellt – steht noch aus.

Im Urchristentum sind Ansätze zu einem heilsamen und wesensgemäßen Ausgleich beider Vorstellungen vorhanden. Die Offenbarung des Johannes ist das anschaulichste Beispiel dafür. Aber die Tatsache, daß gerade dieses Buch in der Geschichte des Christentums am häufigsten mißverstanden und mißbraucht worden ist, zeigt, daß das einseitig lineare Zeitdenken gesiegt hat und damit ein tieferes Verständnis des christlichen Mysteriums zunächst verbaut worden ist. Hierbei darf aber die Bedeutung dieser einseitigen Entwicklung nicht übersehen werden. Das Wissen von den wiederholten Erdenleben mußte für eine Zeit verdämmern, damit der Mensch an dem als einmalig aufgefaßten Erdenleben zu der Unausweichbarkeit einer vollen Verantwortung seiner irdischen und geistigen Existenz heranreifen konnte.[117] Deshalb schweigt die Bibel beider Testamente von den wiederholten Erdenleben (44). Das muß aber nicht bedeuten, daß es sie nicht gibt. Die Bibel schweigt über Vieles, weil die inspirierten Schreiber ihrer Bücher sich für »die geistige Führung des Menschen und der Menschheit« (165) einsetzten. Dabei konzentrieren sie sich auf die auszubildende Seelenfähigkeit der Verantwortung des Menschen für seinen eigenen Fortgang und den der Menschheit. Diese Konzentration auf die Selbstverantwortung vor Gott wurde besonders in den evangelischen Kirchen wieder aufgenommen und derart einseitig verstärkt, daß man die Gegebenheiten der Natur und Menschengeschichte in heilsnotwendige und nicht heilsnotwendige auseinandersortierte. Die Ordnungen der Zeiten und Rhythmen werden als nicht heilsnotwendig betrachtet. Deshalb kann WILHELM STÄHLIN (154, S. 13) sagen, es ist der »nicht umkehrbare Zeitenstrom, der das *Wieder* (der Wiederholung) jener Rhythmen als eine schöne Illusion entlarvt«.[118]

In Wahrheit ist aber alles zeitliche Geschehen ein vielfältig verflochtenes Rhythmen*gefüge*, dessen Wellen das Leben der Welt tragen und ordnen. Allein der Mensch sollte sich aus einem Teil dieser Rhythmen lösen können, um so die Möglichkeit zur Freiheit zu erringen. Diese besteht darin, entweder ohne rhythmisches Leben ins innere und äußere Chaos zu geraten, oder die vorgegebenen Naturrhythmen aus freiem Wollen zu achten, sie bewußt aufzunehmen und durch einen *inneren Kalender* selbstgewählter, kulturschöpferischer Lebensrhythmen zu ergänzen. Die als geradliniger Strom gedachte Zeit ist jedoch eine reine Abstraktion. Sie verfällt ins Wesenlose. Die Zeitenrhythmen hingegen verfallen nicht. Sie führen durch die Erneuerung an das *Ganze* des zeitlichen Nacheinander und durch ihre Stetigkeit an das Überzeitliche der *Dauer* heran. »Rhythmische Vorgänge sind weder in der Natur noch im Menschen etwas Physisches. Man könnte sie halbgeistig nennen. Das Physische als Ding verschwindet im rhythmischen Vorgang« (167 Nr. 165–167). Die Überzeitlichkeit des Zugleich in der Dauer kräftigt ein umfassendes Bewußtsein. Sie weckt die Verantwortung für Zeit und Ewigkeit. Das Zeitgewissen erwacht.

Mit *Zeitgewissen* ist hier nicht nur die Wachheit und Verantwortung für unsere Zeit gemeint. Im Gewissen kündigt sich immer schon ein subtiles Umgehen mit dem eigenen Selbst an. Darin regt sich das durch Vergangenheit, Gegenwart und Zukunft sich selbst zeitigende Wesen. Dieses Wesen ist es, mit dem wir, wenn wir »auch nur abstrakte Gedanken haben, in dem Zeitleib darinnen« (173, 10.4.22) stecken. »Ich habe ihn«, sagt RUDOLF STEINER, »in meinen Büchern Ätherleib oder Bildekräfteleib genannt. Dieser Bildekräfteleib ist eben ein Zeitorganismus. Er ist das erste, was wir entdecken auf dem Wege der imaginativen Forschung« (s.o.). Und dieser, unser Zeitleib ist nicht isoliert, sondern in vielfältiger Weise mit den Zeiten und Rhythmen des ganzen Kosmos verbunden. Deshalb kann in diesem Bereich die Trennung von »subjektiv« und »objektiv« nicht in dem Sinne aufrecht erhalten werden, wie man das in der äußeren Naturwissenschaft glaubte sich angewöhnen zu dürfen. Auch die Naturwissenschaft kann in ihrem Erkenntnisbemühen den Menschen nicht gänzlich ausschalten. Die ideelle Seite eines wahrgenommenen Objektes *erscheint* zwar im Subjekt, aber sie darf deswegen *nicht* »subjektiv« gescholten werden. »Der Erkenntnisbegriff des *objektiven Idealismus*« (89) ist letztlich die Brücke zwischen menschlichem Innenleben und dem ihn umgebenden Kosmos. Vereinfacht gesagt, zwischen Moral und Naturgesetz. Dieser

Zusammenhang kann in der Geistesgeschichte der Menschheit erst seit der erkenntnistheoretischen Grundlagenforschung Rudolf Steiners gültig dargestellt werden. Die Kardinalfrage, *wie kann Moralisches in der Natur wirksam werden,* setzt in der wahren Naturerkenntnis des Menschen an. Zutreffende oder unzutreffende Anschauungen über die Natur sind dann aber für den Christen nicht mehr indifferent, d.h. »nicht heilsnotwendig«, sondern sie bedeuten zugleich: lebensgemäß oder lebenschädigend. Und diese beiden Sachverhalte können in einer wahren Religionserkenntnis nicht mehr als bedeutungslos übergangen werden. Im Gegenteil, sie entsprechen im Leben *dem,* was im seelischen und geistigen Bereich als *gut und böse* wirkt.

Wenn diese Grundlagen einer Rhythmenkunde zu einem subtileren Umgang mit dem in den Zeiten und Rhythmen sich selber zeitigenden Wesen des Lesers anregen und dadurch ein Baustein für die Brücke zwischen Natur und Moral werden, dann kann ihre Beschreibung vor dem Zeitgewissen verantwortet werden.

Rückblick und Ausblick

Es sprechen zu den Menschensinnen
Die Dinge in den Raumesweiten
Sie wandeln sich im Zeitenlauf
Erkennend lebt die Menschenseele
Von Raumesweiten unbegrenzt
Und unbeirrt vom Zeitenlauf
Im Reich der Geistes-Ewigkeit

26. Februar 1911 Rudolf Steiner (236)

Chronos

Chronos, *Kairos* und *Aion* waren für die Griechen die drei Wege zum Geheimnis der Zeit. Chronos bringt die Wesen hervor und vernichtet sie wieder, saugt sie gleichsam auf wie die Sonne den Tau. Dieser Mythos ist später zum Kreislauf der Zeiten abstrahiert worden. Der geradlinige Verlauf der Zeit und die ebenso verlaufend gedachte Entwicklung sind ebenfalls abstrakte Vorstellungen. Die wesentliche Korrektur und Ergänzung, die Rudolf Steiner in die Entwicklungslehre hineingebracht hat, besteht darin, daß er zur Evolution hinzu den Blick auch auf die Devolution, auf den Abbau lenkte. »Der Geist entfaltet sich innerhalb der Menschenwesenheit *nicht* auf der Grundlage *aufbauender* Stofftätigkeit, sondern auf derjenigen *abbauender.* Wo im Menschen Geist wirken soll, da muß der Stoff sich von seiner Tätigkeit zurückziehen« (168). *Evolution* und *Involution*, Entfaltung und Vergeistigung tragen in rhythmischem Wechsel das Werden der Welt. Darin leuchtet der geistige Hintergrund des rhythmischen Zeiterlebens auf. Rhythmus ist niemals eine Wiederholung des Gleichen, sondern die *stetige Erneuerung.* Nietzsches »ewige Wiederkehr aller Dinge« ist eine gefährliche Verzerrung der Wahrheit von der stetigen Erneuerung.[119] Denn in der Erneuerung liegt ein Mehr, das über die Erhaltung oder Wiederbringung des Alten hinausgeht. Mit diesem *Mehr* arbeiten die weltschöpferischen, welterhaltenden und weltverwandelnden Wesen. Das zielgerichtete Werden von Mensch und Welt ist auf diese Weise mit allem rhythmischen Geschehen verflochten. Der Rhythmus ersetzt Kraft, weil er im Ausgleich des polaren Spannungsfeldes immer wieder durch den Nullpunkt geht, in welchem auch der Ausgleich und die Ergänzung des Stofflichen durch den Geist geschieht. So prägt der Rhythmus sowohl durch seine stetige Erneuerung als auch mit diesem Nullpunktdurchgang fortwährend den Geist in die Materie ein. Hierfür gilt ebenso: »Rhythmische Vorgänge sind weder in der Natur noch im Menschen etwas Physisches. Man könnte sie halbgeistig nennen« (167, S. 221). Erst als der Rhythmus zum reinen Kreislauf und das Werden zum geradlinigen Strom der Zeit abstrahiert wurde, entstand die Vorstellung einer von den Erscheinungen losgelösten Zeit. Die *Zeiten* sind aber sowohl mit den Erscheinungen als auch über unser Denken wesensgemäß und unlösbar mit der *Dauer* verbunden.

Kairos

Auf diesen Sachverhalt deutet das Wort *Kairos.* Es bezeichnet den rechten, den günstigen Augenblick, die glückhafte Stunde. Im Kairos verschmilzt das Vergangenheitserinnern und das Zukunfterhoffen zum Gegenwartserleben im Ich. Dabei leuchtet in der meßbaren Chronos-Zeit für einen Augenblick die nicht meßbare Überzeit, das Außerzeitliche als universale *Geistesgegenwart* auf. Man kann auch sagen, die erscheinenden Zeiten und Rhythmen werden für einen Augenblick vom Wesen der Zeit erfüllt. Die Zeit ist *erfüllt.* Mit dem Wort: »Als die Zeit erfüllt war, sandte Gott seinen Sohn« (Gal. 4,4) ist das gewaltige Urbild eines Geschehens formuliert, das einmal in die Geschichte von Mensch und Erde als incarnatio dei, als Menschwerdung Gottes eintrat. Zugleich hat es aber seine unzählbaren Abbilder dort, wo immer im Kairos die Dauer im Zeitlichen aufleuchtet. Dieses glückhafte Aufleuchten ist nicht berechenbar. Es kann kommen »wie der Dieb in der Nacht« (1. Thess. 5,2). Aber der Mensch kann dieses Kommen fördern oder verhindern. Das zur bestimmten Stunde angesetzte Sakrament widerspricht jener »Unberechenbarkeit« durchaus nicht, denn ein gemeinsam begangener Gottesdienst kann und will die Erfüllung der Zeit sicher nicht erzwingen, wohl aber in bestmöglicher Weise fördern, im Sinne jenes Wortes aus der Bergpredigt: »Klopfet an, so wird euch aufgetan« (Matth. 7,7). Im Neuen Testament gilt vom Kairos zusammenfassend jenes Wort: »Es kommt die Stunde und sie ist schon jetzt« (Joh. 5,25) und das andere: »Die Zeit ist nahe« = ho kairos eggüs (Off. 1,3 u. 22,10). Das heißt wörtlich eng; das will sagen, die Dynamik des ganzen Zeitenwerdens ist in den *Augenblick* der Geistes*gegenwart* hineingepreßt. Deshalb sagt Paulus im Römerbrief (13,11): »Wir wissen den Kairos.« Das heißt zugleich auch: Wir wissen, daß wir an der Schwelle stehen, an welcher dieser Weltenkreis der geistigen Blindheit abgelöst wird vom kommenden Äon, in dem wir sehend werden durch die Wandlungskraft Christi.

Werk

In einem Spruch von Angelus Silesius wird in tiefer Weise die Sinneswelt zugleich mit den sie erfassenden Sinnen einem Uhrwerk verglichen:

»Du selber machst die Zeit: Das Uhrwerk sind die Sinnen;
Hemmst du die Unruh nur, so ist die Zeit von hinnen.«

Das erinnert an jene wichtige Stufung der Welt in Werk, Wirksamkeit, Offenbarung und Wesen. Diese Stufung ist der Schlüssel für die Beschreibung der Zeiten und Rhythmen, wie sie hier versucht wurde. Die *Werk*welt ist die Endstufe jener Entwicklung, die der Apostel Paulus kenosis = die Entäußerung, das Zurückziehen der Gottheit aus ihrer Schöpfung nennt. Nur dadurch war für den Menschen jener Grad von Freiheitsmöglichkeit erreichbar, den er im Weltenwerden erreichen soll, um allmählich ein wahrer »Mitarbeiter Gottes« (1. Kor. 3,9) zu werden. Im Bereiche des Zeitbedenkens hat diese Selbstentäußerung der Gottheit die abstrakten Zeitvorstellungen aufkommen lassen. Es sei an die Vorstellung der Zeit als eines leeren, geradlinigen Stromes, an den gestochenen Zeitpunkt und an die aus neun Milliarden

Schwingungen bestehende Atomsekunde erinnert. Mit dieser rein formalen Naturanschauung begeht der Mensch eine Art Grablegung seines Werdens und Wesens. Entweder geht er den bisher gegangenen Weg der Entgöttlichung bis zu seiner Selbstzerstörung weiter, oder er arbeitet aus freiem Entschluß daran mit, daß die abstrakt gewordene Naturwissenschaft »einläuft in eine höhere geistgemäße Naturanschauung« (167, Nr. 112–114).

Wirksamkeit

Von der Werkwelt, in der das Göttliche nur noch in den toten Formen einen letzten Ausdruck hat, ringen wir uns im Bereich der Zeiterscheinungen zur *Wirksamkeit* des Göttlich-Geistigen durch, wenn wir im Lebendigen die Zeiten und Rhythmen erkennen und anerkennen. Die in Kosmos, Erde und Mensch erscheinenden Rhythmen und ihr gegenseitiger Bezug können durch das im physikalischen Bereich geltende Gesetz der Kausalität (Ursache und Wirkung) allermeist nicht in angemessener Weise beschrieben werden. Die moderne Rhythmenforschung beschreibt deshalb zunächst nur die Phänomene und verwendet zur Darstellung ihrer Zusammenhänge die Begriffe Kongruenz, Koinzidenz, rhythmische Koordination und ähnliche. Beim Beschreiben der Rhythmen von Pflanzen und Sternen weist E. M. Kranich auf »eine andere Form, in der sich Beziehungen und Zusammenhänge aussprechen. Wir wollen diese die *Übereinstimmung der Bilder* nennen« (97, S. 20). Rhythmen, die »sich wechselseitig durchdringen«, bilden miteinander ein »System differenzierter Harmonien« (s. o. S. 31). »Harmonices mundi libri V«, Weltharmonik in fünf Büchern hat Kepler jenes Buch genannt, in dem er 1619 die Rhythmen der Sterne beschreibt. Von einer Himmelsmechanik, wie dieses Gebiet noch heute in der Astronomie genannt wird, kann im exakten Sinne durchaus nicht gesprochen werden. Denn gerade die modernen mechanischen Präzisionsinstrumente der Astronomie zeigen die nicht mechanischen, sondern rhythmisch-lebendigen Bewegungen der Sterne immer deutlicher auf. Die himmlischen, irdischen und menschlichen Rhythmen, deren zahlreiche neben- und ineinander laufende Gliederungen sich wechselseitig durchdringen und ein System differenzierter Harmonien bilden, weisen mit diesen »Wirksamkeiten« in ein anderes Gebiet hinüber, das Rudolf Steiner »Offenbarung« genannt hat.

Offenbarung

Mit *Offenbarung* ist hier eine Gesetzmäßigkeit bezeichnet, die nicht mehr innerhalb des Irdisch-Mineralischen und auch nicht im Bereich des kosmisch-pflanzlichen Daseins liegt, sondern im Nicht-Räumlichen und innerhalb der Weltenseele. Hier ist der Quell aller rhythmischen Vorgänge. Deshalb wurde der Rhythmus halbgeistig genannt. *Rhythmus* ist in der Erscheinungswelt sich zeitigende *Weltseelenhaftigkeit.* Sie kann als Umlaufszeiten, als Pulsation der verschiedensten Lebensrhythmen und im Tier als Eigenbewegung erscheinen. Im Menschen ist sie am vielseitigsten und bis in die rhythmische Gliederung des Lebenslaufes hinein mit verkörpert. Wenn wir den Formenübergang im Pflanzenreich nicht nur an den einzelnen ausgebildeten Stufen vergleichen, sondern ihn denkend selber schaffen, in uns eine *Dauer-Fließgestalt* lebendig werden lassen, dann bewegen wir uns damit aus der meßbaren Zeit heraus. Wir finden den inneren Quell der Bewegung, den Bereich der Offenbarung. In diesem Quell des Rhythmus urständen auch jene Qualitäten, die uns in der Welt der Erscheinungen als Zahlen begegnen. Rhythmus und Zahl sind immer verbunden. Ihre Wirksamkeiten beruhen auf dem dahinterstehenden Wesen in seiner Vielheit und Einheit. Sie offenbaren das Wesen des Weltengeistes.

Wesen

Indem wir von der Werkwelt über die Wirksamkeit und die Offenbarung hinaus uns dem Göttlich-Geistigen der Welt zu nahen versuchen, erahnen wir dessen *Wesen.* Das Wesen erscheint in der Sinneswelt nicht. Deshalb sind die vielfältigen Erscheinungsweisen der Zeiten noch nicht deren Wesen. Dieses ist, vergleichsweise gesagt, eine

Eigenschaft der geistigen Wesen selber. Im Geistbereich hat diese Eigenschaft ihre Werdemöglichkeit nicht im Nacheinander wie in der Sinneswelt, sondern im Zugleich und Miteinander ihrer geistigen Existenz. Deshalb konnte PHILO VON ALEXANDRIA (20 v.–50 n. Chr.) diese Gleichzeitigkeit das »Heute« nennen, zu dem der menschliche Geist Zugang hat. »Heute aber ist die unbegrenzte und unermeßliche Ewigkeit; denn die Perioden der Monate und Jahre, ja der Zeit überhaupt, sind Satzungen der Menschen, die die Zahl hochschätzen; der untrügliche Name der Ewigkeit aber ist *Heute.*« ... »Denn von unseren Fähigkeiten ist der *Geist* (nous) am schnellsten. Er überholt die Zeit, in der er zu entstehen scheint, und eilt vorüber und berührt mit unsichtbaren Kräften ohne Zeit das All und alle Teile und ihre Ursachen« (209, S. 55 u. 39). Hier ist die Zeit als Erscheinung aufgehoben. Sie ist eingegangen in das Sein.[120] Zur Unterscheidung der Zeit als Zeitlichkeit von der zeitlosen Zeit kann letztere auch Dauer genannt werden. Hier ist Zeit Realität; das *Wesen* der Zeit ist die *Dauer*. Das Wort Ewigkeit ist durch die Abstraktion eines nach beiden Seiten unendlich verlängerten Zeitenstromes vorbelastet. Der etymologische Zusammenhang von Ewigkeit mit Aion könnte zu einem allmählichen Vernehmen dessen beitragen, was in dem vorangestellten Wahrspruchwort mit »Zeitenlauf und Ewigkeit« angesprochen ist. Damit sind die zwei wirksamsten Pole im Erdenleben des Menschen genannt. Ihr rhythmischer Ausgleich in der Zeitlichkeit ist die Wechselwirkung zwischen Naturgeschehen und Seelenleben im Jahreslauf. Er geschieht weitgehend unbewußt. Der »Anthroposophische Seelenkalender« und der Jahresfestkreis im Kultus der Christengemeinschaft sind Hilfen zum bewußteren Mitvollziehen dieses Ausgleiches im Bereich der Zeitlichkeit. Im Erkennen wird die Polarität von Wahrnehmung und Denken jedoch in den zeitlosen Bereich des Geistig-Wesenhaften erhoben. Dazu muß aber jener *Denkwille* bewußt gehandhabt werden, der im gewöhnlichen Wahrnehmen und Denken unbewußt tätig ist. Was man auf diese Weise im Geiste will, unterliegt nicht der Zeit. In diesem Erkennen geschieht eine momentweise Aufhebung der Zeit. »Wie überall die geistige Welt das Sinnensein durchdringt, so durchdringt die Ewigkeit ihrer Qualität nach jeden Augenblick... Sie ist im Augenblick selber garantiert, denn sie steckt in jedem Augenblick darinnen« (178, 29.8.12).

Wird so die Zeitlichkeit fortwährend mit der überzeitlichen Dauer verbunden, so ist diese doch kein Stillstand. Denn das im reinen Geiste gründende Wollen beinhaltet einen Fortgang höherer Art. Deshalb kann im Credo der Christengemeinschaft der Vatergott als »geistig-physisch« bezeichnet werden, der »seinen Geschöpfen vorangeht«. Damit sind drei Stufen der Zeit angedeutet: Die *Zeitlichkeit* des irdischen Werdens, die überzeitliche *Dauer* und das *vorangehende* Werden im Geiste. Auf »die Zeit-Erkenntnis als *Grundnerv* des anthroposophischen Forschungsanfanges« hat HELLA WIESBERGER in einem kaum zu überschätzenden Beitrag zu RUDOLF STEINERS Lebenswerk aufmerksam gemacht (236). Sie zitiert dort aus der frühesten erhaltenen Abhandlung Rudolf Steiners, die er 21jährig noch vor der Bearbeitung von GOETHES naturwissenschaftlichen Schriften an verschiedene Philosophen gesandt hat: »Von einer Korrektur des Zeitbegriffes hat man wirklich das Heil der Wissenschaft in mannigfacher Hinsicht zu erwarten.« Dieses *Heil,* nicht nur der Wissenschaft, sondern des gesamten Menschendaseins auf Erden, hat seinen Quell in dem »Heilbringer der Erdenmenschen«. In dem Spruch (194, 25.12.23), den Rudolf Steiner an der Weihnachtstagung 1923/24 zur Neubegründung der Anthroposophischen Gesellschaft als geistigen Grundstein gegeben hat, ist die Wirksamkeit Christi durch die Rhythmen tief bewegend ausgesprochen:

»Denn es waltet der Christus-Wille im Umkreis
In den Weltenrhythmen Seelen-begnadend.«

CHRISTUS

Der Welten*logos* bewirkt durch die Welten*rhythmen* von innen die äußere Bewegung. Und er weckt, ebenfalls durch die Rhythmen, das Geist*bewußtsein* im Ich. Zukunft und Vergangenheit leben im Ich.

Zukunft und Vergangenheit werden vom Ich zur Geistesgegenwart verschmolzen. Im Augenblick lebt die Ewigkeit auf. Von der Zukunft her, vom Tode her kommt der Strom des Geisteslebens. Er will durch das Menschen-Ich irdische Form gewinnen. Von der Vergangenheit her, von der Geschichte der Menschheit kommt der Strom dessen, was Menschen in Form gebracht haben. Er will sich lösen und zum Geistesleben werden. Die beiden Ströme begegnen sich im Menschen-Ich. Das Erleben der *Zeiten und Rhythmen* im Ich ist nur möglich, weil dort zugleich die *Dauer* lebt. Im Ich verewigt sich Christus. Diese Offenbarung seines Wesens ist seiner rhythmischen Wirksamkeit im Jahreslauf enthoben. Der Jahreslauf ist der Opfer- und Wandlungsweg zum Ziel. Die Wirksamkeit des Christus im Jahreslauf ist ein Weggeschehen, das anderer Art ist als die Offenbarung seines *Wesens am Ziel* des Weges. Das Ziel ist: »Christus in uns.« Durch ihn werden uns der Weg und das Ziel erst bewußt. Er ist im Ich *der Bringer der Zeit* und zugleich *der Bringer der Ewigkeit.* Beides umfassend kann auch gesagt werden: Christus ist der Bringer der Ganz-Zeit. Er ist die Erfüllung der Zeiten.

ICH BIN
das Alpha und das Omega,
Weltenurbeginn und Weltenweiheziel,
spricht Gott der Herr,
der da ist,
der da war,
und der da kommt,
der Allmächtige.

Johannes der Apokalyptiker hat Ihn am »Tage des Herrn« in innerster Geistbegegnung so erfahren. Und Christus spricht in den Abschiedsreden über seine Wiederkunft die Worte: »ICH in euch.« Das ist der Quell für die Erneuerung des Christentums.

Anhang

Anmerkungen

1 Seite 19
Ertrinkende, abstürzende Bergsteiger, im Verkehr oder an Maschinen Verunglückte, die mit dem Leben davonkamen, schildern diese Zustände. Dabei zeigt sich dem inneren Blick meist eine panoramaartige Rückschau auf das ganze Leben. Siehe auch J. C. Hampe: »Sterben ist doch ganz anders« (65). Vgl. hierzu R. Steiner, Vortr. v. 4. 6. 1924, GA 236: »Die Zeit erleben Sie erst im seelischen Erleben. Da aber erleben Sie die Zeit wirklich, – und da kommen Sie auch aus dem Raum heraus. Da ist die Zeit eine Realität. Die Zeit ist innerhalb der Erde gar keine Realität... Der Traum, der blitzschnell durch die Seele schießt und seine innere Zeit hat, kann uns einen Einblick gewähren, wie die Zeit im Astralen erscheint.«

2 Seite 23
L. Klages hat zur Rhythmenforschung Wesentliches beigetragen. Die Problematik seines Welt- und Menschenbildes ist nicht Gegenstand dieser Arbeit. Siehe hierüber R. Wieser, »Rhythmus und Polarität in der Handschrift« (212, S. 37ff.).

3 Seite 26
Der Schweizer Maler Ferdinand Hodler (1853–1918), einer der Väter der modernen Malerei, hat so stark in der Bewegung, in der Symmetrie und im Linienrhythmus gelebt, daß er ein Bild sogar »Eurythmie« genannt hat.

4 Seite 28
Dieser menschliche Herzrhythmus hält eine Mitte zwischen den sehr viel weniger häufigen Herzschlägen mancher Tiere und den 500–1320 Schlägen pro Minute, die eine nur 2 g wiegende Etrusker-Spitzmaus hat.

5 Seite 31
Derartige Geräte wurden vom Zirkelschmied konstruiert. Ein altes Wahrwort aus diesem Beruf lautet: »Des Zirkels Kunst und Gerechtigkeit ohne Gott niemand

weiß.« Damit ist auch auf das Irrationale aller Kreisberechnungen gedeutet, das in der Zahl $\pi = 3{,}141\ldots$ aufscheint.

6 Seite 32
»Wenn der griechische Geschichtsschreiber Diodorus Siculus in seiner Historischen Bibliothek zu Christi Lebzeiten berichtet, die Ringmauer von Babylon sei bewußt auf eine Länge von 365 Stadien gebracht worden, damit der Umfang der Stadt ebensoviel Stadien betrage als das Jahr Tage hat« (93, S. 5), so ist damit von den Babyloniern beabsichtigt, mit ihrer Stadt ein »aus Zahlen gestaltetes Abbild der Welt« zu schaffen. Das Ideal göttlich-menschlicher Zukunftsgestaltung jenseits von Raum und Zeit wird auch im 21. Kapitel der Apokalypse im Bilde einer Stadt beschrieben. In die Himmelsrichtungen eingeordnet, würfelförmig und mit vier mal drei Toren ist sie geistig die Behausung des Jahr-Gottes, der den Baum des Lebens zwölffach Früchte bringen läßt, aber zugleich die ewige Stadt und das Bild der künftigen Werdestufen von Erde und Menschheit. Diese umfassende Zukunftsschau lebte im Osten wie im Westen. In China gab es um 1150 vor Chr. eine Kalenderhalle Ming-t'ang = lichte Halle, die auf quadratischem Grundriß in die Himmelsrichtungen eingeordnet je drei Ausblicke nach Osten, Westen, Norden und Süden ermöglichte, von denen aus der Kaiser als Himmelssohn seine monatlichen Weisungen zu verkünden hatte. In Mexiko fand man Pyramiden mit quadratischem Grundriß, an deren vier Seiten Treppen mit je 91 (7×13) Stufen in die Höhe führten, die auf die Vierteljahre und in ihrer Gesamtzahl 364 auf die Zahl der Tage im Jahr verweisen. Eine andere siebenstufige Pyramide hat 364 Nischen und wieder eine andere wurde alle 52 Jahre ($= 4 \times 13$ und $52 \times 7 = 364$) neu umbaut. In allen diesen Bauten steckt die Bemühung, die Zeit zum Raume und damit anschaubar werden zu lassen.

7 Seite 37
Die Kunstuhr im Straßburger Münster wurde von den Brüdern Hobrecht 1547 begonnen und 1574 vollendet.

8 Seite 41
In dem sehenswerten Wuppertaler Uhrenmuseum ist eine ältere, stationäre Cäsium-Atomuhr von 2,54 m Länge ausgestellt. Jürgen Abeler berichtet in seinem Buche: »500 Jahre Zeitmessung« (Wuppertal 1978) von der Antwort des Münchener Dichters Eugen Skasa-Weiß auf die Erklärung der Cäsium-Atomuhr und deren Genauigkeit mit nur einer Sekunde Fehlweisung in 300 000 Jahren: »Herr Abeler, wir gehen einer Zeit entgegen, die den Skandal einer solchen Schlamperei auch noch aus der Welt schaffen wird.«
Um die heute auf der Atomzeitskala beruhende Uhrzeit mit der mittleren Sonnenzeit in Übereinstimmung zu halten, mußten die Zeitsignale und Normalzeituhren (NT) zwischen 1972 und 1978 sieben Mal um je eine Schaltsekunde korrigiert werden. Der

je erste Tag dieser Jahre wurde um eine Atomsekunde verlängert. Die Minute, die um 00.59 mitteleuropäischer Zeit begann, hatte 61 Sekunden. Die grundlegende Zeiteinheit der Makrophysik und der Technik bleibt die Sekunde, die immer noch etwas menschlich Faßbares hat. Die Spezialisten für Ultrakurzwellen arbeiten mit dem Shake = Erschütterung. Das ist der hundertmillionste Teil einer Sekunde. Das bedeutet: In drei vollen Jahren gibt es weniger Sekunden als Shakes in einer Sekunde (108, S. 75).

9 Seite 43
Die Ausführungen dieses und des folgenden Abschnittes haben zwei Aufsätze von C. Unger zur Grundlage: »Naturwissenschaft und Geisteswissenschaft« (1910) und »Gedanken zur Philosophie des Widerspruchs« (1911); (201).

10 Seite 46
In der Eurythmie, der durch Bewegung sichtbar gemachten Sprache, erscheint dieses vergleichend ausgleichende Element des M-Lautes in den vor dem Körper gegenläufig auf- und abwärts bewegten, gestreckten Armen.

11 Seite 51
Die Christengemeinschaft, Bewegung für religiöse Erneuerung, begründet 1922.

12 Seite 52
Pan, der griechische Hirtengott, neckt und erschreckt als bocksfüßiges Naturwesen die ahnungslos träumenden Menschen. Der Einbruchsbereich verwirrender und verdunkelnder Kräfte zur Mittagszeit hat sein klassisches Beispiel in der Finsternis, die bei der Kreuzigung Christi von der sechsten bis zur neunten Stunde hereinbrach. Dies ist von 12 bis 15 Uhr (Matth. 27,45).

13 Seite 54
Die einzige Ausnahme davon scheint das Damaskuserlebnis des Paulus zu sein. In der Apostelgeschichte (26,13) berichtet Lukas, wie Paulus in seiner Rede vor Festus die Zeit dieses Erlebnisses als »Mittag« angibt. Dabei ist zu bedenken, daß der Schatten der Oasenlandschaft um Damaskus, der als auslösender Faktor mitwirkt, das grelle Mittagslicht herabmildert. Außerdem gehört dieses Ereignis eines verwandelten Mittagsbewußtseins schon mehr einer von den österlichen Erscheinungen selbst zu unterscheidenden, zukünftigen Bewußtseinsform an (15, IV, S. 55 ff.).

14 Seite 55
Mit sicherem Künstlerblick hat Heinz G. Häussler in seinem Beitrag: »Vom Garten der Zeiten« (Die Drei, Juli/August 1977 S. 448) die innere Verwandtschaft zwischen Goethe und Runge erkannt. Beide »betreten den Garten der Zeiten«. Der Eine durch das Tor der Metamorphose, der Andere durch das Tor der Kunst, indem er die »Zeiten wie eine Symphonie« bearbeitet.

15 Seite 56

L. Kleeberg (96, S. 221) berichtet zur Frage nach der Zeit von einer Antwort Rudolf Steiners: »Geistige Vorgänge könnten zeitlos sein. Der Begriff der Zeitbildung sei schwer, dies sei eine Tautologie. Es gäbe keine Zeit, wenn alle Wesen auf gleicher Stufe ständen. Sie entstehe dadurch, daß Wesen auf ungleicher Stufe ständen, durch das Zusammenwirken dieser Grade. Diese Frage nach der Zeit, sagte Rudolf Steiner, sei aus den höchsten Gebieten des Okkultismus genommen« (Fragestunde v. 22.4. 1909 in Kassel).

16 Seite 57

Die Bezeichnung für den ganzen Tag war im Mittelalter dies naturalis, dies integer; die für den Lichttag dies artificalis, dies usualis. – Im alten Rom dagegen war dies civilis der ganze und dies naturalis der Lichttag. Siehe Grotefend (61, S. 22).

17 Seite 58

Im Mittelalter gab es verschiedene Zählweisen der Tagesstunden. Die kleine Uhr (halbe Uhr) zählte 2 × 12 Temporal- oder später Äquinoktialstunden. Das Zifferblatt der Uhren war von 1–12 wie das heutige eingeteilt.

Die ganze Uhr (in Italien, Böhmen und Schlesien) begann eine halbe Stunde nach Sonnenuntergang und zählte 24 Stunden, die aber meist in 2 × 12 geteilt waren. Die Nachstellung der Uhren folgte dem wandernden Sonnenuntergang. Der Tagesbeginn war gleitend zwischen 5 und 9 Uhr abends. Das Zifferblatt der ganzen Uhr hatte entweder eine Zwölferteilung und die Ziffern 13–24 auf einem konzentrischen Innenkreis oder eine 24er Teilung des ganzen Kreises mit den Ziffern 1–24 oder 2 × 1–12. Das Zifferblatt der astronomischen Uhr von Wells/England (1392) war von dieser letzteren Art.

Die großen Uhren in Nürnberg, Regensburg und einigen kleineren Städten zählten an den längsten Tagen 16, an den kürzesten 8 Stunden des Tages und umgekehrt in der Nacht. Auf- und Untergang der Sonne bezeichnete ein Geläut, das Garaus. Tagesbeginn und Tagesende waren genau festgesetzt, zwischen 4–8 Uhr veränderlich mit halbstündigem Zu- und Abnehmen in etwa 3 ½ wöchigen Abständen. Siehe Grotefend (61, S. 24).

18 Seite 61

»Es ist aber auch nützlich, schon hier zu ahnen, daß die Bewegungen der Himmelskörper als Folge der Beziehungen entstehen, welche die sie bewohnenden geistigen Wesen zueinander haben. Die Himmelskörper werden durch geistig-seelische Ursachen in solche Lagen und Bewegungen gebracht, daß im Physischen die geistigen Zustände sich ausleben können.« R. Steiner in »Geheimwissenschaft«, IV (163).

19 Seite 65

Caesar: »Bellum Gallicum« V. 13 »... nisi certis ex aqua mensuris breviores esse quam in continenti noctes videbamus.«

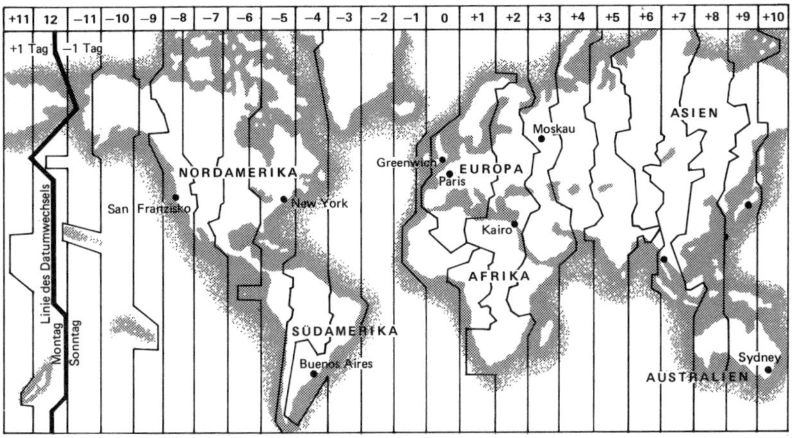

Figur 35 Die 24 Zeitzonen der Erde

20 Seite 70

Greenwich liegt in der Nullzone. Westlich davon wird je Zone eine Stunde von der Greenwich-Zeit abgezogen und ostwärts davon zugezählt. Die eingezeichneten Linien ergeben sich aus den Landesgrenzen und den Sommerzeiten. In der Karte ist + 1 die mitteleuropäische Zeit (MEZ). Sie ist die des 15. Meridians und je 7 ½° ostwärts und westlich davon. Er geht durch Görlitz. Die MEZ ist in der Tabelle mit M bezeichnet. Die westeuropäische Zeit (WEZ) = 0 und geht der MEZ um eine Stunde nach, die OEZ = + 2 geht ihr um eine Stunde voraus. Die Moskauer Zeit (MOSKZ) = + 3 geht der MEZ um zwei Stunden voraus und gilt für das europäische Rußland, Irak, Somaliland, Madagaskar. Manche Länder zählen im Sommer zu ihrer Zonenzeit eine Stunde hinzu. Die Angaben dieser »Sommerzeit« sind ohne Gewähr nach dem Stand vom 1. 1. 1978:

Land	So	Wi	Land	So	Wi	Land	So	Wi
Ägypten	+2	+2	Italien	+2	M	Rumänien	+2	+2
Albanien	M	M	Jugoslawien	M	M	Schweden	M	M
Algerien	+2	M	Libyen	+2	M	Schweiz	M	M
Belgien	+2	M	Luxemburg	+2	M	Spanien	+2	M
Bulgarien	+2	+2	Malta	+2	M	Südafrika	M	M
Dänemark	M	M	Marokko	+2	M	Tripolitanien	+2	M
Deutschland	M	M	Niederlande	+2	M	Tschechosl.	M	M
England	M	O	Nigeria	M	M	Türkei	+3	+2

Finnland	+2	+2	Norwegen	M	M	Tunesien	M	M
Frankreich	+2	M	Österreich	M	M	Ungarn	M	M
Griechenland	+3	+2	Ostafrika	+2	+2	Westafrika	M	M
Irland	M	O	Polen	+2	M			
Israel	+2	+2	Portugal	M	O			

Die Vereinigten Staaten haben 6 Zeitzonen (Kolonial-, Ost-, Zentral-, Mountain-, Pazifik- und Alaskazeit). Sie gehen der MEZ um 5, 6, 7, 8, 9 und 11 Stunden nach. Die Sowjetunion hat 11 Zeitzonen.

21 Seite 72

Am 1.4. 1893 wurde das Reichsgesetz über die Einheitszeit in Deutschland verabschiedet; darin heißt es: »Die gesetzliche Zeit in Deutschland ist die mittlere Sonnenzeit des 15. Längengrades östlich von Greenwich.«

22 Seite 84

Ekliptiklänge ist ein Längengrad, der im Ekliptiksystem, bei dem die Ekliptik der Grundkreis ist, diesen im rechten Winkel schneidet.

23 Seite 85

Die Apsidenpunkte sind die Schnittpunkte, in denen die Ellipse von ihrer großen Achse geschnitten wird.

24 Seite 85

223 Synodische Monate	= 6585,321 Tage
241 Siderische Monate	= 6584,529 Tage
241 Tropische Monate	= 6584,501 Tage
242 Drakonitische Monate	= 6585,357 Tage
239 Anomalistische Monate 1506	= 6585,537 Tage
19 Drakonitische Sonnenumläufe	= 6585,780 Tage

Die Saros-Periode wird auch chaldäische Periode genannt. Suidas, der um 950 n. Chr. eine Art griechisches Konversationslexikon geschrieben hat, »gibt ihr den Namen Saros, der offenbar so viel wie Mondperiode bedeutet, denn Sihara heißt im Chaldäischen der Mond«. L. Ideler (79, S. 207). »18 ist die Zahl der babylonischen Saros-Periode. Saros frühestens seit der Sargonzeit (2800 v. Chr.).« A. Jeremias (83, S. 302).

In dem alten babylonischen Kulturgebiet gibt es mehrere Rechensysteme. Deshalb kann auch Saros noch anderes bedeuten: »Das sumerische Zahlensystem ist Sexagesimalsystem mit konkurrierendem Dezimalsystem ... 360 hat als Einheit kein besonderes Zeichen wie 3600, das als Kreis geschrieben wird (später durch 4 als Rundung gesetzte Keile) und auch ›Weltall‹ bezeichnet (šar). Die 360 (geschrieben 60 × 6 = geš-âš) kommt als Zahl selten vor, z. B. aber als Zahl der Brote bei einem Tempelbauritus. Daß sie aber rechnerisch eine große Rolle gespielt haben muß, beweist die unentwegte Festhaltung an einem Rundjahr von 360 Tagen von ältesten Zeiten her« (83,

S. 28). »Für die spätere reguläre Einteilung haben sie (die Sumerer) allerdings insofern die Vorarbeit geleistet, als sie die Gradeinteilung nach dem System des Saros, der 360, schufen, die dann später der Einteilung in 12 × 30 Grade zu je 3 Dekanaten der astronomischen Rechenkunst dienstbar gemacht wurde, auch dadurch, daß sie den Gedanken der ›Häuser‹ am Himmel schufen, in denen innerhalb der Monate die Sonne und der Mond gleichsam Station machen« (s. o. S. 239). Um 2000 v. Chr. ist eine Weltalterlehre belegt, bei der 3600 Jahre = 1 Sar ist (s. o. S. 296). Siehe auch Anm. 114.

25 Seite 87

Im täglichen Leben wird mit 6 × 30 + 6 × 29 = 354 gerechnet. Die als Verbot der Schaltjahre ausgelegte Stelle im Koran steht in der neunten Sure 36 / 37: »Die Zahl der Monate ist nach göttlicher Vorschrift zwölf im Jahr. So ist es im Buch Allah's aufgezeichnet, seit dem Tag, an welchem er Himmel und Erde geschaffen hat. Vier von diesen Monaten sind heilig. So lehrt es die wahre Religion. In diesen Monaten versündigt eure Seelen nicht; doch die Götzendiener mögt ihr in allen Monaten bekämpfen, so wie sie auch euch in allen angreifen, und wißt, daß Allah mit denen ist, welche ihn fürchten. Die Verlegung des heiligen Monats auf einen anderen ist eine Zutat des Unglaubens. Die Ungläubigen sind hierin im Irrtum. In dem einen Jahr erlauben und in dem anderen Jahre verbieten sie einen Monat, damit sie mit der Zahl der Monate, welche Allah geheiligt hat, übereinstimmen, und so erlauben sie gerade das, was Allah verboten hat; darum ist das Übel für ihr Tun (das ihnen gottgefällig erscheint) ihnen schon bereitet; denn Allah leitet nicht ein ungläubiges Volk.«

26 Seite 93

F. Nielsen (227) berechnet mit Hilfe des vom Mond in 25 920 Jahren zurückgelegten Weges und der Hypothese eines möglichen Erdenjahres von nur 360 Tagen bei einer etwas langsameren Eigenrotation der Erde in vorhistorischer Frühzeit den »alten« siderischen Umlauf des Mondes auf 27,997 Tage. Diese in einer Korrektur des Druckes mitgeteilte Zahl entspricht der 7 und der 28 als den hier beschriebenen Rhythmen.

27 Seite 93

Der Rhythmus von sieben Tagen ist auch im Verlauf von Krankheiten seit alten Zeiten bekannt. In der Auseinandersetzung der Seele mit dem Wesen der Krankheit treten die Krisen und Wendepunkte sehr häufig im Siebentagerhythmus auf. – Ein griechisches Beiwort des Apollo heißt hebdomagetes, der am siebenten Tage gefeierte.

28 Seite 99

Nach Gerhard Wahrig: »Deutsches Wörterbuch«, Bertelsmann 1968: Ding = Thing, 1. germ. Volks- und Gerichtsversammlung, 2. Sache, Gegenstand.

29 Seite 99

Nach einer Empfehlung des Deutschen Normenausschusses vom März 1975 »DIN 1355, Blatt 1« beginnt seit dem 1. 1. 1976 die Zählung der Wochentage nicht mehr, wie seit 3000 Jahren, mit dem Sonntag, sondern mit dem Montag. Dadurch ist der Name Mittwoch sinnlos geworden, weil jetzt der Donnerstag als 4. Tag die Mitte der Woche ist. Ebenso sinnlos ist dadurch die Ableitung des Pfinsda aus »fünfter« für den Donnerstag geworden. Im Portugiesischen werden die Wochentage wie in Israel numeriert. Der Montag heißt segunda-feira = zweiter Tag, der Dienstag terça-feira = dritter Tag usw. Wer die Realität der geistigen Hintergründe der Zeiten und Rhythmen anerkennt, für den bleibt der Sonntag der erste Tag der Woche. Wir haben keine Veranlassung, Tendenzen zu unterstützen, die aus dem Kalender und damit aus unserem Bewußtsein die Spuren der geistigen Grundlagen unserer gegenwärtigen Kultur tilgen wollen.

Seit 1978 gibt der Verlag Urachhaus Stuttgart einen Taschenkalender für jedes Jahr heraus. Es ist darin die Pflege eines geistgemäßen Zeitbewußtseins angestrebt. Der einzelne Tag, die mit dem Sonntag beginnende Woche, der Monat und das Jahr werden darin verantwortungsbewußt in ihrem kosmischen, menschheitsgeschichtlichen und christlichen Zusammenhang aufgeführt.

30 Seite 101

In diesem Sinne werden die sieben Geister am Throne Gottes in der Offenbarung des Johannes 1,4 von Clemens von Alexandrien verstanden (83, S. 199).

31 Seite 103

In Ceylon wurde 1965 beschlossen, die Sonntage als öffentliche Feiertage abzuschaffen und statt dessen die den Buddhisten heiligen »Poya«-Tage, die allmonatlich die vier Phasen des Mondes markieren, zu arbeitsfreien Tagen zu bestimmen.

32 Seite 105

Clemens von Alexandrien spricht in seinem Sammelwerk: »Die Teppiche« mehrmals von der Achtheit. Die Achtzahl deutet nach der Zahl Sieben, welche das Weltgeschehen beherrscht, auf die Ruhe, die Gerechtigkeit und den Frieden in Gott, auf die Ruhe des reinen Schauens zusammen mit den lobpreisenden Geistern. Den Weg in diese Ruhe des reinen Schauens suchte man im Mittelalter durch die Entfaltung der »Sieben freien Künste«. Sieben Fähigkeiten sollten ausgebildet werden, durch welche sich die Seele aus dem Gefängnis ihres Leibes wieder in die Weiten des Kosmos hinausschwingen durfte. Zuerst der Dreiweg (Trivium): Grammatik, Rhetorik und Dialektik; dann der Vierweg (Quadrivium): Arithmetik, Musik, Geometrie und Astronomie. Es ist bemerkenswert, daß damals auch der »Bildungsgang« wie der Lebensgang als ein siebengegliedertes Zeitengeschehen betrachtet wurde (S. 201).

33 Seite 105

»›Der Wal atmet nur den siebten Teil der Zeit, gewissermaßen nur sonntags ... Regelmäßig eine geschlagene Stunde oder noch mehr geht er in die Tiefe, ohne einen Atemzug zu tun oder auf andere Weise Luft aufzunehmen; denn er hat keine Kiemen.‹ Wenn er dann an die Oberfläche steigt, bläst er an die siebzig Male. Das tut er immer in regelmäßigen Zeiten und Zahlen.« Aus Herman Melville (1819–1891): »Moby Dick«, zitiert nach D. Lauenstein (106, S. 132).

34 Seite 107
In einem Aufsatz: »Kepler und die dynamische Ordnung« (in »Das Goetheanum«, Jahrg. 56, S. 305) hat Georg Goelzer darauf hingewiesen, daß Johannes Kepler nicht nur ein großer Astronom und Mathematiker, sondern zuallererst ein Geistsucher im tieferen Sinne des Wortes war. Im Vergleich zu I. Newton besteht seine Leistung vor allem darin, daß es ihm gelungen ist, in den von ihm gefundenen Gesetzen den Rhythmus als einen Zwischenbereich faßbar zu machen, der Geistiges und Physisches miteinander verbindet. »Kepler hat in der Tat das Übergangsprinzip, das rhythmische Prinzip des Weltalls entdeckt, das Atmungswesen, durch das sich das Geistige in den physischen Bereich hineininkarniert, man möchte sagen: hineinschwingt. Indem der Planet auf seiner elliptischen Bahn um die in dem einen Brennpunkt stehende Sonne bei größerer Entfernung von ihr sich langsamer bewegt und bei kleinerer Entfernung schneller, zeigt sich an ihm der letzte physische Abglanz des kosmischen Atmungsvorganges vergangener Weltstufen, der noch innerlich lebendiger und viel wesenhafter war. Alles, was der sogenannten Schwerkraft unterliegt, kann von diesem Atmungsabglanz berührt werden – wobei allerdings rein mechanische Körper wie die künstlichen Satelliten zu einer Art von Parasiten im Weltenleben werden.«
Im Anschluß an die fünf Bücher der »Harmonie der Welt« von Johannes Kepler ist eine umfangreiche Forschung entstanden, aus der nur einige Namen und Titel hier angeführt werden: Hans Kaiser »Akróasis. Die Lehre von der Harmonik der Welt«, 2. Aufl. Stuttgart 1947, derselbe »Lehrbuch der Harmonik«, Zürich 1950, derselbe »Die Harmonie der Welt«, Wien 1968. Hermann Pfrogner »Lebende Tonwelt«, München 1976. Wilfried Krüger »Das Universum singt«, Selbstverlag Trier.

35 Seite 109
Ebenso werden die Auswirkungen der Gezeitenkräfte von den Wissenschaftlern des Instituts für Geophysik der Technischen Universität Clausthal erforscht. Sie beobachten »Ebbe und Flut im Oberharz«. Alle zwölf Stunden und 25 Minuten stellt sich der Harz auf die »Zehenspitzen« und wird um 40 cm höher. Anschließend »schrumpft« er wieder.
»Genaue Messungen haben uns gezeigt, daß nichts auf der Erde fest ist; sie lebt, atmet und verändert sich. Die Erforschung dieser geodynamischen Vorgänge steht heute im Mittelpunkt des Interesses der Geowissenschaften.« Rudolf Sigl: »Zur Bestimmung der Erdfigur« in »Süddeutsche Zeitung« vom 1. 9. 1976 zum 60. Deutschen Geodätentag in München.
Hier ist auch darauf hinzuweisen, daß die einzelnen Elemente der Stoffeswelt sowohl ihrem chemischen Verhalten nach als auch hinsichtlich ihrer Röntgenspektren sich als periodisch geordnet erweisen. Den Zusammenhang dieses periodischen Systems

der Elemente mit der Entwicklung der Erde durch ihre rhythmischen Werdestufen haben E. Bindel und A. Blickle beschrieben: »Zahlengesetze in der Stoffeswelt und in der Erdenentwicklung« in »Beiträge zur Substanzforschung«, herausgegeben von der naturwissenschaftlichen Sektion am Goetheanum Dornach durch Dr. G. Wachsmuth, Band I, 1962 Hyberniaverlag Dornach-Basel und Stuttgart.

36 Seite 110
Endogen = von innen kommend, im Innern entstehend, im Innern befindlich.

37 Seite 111
Diese Angaben sind einem in Vorbereitung befindlichen Manuskript entnommen: Wolfgang Schad, Arbeitstitel »Lunare Periodizitäten bei Organismen«. Sonderheft der Zeitschrift: »Elemente der Naturwissenschaft«, herausgegeben von der naturwissenschaftlichen Sektion in Dornach/Schweiz. Siehe Endres/Schad, S. 372.

38 Seite 114
Eine wissenschaftliche Gesellschaft versucht das täglich größer werdende Feld der biologischen Rhythmusforschung zu überschauen. Die bei ihrer Gründung »Internationale Gesellschaft für biologische Rhythmusforschung« genannte wissenschaftliche Gesellschaft hat heute die Bezeichnung International Society for Chronobiology. Der Präsident ist Prof. Dr. F. Halberg, Chronobiology Laboratories, Dept. of Laboratory Medicine and Pathology, 380 Lyon Laboratories, University of Minnesota, Minneapolis, Minn. 55455, USA. Die Gesellschaft hat zwei offizielle Publikationsorgane, und zwar 1. Die Zeitschrift »Chronobiologia« (Casa Editrice »Il Ponte«, Mailand) und 2. »International Journal of Chronobiology« (Gordon and Breach, New York-London-Paris, beides über den Buchhandel zu beziehen). Die Veröffentlichungen aus dem Gebiete der biologischen und medizinischen Rhythmusforschung sind bereits unübersehbar.

39 Seite 115
Aus der Kompliziertheit des Zusammenwirkens von endogenen und exogenen sowie von individualisierten und kosmosgebundenen Rhythmen geht deutlich hervor, daß dieser vielfältige Bereich des Lebens nicht auf die Vereinfachung von Bio-Karten, Bio-Uhren und Bio-Rechenschiebern reduziert werden kann. Anstatt sich nur passiv nach derartigen starren Rechenresultaten zu richten, geht es für den Menschen vielmehr darum, die überschaubaren kosmischen Rhythmen der Tages- und Jahreszeiten sowie die selbstgeschaffenen Rhythmen des eigenen leiblich-seelisch-geistigen Lebens geduldig und doch beweglich einzuüben. (Vgl. Anm. 79).

40 Seite 117
Dagegen ist das Wort Almanach wahrscheinlich ägyptischer Herkunft und bezeichnet zunächst Tafeln mit astronomisch-astrologischen Angaben und erst später Jahrbücher und Kalender mit anderen Inhalten.

41 Seite 118

Die jüdischen Monatsnamen stammen größtenteils aus dem babylonischen und assyrischen Sprachbereich und sind erst nach der Rückkehr aus der Babylonischen Gefangenschaft 538 v. Chr. in Palästina allmählich in Gebrauch gekommen. Ihre Erklärung ist schwierig, weil gleichzeitig auch eine Abneigung gegen diese Namen bestand. Diese ist verständlich, wenn man bedenkt, daß Tamuz, sumerisch Dumuzi, darunter ist, der als Partner und Sohn der Magna Mater, der Großen Mutter, verehrt wurde. Sein Sterben wurde von Wehklagen begleitet und seine Auferstehung ekstatisch gefeiert. Dies war den Juden ein Greuel (siehe Ezech. 8,14).

Vor dem Exil wurden die Monate im Frühjahr beginnend nur numeriert. Damals war der Jahresbeginn mit dem Nisan im Frühjahr, nach dem Exil im Herbst. Die Monatslängen wechselten zwischen 30 und 29 Tagen, je nach den sechs verschiedenen Jahrformen des Jüdischen Kalenders. Die folgende Tabelle zeigt die vor-exilische Numerierung, die nach-exilischen Namen und deren vermutliche Herkunft und die entsprechenden heutigen Monate und Tierkreiszeichen.

7	Tischri	aram. = anfangen	Sept. Okt.	Waage
8	Marcheschwan	assyr. = der achte (Monat)	Okt./Nov.	Skorpion
9	Kislew	?	Nov./Dez.	Schütze
10	Tewet	assyr. = einsinken (im regennassen Boden)	Dez./Jan.	Steinbock
11	Schewat	assyr. = Wurzel sbt = ein Musikinstrument schlagen, damit einsetzen	Jan./Febr.	Wassermann
12	Adar	babyl. mythologischer Name	Febr./März	Fische
1	Nisan	hebr. = beginnen	März/Apr.	Widder
2	Ijjar	vor-exil. Aufleuchten der Blumen	Apr./Mai	Stier
3	Siwan	hebr. = bezeichnen, benennen	Mai/Juni	Zwillinge
4	Tammus	babyl. Tamuz = griech. Adonis	Juni/Juli	Krebs
5	Aw	vor-exil. Name für den ersten Monat (Nisan) = sprießen, Frühling	Juli/Aug.	Löwe
6	Elul	babyl. Lehnwort?	Aug./Sept.	Jungfrau

42 Seite 118

Diesen Hinweis hat Wolfgang Jungermann (gest. 1975) gegeben.

43 Seite 119

Wie Caesar im 6. Buch seines Gallischen Krieges darstellt, unterrichteten die Druiden einzelne (non nulli) Schüler bis zu 20 Jahre. Da Astronomie ein Hauptfach war, kann für diese lange Lehrzeit an den Ablauf einer vollen Finsternisperiode, Sarosperiode von 18 Jahren, 10 Tagen, an den Mondknotenumlauf von 18,6 Jahren und an den vollen metonischen Zyklus von 19 Jahren gedacht werden (S. 214). Die 62 Monate des Coligny-Kalenders wären rund ein Viertel dieser Zeit.

44 Seite 120
Der kleine »Salzburger Haus-Kalender« der Universitäts-Druckerei A. Pustet, Salzburg und eine Reihe von Bauern- und Hauskalendern haben die deutschen Monatsnamen Karls d. Großen neben den üblichen stehen.

45 Seite 125
Goethe: »Gespräch mit Eckermann«, am 11. 3. 1832, also elf Tage vor seinem Tode.

46 Seite 127
Maier/Schubert: »Die Qumran-Essener« UTB 224, 1973, München: (114, S. 53)
»Das Kalender-Problem:
Einer der wichtigsten Gründe dafür, daß die Qumranpriester die Opfer ihrer Jerusalemer Kollegen ablehnten, war die verschiedene Kalenderrechnung. Am Jerusalemer Tempel galt ein Mondkalender und für die Qumran-Essener ein Sonnenkalender. Somit hatten die einen Feiertag, wenn die anderen Wochentag hatten. Nach Jubiläen 622–38 ist ein Jahr von 364 Tagen, d. h. 52 Wochen, als Gotteswille auf den himmlischen Tafeln aufgezeichnet, aber gegen diese gottgewollte Ordnung wird laut 6,36–38 verstoßen werden: ›Und es wird Leute geben, die den Mond genau beobachten; denn dieser verdirbt die Zeiten und geht von Jahr zu Jahr zehn Tage vor. Deswegen werden ihnen Jahre kommen, wo sie den Tag des Zeugnisses verderben und zu einem gewöhnlichen Tage machen und einen unreinen Tag zum Fest... Deswegen gebiete ich dir und lege dir Zeugnis ab, damit du ihnen bezeugst; denn nach deinem Tode werden deine Kinder verderbt handeln, daß sie das Jahr nicht zu ausschließlich 364 Tagen halten, und deswegen werden sie Neumond und Zeit und Sabbat und Feste auflösen und alles Blut mit allem Fleische essen.‹ Dieselbe Kalenderrechnung findet sich auch Henoch 74,10; 82,6. Sowohl Jubiläen- als auch Henochtexte wurden in den Höhlen von Qumran gefunden (vgl. II,3,b); auch ist im Damaskusdokument 16,3 f. das Jubiläenbuch als Quelle zitiert. Es besteht somit kein Zweifel, daß dieser solare Kalender der Kalender der Qumran-Essener war, die großen Wert darauf legten, ›die Zeiten nicht vorzuverlegen und sich bei allen Festzeiten nicht zu verspäten‹ (Sekt. Kan, 1,14 f.). In diese Richtung weist auch Kriegsrolle 2,1 f., wo die Anzahl der Väter der Gemeinde entsprechend der Anzahl der Wochen des Sonnenjahres mit 52 und die Anzahl der Häupter der Priesterwachen mit 26 angegeben wird. 26 ist die Hälfte von 52; jede Priesterwache soll also zweimal im Jahr je eine Woche an die Reihe kommen. Die Qumran Essener glichen also die Anzahl der Priesterwachen ihrer Kalenderrechnung an, während 1. Chr. 24,1–18; 25,9–31 sowie der spätere Brauch ... nur 24 Priesterwachen kennen.«

47 Seite 130
Im fränkischen und hohenlohischen Gebiet wird ein kleiner Fleck Land, der in Feld oder Wald durch besonderen Bewuchs oder Ähnliches auffällt, ein »Tempele« genannt.

48 Seite 134

Das Bild der Ewaldi-Decke bringt Barbara Nordmeyer in ihrem Buch: »Erde – Stern des Christus« (129). Eine größere Abbildung ist in Wilhelm Nyssen/Franz-Peter Sonntag: »Der Gott der wandernden Völker«. Leipzig 1969. – Das »Lebensalter« des Henoch mit 365 Jahren und die 365 Tage, die Noah in der Arche war, weisen ebenfalls auf das Logos-Geheimnis des Jahres hin.

49 Seite 143

Diese Handhabung ist durch das Römische Konzil der sechziger Jahre zum Beschluß erhoben worden. Damit gilt für die deutschen Katholiken der 29. Februar als Schalttag zum ersten Male 1976. Die Lutherische Liturgische Konferenz hat dies schon 1962 beschlossen, so daß sich diese Regelung im evangelischen Namenskalender bereits 1968 auf den Schalttag auswirkte. – Der an den 23. Febr. angehängte Schalttag = dies intercalaris, stammt aus dem alten römischen Kalender vor Caesars Reform. Damals lag dort das Jahresende, und noch zu Caesars Zeit fiel das Jahresschluß-Fest, die Terminalien, auf dieses Datum. Das hieß damals »der 7. vor den Kalenden des März«. Nach Edgar Mädlow: »Die unauffällige Kalender-Reform« in Beilage zur Berliner Wetterkarte des Instituts für Meteorologie v. 10. 12. 1975.

Da die gleitende Woche ohne Unterbrechung weiterläuft, dabei aber in jedem Jahr ein Tag, im Schaltjahr zwei Tage zur vollen Wochenzahl hinzukommen, erhält ein bestimmtes Datum, zum Beispiel der 26. Juni, die Qualitäten aller sieben Wochentage nicht, wie man zunächst erwarten könnte, im Laufe von 7 Jahren. Es werden dazu 10 Jahre gebraucht, weil durch die Schaltjahre innerhalb der 7 Jahre Verdoppelungen und Auslassungen eintreten. Der gleiche Wochentag fällt nach 5,6 oder 11 Jahren auf das gleiche Datum je nach dessen Ausgangsstellung in der fortlaufenden Reihe. Die Reihe lautet:

		11				11			
	6			6	6			6	
5				5					5

50 Seite 146

Der S. 148 genannte »Neu Julianische oder Neue orientalische Kalender« hat eine kompliziertere, aber noch genauere Schaltregel als der Gregorianische Kalender. Danach ist das Kalenderjahr nur um 2 Sekunden länger als das tropische Jahr. Das bedeutet, daß der Unterschied zwischen diesem und dem Kalenderjahr erst in 43 500 Jahren auf einen vollen Tag anwächst. Nach einer noch raffinierteren Schaltmethode beträgt die Differenz der Jahre nur 0,1 Sekunden, die dann erst nach rund 1 Million Jahren zu einem Tag anwächst (13, S. 42).

51 Seite 146

Joh. Stöffler schlug bereits 1522 in seinem »Calendarium magnum romanum« vor, auf 132 Jahre nicht 33, sondern nur 32 Schaltjahre kommen zu lassen (86, S. 81).

52 Seite 149

Hierzu hat Dr. Manfred Lang, Wien (102) einen Vorschlag gebracht, dem dadurch hohe Bedeutung zukommt, daß er von den astronomischen Gegebenheiten ausgeht, diese mit größtmöglicher Genauigkeit neu berechnet und gleichzeitig die volle Verantwortung für die Erhaltung der weisheitsvollen Herkunft der Kalendertradition aufnimmt. Die vier Punkte seines Reformplanes sind: 1.) 500-Jahr-Schaltregel. 2.) Beibehaltung der gleitenden Woche, aber Neueinteilung der Monatslängen. 3.) Festhalten am 1. Januar als Jahresanfang. 4.) Astronomische Genauigkeit zur Verbesserung des Osterzyklus.

53 Seite 150

In unserem Gregorianischen Kalender mit der gleitenden Woche gibt es in bezug auf Datum und Wochentag sieben verschiedene Jahrformen. Die Schaltjahre bestehen aus Teilen von je zweien dieser Jahrformen. Zählt man die Schaltjahre besonders, so ergeben sich insgesamt vierzehn verschiedene Formen des Jahres. Diese Variationen will man zugunsten einer einzigen für alle Zeiten monotonen Form abschaffen.
Die Einführung eines derartigen »Weltkalenders« wurde von der Deutsch-Amerikanerin Elisabeth Achelis seit den zwanziger Jahren mit allen Mitteln betrieben. Sie hat eine »World-Calendar-Association« mit vielen Tochtergesellschaften gegründet und Millionenbeträge dafür aufgebracht. Mit hymnischen Worten preist sie die versöhnliche und befriedende Wirkung ihres mit religiösem Fanatismus vorgetragenen Unternehmens. Die Presse in Ost und West bringt alljährlich um die Jahreswende oder die Osterzeit die entsprechenden pseudowissenschaftlichen Agitationen. Die Vereinten Nationen, der Weltkirchenrat, der Vatikan sowie die Regierungen würden – so wird vorgegeben – diese Bestrebungen unterstützen. Dies ist aber nicht in ausreichendem Maße der Fall, denn die genannten Stellen halten sich in dieser Sache nicht für entscheidungs- und entschlußberechtigt. In der UN werden lediglich die eingesandten Reformvorschläge gesammelt.
In ihrer Autobiographie: »Be not silent« (Du darfst nicht schweigen) sagt Elisabeth Achelis, daß ihr durch eine »radiant voice« (strahlende Stimme) der Auftrag zur Reform des Kalenders gegeben worden sei. Sie setzt diese Stimme bedenkenlos mit einem Auftrag Jesu Christi gleich. Der Gedanke, daß genau in dieser Weise auch die Widersachermächte agitieren können, liegt nicht in ihren Denkmöglichkeiten. Der Verfasser dieser Schrift hat durch viele Jahre in der Presse nie eine Andeutung von dieser dunklen und gefährlichen Quelle der Weltkalender-Propaganda gefunden. Für eine sachgemäße Beurteilung dieser Machenschaften ist aber die Kenntnis dieser Quelle unerläßlich.

54 Seite 150

Die Bezeichnung der Wochentage war damals abgeschafft und dafür später die Namen großer Revolutionäre vorgeschlagen worden. Der Samstag sollte Lenin und der

Sonntag Stalin heißen. Zitate aus A. W. Butkewitsch und M. S. Selikson: »Ewige Kalender«, Leipzig 1976.

55 Seite 151
Die Äbtissin des Klosters auf dem Odilienberg, Herrad von Landsperg (gest. 1195), hat für den Unterricht ihrer Nonnen eine Art Kompendium einer Weltgeschichte geschrieben und mit vielen Bildern versehen. Sie hat diese Schrift: »Hortus deliciarum«, Garten der Geistesfreuden genannt. Die kostbare Handschrift ist 1870 bei der Beschießung Straßburgs verbrannt. Die heutigen Ausgaben sind nach früher gefertigten Durchzeichnungen hergestellt (Maria Heinsius: Der Paradiesgarten der Herrad von Landsperg, Colmar 1968). Der erwähnte Kalender ist bei Friese (46, S. 110) abgebildet.

56 Seite 151
Die Grundlagen des »Hundertjährigen Kalenders« sind die genauen Wetterbeobachtungen und Aufzeichnungen durch ein ganzes Jahrsiebent, die der Abt Dr. Mauritius Knauer von 1652–58 durchgeführt hat. Sie sind auf S. 203 beschrieben. Die von Knauer angenommene Periodizität der Septennate trifft in dieser groben und sinnenfälligen Weise nicht zu. Allerdings hat Knauer in seinem eigenen Text auf die Abweichungen und Variationen der einzelnen Planetenjahre, die zum Beispiel schon durch den variierenden Mondlauf gegeben sind, immer wieder unmißverständlich hingewiesen. – Der Münchner Verleger Dr. Ernst Heimeran hat 1934 in der Bamberger Staatsbibliothek das von Knauer selbst aufgezeichnete Originalmanuskript gefunden. Er konnte daraus die zahlreichen Schreibfehler der Handschriften und deren Übergang in die verschiedenen Drucke sowie eine zusätzliche Fülle von Druckfehlern feststellen. Außerdem stimmen die Witterungsangaben für die einzelnen Tage im Original nicht mit den Daten der späteren Drucke überein. Der neue Herausgeber, der Erfurter Arzt Hellwig, brachte 1701 eine völlig verstümmelte und durch Datumsveränderungen entstellte Abschrift zum Druck. »Hellwig seinerseits kam auf den zugkräftigen Einfall, die Regententabelle auf 100 Jahre zu verkürzen und dem geschäftstüchtigen Verleger Weinmann in Erfurt blieb es vorbehalten, daraus den Titel ›Hundertjähriger Kalender‹ zu prägen.« Heimeran sagt deshalb weiter: »Man bedenke, daß man nahezu 300 Jahre lang auf Prophezeiungen schwor, die eigentlich nichts anderes waren als Druckfehler! Durch die Vorlage des echten Hundertjährigen soll aber zugleich erwiesen werden, daß wir es hier mit einem achtbaren Denkmal deutscher Kulturgeschichte zu tun haben. Die Meteorologie gewinnt an ihm ein echtes, frühes Wettertagebuch über sieben Jahre; die fränkische Heimatforschung ein ländliches Lebensbild aus der Nachzeit des Dreißigjährigen Krieges; die Volkskunde eine Fundgrube für Bauernbrauch und Bauernglaube« (72, S. 9 u. 91).

57 Seite 155
Zur Frage der auf der Südhalbkugel polaren Jahreszeiten siehe Anm. 63.

58 Seite 159
Im tropischen Urwald in Äquatornähe gibt es keine ausgeprägten Jahreszeiten. Zu gleicher Zeit sind da Bäume und Kräuter, die Knospen treiben und andere, die blühen oder fruchten und wieder andere, die ihr Laub abwerfen. Jede Pflanze hat ihren eigenen, jahreszeitlich von anderen verschiedenen Rhythmus. Sie sind idiorhythmisch, so daß alle Jahreszeiten zugleich anschaubar sind.

59 Seite 161
In manchen Ländern war noch bis in die erste Hälfte unseres Jahrhunderts der 1. Mai der Beginn des Schuljahrs.

60 Seite 163
Zur Herkunft der Jahreszeitennamen: Frühling: darin die indogerm. Wurzel pro = vorwärts, voran. Sommer: altind. sama = Halbjahr, Jahreszeit; indogerm. sem = Sommer. Herbst: indogerm. (s)ker = schneiden, scheren, zerhauen, verwandt mit scharf. Winter: vielleicht zu altgall. vindo = weiß; altir. find = weiß; germ. uindr = weiße Zeit.

61 Seiten 140 und 167
Zum »Kalender 1912/13« Berlin 1912, GA 35 und 40: Der Kalender ist in seiner ganzen Form noch nicht wieder veröffentlicht worden. Sein zweiter Teil: »Anthroposophischer Seelenkalender« ist in »Wahrspruchworte«, GA 40 und mehreren Einzelausgaben zugänglich. Das Wesentliche des Tageskalenders im ersten Teil ist veröffentlicht in der Zeitschrift »Beiträge zur Rudolf Steiner Gesamtausgabe« Nr. 37/38, Dornach 1972.
Die in dem Kalender durch neuartige Bilder zu den Tierkreiskräften angeregten Fragen hat Margot Rößler im Anschluß an die Arbeiten von Imme von Eckardstein, welche die Bilder des Kalenders geschaffen hat, aufgegriffen und weiter bearbeitet (142 u. 143).

62 Seite 167
Die kompositionellen, sprachlichen und inhaltlichen Geheimnisse dieses Seelenkalenders sind schon vielfach beschrieben worden. Die wichtigsten Arbeiten darüber sind in dem Gesamtverzeichnis 1947–1971 der Mitteilungen aus der Anthroposophischen Arbeit in Deutschland auf S. 27 zusammengestellt. Neben Karl König, H. D. van Goudoever und anderen haben vor allem Heinz Frankfurt und Walther und Gunda Elisabeth Bühler ihre Arbeiten zum Seelenkalender in den Mitteilungen zugänglich gemacht. In dem Aufsatz: »Vom Weltgeheimnis der Vierheit« (Nr. 114, 1975) weist Walther Bühler darauf hin, daß in dem kreisförmig angeordneten Jahr jeder Tag oder jede Woche drei weitere Vierlingsgeschwister hat. Jeder Tag hat einen polar-verwandten Tag innerhalb der großen halbjährigen Dynamik der Tageshelligkeit. Und diese beiden Tage haben ihre Spiegelung in der gegenüberliegenden Jahreshälfte. Wenn wir in das Jahreskreuz »alle einundneunzig in Betracht kommenden

Vierergruppen einzeichnen, so ergäbe sich eine Folge stetig metamorphosierender Rechtecke, die sich um das Kreuz der Anfangspunkte der vier Jahreszeiten gruppieren«.

63 Seite 170
Am »Webstuhl der Zeit« wird nur »der Gottheit lebendiges Kleid« gewirkt. Die Gottheit selbst ist etwas anderes als ihre Hüllen. Das überräumliche und außerzeitliche Weltensein ist ihr Wesen. Wenn dies erkannt wird, ist eine Verwechslung von Wesen und Erscheinung, von Geist und Kleid, nicht mehr möglich. Diese Erkenntnis überwindet auch die Gefahr eines Dualismus und hilft das Jahreszeitenproblem der Südhalbkugel auf heilsame Weise zu meistern. Christus ist mit den christlichen Festen noch anders verbunden, als mit dem Jahreslauf der Natur. Wie dieser ist auch der Seelenkalender ein Weg und nicht das Ziel. Das hat Walter Maile in den »Mitteilungen« Nr. 115, 1976 in einer knappen Ausführung dargestellt: »Außer dem ›Ich‹ finden wir noch weitere dem Wesen des Jesus-Christus nahestehende Begriffe in diese Rhythmen einbezogen:

›Ich‹	33mal: Erdenleben des Jesus-Christus
›Wort‹	7mal: Planeten (Zahl der Zeit)
›Sonne‹	9mal: Hierarchien 12mal: Tierkreis (Zahl des Raumes)
›Liebe‹	3mal: Trinität
	52 Wochensprüche.«

Dann werden die Stationen des Jesus Christus Weges dargestellt. Der letzte Satz lautet: »Das ›wahre Ziel‹ ist ›des J=Ch Geburt‹, das Mysterium von Golgatha.«
Der Jahreslauf der Natur ist auf der Südhalbkugel polar zum nördlichen Jahr. Aber die Ostersonne wirkt auch dort mit den Kräften des Widderzeichens. Die Christusfeste verbinden den in der Natur zerteilten Logos gleichzeitig und überzeitlich zur Einheit. Deshalb werden sie auf der ganzen Erde einheitlich begangen.

64 Seite 177
Es sollte bekannt sein, daß der menschliche Organismus nach schwerer Krankheit oder Operation die Zeit von etwa einem Jahr braucht, um sich einigermaßen wieder zu erholen.

65 Seite 179
Die Iren feierten bis zur Synode von Whitby (664) Ostern nur zwischen dem 14. und 20. Mond-Tag. Dabei konnte der Passah-Vollmond an Ostern eintreten. In Rom wollte man das aber auf jeden Fall vermeiden, weil Passah und Ostern nicht auf den gleichen Tag fallen sollten. Um dies zu erreichen, mußte man die »Mondalter«-Grenzen vom 16. bis 22. Mondtag in Kauf nehmen. Siehe auch Cornelis Los, »Keltentum, Untergang und Auferstehung, Die altirische Kirche«, Stuttgart 1977, S. 119 ff.

66 Seite 182
Die Sonne als kosmologische Mitte unseres Planetensystems hat Walther Bühler naturwissenschaftlich und spirituell herausgearbeitet in der Schrift: »Die Sonne als Weltenherz«, Stuttgart 1966.

67 Seite 184
Martin Buber in einem Brief aus Jerusalem vom 1.8. 1962 an D. Lauenstein.

68 Seite 184
Man kann für das Phänomen des Ausgleiches sehr verschiedene Worte gebrauchen. Es zeigt sich aber, daß die einzelnen Worte den Seinsschichten von Mensch und Welt entsprechen. Gleichgewicht entspricht der Materie mit dem Gewicht, das sie auf die Waage bringt. Im Bereich des Lebendigen spricht man vom biologischen Gleichgewicht. Im Spannungsfeld der Bewegung und der Seele ist es die Polarität. Im Bereich des geistigen Menschenwesens gilt die Ergänzung zum Beispiel des Leidens durch Tätigkeit, des Einzelnen durch die Gemeinschaft usw. Im folgenden werden alle diese Worte für das Phänomen Ausgleich gebraucht.

69 Seite 185
Tagesbögen von Sonne und Mond sind um ± 5° verschieden, wenn der Frühlingsmond gerade in seiner größten Erhebung oder Neigung zur Ekliptik steht. Die genau gleiche Erhebung des Sonnen- und Mondbogens tritt alle 19 oder 9,5 Jahre ein, wenn der auf- oder absteigende Mondknoten (Drachenkopf oder Drachenschwanz) durch den Frühlingspunkt geht. Am 18. März 1969 war der aufsteigende Mondknoten in den Fischen nahe am Frühlingspunkt, der auf den 20. März fiel. Der gegenüberliegende absteigende Mondknoten in der Jungfrau fiel auf den 23. September, der zugleich der Tag der Sonne im Herbstpunkt war. 19 Jahre vorher und nachher ist nahezu die gleiche Konstellation.

70 Seite 188
Die ähnlichen Gleichgewichte in der herbstlich absteigenden Jahreshälfte führen nicht zum Sonnensieg. Siehe Fig. 11.

71 Seite 189
Die Möglichkeit einer Äquinoktial-Paradoxie ist dann gegeben, wenn der Frühlingsvollmond sehr nahe an die Frühlingstagundnachtgleiche herankommt. Diese war in den verschiedenen Bestimmungsmethoden für den Ostertermin meist auf den 21. März angesetzt. Da sie aber heute, ebenso wie der Vollmond, unabhängig vom Beobachtungsort astronomisch genau definiert werden kann, könnten die Äquinoktial-Paradoxien bei astronomischer Terminbestimmung vermieden werden. Diese Art Paradoxien treten in einem Rhythmus von 19 Jahren auf: 1924, 1943, 1962, 1981 nicht, 2000 nicht, dann wieder 2019, 2038, 2057, 2076, 2095. Beim Übergang auf die astronomische Bestimmung des Ostertermins wäre es erforderlich zu durchschauen,

welche Bedeutung dieser 19jährige Anomalie-Rhythmus im Rhythmengefüge der Osterdaten hat.

72 Seite 189
Bei der Wochenparadoxie wird der für den Datumswechsel gewählte Meridian zur Paradoxiegrenze. Das astronomisch bestimmte Ostern kann eine Woche früher oder später als das zyklische sein. Praktisch bedeutet das, daß Ostern am Palmsonntag oder am Weißen Sonntag zu feiern wäre, wenn es nach kirchlichem Ansatz dazwischen liegt. Für die Christengemeinschaft, die eine vierwöchentliche Passionszeit und sieben Wochen Osterzeit hat, ist damit bereits ein »Übergängliches« in diesem Bereich angebahnt.

73 Seite 190
Die naturwissenschaftlich faßbaren Auswirkungen dieser geisteswissenschaftlichen Forschung können in den S. 91 beschriebenen Ungleichheiten und in den S. 109 dargestellten Entsprechungen im biologischen Bereich gesehen werden.

74 Seite 206
3 × 360 Wochen: siehe R. Steiner im Märchen vom Quellenwunder in »Vier Mysteriendramen«, GA 14, S. 193.
Zu den Jahrsiebenten im menschlichen Lebenslauf gibt es eine aufschlußreiche Stelle bei Clemens von Alexandria: »Die Teppiche«, Deutscher Text nach der Übersetzung von Franz Overbeck, Basel 1936. 6. Buch, »§ 144,1: ›Neue Gesänge ertönen auf siebensaitiger Phorminx‹, so schreibt ein nicht unberühmter Dichter, womit er lehrt, daß auch die alte Leier siebentönig war. 2. Sieben sind auch die an unserem Kopf befindlichen Sinneswerkzeuge, zwei Augen, zwei Gehörgänge, zwei Nasenlöcher, und als siebentes der Mund. 3. Ferner geschehen die Veränderungen der Lebensalter nach der Siebenzahl, wie die Elegien des Solon so etwa erklären:

›Ist dem unerwachsenen Kind das Gehege der Zähne
aufgewachsen, es wirft ab sie im siebenten Jahr.
Dann wenn ihm Gott die zweite Siebenzahl glücklich vollendet,
macht er durch Zeichen kund, daß ihm die Mannbarkeit naht.
In der dritten noch wachsen die Glieder weiter; das Kinn wird
flaumig, so daß die Haut wechselt ihr Blütengewand.
In der vierten Siebenerzahl entwickelt die höchste
Kraft ein jeder, woraus klar sich die Tugend erweist.
In der fünften wird's Zeit, daß man der Hochzeit gedenke,
Nachwuchs an Kindern sich sichere für künftige Zeit.
In der sechsten betreibt nur Biedres der Wille des Mannes,
Nicht mehr ist er bereit nichtige Dinge zu tun;
Geist und Zunge am besten sind dann, wenn die siebte und achte
Siebenheit blüht, das sind vierzehn an Jahren zusamt.

Auch in der neunten noch ist er stark, doch wird schon die Leistung
Mäßig, wenn du des Manns höchste Entfaltung vergleichst.
Wenn nun zum zehnten Male der Gott sieben Jahre vollendet,
Nimmer zu früh traf ihn alsdann das Todesgeschick.‹«

75 Seite 208

Der Spruch steht im Vortrag vom Osterdienstag, 22. April 1924. Es darf darauf hingewiesen werden, daß dieser Spruch 7 × 7 × 7 Tage = 343 Tage vor Rudolf Steiners Tod (30. März 1925) gegeben worden ist.

76 Seite 209

Dieser Metonische Zyklus wurde etwa 100 Jahre später von Kalippos zu einer 76jährigen Periode verbessert: 940 Lunationen = 19 × 4 = 76 Sonnenjahre. Die genauen Zahlen für den Metonischen Zyklus sind:

235	Synodische Monate	= 6939,785 Tage
254	Siderische Monate	= 6939,702 Tage
19	Tropische Jahre	= 6939,602 Tage
19	Julianische Jahre	= 6939,750 Tage

77 Seite 216

Dem Verfasser ist bekannt, daß Rudolf Steiner für diese »Freigabe« eines von der Sonne bedeckten Sternes 72 Jahre angibt (6. Juli 1924, GA 237).

»Die Lebensmitte ist eine Daseinskrise nicht anders als das Sterben. In ihr entscheidet sich, ob der Rest Welken oder Reifen ist. Auf dem Höhepunkt seiner Vitalität, in jenen Jahren, die heute so oft beschrieben werden als die Zerreißprobe des modernen Erfolgsmenschen, gelingt oder mißlingt mir die Vereinigung der beiden Lebensbögen, um in der Sprache des Mystikers Johannes Tauler zu sprechen.« J. C. Hampe (65, S. 12).

78 Seite 217

Dies ist auf der Elfenbein-Schnitzerei des Buchdeckels des Codex Aureus von Echternach (Trier 983–991, heute im Germanischen Museum in Nürnberg) dargestellt. Siehe auch das farbige Vorsatzbild (Frontispiz).

79 Seite 218

Wie auf der einen Seite eine völlige Lösung von allen Rhythmen den Menschen ins Chaos stürzen würde, so wäre andererseits auch der Gedanke eines bloßen Zahlenmechanismus im »Ablauf des Lebens« nicht menschengemäß. Beides wird aber gedacht. Bei letzterer Vorstellung vergaß aber die materialistisch-mechanistische Naturwissenschaft, daß auch sie ihre geistlosen Behauptungen nicht anders als mit der Hilfe des geradezu geleugneten Geistes erarbeitet. Wilhelm Fließ ist mit den Rhythmen von 23 und 28 Tagen und Jahren zweifellos an ein Zahlengeheimnis des menschlichen Lebens herangekommen (vgl. S. 124). Als Schüler von S. Freud verabsolutiert er aber seine Entdeckung und nennt sein Hauptwerk einseitig »Der Ablauf des Lebens«. Er spricht vom »Zwanglauf des Lebens« und sagt: »Gute und schlechte Tage, Tage des Schaffens und des Verzagens sind vorbestimmt... Alles Schicksalsschluß« (41, VII). Da er mit Schicksal nur einen biologischen Mechanismus meint und zu dessen Nachweis die natürlichen Zahlen in Differenzen von vielfachen der 23 und 28 und in andere Koeffizienten mit diesen Zahlen zerlegt, werden im wesentlichen nur interessante verborgene mathematische Möglichkeiten aufgezeigt. Derartige biologisch-rhythmische Forschungsergebnisse bedürfen im menschlichen Bereich einer Ergänzung. Diese liegt in der Erforschung der vom Menschen selbstgeschaffenen und praktizierten Rhythmen. Ein echter Beitrag zur Erkenntnis des Menschenwesens kann daher nur durch die gleichbewertete Erforschung der Rhythmen des Leibes, des Lebens, der Seele und des Geistes geleistet werden (vgl. Anm. 39).

80 Seite 219
In den Klöstern waren die Gebetsstunden der neue innere Kalender. Die gemeinsam betenden Mönche sind die »Koinorhythmiker« vom griechischen Koinos = gemeinsam, im Unterschied zu denen, die ihren »eigenen« Rhythmus allein finden und einhalten können, den »Idiorhythmikern«.

81 Seite 223
Die Ionosphäre ist die oberste Schicht der Atmosphäre. Sie reicht von etwa 80 km bis zur Grenze der Lufthülle. Sie reflektiert die Kurzwellen.

82 Seite 225
In dem »Eranos-Jahrbuch 1951, Band XX, Mensch und Zeit«, (Zürich 1952) ist der Tagungs-Vortrag von Prof. Max Knoll, Princeton: »Wandlungen der Wissenschaft in unserer Zeit« abgedruckt. Darin wird auch die Sonnenfleckentätigkeit referiert. Die Häufigkeit der zusammen mit ihr auftretenden magnetischen Stürme und Klimaveränderungen ist schon in alten Zeiten aufgezeichnet worden. Darüber berichtet M. Knoll: »Der japanische Astronom Hirayama hat solche Aufzeichnungen gesammelt, die bis ins 2. Jahrhundert nach Christus zurückreichen.« (S. Hirayama: Observatory 12 [1889], 217).

Pentaden (alle Jahrhunderte)

00	05	10	15	20	25	30	35	40	45	50	55	60	65	70	75	80	85	90	95
|	|	|	|	|	|	|	|	|	|	|	|	|	|	|	|	|	|	|	|
04	09	14	19	24	29	34	39	44	49	54	59	64	69	74	79	84	89	94	99

Zahl der Aufschreibungen in dieser Pentade

13	2	2	4	7	3	2	9	2	2	1	2	1	1	19	11	3	6	2	3

Um Aufschlüsse über die Sonnenfleckenhäufigkeit in früheren Zeiten zu gewinnen, hat nun Hirayama hieraus eine Statistik zusammengestellt, in der er die in analogen

Fünf-Jahre-Perioden der verschiedenen Jahrhunderte gemachten Aufzeichnungen addiert – ausgehend von der Überlegung, daß Aufzeichnungen nur dann gemacht wurden, wenn die Sonnenfleckenhäufigkeit besonders groß war.
Maxima der Sonnenfleckenaufzeichnungen in den Pentaden 00–04, 35–39 und 70–74 jedes Jahrhunderts in China (138–1870 n. Chr.). Nach Hirayama.
Wie man sieht, findet er in den Fünf-Jahre-Perioden 00–04, 35–39 und 70–74 jedes Jahrhunderts besonders viele Aufzeichnungen, woraus hervorgeht, daß die Sonnenfleckenhäufigkeit neben der elfjährigen auch etwa eine dreiunddreißigjährige Periode aufweist. Dieselbe, etwa dreiunddreißigjährige Periode ist auch aus exakteren Messungen der Sonnenfleckenhäufigkeit in den letzten hundert Jahren bekannt. Genau sind es 33 1/3 Jahre, so daß sich wie bei den chinesischen Aufzeichnungen die Maxima alle hundert Jahre genau zu wiederholen scheinen. Dies mag als verspätete Rechtfertigung des Hundertjährigen Kalenders gelten, wenn man bedenkt, daß die von den Sonnenflecken ausgehenden Protonenstrahlen in zunehmendem Maße mit der Häufigkeit der Sonnenflecken das ›Weltwetter‹ auf der Erde beeinflussen, wenn auch offenbar nicht so allgemein wie früher angenommen wurde.«
M. Knoll bringt auch sieben Kurven, an denen die wechselseitigen Beziehungen zwischen Sonnenfleckenrelativzahlen, magnetischem Charakter, Todesfällen bei verschiedenen Krankheitsgruppen und 35 244 Todesfällen aller Todesursachen während einer mittleren siebenundzwanzigtägigen Sonnenrotation abgelesen werden können.

83 Seite 228

G. Blattmann schildert in seinem Buch noch weitere wichtige Aspekte der Sonnenflecken. Ein Kapitel hat die Überschrift: »Qui tollit peccata mundi« (Der da trägt die Sünden der Welt). Darin wird das Mitwirken von Sonne, Erde und Menschheit an dem Phänomen der Sonnenflecken und der menschlichen Unfähigkeiten und Schwächen so angedeutet, daß es vom einzelnen Menschen aus freiem Entschluß zu einer mitzuverantwortenden Tatsache erhoben werden kann. –
Auf dem Hintergrund dieser Möglichkeit wagt der Verfasser in den folgenden Abschnitten eine Darstellung der 11- und 33jährigen Sonnenfleckenrhythmen im Zusammenhang mit dem Kalender, der Folge der Ostertermine und dem Leben des Christus Jesus. Diese zeitlichen Nachbildungen natürlicher Rhythmen haben zwar deren Periode, aber sie müssen nicht mit ihnen gleichlaufen. Sie sind verselbständigt, individualisiert und vermenschlicht. So machen sie die natürlichen Rhythmen wieder mit. Dieser Vorgang ist ein wichtiger Pfeiler der zu erbauenden Brücke zwischen Moral und Natur (vgl. S. 194).

84 Seite 228

Sigel wendet sich auch gegen die Auffassung des Herzens als Pumpe. »Wenn das Herz nur wie eine Pumpe arbeiten würde, müßte es in der Größe der Organe an der Spitze stehen. Da aber das Herz kleiner ist, könnte es kraftmäßig gar nicht das Blut durch die dünnsten Blutgefäße drücken ... Das bedeutet, daß noch irgendwelche anderen Kräfte mitwirken« (153, S. 151).

85 Seite 229

Hierzu hat Suso Vetter viele Tatsachen zusammengetragen, die einen Überblick geben und zu einer symptomatologischen Geschichtsbetrachtung anregen können (202, 1978/79, S. 95).

86 Seite 229

Rudolf Steiner: »Der 3. April 33 ist nach geisteswissenschaftlichen Ergebnissen der Todestag Jesu Christi« im Kalender 1912/13 (171). – Richard Hennig kommt auf chronologischem Wege zum gleichen Ergebnis (75). Ebenso Friedrich Westberg in »Die biblische Chronologie nach Flavius Josephus und das Todesjahr Jesu«, Leipzig 1910 (157, S. 418) O. Edwards hat das Problem der Chronologie im Leben Jesu erneut bearbeitet (33).

87 Seite 229

Die Erbpacht als erbliches Nutzungsrecht eines Grundstücks wurde meist über eine Zeit von 99 Jahren vergeben.

88 Seite 231

Für die Jahre mit gleichen Daten und Wochentagen ergeben sich Wiederholungsperioden, die man unterscheidet in

kleine von 5–6–11–6 Jahren
mittlere von 28–56–84 Jahren
große von 532 und mehr Jahren.

Auf dieser Wiederholung der gleichen Daten und Wochentage beruht die Aufstellung von »mehrjährigen, immerwährenden oder ewigen Kalendern« (A. W. Butkewitsch und M. S. Selikson: »Ewige Kalender« Leipzig 1976).

532 Jahre sind das kleinste gemeinsame Vielfache der Perioden von 19 und 28 Jahren. Das ist der Zyklus der Osterdaten, der im Julianischen Kalender besteht. Die 19 Jahre enthalten 235 synodische und zugleich 254 siderische Monate (vgl. Anm. 76). Damit sind das Jahr und der Mondlauf ausgeglichen. Die 28 Jahre gleichen als der »Sonnenzirkel« (vgl. S. 231) das tropische Sonnenjahr (also die Schaltjahre eingeschlossen) mit der Siebentagewoche aus. Die Periode von 532 Jahren ist ein Rhythmus höherer Ordnung. In ihm scheint ebenfalls der Ausgleich zwischen Sonne und Mond auf. Das zeigt sich auch darin, daß sich bei den Teilungen der Zahl 532 durch die einzelnen Zahlen der natürlichen Reihe Zahlen ergeben, welche denjenigen nahezu gleich sind, die den Lebenslauf gliedern. Bemerkenswert ist auch die Tatsache, daß die Quadratwurzel aus 532 = 23,065125 ist. Denn 23 ist diejenige Zahl, die zusammen mit der 28 bei W. Fliess die Grundlage seiner Biorhythmik bildet (vgl. Anm. 79).

89 Seite 232

Tabelle I Die zyklischen Osterdaten des 20. Jahrhunderts

1901 F	1912 + F	1923 G	1934 G	1945 G	1956 + G	1967 A	1978 A	1989 A
2 3A	13 2A	5 31M	16 30M	8 28M	19 27M	11 25M	3 23M	14 22M
7. APR	7. APR	1. APR	1. APR	1. APR	1. APR	26.MAR	26.MAR	26.MAR
1902 E	1913 E	1924 + E	1935 F	1946 F	1957 F	1968 + F	1979 G	1990 G
3 23M	14 22M	6 18A	17 17A	9 16A	1 14A	12 13A	4 11A	15 10A
30.MAR	23.MAR	20. APR	21. APR	21. APR	21. APR	14. APR	15. APR	15. APR
1903 D	1914 D	1925 D	1936 + D	1947 E	1958 E	1969 E	1980 + E	1991 F
4 11A	15 10A	7 8A	18 7A	10 5A	2 3A	13 2A	5 31M	16 30M
12. APR	12. APR	12. APR	12. APR	6. APR	6. APR	6. APR	6. APR	31.MAR
1904 + B	1915 C	1926 C	1937 C	1948 + C	1959 D	1970 D	1981 D	1992 + D
5 31M	16 30M	8 28M	19 27M	11 25M	3 23M	14 22M	6 18A	17 17A
3. APR	4. APR	4. APR	28.MAR	28.MAR	29.MAR	29.MAR	19. APR	19. APR
1905 A	1916 + A	1927 B	1938 B	1949 B	1960 + B	1971 C	1982 C	1993 C
6 18A	17 17A	9 16A	1 14A	12 13A	4 11A	15 10A	7 8A	18 7A
23. APR	23. APR	17. APR	17. APR	17. APR	17. APR	11. APR	11. APR	11. APR
1906 G	1917 G	1928 + G	1939 A	1950 A	1961 A	1972 + A	1983 B	1994 B
7 8A	18 7A	10 5A	2 3A	13 2A	5 31M	16 30M	8 28M	19 27M
15. APR	8. APR	8. APR	9. APR	9. APR	2. APR	2. APR	3. APR	3. APR
1907 F	1918 F	1929 F	1940 + F	1951 G	1962 G	1973 G	1984 + G	1995 A
8 28M	19 27M	11 25M	3 23M	14 22M	6 18A	17 17A	9 16A	1 14A
31.MAR	31.MAR	31.MAR	24.MAR	25.MAR	22. APR	22. APR	22. APR	16. APR
1908 + D	1919 E	1930 E	1941 E	1952 + E	1963 F	1974 F	1985 F	1996 + F
9 16A	1 14A	12 13A	4 11A	15 10A	7 8A	18 7A	10 5A	2 3A
19. APR	20. APR	20. APR	13. APR	13. APR	14. APR	14. APR	7. APR	7. APR
1909 C	1920 + C	1931 D	1942 D	1953 D	1964 + D	1975 E	1986 E	1997 E
10 5A	2 3A	13 2A	5 31M	16 30M	8 28M	19 27M	11 25M	3 23M
11. APR	4. APR	5. APR	5. APR	5. APR	29.MAR	30.MAR	30.MAR	30.MAR
1910 B	1921 B	1932 + B	1943 C	1954 C	1965 C	1976 + C	1987 D	1998 D
11 25M	3 23M	14 22M	6 18A	17 17A	9 16A	1 14A	12 13A	4 11A
27.MAR	27.MAR	27.MAR	25. APR	18. APR	18. APR	18. APR	19. APR	12. APR
1911 A	1922 A	1933 A	1944 + A	1955 B	1966 B	1977 B	1988 + B	1999 C
12 13A	4 11A	15 10A	7 8A	18 7A	10 5A	2 3A	13 2A	5 31M
16. APR	16. APR	16. APR	9. APR	10. APR	10. APR	10. APR	3. APR	4. APR

Tabelle II Die astronomisch korrigierten Äquinoktialparadoxien (Äk) 1924, 1943, 1962 in den Osterdaten des 20. Jahrhunderts

1901 F	1912 + F	1923 G	1934 G	1945 G	1956 + G	1967 A	1978 A	1989 A
2 3A	13 2A	5 31M	16 30 M	8 28M	19 27M	11 25M	3 23M	14 22M
7. APR	7. APR	1. APR	1. APR	1. APR	1. APR	26.MAR	26.MAR	26.MAR
1902 E	1913 E	1924 + E	1935 F	1946 F	1957 F	1968 + F	1979 G	1990 G
3 23M	14 22M	6 18A	17 17A	9 16A	1 14A	12 13A	4 11A	15 10A
30.MAR	23.MAR	Äk 23.3	21. APR	21. APR	21. APR	14. APR	15. APR	15. APR
1903 D	1914 D	1925 D	1936 + D	1947 E	1958 E	1969 E	1980 + E	1991 F
4 11A	15 10A	7 8A	18 7A	10 5A	2 3A	13 2A	5 31M	16 30M
12. APR	12. APR	12. APR	12. APR	6. APR	6. APR	6. APR	6. APR	31.MAR
1904 + B	1915 C	1926 C	1937 C	1948 + C	1959 D	1970 D	1981 D	1992 + D
5 31M	16 30M	8 28M	19 27M	11 25M	3 23M	14 22M	6 18A	17 17A
3. APR	4. APR	4. APR	28.MAR	28.MAR	29.MAR	29.MAR	19. APR	19. APR
1905 A	1916 + A	1927 B	1938 B	1949 B	1960 + B	1971 C	1982 C	1993 C
6 18A	17 17A	9 16A	1 14A	12 13A	4 11A	15 10A	7 8A	18 7A
23. APR	23. APR	17. APR	17. APR	17. APR	17. APR	11. APR	11. APR	11. APR
1906 G	1917 G	1928 + G	1939 A	1950 A	1961 A	1972 + A	1983 B	1994 B
7 8A	18 7A	10 5A	2 3A	13 2A	5 31M	16 30M	8 28M	19 27M
15. APR	8. APR	8. APR	9. APR	9. APR	2. APR	2. APR	3. APR	3. APR
1907 F	1918 F	1929 F	1940 + F	1951 G	1962 G	1973 G	1984 + G	1995 A
8 28 M	19 27M	11 25M	3 23M	14 22M	6 18A	17 17A	9 16A	1 14A
31.MAR	31.MAR	31.MAR	24.MAR	25.MAR	Äk 25.3	22. APR	22. APR	16. APR
1908 + D	1919 E	1930 E	1941 E	1952 + E	1963 F	1974 F	1985 F	1996 + F
9 16A	1 14A	12 13A	4 11A	15 10A	7 8A	18 7A	10 5A	2 3A
19. APR	20. APR	20. APR	13. APR	13. APR	14. APR	14. APR	7. APR	7. APR
1909 C	1920 + C	1931 D	1942 D	1953 D	1964 + D	1975 E	1986 E	1997 E
10 5A	2 3A	13 2A	5 31M	16 30 M	8 28 M	19 27M	11 25M	3 23M
11. APR	4. APR	5. APR	5. APR	5. APR	29.MAR	30.MAR	30.MAR	30.MAR
1910 B	1921 B	1932 + B	1943 C	1954 C	1965 C	1976 + C	1987 D	1998 D
11 25 M	3 23M	14 22M	6 18A	17 17A	9 16A	1 14A	12 13A	4 11A
27.MAR	27.MAR	27.MAR	Äk 28.3	18. APR	18. APR	18. APR	19. APR	12. APR
1911 A	1922 A	1933 A	1944 + A	1955 B	1966 B	1977 B	1988 + B	1999 C
12 13A	4 11A	15 10A	7 8A	18 7A	10 5A	2 3A	13 2A	5 31M
16. APR	16. APR	16. APR	9. APR	10. APR	10. APR	10. APR	3. APR	4. APR

Die Arbeit »Über die zyklischen Wiederholungen der Osterdaten im Gregorianischen Kalender im 20. Jahrhundert« von Gregg C. Brewer ist ein interner Privatdruck (1967). Daraus ist die Tabelle I entnommen. Die Zahlen und Buchstaben in den rechteckigen Anordnungen bedeuten:

Jahr (+ = Schaltj.)	Sonntagsbuchstabe
goldene Zahl	Frühlings-Vollmond
Osterdatum	

Für die »Festrechnung« hat man die ersten sieben Tage des Jahres mit dem Buchstaben A–G bezeichnet. Der auf den ersten Sonntag eines Jahres fallende Buchstabe ist der »Sonntagsbuchstabe« dieses Jahres. Die »goldene Zahl« zeigt die einzelnen Jahre im 19jährigen Mondzyklus auf (S. 209). Weil nach 19 Jahren die Mondphasen wieder an denselben Monatsdaten eintreten, kann mit deren Hilfe der Ostertermin vorausberechnet werden. Die Einzelheiten dieser Festrechnung sind in dieser Arbeit nicht behandelt.

Im Jahre 1969 hat Roland Schultze-Florey, Hannover: »Einiges über Osterdaten« in der oben angeführten Korrespondenz mitgeteilt. Darin wird u. a. auf die Anzahl der Nächte zwischen Weihnachten und Ostern hingewiesen. Diesem Gedanken liegt die Tatsache zugrunde, daß ein bestimmtes Erlebnis durch jede Nacht, durch die es im Schlaf mit hindurchgeht, seine innere Frucht ein wenig weiter ausreifen kann. Je nach der Lage des Osterdatums können zwischen Weihnachten und Ostern zwischen 88 und 123 Nächte liegen. Die Gethsemane-Nacht zum Beispiel war die 100. Nacht nach Weihnachten. Die mit den gleichen Osterdaten gegebene Erneuerung der gleichen Zeiten zwischen Weihnachten und Ostern in den elfjährigen Osterreihen hat ihre Bedeutung besonders für diejenigen Menschen, die sich üben, die Zeiten und Rhythmen für das innere Leben fruchtbar zu machen. –

Wie bereits ausgeführt wurde (S. 252), besteht im Julianischen Kalender in der Folge der Osterdaten eine Periode von 532 Jahren. Nach Ablauf dieser Zeit kehren alle Osterdaten in der gleichen Reihenfolge wieder. Dieser Zyklus wird »große Indikation« genannt. Die Tabelle III enthält eine vollständige Periode und weitere sechs Jahrzehnte, welche den Beginn der Wiederholungsperiode zeigen. Zur Auffindung eines Julianischen Osterdatums vor 1600 zählt man zu der Jahreszahl des gesuchten Datums 532 oder 1064 hinzu und findet dann der Periode entsprechend das gesuchte Datum in der Tabelle.

Die Daten des Gregorianischen Kalenders zeigt die Tabelle IV. Aus den 1418 Gregorianischen Osterdaten läßt sich eine der großen Indikation vergleichbare Periode nicht ablesen. Alle Ansätze zu solchen Perioden brechen immer wieder ab. Die größte gleiche Reihenfolge von Osterdaten besteht zwischen den Jahren 1948–2047 und

2100–2199. Diese je 100 Jahre mit gleicher Osterdatenfolge liegen 152 Jahre auseinander.

Früheste und späteste Ostertermine zwischen 1582 und 3000:

22. März: 1598, 1693, 1761, 1818, 2285, 2353, 2437, 2505, 2972;
25. April: 1666, 1734, 1886, 1943, 2038, 2190, 2258, 2326, 2410, 2573, 2630, 2782, 2877, 2945.

Ostern fällt niemals zweimal nacheinander in den März, aber es kann sein, daß es bis zu sieben mal nacheinander im April gefeiert wird: das letztemal von 1941–1947, das nächstemal von 1979–1985, dann von 2017–2023. – Diese Angaben sind dem Aufsatz von Jean Meeus: »La date de Pâques« in »Ciel et Terre«, 1973, S. 436–37 entnommen.
Den Hinweis darauf verdankt der Verfasser den Herren Dr. F. Gondolatsch und Dr. T. Lederle vom Astronomischen Recheninstitut Heidelberg und ebenso den Hinweis auf eine Arbeit in der amerikanischen Zeitschrift »Popular Astronomy« 53, S. 162–179 und 218–232 (1945): George W. Walker »Easter Intervals«. Das Ergebnis dieser Untersuchung der Intervalle zwischen gleichen Osterdaten ist die erstaunliche Tatsache, daß es im Gregorianischen Kalender doch eine Wiederkehr der gleichen Osterdatenfolge, allerdings erst nach 5700000 Jahren gibt. Diese Periode enthält 60 verschiedene Intervalle für die 35 möglichen Osterdaten. Dabei haben manche Daten mehrere verschiedene Intervalle – der 22. und 23. März bei ihrer Seltenheit sogar 29. Die Intervalle von 57 und 68 Jahren erscheinen bei allen 35 Daten. In der ganzen Periode von 5700000 Jahren liegt der 11jährige Abstand der Osterdaten mit 2651307 Fällen = 46,6 % weit an der Spitze; es folgen das Intervall von 57 Jahren mit 483462 = 8,5 % und dann das von 5 Jahren mit 376231 Fällen = 6,6 %. Das häufigste Osterdatum ist der 19. April mit 220400 = 3,9 %; ihm folgen der 18. mit 197400 = 3,5 % und die Daten 29. März, 1., 2., 3., 5., 8., 10., 12., 15. und 17. April mit je 192850 = 3,4 %. Die graphische Darstellung der Häufigkeit der Daten zeigt eine weitgehend ausgeglichene Kurve. Sie ergibt sich aus der zyklischen Berechnung ohne Rücksicht auf deren wachsende Differenzen gegenüber den astronomischen Tatsachen und den über 500000 Paradoxien in dem untersuchten Zeitraum. Deshalb und ebenso aus Gründen der Menschheitsevolution ist die Periode von 5700000 Jahren nur eine theoretische Fiktion. Der Gregorianische Kalender hat praktisch keine Periode der Osterdatenfolge. Dies ist ein wichtiger Hinweis auf die alljährliche stetige Erneuerung des von außerhalb der periodischen Berechenbarkeit wirkenden Freiheitsimpulses an dem ersten Sonntag nach Frühlingsvollmond, am Ostertag.
Tabelle V nach L. Lange (104) und M. Lang (102).
Hier sind die paradoxen Ostertermine, die sich aus der zyklischen Rechnung für die Zeit zwischen 1590 und 2500 ergeben neben ihren Korrekturen aus den kosmischen

Gegebenheiten aufgeführt. Die Differenzen von einer Woche sind mit H ±, die um 4–5 Wochen mit A ± bezeichnet. Bei diesen Äquinoktialparadoxien, die sich auf die ganze Erde ohne Paradoxiegrenze erstrecken, ist der Anschluß des Osterfestes an die astronomischen Tatsachen zu erwägen (S. 188).
Die Berechnungen der Tabelle V beziehen sich auf den astronomischen Nullmeridian von Greenwich, auf das wahre Frühlingsäquinoktium und den wahren Vollmond. Das erste Datum bezeichnet den astronomisch korrigierten, das zweite den nach zyklischer Rechnung heute gültigen Ostersonntag. A: es besteht eine Äquinoktialparadoxie, bei der das Ist-Datum bei + um vier bis fünf Wochen zu spät, bei – um die gleiche Zeit zu früh liegt. H: es besteht eine Hebdomadalparadoxie, bei der die Zeitdifferenz der Daten ± eine Woche beträgt (S. 188 und 232). Durch die astronomische Korrektur steigt die Zahl der möglichen Ostertermine von Gregorianisch 35 auf 39. »Im wesentlichen bedeuten diese Verschiebungen aber nur ein allmähliches Hin- und Hergleiten der Ostergrenzen parallel zueinander« (102, S. 51).

Tabelle III

Die Daten des Ostersonntags im Julianischen Kalender von 1600–2200 (nach »Annuaire du Bureau des Longitudes« für 1974, S. 406–407) März (*kursiv*) und April

Jahr	0	1	2	3	4	5	6	7	8	9
1600	*23*	12	4	24	8	*31*	20	5	*27*	16
1610	8	*24*	12	4	24	9	*31*	20	5	*28*
1620	16	1	21	13	*28*	17	9	*25*	13	5
1630	*28*	10	1	21	6	*29*	17	9	*25*	14
1640	5	25	10	2	21	6	*29*	18	2	*25*
1650	14	*30*	18	10	*26*	15	6	*29*	11	3
1660	22	14	*30*	19	10	*26*	15	7	*22*	11
1670	3	23	7	*30*	19	4	*26*	15	*31*	20
1680	11	3	16	8	*30*	19	4	*27*	15	*31*
1690	20	12	*27*	16	8	*24*	12	4	24	9
1700	*31*	20	5	*28*	16	8	*24*	13	4	24
1710	9	1	20	5	*28*	17	1	21	13	*29*
1720	17	9	*25*	14	5	*28*	10	2	21	6
1730	*29*	18	9	*25*	14	6	25	10	2	22
1740	6	*29*	18	3	*25*	14	*30*	19	10	*26*
1750	15	7	*29*	11	3	23	14	*30*	19	11
1760	*26*	15	7	*23*	11	3	23	8	*30*	19

Jahr	0	1	2	3	4	5	6	7	8	9
1770	4	27	15	31	20	12	3	16	8	31
1780	19	4	27	16	31	20	12	28	16	8
1790	24	13	4	24	9	1	20	5	28	17
1800	8	24	13	5	24	9	1	14	5	28
1810	17	2	21	13	29	18	9	25	14	6
1820	28	10	2	22	6	29	18	3	25	14
1830	6	19	10	2	22	7	29	18	3	26
1840	14	30	19	11	26	15	7	23	11	3
1850	23	8	30	19	11	27	15	7	23	12
1860	3	23	8	31	19	4	27	16	31	20
1870	12	28	16	8	31	13	4	27	16	1
1880	20	12	28	17	8	24	13	5	24	9
1890	1	21	5	28	17	2	24	13	5	18
1900	9	1	14	6	28	17	2	22	13	29
1910	18	10	25	14	6	22	10	2	22	7
1920	29	18	3	26	14	6	19	11	2	22
1930	7	30	18	3	26	15	30	19	11	27
1940	15	7	23	12	3	23	8	31	19	11
1950	27	16	7	23	12	4	23	8	31	20
1960	4	27	16	1	20	12	28	17	8	31
1970	13	5	27	16	1	21	12	28	17	9
1980	24	13	5	25	9	1	21	6	28	17
1990	2	25	13	5	18	10	1	14	6	29
2000	17	2	22	14	29	18	10	26	14	6
2010	22	11	2	22	7	30	18	3	26	15
2020	6	19	11	3	22	7	30	19	3	26
2030	15	31	19	11	27	16	7	23	12	4
2040	23	8	31	20	11	27	16	8	23	12
2050	4	24	8	31	20	5	27	16	1	21
2060	12	28	17	9	31	13	5	28	16	1
2070	21	6	28	17	9	25	13	5	25	10
2080	1	21	6	29	17	2	25	14	5	18
2090	10	26	14	6	29	11	2	22	14	30
2100	18	10	26	15	6	22	11	3	22	7
2110	30	19	3	26	15	31	19	11	3	16
2120	7	30	19	4	26	15	31	20	11	27
2130	16	8	23	12	4	24	8	31	20	5

Jahr	0	1	2	3	4	5	6	7	8	9
2140	*27*	16	8	*24*	12	4	24	9	*31*	20
2150	5	*28*	16	1	21	13	*28*	17	9	*25*
2160	13	5	*28*	10	1	21	6	*29*	17	9
2170	*25*	14	5	25	10	2	21	6	*29*	18
2180	2	*25*	14	*30*	18	10	*26*	15	6	*29*
2190	11	3	22	14	*30*	19	10	*26*	15	7
2200	*22*									

Tabelle IV
Die Daten des Ostersonntags im Gregorianischen Kalender von 1580–3000 (nach »Annuaire du Bureau des Longitudes« für 1974, S. 408–411) März (*kursiv*) und April

Jahr	0	1	2	3	4	5	6	7	8	9
1580				10	1	21	6	*29*	17	2
1590	22	14	*29*	18	10	*26*	14	6	*22*	11
1600	2	22	7	*30*	18	10	*26*	15	6	19
1610	11	3	22	7	*30*	19	3	*26*	15	*31*
1620	19	11	*27*	16	7	*30*	12	4	23	15
1630	*31*	20	11	*27*	16	8	*23*	12	4	24
1640	8	*31*	20	5	*27*	16	1	21	12	4
1650	17	9	*31*	13	5	*28*	16	1	21	13
1660	*28*	17	9	*25*	13	5	25	10	1	21
1670	6	*29*	17	2	*25*	14	5	18	10	2
1680	21	6	*29*	18	2	22	14	*30*	18	10
1690	*26*	15	6	*22*	11	3	22	7	*30*	19
1700	11	*27*	16	8	*23*	12	4	24	8	*31*
1710	20	5	*27*	16	1	21	12	*28*	17	9
1720	*31*	13	5	*28*	16	1	21	13	*28*	17
1730	9	*25*	13	5	25	10	1	21	6	*29*
1740	17	2	*25*	14	5	18	10	2	14	6
1750	*29*	11	2	22	14	*30*	18	10	*26*	15
1760	6	*22*	11	3	22	7	*30*	19	3	*26*
1770	15	*31*	19	11	3	16	7	*30*	19	4
1780	*26*	15	*31*	20	11	*27*	16	8	*23*	12
1790	4	24	8	*31*	20	5	*27*	16	8	*24*

Jahr	0	1	2	3	4	5	6	7	8	9
1800	13	5	18	10	1	14	6	*29*	17	2
1810	22	14	*29*	18	10	*26*	14	6	*22*	11
1820	2	22	7	*30*	18	3	*26*	15	6	19
1830	11	3	22	7	*30*	19	3	*26*	15	*31*
1840	19	11	*27*	16	7	*23*	12	4	23	8
1850	*31*	20	11	*27*	16	8	*23*	12	4	24
1860	8	*31*	20	5	*27*	16	1	21	12	*28*
1870	17	9	*31*	13	5	*28*	16	1	21	13
1880	*28*	17	9	*25*	13	5	25	10	1	21
1890	6	*29*	17	2	*25*	14	5	18	10	2
1900	15	7	*30*	12	3	23	15	*31*	19	11
1910	*27*	16	7	*23*	12	4	23	8	*31*	20
1920	4	*27*	16	1	20	12	4	17	8	*31*
1930	20	5	*27*	16	1	21	12	*28*	17	9
1940	*24*	13	5	25	9	1	21	6	*28*	17
1950	9	*25*	13	5	18	10	1	21	6	*29*
1960	17	2	22	14	*29*	18	10	*26*	14	6
1970	*29*	11	2	22	14	*30*	18	10	*26*	15
1980	6	19	11	3	22	7	*30*	19	3	*26*
1990	15	*31*	19	11	3	16	7	*30*	12	4
2000	23	15	*31*	20	11	*27*	16	8	*23*	12
2010	4	24	8	*31*	20	5	*27*	16	1	21
2020	12	4	17	9	*31*	20	5	*28*	16	1
2030	21	13	*28*	17	9	*25*	13	5	25	10
2040	1	21	6	*29*	17	9	*25*	14	5	18
2050	10	2	21	6	*29*	18	2	22	14	*30*
2060	18	10	*26*	15	6	*29*	11	3	22	14
2070	*30*	19	10	*26*	15	7	19	11	3	23
2080	7	*30*	19	4	*26*	15	*31*	20	11	3
2090	16	8	*30*	12	4	24	15	*31*	20	12
2100	*28*	17	9	*25*	13	5	18	10	1	21
2110	6	*29*	17	2	22	14	*29*	18	10	*26*
2120	14	6	*29*	11	2	22	14	*30*	18	10
2130	*26*	15	6	19	11	3	22	7	*30*	19
2140	3	*26*	15	*31*	19	11	3	16	7	*30*
2150	12	4	23	15	*31*	20	11	*27*	16	8
2160	*23*	12	4	24	8	*31*	20	5	*27*	16

Jahr	0	1	2	3	4	5	6	7	8	9
2170	1	21	12	4	17	9	*31*	20	5	*28*
2180	16	1	21	13	*28*	17	9	*25*	13	5
2190	*25*	10	1	21	6	*29*	17	9	*25*	14
2200	6	19	11	3	22	7	*30*	19	3	*26*
2210	15	*31*	19	11	*27*	16	7	*30*	12	4
2220	23	15	*31*	20	11	*27*	16	8	*23*	12
2230	4	24	8	*31*	20	5	*27*	16	1	21
2240	12	4	17	9	*31*	13	5	*28*	16	1
2250	21	13	*28*	17	9	*25*	13	5	25	10
2260	1	21	6	*29*	17	2	*25*	14	5	18
2270	10	2	21	6	*29*	18	2	22	14	*30*
2280	18	10	*26*	15	6	*22*	11	3	22	7
2290	*30*	19	10	*26*	15	7	19	11	3	16
2300	8	*31*	20	5	*27*	16	1	21	12	*28*
2310	17	9	*31*	13	5	*28*	16	1	21	6
2320	*28*	17	9	*25*	13	5	25	10	1	21
2330	6	*29*	17	2	*25*	14	5	18	10	*26*
2340	14	6	*29*	11	2	22	14	*30*	18	10
2350	*26*	15	6	*22*	11	3	22	7	*30*	19
2360	3	*26*	15	*31*	19	11	3	16	7	*30*
2370	19	4	*26*	15	*31*	20	11	*27*	16	8
2380	*23*	12	4	24	8	*31*	20	5	*27*	16
2390	8	*24*	12	4	17	9	*31*	20	5	*28*
2400	16	1	21	13	*28*	17	9	*25*	13	5
2410	25	10	1	21	6	*29*	17	2	*25*	14
2420	5	18	10	2	21	6	*29*	18	2	22
2430	14	*30*	18	10	*26*	15	6	*22*	11	3
2440	22	7	*30*	19	10	*26*	15	7	19	11
2450	3	16	7	*30*	19	4	*26*	15	*31*	20
2460	11	*27*	16	8	*30*	12	4	24	15	*31*
2470	20	5	*27*	16	8	*24*	12	4	24	9
2480	*31*	20	5	*28*	16	1	21	13	4	17
2490	9	*25*	13	5	*28*	10	1	21	13	*29*
2500	18	10	*26*	15	6	*22*	11	3	22	7
2510	*30*	19	3	*26*	15	*31*	19	11	3	16
2520	7	*30*	19	4	*26*	15	*31*	20	11	*27*
2530	16	8	*23*	12	4	24	8	*31*	20	5

Jahr	0	1	2	3	4	5	6	7	8	9
2540	*27*	16	8	*24*	12	4	17	9	*31*	20
2550	5	*28*	16	1	21	13	*28*	17	9	*25*
2560	13	5	*28*	10	1	21	6	*29*	17	9
2570	*25*	14	5	25	10	2	21	6	*29*	18
2580	2	*25*	14	*30*	18	10	*26*	15	6	*29*
2590	11	3	22	14	*30*	19	10	*26*	15	7
2600	*23*	12	4	14	8	*31*	20	5	*27*	16
2610	1	21	12	4	17	9	*31*	20	5	*28*
2620	16	1	21	13	*28*	17	9	*25*	13	5
2630	25	10	1	21	6	*29*	17	9	*25*	14
2640	5	18	10	2	21	6	*29*	18	2	22
2650	14	*30*	18	10	*26*	15	6	*29*	11	3
2660	22	7	*30*	19	10	*26*	15	7	19	11
2670	3	23	7	*30*	19	4	*26*	15	*31*	20
2680	11	*27*	16	8	*30*	12	4	24	15	*31*
2690	20	12	*27*	16	8	*24*	12	4	24	9
2700	1	21	6	*29*	17	2	22	14	*29*	18
2710	10	*26*	14	6	*29*	11	2	22	7	*30*
2720	18	10	*26*	15	6	19	11	3	22	7
2730	*30*	19	3	*26*	15	*31*	19	11	*27*	16
2740	7	*30*	12	4	23	15	*31*	20	11	*27*
2750	16	8	*23*	12	4	24	8	*31*	20	5
2760	*27*	16	1	21	12	4	17	9	*31*	20
2770	5	*28*	16	1	21	13	*28*	17	9	*25*
2780	13	5	25	10	1	21	6	*29*	17	9
2790	*25*	14	5	18	10	2	21	6	*29*	18
2800	2	22	14	*30*	18	10	*26*	15	6	*29*
2810	11	3	22	7	*30*	19	10	*26*	15	7
2820	19	11	3	23	7	*30*	19	4	*26*	15
2830	*31*	20	11	*27*	16	8	*30*	12	4	24
2840	15	*31*	20	12	*27*	16	8	*24*	12	4
2850	24	9	*31*	20	5	*28*	16	1	21	13
2860	4	17	9	1	20	5	*28*	17	1	21
2870	13	*29*	17	9	*25*	14	5	25	10	2
2880	21	6	*29*	18	9	*25*	14	6	18	10
2890	2	15	6	*29*	18	3	22	14	*30*	19
2900	11	*27*	16	8	*30*	12	4	24	8	*31*

Jahr	0	1	2	3	4	5	6	7	8	9
2910	20	5	*27*	16	8	*24*	12	4	24	9
2920	*31*	20	5	*28*	16	1	21	13	*28*	17
2930	9	*25*	13	5	*28*	10	1	21	13	*29*
2940	17	9	*25*	14	5	25	10	2	21	6
2950	*29*	18	2	*25*	14	*30*	18	10	2	15
2960	6	*29*	18	3	22	14	*30*	19	10	*26*
2970	15	7	*22*	11	3	23	7	*30*	19	4
2980	*26*	15	7	20	11	3	16	8	*30*	19
2990	4	*27*	15	*31*	20	12	*27*	16	8	*24*
3000	13									

Tabelle V
Verzeichnis der Osterparadoxien zwischen 1590 und 2500 n. Chr. (nach L. Lange, 104 und M. Lang, 102. Zur Erklärung vgl. S. 340, S. 188ff., Anm. 71/72.

Jahr	Soll-termin	Ist-termin	Para-doxie	Jahr	Soll-termin	Ist-termin	Para-doxie
1590	25.3.	22.4. =	A+	1829	26.4.	19.4. =	H−
1598	29.3.	22.3. =	H−	1845	30.3.	23.3. =	H−
1609	26.4.	19.4. =	H−	1876	9.4.	16.4. =	H+
1622	3.4.	27.3. =	H−	1900	22.4.	15.4. =	H−
1629	8.4.	15.4. =	H+	1903	19.4.	12.4. =	H−
1666	21.3.	25.4. =	A+	1923	8.4.	1.4. =	H−
1680	21.4.	21.4. =	H+	1924	23.3.	20.4. =	A+
1685	25.3.	22.4. =	A+	1927	24.4.	17.4. =	H−
1693	29.3.	22.3. =	H−	1943	28.3.	25.4. =	A+
1700	4.4.	11.4. =	H+	1954	25.4.	18.4. =	H−
1724	9.4.	16.4. =	H+	1962	25.3.	22.4. =	A+
1744	29.3.	5.4. =	H+	1967	2.4.	26.3. =	H−
1778	12.4.	19.4. =	H+	1974	7.4.	14.4. =	H+
1798	1.4.	8.4. =	H+	1981	26.4.	19.4. =	H−
1802	25.4.	18.4. =	H−	2019	24.3.	21.4. =	A+
1805	21.4.	14.4. =	H−	2038	28.3.	25.4. =	A+
1818	29.3.	22.3. =	H−	2045	2.4.	9.4. =	H+
1825	10.4.	3.4. =	H−	2049	25.4.	18.4. =	H−

Jahr	Soll-termin	Ist-termin	Para-doxie	Jahr	Soll-termin	Ist-termin	Para-doxie
2057	25.3.	22.4. =	A+	2316	9.4.	16.4. =	H+
2069	7.4.	14.4. =	H+	2336	29.3.	5.4. =	H+
2076	22.3.	19.4. =	A+	2339	2.4.	26.3. =	H−
2089	27.3.	3.4. =	H+	2353	26.4.	22.3. =	A−
2095	27.3.	24.4. =	A+	2372	23.4.	26.3. =	A−
2096	8.4.	15.4. =	H+	2390	1.4.	8.4. =	H+
2106	25.4.	18.4. =	H−	2394	24.4.	17.4. =	H−
2114	25.3.	22.4. =	A+	2410	28.3.	25.4. =	A+
2119	2.4.	26.3. =	H−	2417	9.4.	2.4. =	H−
2133	22.3.	19.4. =	A+	2421	25.4.	18.4. =	H−
2147	23.4.	16.4. =	H−	2429	25.3.	22.4. =	A+
2150	19.4.	12.4. =	H−	2437	29.3.	22.3. =	H−
2152	26.3.	23.4. =	A+	2448	22.3.	19.4. =	A+
2170	8.4.	1.4. =	H−	2451	23.4.	16.4. =	H−
2171	24.3.	21.4. =	A+	2467	27.3.	24.4. =	A+
2174	24.4.	17.4. =	H−	2468	8.4.	15.4. =	H+
2190	28.3.	25.4. =	A+	2471	12.4.	5.4. =	H−
2245	20.4.	13.4. =	H−	2486	24.3.	21.4. =	A+
2277	25.3.	22.4. =	A+	2488	28.3.	4.4. =	H+
2292	3.4.	10.4. =	H+	2491	1.4.	25.3. =	H−
2296	22.3.	19.4. =	A+	2492	20.4.	13.4. =	H−
2299	23.4.	16.4. =	H−	2495	17.4.	10.4. =	H−

90 Seite 233
Über »Die unbekannten Jahre Jesu« hat Reinhard Wagner eine orientierende Schrift hinterlassen (210). Diese stützt sich auf die Angaben, die Rudolf Steiner über die damit zusammenhängenden Fragen in Vorträgen mit dem Titel: »Aus der Akasha-Forschung, Das fünfte Evangelium,« aus dem Jahre 1913 gemacht hat (GA 148). Dort wird von wichtigen Erfahrungen des Jesus berichtet, die er am Judentum, am Heidentum und am Essäertum zwischen seinem 12. und 30. Lebensjahre in je sechs Jahren von 12–18, von 18–24 und von 24–30 gemacht hat.

91 Seite 233
T. M. Schmidt hat in seinem Buch: »Musik und Kosmos« (145) ein Kapitel über »Die Zahl 111 im Planetensystem« geschrieben. Darin werden die vielfachen Zusammenhänge der Zahlen 37 und 3 × 37 = 111 mit den verschiedenen Umlaufzeiten unserer

Planeten aufgezeigt. Dabei vertritt die 37 rund die doppelte Sarosperiode bzw. den doppelten Mondknoten. – Die 111 ist das Zehnfache der Sonnenfleckenperiode von 11,1 Jahren. Auch hier sind Mond- und Sonnenzahl miteinander verwoben.

92 Seite 236

Die im 1. Mos. 5 u. 11 berichteten Lebensalter der Urväter der Menschheit von Adam mit 930 Lebensjahren beginnend über Methusalem mit 969 herunter bis zu Thara, dem Vater Abrahams mit 205 Jahren sind keine Sonnenjahre. Für die Urzeit kann weder für die Erde noch für den Menschen von Sonnenjahren im heutigen Sinne gesprochen werden. Diese Zeitverhältnisse traten erst allmählich ein. Aber ein anderes ist hier viel wichtiger: Das Bewußtsein der »ersten Menschen« ist zum Erleben der Zeit noch gar nicht erwacht. Auch das Kind hat noch kein Zeitbewußtsein. Das Sinken der Zahlen bis zum Alter des Abraham mit 175, des Isaak mit 180 und des Jakob mit 147 Jahren deutet diesen Weg des allmählich erwachenden Zeitbewußtseins an. Die Angabe der Lebenszeit des Henoch mit 365 Jahren weist auf sein himmlisches Wissen von den Geheimnissen der Zeiten und Rhythmen. Siehe auch E. Bock (14, I. Urgeschichte, S. 53), D. Lauenstein (107, S. 39 u. 42).

Es gibt Naturvölker, die auch heute noch keine abstrakten Zeitbegriffe wie Stunde, Tag, Jahr kennen. Sie sagen die Zeit nur in Verbindung mit dem Stand der Sonne. Die Aucas im tropischen Regenwald Ecuadors sind ein Beispiel dafür.

93 Seite 237

Die islamische Mystik kennt 40 Stufen zwischen der Gottheit und dem Menschen. »Das Buch der vierzig Stufen« von Abd al Karim al Gili übersetzt von Ernst Bannerth, Wien 1956 beschreibt: »Die erste der Seinsstufen ist das göttliche Wesen. Die zweite der Seinsstufen ist die erste Herablassung, Einheit und absolutes Sein. Die dritte der Seinsstufen ist die zweite Herablassung: Einzigkeit. Die vierte Göttlichkeit, die fünfte Barmherzigkeit, die sechste Herrsein. Die 39. Leben in fünf Stufen, die 40. der Seinsstufen ist der Mensch und mit ihm enden die Stufen und wird die Welt vollständig. Gott, der Gepriesene ist am vollkommensten aufgeschienen, gemäß seinen Namen und Attributen. Der Mensch ist im Dasein das niedrigste der Dinge der Stufe nach und in den Vollkommenheiten ihr höchstes der Stufe nach, was keinem anderen zukommt.«

94 Seite 237

Die 40 enthält die 4 und die 10. Diese sind miteinander derart verbunden, daß $1 + 2 + 3 + 4 = 10$ ist. Die ersten vier Zahlen streben auf die Zehn als ihre Vollkommenheit zu. Diesen Sachverhalt hat man im Altertum im Bilde so dargestellt:

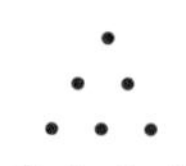

Die Darstellung hat man als »Gerechtigkeit« erlebt und wegen ihrer Harmonie mit dem Quadrat verglichen.

95 Seite 244
Aus Origenes' Schrift: »Gegen Celsus« zitiert nach Willy Rordorf: »Sabbat und Sonntag in der alten Kirche«, Zürich 1972, S. 166.

96 Seite 244
Einen wesentlichen Beitrag zur Wissenschaft der Biographik hat D. Lauenstein mit seinem Werk »Der Messias« geleistet. Sowohl die Verbindung des Ich mit dem biologischen und dem seelischen Organismus, die sich beide in der Zeit entfalten, wird dargestellt (105, S. 18), als auch die Tatsache, daß erstmals bei Augustin (354–430) die Biographie, das Ich und die positive Prädestination gleichzeitig miteinander wahrgenommen werden (105, S. 357 ff).

97 Seite 249
Trotzdem gibt es Schriften über den Zufallscharakter alles Geschehens. Z. B. Th. Lessing: »Geschichte als Sinngebung des Sinnlosen«, 1919 (58, 119).

98 Seite 257
S. v. Gleich sieht sich zu einer Gliederung der israelitischen Geschichte zwischen Abraham (2160 v. Chr.) und Christus in Siebenheiten zu je 210 Jahren veranlaßt. Er setzt 2160 Jahre im Sinne eines Menschenlebens von 72 Jahren als die Lebensdauer dieser Geschichte an. Ein Lebensjahr der Volksgeschichte wäre dann 2160 : 72 = 30 Jahre und ein »Jahrsiebent« der Volksgeschichte wäre dann 7 × 30 = 210 Jahre (53, S. 130).

99 Seite 258
Siehe auch Georg Hartmann: »Vom Wirken der Zeitgeister«, im Sternkalender: (202, 1978/79, S. 89). Dort ist auch eine Notizbuch-Eintragung R. Steiners vom 18. August 1924 vormittags (aus GA 243, 1960) abgedruckt, in welcher die Erzengelperioden in runden Zahlen und mit verschiedener Zeitdauer verzeichnet sind.

Oriphiel	200 v. Chr. –150 n. Chr.	Raphael	850–1190
		Samael	1190–1510
Anael	150–500	Gabriel	1510–1879
Zachariel	500–850	Michael	1879–

Siehe auch Wolfgang Müller: »Dionysios Areopagites«, Basel 1976.

100 Seite 259
In dem 400 Seiten starken Angelologischen Wörterbuch von Moise Schwab: Vocabulaire de l'Angelologique, Paris 1897, sind viele uns unbekannte Engelnamen angeführt. Es gibt also auch noch andere als die sieben genannten Erzengel, z. B. Uriel, den Jahreszeiten-Erzengel des Sommers. Michael ist der des Herbstes, Ga-

briel des Winters und Raphael der des Frühlings. Siehe hierzu R. Steiner: »Das Miterleben des Jahreslaufes in vier kosmischen Imaginationen«, 5.–15. 10. 1923, GA 229.

101 Seite 261
Herodots älterer Zeitgenosse Xanthos aus Lydien spricht von einem Zarathustra, der 6 Jahrtausende vor dem Jahre 480 gelebt habe. Eudoxos von Knidos sagt dies ebenfalls. Ebenso Platon. Die Wissenschaft (77) will nur den jüngeren Zarathustra (630–553 v. Chr.) gelten lassen. R. Steiner hat aus der Geistesforschung den älteren Zarathustra bestätigt und ihn als den Inaugurator der ganzen zweiten nachatlantischen Kulturepoche ausführlich beschrieben. (Siehe zum Beispiel GA 60, Vortr. vom 19. 1. 1911).

102 Seite 262
Aus der Ascensio Jesaiae (83, VI). Der Satz: »Wie am Himmel, so auf Erden«, wird von der Erd-Vermessungskunde und der Himmels-Vermessungskunde bestätigt. In den Meridian-Ebenen der Erde liegen die Himmelsmeridiane, und in den zur Äquatorebene parallelen Ebenen der geographischen Breiten liegen die Breitengrade des Himmels. Erd- und Himmelsvermessung sind Vergrößerung oder Verkleinerung des einen vom andern. Geodäsie (= Erdteilung, Vermessungskunde) und Astronomie bedingen sich gegenseitig. Friedrich Schiller hat dies offenbare Geheimnis in das Distichon geprägt:

Wo du auch wandelst im Raum,
Es knüpft dein Zenith und Nadir
An den Himmel dich an,
Dich an die Achse der Welt.

103 Seite 271
»Im Sinne der Geisteswissenschaft kann man das Erdengebiet zwischen dem gegenwärtigen Europa, Afrika und Amerika, das einstmals bestanden hat, ›Atlantis‹ nennen.« R. Steiner in 163.

104 Seite 274
Weil die Flucht an einem Freitag geschah, ist dieser Tag der Feiertag der Mohammedaner. Er beginnt am Vorabend wie der Sabbat der Juden.

105 Seite 276
Hier darf nachdrücklich auf die neueste gründliche und ergänzende Arbeit zur Frage des Jahres der Geburt Jesu hingewiesen werden: Ormond Edwards: »Chronologie des Lebens Jesu und das Zeitgeheimnis der drei Jahre« (33).

106 Seite 278
Hesiod bringt in »Werke und Tage« Vers 109–201 die Zuteilung der vier Metalle zu den Zeitaltern, schiebt dann aber zwischen drei und vier ein Heroenzeitalter aus ei-

ner anderen Reihe ein. »Hesiod verballhornte die vier durch seine fünf, Ovid stellt sie wieder her« (83, S. 298), u. A. Jeremias: »Außerbiblische Erlösererwartung«, S. 214 ff.

107 Seite 283
Es ist tatsächlich in Amerika und letzthin auch in Frankreich schon unternommen worden, mit großem technischen und finanziellen Aufwand Leichen zu unterkühlen und so zu erhalten. Man glaubt dabei an die Möglichkeit, sie später durch entsprechend entwickelte medizinische Manipulationen wieder lebendig und gesund machen zu können.

108 Seite 283
Titel eines diesbezüglichen Aufsatzes siehe Anm. 49.

109 Seite 284
In der Heilmittelherstellung wird die Natursubstanz durch rhythmische Behandlung intensiviert und haltbar gemacht. Potenzen sind rhythmische Stufen von Verdünnungen. Auch die Rhythmen von Sonnenaufgang und Sonnenuntergang sowie die des Wärmeintervalls zwischen + 4° und + 37° werden angewandt (68, S. 204 und 224 ff.).
Der Rhythmus ist auch ein wichtiger Helfer in der Heilkunst. Je mehr die medizinische Rhythmenforschung die allgemeine und die individuelle Tagesperiodik der menschlichen Rhythmen entdeckt, desto gezielter und wirksamer können die Medikamente angewendet werden. Das erfordert aber eine größere Disziplin des Patienten als die bedarfsweise oder 3 x tägliche Einnahme des Medikaments. Arzt und Patient werden hier in Zukunft noch verantwortungsvoller und viel sorgfältiger zusammenarbeiten müssen, um den rechten und dem Patienten eigenen Rhythmus zu finden. Denn jeder Mensch ist sowohl Koinorhythmiker als auch Idiorhythmiker. Diese Begriffe aus dem Klosterleben der Athosmönche bezeichnen ein gemeinsames oder selbstverantwortetes rhythmisches Gebetsleben (vgl. Anm. 80). Dem Bedürfnis nach individueller Zeiteinteilung wird in modernen Betrieben, wo dies arbeitstechnisch möglich ist, durch die »Gleitzeit« Rechnung getragen; d. h. der Arbeitnehmer kann seine Arbeitszeit von acht Stunden in der Zeit zwischen sieben und 18 Uhr selbst wählen. Ganz frei gewählte Rhythmen des privaten Lebens werden diese industrielle Gleitzeit aber ergänzen müssen und dadurch erst fruchtbar machen können.

110 Seite 285
Astronomisch wurde die Präzession 150 v. Chr. von dem alexandrinischen Astronomen Hipparch an dem Vergleich von Sternlängen früherer Beobachter mit den selbstgefundenen entdeckt. Hipparch schätzte die Bewegung auf 1° in 100 Jahren. Die Araber fanden genauere Zahlen. Kopernikus nimmt 1° in 85,5 Jahren an. Die

Entdeckung der Präzession wurde vielfach heftig bekämpft und von den Astrologen lange Zeit geleugnet.

111 Seite 285

Da die Präzessionszahl aus sehr kleinen Messungen errechnet werden muß, differieren die Ergebnisse. Die Straßburger Münster-Uhr rechnet mit 25 804, Fleet (39) gibt 25 807 und Nielsen (Anm. 26) 25 782 an. Die Differenz zu 25 920 beträgt 116 bis 138 Jahre, das sind 0,4 % – 0,5 %. Die Präzessionszahl wird auch platonische Zahl genannt, weil es Platon war, der manche Geheimlehre aus der ägyptisch-babylonischen Kosmologie nach Griechenland gebracht hat.

112 Seite 291

Das babylonische Rundjahr zu 360 Tagen ist auch im jüdischen Kultus symbolisch vertreten gewesen: »Der Talar des Hohenpriesters aber ist ein Sinnbild der sinnlich wahrnehmbaren Welt; ..... Die dreihundertsechzig Schellen, welche vom Talar herabhängen, sind die Zeit eines Jahres, ›das angenehme Jahr des Herrn‹, verkündend und lehrend die größte Erscheinung des Erlösers« (siehe Anm. 74, Clemens, S. 444).

113 Seite 292

Erik Heikel (221) kommt in seinem Aufsatz »Wie lange dauert unsere Zeit?« zu dem Schluß, daß die Erde, *wie sie heute ist,* mit dem Sonnen- und Mondjahr eine Gesamtlebensdauer von rund 33 000 Jahren hat. Da der Mensch sich rund alle 1 000 Jahre inkarniert, ergibt sich als durchschnittliche Zahl der menschlichen Inkarnationen 33. Das ist die Zahl der Gesamtlebensjahre des Jesus Christus.

114 Seite 295

A. Jeremias weist auf einen weiteren Zusammenhang der Zahl des Weltenjahres hin (83, S. 240 und 296 ff.): »So steht die Philosophie der platonischen Zahl im achten Buche von Platos Staat, im Zusammenhang mit der Betrachtung des Leibes als Mikrokosmos, irgendwie mit der Präzessionszahl in Verbindung ... denn die platonische Zahl enthält die Grundzahlen des sumerischen Saros-Systems.«

$$36000 \times 360 = 12960000$$

Der $^{1000}/_{2}$ te Teil dieser platonischen Zahl ist die Präzessionszahl:

$$12960000 : 500 = 25920$$

Man erhält die platonische Zahl auch, wenn man die Präzessionszahl mit der ägyptischen Phoenixzahl 500 multipliziert:

$$25920 \times 500 = 12960000$$

Die Präzessionszahl 25 920 ist auch das 18fache der Zahl eines 4fachen sumerischen Rundjahres von 12×30 Tagen:

$$12 \times 30 \times 4 = 1440 \times 18 = 25920.$$

Zum folgenden ist die Anm. 24 zu beachten.

$$1 \text{ Sar} = 3\,600 \text{ Jahre}$$
$$12 \times 12 \text{ Saren} = 144 \text{ Saren} = 3\,600 \times 144 = 518\,400 \text{ Jahre}$$
$$10 \times 12 \text{ Saren} = 120 \text{ Saren} = 3\,600 \times 120 = 432\,000 \text{ Jahre.}$$

115 Seite 296
Ergebnisse der Forschung durch Satelliten machen es wahrscheinlich, daß sich das ganze Universum nicht nur ausdehnt, sondern auch wieder zusammenzieht, also in einem unvorstellbar großen Rhythmus atmet.

116 Seite 298
Der innere Weg, das Zeitproblem des Erdendaseins zu fassen, beginnt im Kindesalter. Es wurde beobachtet, wie ein Kind unter dem Tisch sitzt und tief nachdenklich vor sich hin sagt: »Wenn ich denk', daß heut' – übermorgen – vorgestern ist.« – Im Blick auf den Doppelstrom der Zeit (S. 244) ist die Wirklichkeit unseres Ich immer in der Mitte zwischen den beiden Formulierungen, die wir für ein zukünftiges Ereignis gebrauchen: Wir können sagen: »Wir gehen auf Weihnachten zu« oder »Weihnachten kommt«. Die Wahrheit über die Zeit liegt im überzeitlichen Ich. Wir leben vorausschauend und unser Handeln ist allermeist ein »Nachvollzug des Vorentscheides«. Siehe Jean Gebser »Der unsichtbare Ursprung«, Freiburg 1970, S. 9 ff.

117 Seite 299
Das Wissen von den mehrmaligen Erdenleben der gleichen Individualität in großen zeitlichen Abständen war bei den meisten Völkern wohl bekannt. Es ist durch Rudolf Steiner in zeitgemäßer Weise beschrieben worden. Siehe auch Emil Bock »Wiederholte Erdenleben« (17) und R. Frieling, »Christentum und Wiederverkörperung« (44).

118 Seite 299
Noch radikaler geht O. Cullmann in: »Christus und die Zeit« vor (25). Er ist bemüht »... das Verhältnis von Zeit und Ewigkeit im Neuen Testament richtig zu bestimmen« und sagt, »daß die Ewigkeit von diesem Sprachgebrauch aus nicht im platonischen und modernen philosophischen Sinn gedeutet werden darf, wo sie einen Gegensatz zur Zeit bildet, sondern im Gegenteil als unendliche Zeit, ... daß nur diese *naiv geradlinige* Auffassung der unendlichen Zeit als Rahmen für die neutestamentliche Heilsgeschichte in Betracht kommt«. Wenn Karl Barth in seiner Dogmatik (1940, S. 685 ff) »von einem fundamentalen Unterschied zwischen Zeit und Ewigkeit ausgeht und es ablehnt, die Ewigkeit als die nach vorne und hinten ins Unendliche verlängerte Zeit anzusehen«, so glaubt O. Cullmann darin »letzte Reste einer philosophischen, nicht biblischen Bestimmung des Verhältnisses von Zeit und Ewigkeit zu finden. ... Wenn wir die urchristliche Vorstellung der Ewigkeit begrei-

fen wollen, so müssen wir uns vor allem bemühen, *so unphilosophisch wie möglich* zu denken. ... Aus diesem Grunde kann im Urchristentum Ewigkeit nur als ins Unendliche verlängerte Zeit vorgestellt werden« (25, S. 56).

119 Seite 302
F. Nietzsche: »Also sprach Zarathustra« (128, S. 244): »Denn deine Tiere wissen es wohl, o Zarathustra, wer du bist und werden mußt: siehe, *du bist der Lehrer der ewigen Wiederkunft* –, das ist nun *dein* Schicksal!
Da du als der Erste diese Lehre lehren mußt, – wie sollte dies große Schicksal nicht auch deine größte Gefahr und Krankheit sein!
Siehe, wir wissen, was du lehrst: daß alle Dinge ewig wiederkehren und wir selber mit, und daß wir schon ewige Male dagewesen sind, und alle Dinge mit uns.
Du lehrst, daß es ein großes Jahr des Werdens gibt, ein Ungeheuer von großem Jahre: das muß sich, einer Sanduhr gleich, immer wieder von neuem umdrehn, damit es von neuem ablaufe und auslaufe: –
– so daß alle diese Jahre sich selber gleich sind, im Größten und auch im Kleinsten, so daß wir selber in jedem großen Jahre uns selber gleich sind, im Größten und auch im Kleinsten.«

120 Seite 307
Den Übergang aus der Zeitlichkeit in das wahre Sein erstreben sowohl der Philosoph als auch der Künstler und der Fromme. Der Dichter Hans Carossa (1878–1956) beendet sein Lebensgedenkbuch »Führung und Geleit« mit den Strophen:

O verlerne die Zeit,
Daß nicht dein Antlitz verkümmre
Und mit dem Antlitz das Herz!
Leg ab deine Namen!
Verhänge die Spiegel!
Weihe dich einer Gefahr!

Wer einem Wink folgt im Sein,
Vieles zu Einem erbaut,
Stündlich prägt ihn der Stern.
Und nach glühenden Jahren,
Wenn wir irdisch erblinden,
Reift eine größre Natur.

Verzeichnis der Abbildungen und Erläuterungen

Abb. 1: Frontispiz
Kreuzigung mit Sonne und Mond, Maria und Johannes. Buchmalerei aus dem Mindener Sakramentar, 11. Jh., Deutsche Staatsbibliothek Berlin. Das farbige Frontispiz ist Seite 218 beschrieben.

Abb. 2
Als astronomisches Großgerät gebaute Sonnenuhr in Delhi. Erbaut von Fürst Jai Sing II. (1686–1743). Das Bild zeigt die Meridianwand des Samrāt Yantra von Süden. Samrāt Yantra bedeutet »wichtigstes Instrument«. Diese riesige Äquatorial-Sonnenuhr hat als Gnomon (Schattenwerfer) eine Mauer von 20,726 m Gesamthöhe. Diese Mauer hat die Form eines rechtwinkligen Dreieckes, das in der Meridianebene steht. Die Abbildung zeigt die dem rechten Winkel gegenüberliegende Hypotenuse des Dreiecks, deren Verlängerung auf den Polarstern weist. Die seitlichen Ablesequadranten sind nicht auf dem Bild. Im Hintergrund ist das Miśra Yantra (Misch-Instrument) zu sehen, in dem fünf verschiedene Messinginstrumente vereint sind (nach H. Kern, 93).

Abb. 3
Monumentale Äquatorial-Sonnenuhr in Frankfurt/M., entworfen und miterbaut von L. M. Loske. Dieses über eine Tonne schwere astronomische Großgerät ist vorwiegend aus Kupfer gefertigt und hat in der Äquatorebene einen Durchmesser von 3,6 m. Die verschiedenen Zeitmaße und andere Angaben, die an dem Instrument abgelesen werden können, sind S. 32 nach L. M. Loske angegeben (112).

Abb. 4
Tempel-Feueruhr. Provinz Fukien, Südchina. 17. Jh. Sie hat eine Gesamtlänge von 68 cm. Das Bild ist dem Buch von Jürgen Abeler über »Das Wuppertaler Uhrenmuseum« (Berlin 1971) entnommen und in dem Museum mit etwa 1000 anderen Uhren

ständig ausgestellt. Ein horizontal abbrennendes Räucherstäbchen, einer Zündschnur oder Lunte vergleichbar, verbrannte quer dazu liegende Seidenfäden in bestimmten Zeitabständen. Die an den Seidenfäden hängenden Metallkugeln fielen in eine Bronzeschale und gaben wie eine Schlaguhr die Zeit für Gebete und liturgische Handlungen an.

Abb. 5
Würfelsonnenuhr aus dem Jahr 1668. Astronomisches Kabinett Stift Kremsmünster, Oberösterreich. Pater Aegid Eberhard von Raittenau hat diese Sonnenuhr konstruiert. Ein Marmorwürfel trägt auf den Außenseiten fünf Sonnenuhren: Eine Horizontal-, eine Süd-, eine Nord-, eine West- und eine Ostuhr.

Abb. 6
Entwurf einer Kompaß-Sonnenuhr aus den Opuscula des Pater Aegid Eberhard von Raittenau (1648), des »Archimedes von Kremsmünster«.

Abb. 7
Jahresbild aus der Zwiefaltener Handschrift um 1139. Die Württembergische Landesbibliothek Stuttgart bewahrt diese Miniatur aus dem Chorbuch für die Prim (die erste der kleinen Gebetszeiten am Morgen) des Klosters Zwiefalten und hat sie zum »Staufischen Jahr« 1977 veröffentlicht. Im Zentrum ist der Jahrgott, Sonne und Mond in seinen Händen haltend, dargestellt, darunter Tag und Nacht. Er wird von den zwölf Bildern des Tierkreises umgeben. Dabei ist der Jahresbeginn über dem Haupt des Jahrgottes der Ostermonat April mit dem Widder. Um den Tierkreis sind in einem weiteren Ring die entsprechenden Monatsarbeiten im Jahr des Bauern dargestellt. Am äußeren Kreisrand erscheinen die zwölf Winde. In den Ecken sind Frühjahr (Ver), Sommer (Estas), Herbst (Autumnus) und Winter (Hiemps) zu sehen. Außerhalb des Bildrahmens sind noch die Tageszeiten im Uhrzeigergegensinn angebracht, Morgenröte (Aurora) als Jüngling, der Mittag (Meridies) als Mann, der Abend (Vesper) als Frau und die Mitternacht (Pruina) ähnlich dem Jahres-Mann. Die rahmensprengende Kreiskomposition und die außerhalb des Rahmens noch angebrachten Tageszeiten sind ein sprechendes Beispiel für die seelische Dynamik des nordischen Buchmalers. Vgl. S. 133.

Abb. 8
Liturgischer Kalender aus dem 6. Jh. Dieser Kalender, der sich im Erzbischöflichen Museum in Ravenna befindet, ist in eine Steinplatte graviert. Die 19 Sektoren enthalten die Angaben zu den 19 Jahren des metonischen Zyklus. Mit ihrer Hilfe können die Osterdaten vorausberechnet werden (vgl. S. 209).

Abb. 9
Würzburger Kalendermedaille, 1780. Auf der Vorderseite (unten) sind in sieben Kreisen angegeben: Die Monatsnamen, die Anzahl der Monatstage, Neumond, Vollmond, Tier-

kreiszeichen, Datum für den Eintritt der Sonne in die Zeichen und im mittleren Kreis die vier Jahreszeiten. Die Rückseite (oben) zeigt die beweglichen kirchlichen Feiertage von Septuagesima bis zum 1. Advent, die goldene Zahl des 19jährigen Mondzyklus, den 28jährigen Sonnenzyklus mit den Sonntagsbuchstaben. Aus diesen Angaben lassen sich die Osterdaten vorausbestimmen (32, Seite 82).

Abb. 10
Astronomischer Tisch aus dem Jahr 1590. Dieser ewige Kalender ist eine Kostbarkeit des astronomischen Kabinetts im Stift Kremsmünster, Oberösterreich. Die Steinätzung von Andreas Pleninger ist Seite 152 ausführlich beschrieben.

Abb. 11
Astronomischer Tisch, Detail.

Abb. 12
Weltbild und Weltenjahr im Liber Floridus um 1120. Gent, Zentrale Bibliotheek van de Rijksuniversiteit, Cod. 92 (vgl. Fig. 8). Das farbige Blatt zeigt in konzentrischen Kreisen die sieben Planetensphären mit der Erde in ihrer Mitte. Der äußerste Kreis ist rot und trägt oben die lateinische Inschrift: »Saturn vollendet in 30 Jahren seinen Umlauf«. Der zweite Kreis ist farblos, seine Inschrift lautet: »Jupiter in 12 Jahren«. »Mars in 15 Jahren« lautet die Inschrift auf dem dritten, dem grünen Kreis. Der breite Ring mit den radialen Schriftzeilen gehört der Sonne. »Sonnenaufgang« und »Sonnenniedergang« sind durch die Rosetten dargestellt, neben deren oberer »Sonne 18« zu lesen ist. In der Umschrift wird das Welten- oder Himmelsjahr beschrieben. Dieses wird nicht nach der Rückkehr der Sonne gemessen, sondern es ist dann vollendet, wenn alle Sterne und Sternbilder derart zurückgekehrt sind, daß auch nicht eines an einem anderen als seinem Ausgangsort steht. Das trifft nach 15 000 Jahren ein. Auf den Sonnenkreis mit der Schrift folgt wieder ein schmaler roter Kreis mit der Inschrift: »Venus in 8« und darauf ein blauer mit: »Merkur in 20«. Der folgende Kreis mit fünf Mondphasen ist grün. Es sind die vier Mondviertel so dargestellt, daß der Abschnitt zwischen der zu- und der abnehmenden Sichel als Neumondbereich nicht gezählt wird. Von der Sonne gehen Ströme zu den Mondphasen und von da zum roten »Erdball«, der in der Mitte von allen anderen Sphären durchdrungen wird. – Der Liber Floridus, das aus lauter Blüten der Wissenschaften bestehende Buch, ist eine Enzyklopädie, ein umfassendes Lehrbuch, das der gelehrte Mönch Lambert von Saint-Omer um 1120 verfaßt hat. Der größte Teil des Inhaltes ist den Schriften von Isidor von Sevilla (560–633) und Beda Venerabilis (673–735) entnommen.

Abb. 13
Das Jahr mit den 12 Monaten, Handschrift um 805. Die Sammelhandschrift ist heute in der Dombibliothek in Köln. Die Abbildungen 12, 13 und 14 und die zugehörigen Texte stammen von Isidor von Sevilla. Die Kölner Handschrift ist vermutlich von einer Vor-

lage aus der Hofschule Karls des Großen kopiert. In den 12 Sektoren sind folgende Angaben von außen nach innen vermerkt:

1. Tage des Monats in römischen Zahlen,
2. römische Monatsnamen abgekürzt,
3. Anzahl der Tage, mit denen die ägyptischen Monate vor den Kalenden der römischen beginnen,
4. römische Monatsnamen abgekürzt,
5. in jedem Sektor das Wort dieb(us) = Tage,
6. Anzahl der Tage des Monats in ägyptischer Zählung, je 30

Abb. 14
Die Jahreszeiten und ihre Eigenschaften, Handschrift um 805. »Der Frühling (ver) ist warm (calidus), das (calidus) verbindet ihn mit dem trockenen (sicca) Sommer (estas). Trocken (siccus) ist aber auch der Herbst (autumnus), der seinerseits schon kalt (frigidus) ist, kalt (frigidus) wie der Winter (hiems), dessen Eigenschaft feucht (humidus) ihn auch mit dem Frühling verbindet (Genusfehler im Original sind übernommen). Dem Frühling (ver) ist der Osten (oriens), dem Sommer (aestas) der Süden (meridies), dem Herbst (autumnus) der Westen (occidens) und dem Winter (hiems) der Norden (septentrio) zugesellt. Die Jahreszeiten ›umkreisen‹ so das Jahr (annus) in der Mitte.« (Anton von Euw in 109, Seite 91).

Abb. 15
Die Elemente und Temperamente, Handschrift um 805. »Erde (terra) ist kalt (frigida) zu Wasser und trocken (sicca) zu Feuer (ignis). Feuer ist trocken (sicca) zu Erde und warm (calidus) zu Luft (aer). Luft ist warm (calidus) zu Feuer und feucht (humidus) zu Wasser (aqua). Wasser ist feucht (humida) zu Luft und kalt (frigida) zu Erde. ›Und auf solche Weise kommen sie durch diesen Umlauf gewissermaßen wie durch einen Vertrag in diesen (Merkmalen) in einer Gesellschaft überein . . .‹ (Isidor von Sevilla). Das Schema zeigt alsdann in einer zweiten Zone nach innen die Ordnung der Jahreszeiten und Elemente: zu Erde (terra) gehört der Herbst (autumnus), zu Feuer (ignis) der Sommer (estas), zu Luft (aer) der Frühling (ver) und zu Wasser (aqua) der Winter (hiemps). In einer dritten Zone nach innen sind die Temperamente den Elementen und Jahreszeiten angeschlossen: zu Erde und Herbst gehört schwarze Galle (melancholia-Melancholiker), zu Feuer und Sommer gelbe Galle (colera-Choleriker), zu Luft und Frühling Blut (sanguis-Sanguiniker) und zu Wasser und Winter Feuchtigkeit (humor-Phlegmatiker). So verbindet sich schließlich der Makrokosmos (kosmos) und der Mensch (homo) als Mikrokosmos im Mittelpunkt des Isidorschen Schemas.« (Anton von Euw in 109, Seite 92).

Abb. 16

Abt Mauritius Knauer vom Kloster Langheim und seine Unterschrift. Einziges Bildnis Knauers (1613–1664). Kupferstich von Demleutner, der 34 Langheimer Äbte in einem um 1720 erschienenen Tafelwerk konterfeite (72). Ausschnitt aus dem auf S. 203 erwähnten Titelblatt.

Abb. 17

Lebensbaum zwischen Sonne und Mond. Reinacker 1423. Reinacker, 7 km südostwärts von Saverne im Elsaß war vermutlich schon im 9. Jh. ein Wallfahrtsort, der aber erst 1407 durch die Weihe einer Kapelle urkundlich ist. Unser Bild zeigt eine Plastik von Meister Ludemann aus dem Jahre 1423. Sie befindet sich über einer Sitznische im Chor der heutigen Klosterkirche.

Verzeichnis der Figuren im Text

Literaturnachweis

Über eine Quellenangabe hinaus soll ein ergänzender und anregender Hinweis auf die interdisziplinäre Vielfalt und das noch weithin unbearbeitete Feld der Zeiten und Rhythmen gegeben werden. Die Aufsätze aus Zeitschriften sind am Schluß aufgeführt.

1 *Arago, Fr.:* »Unterhaltungen aus dem Gebiete der Naturkunde«. Deutsch von Grieb, Chr. Fr., Stuttgart 1854

2 *Aschenbrenner, Michael:* »Der Tierkreis«, 1. u. 2. Teil. Dornach 1970 u. 1972

3 *Bassermann-Jordan, Ernst v.:* »Uhren«. Braunschweig 1961

4 *Beckh, Hermann:* »Zarathustra«. Stuttgart 1927

5 *–:* »Der kosmische Rhythmus im Markus-Evangelium«. Basel 1928

6 *–:* »Der kosmische Rhythmus im Johannes-Evangelium«. Basel 1930

7 *Benesch, Friedrich:* »Das Ereignis der Himmelfahrt Christi«. Stuttgart 1974

8 *Benz, Richard:* »Goethe und die Romantische Kunst«. München 1940/41

9 *Biemel, Walter:* »Martin Heidegger in Selbstzeugnissen und Bilddokumenten«. Hamburg 1973

10 *Bindel, Ernst:* »Die geistigen Grundlagen der Zahlen«. Stuttgart 1975

11 *Blattmann, Georg:* »Die Sonne – Gestirn und Gottheit«. Stuttgart 1972

12 *Borne, Gerhard von dem:* »Der Gral in Europa«. Stuttgart 1976

13 *Bornmann, Erich:* »Calendarium Perpetuum«. Kassel 1964

14 *Bock, Emil:* »Beiträge zur Geistesgeschichte der Menschheit«. Reihe 1: Das Alte Testament, Neuausgabe 1977–79

15 *Bock, Emil:* Reihe 2: Urchristentum, Neuausgabe 1977–79

16 *–:* »Der Kreis der Jahresfeste«. Stuttgart 1978

17 *–:* »Wiederholte Erdenleben«. Stuttgart 1961

18 *Buber, Martin:* »Moses«. Heidelberg 1952

19 *–:* »Das Buch der Preisungen«. Frankfurt 1962

20 *Bühler, Walther:* »Geistige Hintergründe der Kalenderordnung«. Stuttgart 1978

21 *–:* »Nordlicht, Blitz und Regenbogen«. Dornach, Schweiz 1972

22 *Bünning, Erwin:* »Die Physiologische Uhr«. Berlin 1963
23 *Bultmann, Rudolf:* »Das Urchristentum«. Rowohlt 1962
24 *Conrad-Martius, Hedwig:* »Die Zeit«. München 1954
25 *Cullmann, Oscar:* »Christus und die Zeit«. Zürich 1946
26 *Defant, Albert:* »Ebbe und Flut des Meeres, der Atmosphäre und der Erdfeste«. Berlin 1953
27 *Diels, Hermann:* »Antike Technik«. Leipzig 1920
28 *Diesterweg, Adolf:* »Populäre Himmelskunde«. Hamburg 1904
29 *Doebel, Günter:* »Die Sonne – Stern des Lebens«. Stuttgart 1975
30 *Doldinger, Friedrich:* »Leben mit den Wochentagen«. Stuttgart 1940/1972
31 *– :* »Kaiser Julian, der Sonnenbekenner«. Stuttgart 1965
32 *Dresler, Adolf:* »Kalender-Kunde«. München 1972
33 *Edwards, Ormond:* »Chronologie des Lebens Jesu und das Zeitgeheimnis der drei Jahre«. Stuttgart 1978
34 *Ekrutt, Joachim, W.:* »Der Kalender im Wandel der Zeiten«. Stuttgart 1972
35 *Eliade, Mircea:* »Die Religionen und das Heilige«. Darmstadt 1976
36 *Ende, Michael:* »Momo«. Stuttgart 1976
37 *Engler, H. Rudolf:* »Die Sonne als Symbol, der Schlüssel zu den Mysterien«. Küsnacht-Zürich 1962
38 *Eppinger, Heinrich:* »Das Geheimnis der Zwölf und die Bedeutung des Dreizehnten«. Freiburg 1970
39 *Fleet, Simon:* »Uhren«. Stuttgart o. J.
40 *Flex, Walter:* »Wanderer zwischen beiden Welten«. München o. J.
41 *Fliess, Wilhelm:* »Der Ablauf des Lebens«. Leipzig 1923
42 *–:* »Vom Leben und vom Tod«. Jena 1909
43 *Frieling, Rudolf:* »Der Sonntag – eine christliche Tatsache« Wochenbeginn und Kalenderordnung. Stuttgart 1978
44 *–:* »Christentum und Wiederverkörperung«. Stuttgart 1974
45 *–:* »Bibel-Studien«. Stuttgart 1963
46 *Friese, Karl:* »Reise in die Romanik«. Leipzig 1967
47 *Funk, Emil; Schultz, Joachim:* »Zeitgeheimnisse im Christus-Leben«. Dornach 1970
48 *–:* »Der Kalender von 1912/13«. Dornach 1973
49 *Fyfe, Agnes:* »Die Signatur des Mondes im Pflanzenreich«. Stuttgart 1967
50/1 *Gebser, Jean:* »Asien lächelt anders«. Berlin 1968 und
50/2 »Der unsichtbare Ursprung«. Freiburg 1970
51 *Ginzel, F. K.:* »Handbuch der mathematischen und technischen Chronologie«. Leipzig 1906
52 *Gleich, Sigismund v.:* »Die Wahrheit als Gesamtumfang aller Weltansichten«. Stuttgart 1957

53 *Gleich, Sigismund v.:* »Marksteine der Kulturgeschichte«. Stuttgart 1963
54 *–:* »Siebentausend Jahre Urgeschichte der Menschheit«. Stuttgart 1969
55 *–:* »Der Mensch der Eiszeit und Atlantis«. Stuttgart 1969
56 *Gleissberg, Wolfgang:* »Die Häufigkeit der Sonnenflecken«. Berlin 1952
57 *Goebel, Robert:* »Schelling, Künder einer neuen Epoche des Christentums«. Stuttgart 1975
58 *Göller, Emil/Heussi, Karl:* »Zur Periodisierung der Kirchengeschichte«. Darmstadt 1969
59 *Grimm, Jakob:* »Deutsche Mythologie«. Wien 1943
60 *Grosse, Rudolf:* »Die Weihnachtstagung als Zeitenwende«. Dornach, Schw. 1976
61 *Grotefend, Hermann:* »Taschenbuch der Zeitrechnung«. Hannover 1960
62 *–:* »Zeitrechnung«. Aalen 1970
63 *Gsänger, Hans:* »Atlantis«. Freiburg 1975
64 *Häusler, Friedrich:* »Weltenwille und Menschenziele in der Geschichte«. Dornach 1961
65 *Hampe, Joh. Christoph:* »Sterben ist doch ganz anders«. Stuttgart 1975
66 *Hartke, Wilhelm:* »Über Jahrespunkte und Feste«. Berlin 1956
67 *Hauschka, Rudolf:* »Substanzlehre«. Frankfurt/Main 1942
68 *–:* »Heilmittellehre«. Frankfurt/Main 1965
69 *–:* »Wetterleuchten einer Zeitenwende«. Frankfurt/Main 1966
70 *Heckert, Hilmar:* »Lunationsrhythmen des menschlichen Organismus«. Leipzig 1961
71 *Heidegger, Martin:* »Sein und Zeit«. 1927 (siehe 9.)
72 *Heimeran, Ernst:* »Echter 100jähriger Kalender ...«. München 1976
73 *Heitler, Walter:* »Der Mensch und die naturwissenschaftliche Erkenntnis«. Braunschweig 1966
74 *–:* »Naturwissenschaftliche Streifzüge«. Braunschweig 1970
75 *Hennig, Richard:* »Das Geburts – und Todesjahr Christi«. Essen 1936
76 *Heyer, Karl:* »Beiträge zur Geschichte des Abendlandes«, Band I, II, III. Breslau 1940 und Kressbronn, Bodensee 1951–1964
76a *Hildebrandt, Gunther:* »Medizinische Rhythmusforschung« in »Rhythmen des Lebens«. München 1983
77 *Hinz, Walther:* »Zarathustra«. Stuttgart 1961
78 *Husemann, Friedrich:* »Wege und Irrwege in die geistige Welt«. Stuttgart 1974
79 *Ideler, Ludwig:* »Handbuch der mathematischen und technischen Chronologie«. Berlin 1825
80 *Isermeyer, Christian Adolf:* »Philipp Otto Runge«. Berlin 1940
81 *Jaeckle, Erwin:* »Die Botschaft der Sternstraßen«. Stuttgart 1966
82 *–:* »Die Osterkirche«. Stuttgart 1970
83 *Jeremias, Alfred:* »Handbuch der altorientalischen Geisteskultur«. Berlin 1929

84 *Jünger, Ernst:* »An der Zeitmauer«. Stuttgart 1959
85 *Julius, Frits Hendrik:* »Die Bildersprache des Tierkreises«. Stuttgart 1974
86 *Kaiser, Wilhelm:* »Einführung in die Astronomie auf Grundlage elementarer Geometrie und Rechnung«. Basel 1936
87 *–:* »Kalenderkunde«, mit Kalender für 1943. Bern o. J.
88 *–:* »Anfangsbegriffe der Himmelsordnung«. Bern o. J.
89 *Kallert, Bernhard:* »Die Erkenntnistheorie Rudolf Steiners«. Stuttgart 1971
90 *Kelber, Wilhelm:* »Die Logoslehre«. Stuttgart 1976
91 *Kerényi, Karl:* »Griechische Grundbegriffe«. Zürich 1964
92 *–:* »Antworten der Griechen« in »Wer ist das eigentlich – Gott?« Herausgeg. von H. J. Schulz, München 1969
93 *Kern, Hermann:* »Kalenderbauten, frühe astronomische Großgeräte aus Indien, Mexico und Peru«. München, Die Neue Sammlung 1976
94 *Kinzler, Adolf:* »Die Biblischen Altertümer«. Stuttgart 1893
95 *Klages, Ludwig:* »Vom Wesen des Rhythmus«. Kampen auf Sylt 1934
96 *Kleeberg, Ludwig:* »Wege und Worte«. Stuttgart 1961
97 *Kranich, Ernst Michael:* »Die Formensprache der Pflanze«. Grundlinien einer kosmologischen Botanik. Stuttgart 1976
98 *Krauss, Josef:* »Vom Messen der Zeit im Wandel der Zeiten«. Wolfshagen-Scharbeutz 1950
99 *Kühner, Otto Heinrich:* »Das Jahr Null und die Bibel«. München 1962
100 »Kunst der Maya«, Ausstellungskatalog, Stuttgart 1966
101 *Lamer, Hans:* »Wörterbuch der Antike«. Leipzig 1933
102 *Lang, Manfred:* »Der Gregorianische Kalender und seine möglichen Verbesserungen ...«. Privatdruck Wien 1962
103 *–:* »Vorschlag zur Anpassung des Kalenders an die neuesten Erkenntnisse über die naturgegebenen Zeiteinheiten«. Sonderabdruck aus dem Anzeiger der math.-naturw. Klasse der Österreichischen Akademie der Wissenschaften, Jahrgang 1964, Nr. 4, (Seite 104–117).
104 *Lange, Ludwig:* »Paradoxe Osterdaten«. Sitzungsbericht der Bayerisch. Akademie der Wissenschaften. München 1928
105 *Lauenstein, Diether:* »Der Messias, eine biblische Untersuchung«. Stuttgart 1971
106 *–:* »Das Geheimnis des Wals«. Stuttgart 1973
107 *–:* »Der Lebenslauf und seine Gesetze«. Stuttgart 1974
107a *Lehrs, Ernst:* »Mensch und Materie«. Frankfurt 1953, 1966, 1986
108 *Le Lionnais, François:* »Die Zeit«. Köln 1959
109 *Legner, Anton:* »Monumenta Annonis, Köln und Siegburg, Weltbild und Kunst im hohen Mittelalter«. Ausstellungskatalog Köln 1975
110 *Link, F.:* »Der Mond«. Berlin 1969
111 *Lohse, Bernhard:* »Das Passahfest der Quartadezimaner«. Bertelsmann 1953

112 *Loske, Lothar M.:* »Die Sonnenuhren«. Berlin 1970
113 *Mändl, Hans:* »Die Monate«. Heidelberg 1964
114 *Maier, Johann/Schubert, Kurt:* »Die Qumran-Essener«. München 1973
115 *Martens, Martin Georg:* »Rhythmen der Sprache, ihr Leben im Jahreslauf«. Dornach, Schweiz 1976
116 *Mayher, W.:* »Die astronomische Zeitrechnung der Völker«. Den Haag 1912
117 *Meinhold, Peter:* »Konzile der Kirche in evangelischer Sicht«. Stuttgart 1962
118 *Meyer, Albrecht:* »Gavrinis, Bretonische Felsbilder aus alteuropäischer Mysterienwelt«. Stuttgart 1974
119 *Meyer, Rudolf:* »Die Wiedergewinnung des Johannes-Evangeliums«. Stuttgart 1962
120 *Milankovitch, Milutin:* »Das Ende des julianischen Kalenders und der neue Kalender der orientalischen Kirchen«. Astronomische Nachrichten, Band 220, Seite 379.
121 *Minkowski, Eugen:* »Die gelebte Zeit«. Salzburg 1971
122 *Moll, Ernst:* »Die Sprache der Laute«. Stuttgart 1968
123 *Moreau, Jacques:* »Die Welt der Kelten«. Stuttgart 1957
124 *Morgenstern, Christian:* »Wir fanden einen Pfad«. Basel 1977
125 *Müller, Rolf:* »Sonnenforschung im Internationalen Geophysikalischen Jahr«. München 1958
126 *–:* »Der Himmel über dem Menschen der Steinzeit«. Berlin 1970
127 *–:* »Sonne, Mond und Sterne über dem Reich der Inka«. Berlin 1972
128 *Nietzsche, Friedrich:* »Also sprach Zarathustra«. Leipzig 1930
129 *Nordmeyer, Barbara:* »Erde – Stern des Christus. Gedanken zum christlichen Jahreslauf«. Stuttgart 1965
130 *Novalis:* »Schriften«, Stuttgart 1960
131 *Peinlich-Immenburg, Rose:* »Der steirische Mandlkalender, seine Zeichen und Bilder«. Graz 1948
132 *Platon:* Hauptwerke, ausgewählt von Wilhelm Nestle, Leipzig 1931
133 *Poppelbaum, Hermann:* »Schicksalsrätsel, Verkörperung und Wiederverkörperung«. Dornach 1959
134 *Powell, T. G. E.:* »Die Kelten«. Köln 1959
135 *Rahner, Hugo:* »Kirche und Staat im frühen Christentum«. München 1961
136 *–:* »Griechische Mythen in christlicher Deutung«. Darmstadt 1966
137 *Rau, Christoph:* »Struktur und Rhythmus im Johannes-Evangelium«. Stuttgart 1972
138 *–:* »Das Matthäus-Evangelium«. Stuttgart 1976
139 *Rehm, Arnold:* »Schiff und See«. Bremerhaven 1964
140 *Reuter, Hermann:* »Die Zeit«. Berlin 1941
141 *Rilke, Rainer Maria:* »Sämtliche Werke«. Insel 1963

142 *Rößler, Margot:* »Aus der Sprache des Tierkreises«, nach Hinweisen von Rudolf Steiner, Stuttgart 1965, Band I
143 *–:* »Aus der Sprache des Tierkreises«, Band II, Stuttgart 1973
144 *Sachs, Nelly:* »Das Leiden Israels«. Frankfurt/Main 1964
145 *Schmidt, Thomas Michael:* »Musik und Kosmos als Schöpfungswunder«. Frankfurt 1974
146 *Schubert, Gotthilf Heinrich:* »Die Geschichte der Seele«. Sechste Auflage. Hildesheim 1961
147 *Schubert, Richard:* »Kultur und Rasse im Weltenjahr«. In Jahrbuch Gäa-Sophia. Stuttgart 1929
148 *Schütze, Alfred:* »Mithras-Mysterium und Urchristentum«. Stuttgart 1972 und »Vom Wesen der Trinität«. Stuttgart 1954
149 *Schultz, Joachim:* »Rhythmen der Sterne«. Bearbeitet von Suso Vetter. Dornach 1963 und 1977
150 *Snell, Bruno:* »Die Entdeckung des Geistes«. Göttingen 1975
151 *Schwenk, Theodor:* »Das sensible Chaos«. Stuttgart 1962
152 *–:* »Zum Begriff des lebendigen Wassers«. Herrischried, Kreis Säckingen 1967
153 *Sigel, Felix:* »Schuld ist die Sonne«. Moskau und Leipzig 1975
154 *Stählin, Wilhelm:* »Christus und die Zeit« in »Manipulierte Zeit?« Stuttgart 1968
155 *Stauffer, Ethelbert:* »Jerusalem und Rom im Zeitalter Jesu Christi«. Bern 1957
156 *–:* »Jesus, Gestalt und Geschichte«. Bern 1957
157 *Stein, Walter Johannes:* »Weltgeschichte im Licht des Heiligen Gral«. Wien 1928 und 1977
158 *Steiner, Rudolf:* Schriften
»Goethes naturwissenschaftliche Schriften«. Von Rudolf Steiner mit Einleitungen, Fußnoten und Erläuterungen im Text herausgegeben. Gesamtausgabe, (im folgenden GA), GA 1
159 *–:* »Grundlinien einer Erkenntnistheorie der Goetheschen Weltanschauung mit besonderer Rücksicht auf Schiller«. GA 2
160 *–:* »Die Philosophie der Freiheit«. GA 4
161 *–:* »Theosophie«. GA 9
162 *–:* »Wie erlangt man Erkenntnisse der höheren Welten«. GA 10
163 *–:* »Die Geheimwissenschaft im Umriß«. GA 13
164 *–:* »Vier Mysteriendramen«. GA 14
165 *–:* »Die geistige Führung des Menschen und der Menschheit«. GA 15
166 *–:* »Die Rätsel der Philosophie«. GA 18
167 *–:* »Anthroposophische Leitsätze«. GA 26
168 *–:* »Grundlegendes für eine Erweiterung der Heilkunst«. GA 27
169 *–:* »Mein Lebensgang«. GA 28
170 *–:* »Methodische Grundlagen der Anthroposophie 1884–1901«. GA 30

171 –: »Philosophie und Anthroposophie 1904–1918«. GA 35 (Kalender)
172 –: »Wahrspruchworte«. GA 40 (Darin auch zweite Folge)
173 *Steiner, Rudolf:* Vorträge
»Die Bedeutung der Anthroposophie im Geistesleben der Gegenwart«. GA 82
174 –: »Geisteswissenschaftliche Menschenkunde«. GA 107
175 –: »Geistige Hierarchien und ihre Widerspiegelung in der physischen Welt«. GA 110
176 –: »Exkurse in das Gebiet des Markus-Evangeliums«. GA 124
177 –: »Die geistigen Wesenheiten in den Himmelskörpern und Naturreichen«. GA 136
178 –: »Von der Initiation. Von Ewigkeit und Augenblick. Von Geisteslicht und Lebensdunkel«. GA 138
179 –: »Die geistige Vereinigung der Menschheit durch den Christus-Impuls«. GA 165
180 –: »Geschichtliche Notwendigkeit und Freiheit. Schicksalseinwirkungen aus der Welt der Toten«. GA 179
181 –: »Mysterienwahrheiten und Weihnachtsimpulse – Alte Mythen und ihre Bedeutung«. GA 180
182 –: »Erdensterben und Weltenleben«. GA 181
183 –: »In geänderter Zeitlage – Die soziale Grundforderung unserer Zeit«. GA 186
184 –: »Entsprechungen zwischen Mikrokosmos und Makrokosmos. Der Mensch – eine Hieroglyphe des Weltenalls«. GA 201
185 –: »Anthroposophie als Kosmosophie«. GA 207
186 –: »Die Gestaltung des Menschen als Ergebnis kosmischer Wirkungen« GA 208, und: »Eurythmie als sichtbare Sprache«. GA 279
187 –: »Erdenwissen und Himmelserkenntnis«. GA 221
188 –: »Der Jahreskreislauf als Atmungsvorgang der Erde und die vier großen Festeszeiten«. GA 223
189 –: »Menschenwesen, Menschenschicksal und Weltentwicklung«. GA 226
190 –: »Das Osterfest als ein Stück Mysteriengeschichte der Menschheit«, in GA 233a
191 –: »Anthroposophie. Eine Einführung in die anthroposophische Weltanschauung«. GA 234
192 –: »Esoterische Betrachtungen karmischer Zusammenhänge«. 1. Band, GA 235
193 –: 2. Band, GA 236
194 –: »Die Weihnachtstagung zur Begründung der Allgemeinen Anthroposophischen Gesellschaft. Jahresausklang und Jahreswende 1923/1924«. GA 260
195 –: »Grenzen der Naturerkenntnis«. GA 322
196 –: »Das Verhältnis der verschiedenen naturwissenschaftlichen Gebiete zur Astronomie«. GA 323
197 *Thomas, Oswald:* »Astronomie, Tatsachen und Probleme«. Graz 1934

198 *Thienemann, August:* »Leben und Umwelt, vom Gesamthaushalt der Natur«. Hamburg 1956

199 *Thun, Maria:* »Anbauversuche über Zusammenhänge zwischen Mondstellungen im Tierkreis und einzelnen Kulturpflanzen«. Forschungsring für Biologisch-Dynamische Wirtschaftsweise. Darmstadt Land 3, o. J.

200 *Troxler, Ignaz Paul Vital:* »Fragmente«, herausgegeben von Willi Aeppli, St. Gallen 1936

201 *Unger, Carl:* »Schriften I«. Stuttgart 1964

202 *Suso Vetter u.a. Hrsg.:* »Sternkalender der Mathematisch-Astronomischen Sektion am Goetheanum«. Verschiedene Jahrgänge.

203 *Vreede, Elisabeth:* »Anthroposophie und Astronomie«. Freiburg 1954

204 *Vries, Jan de:* »Keltische Religion«. Stuttgart 1961

205 *Wachsmuth, Guenther:* »Erde und Mensch, ihre Bildekräfte, Rhythmen und Lebensprozesse«. Kreuzlingen und Zürich 1945

206 *–:* »Die Entwicklung der Erde«, Band II. Dornach 1950

207 *–:* »Werdegang der Menschheit«, Band III. Dornach 1953

208 *–:* »Kosmische Aspekte von Geburt und Tod«. Dornach 1956

209 *Wagner, Reinhard:* »Die Gnosis von Alexandria«. Stuttgart o. J.

210 *–:* »Die unbekannten Jahre Jesu«. Stuttgart 1969

211 *Waldmeier, Max:* »Ergebnisse und Probleme der Sonnenforschung«. Leipzig 1955

212/1 *Wieser, Roda:* »Rhythmus und Polarität in der Handschrift«. München 1973

212/2 »Handschrift, Rhythmus, Persönlichkeit. Eine graphologische Bilanz«. München 1978

213 *Wislicenus, Walter F.:* »Der Kalender in gemeinverständlicher Darstellung«. Leipzig 1914

Aufsätze aus Zeitschriften

214 *Bühler, Walther:* »Mondfahrt, ahrimanische Verlockung oder michaelische Zukunftsaufgabe?« in »Mitteilungen aus der Anthroposophischen Arbeit in Deutschland« 1969, Nr. 90, S. 267 ff.

215 *–:* »Vom 33jährigen Rhythmus« in »Mitteilungen ...« 1953, Nr. 23, S. 32 ff.

216 *Doldinger, Friedrich:* »Ewigkeits-Sprüche« in »Die Christengemeinschaft« 1972, S. 61.

217 *Dumke, Klaus:* »Irdische und kosmische Lebensmitte« in »Mitteilungen ...« 1976, Nr. 116, S. 92. – Siehe auch J. C. Hampe (65, S. 12).

218 *Endlich, Bruno:* »Zahlengeheimnisse« in »Die Christengemeinschaft« 1976, S. 301.

219 *Felber, H.-J.:* »Die Bestimmung des Frühlingsvollmondes in den unterschiedlichen Osterberechnungen« in »Die Sterne«, 1962, Heft 9/10, DDR, Potsdam-Babelsberg. Die Tabelle ist ebenfalls aus dieser Arbeit.

220 *Hardorp, Gerhard:* »Veni, Creator Spiritus« in »Die Christengemeinschaft«, 1960, S. 171. Aus dem lateinischen Pfingsthymnus des Hrabanus Maurus (776–856), übersetzt von Goethe.

221 *Heikel, Erik:* »Wie lange dauert unsere Zeit?« in »Mitteilungen...« 1960, Nr. 51, S. 13.

222 *Innerebner, G.:* »Bergspitz – Sonnenuhren« in »Der Schlern« 1947, S. 204.

223 *Ith, Arnold:* »Der Himmelsmann« in »Das Goetheanum« 1976, S. 137 (bringt weitere Himmelsmann-Beschreibungen aus anderen Kulturkreisen in Ost und West).

224 *Lauterwasser, Alexander:* »Zeit – Leben – Geist« in »Beiträge aus der Anthroposophischen Studentenarbeit«, 1976/3. Tübingen, Fichtehaus (Privatdruck).

225 *Luttenberger, Karl:* Übersetzung von »Tritem von Sponheim: Die Himmlischen Intelligenzen«. Privatdruck o. J.

226 *Mändl, Hans:* »Die Zahl Vierzig in Religionsgeschichte und Brauchtum« in »Die Christengemeinschaft« 1964, S. 47.

227 *Nielsen, Friedrich:* »Zum Siebenjahrs-Rhythmus« in »Beiträge zu einer Erweiterung der Heilkunst nach geisteswissenschaftlichen Erkenntnissen« 1974/1, Stuttgart.

228 *Olbeter, Jürgen:* »Biographie aus Zweiheit« in »Das Goetheanum« 1976, S. 49.

229 *Rohde, K. H.:* »Der 2058 Jahre alte Kalender-Computer von Antikythera« in »Olympia International und Olympia Contact.« (Werks-Zeitschriften) 1976 und 1976 Nr. 1/2, April. – Hinweis durch Rolf Salchow DPA.

230 *Ruhland, Heiner:* »Drei Musikzeitalter« in »Das Goetheanum« 1975, S. 156.

231 *Schmidt, Thomas:* »Das Zeitproblem in der Anthroposophie und in der modernen Naturwissenschaft« in »Mitteilungen ...« 1975 Nr. 113, S. 205.

232 *Schmidt, Thomas:* »Der Mondphasen-Zyklus und das Wetter« in »Elemente der Naturwissenschaft«, Dornach, Ostern 1965

233 *Schubert, Richard:* »Von den Ordnungen und Rhythmen« in »Weleda-Nachrichten« 1954, Nr. 34.

234 *Treichler, Rudolf:* »Lebenslauf, Seelenentwicklung und seelische Störungen« in »Das Goetheanum«, 1976, S. 369–386.

235 *Wagner, Reinhard:* »Die Woche als Kunstwerk im altjüdischen Kultus« in »Die Christengemeinschaft«, 1964, S. 264.

236 *Wiesberger, Hella:* »Rudolf Steiners Lebenswerk in seiner Wirklichkeit ist sein Lebensgang« in »Beiträge zur Rudolf Steiner Gesamtausgabe«, 1975, Nr. 49/50. Dornach.

237 *Woloschin, Margarita:* »Aus Tagebuchaufzeichnungen 1912« in »Mitteilungen...« 1976 Nr. 118, S. 280.

238 *Woronow, Liweri:* »Kirchliche Kalenderprobleme« in »Stimme der Orthodoxie« 1973/11, DDR, Berlin.

Ergänzende Literatur zur 4. Auflage

Bauer, Michael: »Gesammelte Werke« Bd. 5: Briefe, Stuttgart 1997 (S. 80)
Benesch, Friedrich: »Weihnachten im Sommer feiern?«, Stuttgart 1998
Betti, Mario: »Zwölf Wege, die Welt zu verstehen«, Stuttgart 2001
Blattmann, Elke: »Geheimnisvolle Sternenwelt«, 2. Aufl., Stuttgart 2003
Borst, Arno: »Computus, Zeit und Zahl in der Geschichte Europas«, Berlin 1990
Bosse, Dankmar: »Die gemeinsame Evolution von Erde und Mensch«, Stuttgart 2002
Bühler, Walter: »Das Pentagramm und der goldene Schnitt als Schöpfungsprinzip«, Stuttgart 1996
Endres, Klaus-Peter und Wolfgang Schad: »Biologie des Mondes. Mondperiodik und Lebensrhythmen«, Stuttgart/Leipzig 1997
Hawking, Stephen: »Eine kurze Geschichte der Zeit«, Reinbek 1988
Hildebrandt, Gunther: siehe Roßlenbroich, Bernd
Hoerner, Wilhelm: »Der Schmetterling, Metamorphose und Urbild«, Stuttgart 1991
–: »Der Kampf um das bewegliche Osterfest«, Stuttgart 1998
Huber, Hans: »Geist und Buchstabe der Sonntagsruhe«, Salzburg 1957
Kaltenbrunner, Gerd-Klaus (Hrsg.): »Rhythmen des Lebens«, München 1983
Kniebe, Georg, (Hrsg.): »Was ist Zeit?«, Stuttgart 1993 (dort weitere Literatur)
Neider, Andreas (Hrsg.): »Guter Mond«, Stuttgart 2000
Perrey, Werner: »Sternbilder«, 4. Auflage, Stuttgart 2003
–: »Sternbilder und ihre Legenden«, 2. Auflage, Stuttgart 1999
Rordorf, Willy: »Sabbat und Sonntag in der alten Kirche«, Zürich 1972
Roßlenbroich, Bernd: »Die rhythmische Organisation des Menschen. Aus der chronobiologischen Forschung«, Stuttgart 1994. Darin die zu diesem Bereich weiterführenden Literaturangaben, im Besonderen 23 Titel von Gunther Hildebrandt.
Schatz, Paul: »Rhythmusforschung und Technik«, Stuttgart, 2. Aufl. 1998
Schmidt, Thomas Michael: »Zeitstrukturen im Planetensystem«, Claris Verlag, Frankfurt o. J.
–: »Die Zahlensymbolik der menschlichen Gestalt«, Frankfurt/M. o. J.
Suchantke, Andreas: »Metamorphose – Kunstgriff der Evolution«, Stuttgart 2002
Sucher, Willi O.: »Isis-Sophia. Umriss einer geisteswissenschaftlichen Kosmologie«, 1950, 2. Aufl., Stuttgart 1999
Wendorff, Rudolf: »Zeit und Kultur«, Opladen 1980

PERSONENVERZEICHNIS

SACHVERZEICHNIS

Das Auffinden der jeweiligen Hauptstellen wird durch die 56 Abschnitts-Überschriften im Inhaltsverzeichnis Seite 7 erleichtert.

Bildquellenverzeichnis

Abb. 1: Deutsche Fotothek Dresden; Abb. 2: Hermann Kern, München; Abb. 3: Associated Press, Frankfurt; Abb. 4: Wuppertaler Uhren-Museum; Abb. 5, 6, 10, 11: Bundesdenkmalamt Wien; Abb. 7: Foto Marburg; Abb. 8: Erzbischöfliches Museum Ravenna; Abb. 9: Mainfränkisches Museum, Würzburg; Abb. 12: Centrale Bibliotheek van de Rijksuniversiteit, Gent; Abb. 13, 14, 15: Museum der Stadt Köln, Schnütgen-Museum; Abb. 17: Wilhelm Hoerner, Esslingen.

WILHELM HOERNER

Der Schmetterling

Metamorphose und Urbild
Eine naturkundliche Studie mit einer Lebensbeschreibung und Bildern aus dem Werk der Maria Sibylla Merian
432 Seiten, 103, davon 34 farbige Abbildungen, Leinen

Mehrere Themenkreise, jeder für sich allein schon Stoff für ein spannendes Buch, sind hier zu einem umfassenden Werk über den Schmetterling verbunden, das auf eine neue ganzheitliche Weise den Blick in eine staunenerweckende Welt im Reich der Natur eröffnet.
Da werden zunächst die vielen interessanten Phänomene zusammengetragen, die bis heute von der Wissenschaft erforscht wurden wie z.B. die faszinierenden Vorgänge der Verpuppung und Entpuppung, die im Mikroskop noch gesteigert sich zeigenden Wunder der hauchfeinen Flügel mit ihrem schillernden Schmelz oder die an Zugvögel erinnernden Wanderzüge großer Wolken von Schmetterlingen über ganze Kontinente. Mit der Methode goetheanistischer Naturwissenschaft wird darüber hinaus das Verständnis für die tieferen Geheimnisse der Metamorphose der Schmetterlinge erschlossen, die mit den Lebenskräften der Erde eng zusammenhängen. In der Kulturgeschichte schließlich zeigen vielfältige Darstellungen den Schmetterling als einen Boten einer höheren Welt; eine kleine Anthologie von Schmetterlingsgedichten dokumentiert das stets Besondere in der Begegnung des Menschen mit dem Schmetterling.
Diese Monographie ist nicht zuletzt auch ein Buch über Maria Sibylla Merian; etwa dreißig ihrer schönsten Schmetterlingsbilder werden, z.T. erstmalig, farbig wiedergegeben. Diese mutige, emanzipierte wie fromme Frau hat durch ihre Forschungsreisen durch Südamerika und Surinam, bereits 100 Jahre vor Humboldt und Linnée, unschätzbare Pionierarbeit geleistet. Man kann sie die Begründerin der ökologischen Naturforschung nennen.
Diese Monographie von Wilhelm Hoerner steht für eine neue Art der Naturbegegnung: wissenschaftliche Erkenntnisse und menschliche Erfahrungen befruchten sich zur Einübung in ein ökologisches Bewußtsein, das Mensch und Natur umfaßt.